中华传世藏书

【图文珍藏版】

春秋左传

[春秋] 左丘明⊙原著

王艳军⊙主编

第一册

线装书局

图书在版编目（ＣＩＰ）数据

春秋左传：全6册 /（春秋）左丘明原著；王艳军
主编. – – 北京：线装书局, 2016.3 （2022.3）
ISBN 978-7-5120-2127-3

Ⅰ. ①春… Ⅱ. ①左… ②王… Ⅲ. ①中国历史 – 春
秋时代 – 编年体 Ⅳ. ①K225.04

中国版本图书馆CIP数据核字(2016)第010759号

春秋左传

原　　著：［春秋］左丘明
主　　编：王艳军
责任编辑：高晓彬
出版发行：线 装 書 局
　　　　　地　址：北京市丰台区方庄日月天地大厦B座17层（100078）
　　　　　电　话：010-58077126（发行部）010-58076938（总编室）
　　　　　网　址：www.zgxzsj.com
经　　销：新华书店
印　　制：北京彩虹伟业印刷有限公司
开　　本：787mm×1092mm　1/16
印　　张：150
字　　数：1826千字
版　　次：2022年3月第1版第2次印刷
印　　数：3001－9000套

线装书局官方微信

定　　价：1580.00元（全六册）

烽火戏诸侯

　　烽火戏诸侯，指西周时周幽王为褒姒一笑，点燃了烽火台，戏弄了诸侯，褒姒看了果然哈哈大笑。幽王很高兴，因而又多次点燃烽火，后来诸侯们都不相信了，也就渐渐不来了。最后犬戎攻破镐京，杀死周幽王，从此周幽王的儿子周平王即位，开始了东周时期。

掘地见母

　　郑庄公出生时与寻常不同，他的母亲姜氏于是厌恶他，而爱他的弟弟。姜氏讨厌郑伯，与共叔段秘密谋划，自己做他的内应。郑伯在鄢地打败了共叔段，对姜氏说："不到黄泉，不相见"，但后来又后悔了。颍考叔劝谏庄公掘地见母，母子于地道相见，和好如初。

五羊皮

　　“春秋五霸”之一的秦穆公，之所以能够称霸于诸侯，得益于他用五张羊皮换来的一位高人——百里奚。秦穆公与蹇叔一番谈论之后，亦是心悦诚服。第二天，秦穆公便拜蹇叔为右相，百里奚为左相，在二人的协助下，秦国重贤用能，经济和军事实力快速提升，很快称霸诸侯。

伐子都

　　东周时期，周天子将一位如花似玉的美女如意赐给郑国，可郑国老大王突然驾崩，新王尚未产生。为了王位，和获得如意，老大王的两个儿子庄公和子都，还有考叔和素盈这两位皇亲国戚，展开了一场勾心斗角的争夺，上演了一连串的荒唐闹剧。

齐桓称霸

　　东周时期，齐国是中原大国。齐桓公任用管仲，会合诸侯，尊王攘夷，被列国推为盟主。桓公称霸前后二十多年，国用充足，兵力强大，诸侯不敢叛乱，蛮夷不敢侵犯。他的功业，在历史上起有一定的进步作用，他个人的雄才大略和知人善任，历来史家也都给以很高的评价。

唇亡齿寒

　　晋国想攻打虢国，可是两个国家中间隔着虞国，于是晋国就派使者给虞国送去玉璧和千里马，虞国的大夫拦住虞君说："虢国和我国就像牙齿和嘴唇，俗话说：'唇亡齿寒'，如果我们让开路，一旦晋国打败了虢国就会回头攻打我们虞国，所以千万不可让路。"虞君不听，结果晋国的国君率领大军经过虞国灭了虢国，回头顺手又把虞国灭了。

大义灭亲

　　春秋时期，卫国大夫石碏曾经劝谏卫庄公，希望教育好庄公之子州吁。庄公死，卫桓公即位，州吁与石碏之子石厚密谋杀害桓公篡位，为确保王位坐稳，派石厚去请教石碏。石碏恨儿子大逆不道，设计让陈国陈桓公除掉了州吁与石厚。

夷吾争位

　　晋献公临死前的时候，嘱托大臣荀息，将来拥立奚齐为君。献公死后，大臣里克派人迎回住在梁国的公子夷吾即位。夷吾是个贪鄙的人，即位之前，曾自动表示要送给秦国五座城池，赏赐里克、丕郑父大片土地。即位以后，却不守信用，宠任亲信吕省、却芮，杀害了里、丕等大臣。

晋文图霸

　　重耳遭到骊姬之乱的迫害，离开了晋国都城绛，到各国进行流亡的生涯，在国外颠沛流离了 19 年，辗转了 8 个诸侯国，直至 62 岁才做国君。他即位后，励精图治，发展生产，晋国很快就强盛起来。后来又经过关键性的"城濮之战"，晋文公重耳终于在花甲之年当上了中原的霸主。

城濮之战

　　城濮一战中，晋国大胜，晋文公建立了霸权，楚国北进锋芒受到挫折，被迫退回桐柏山、大别山以南地区，中原诸侯无不朝宗晋国。"城濮之战"后，晋文公在践土（河南郑州西北）朝觐周王，会盟诸侯，向周王献楚国俘虏四马兵车一百乘及步兵一千名，周襄王正式命晋文公为侯伯。

泓水之战

　　宋襄公是宋桓公的儿子，宋成公的父亲。宋襄公雄心勃勃，想继承齐桓公的霸业，与楚国争霸，一度为楚国所拘。公元前638年，宋襄公讨伐郑国，与救郑的楚兵战于泓水。楚兵强大，宋襄公讲究"仁义"，要待楚兵渡河列阵后再战，结果大败受伤，次年伤重而死。

越王勾践

　　公元前494年，吴王夫差进攻越国，围困越王勾践于会稽（今浙江绍兴），迫使越国屈服。接着又打败齐军。公元前482年，在黄池（今河南封丘附近）与诸侯会盟，争得了霸权。越王勾践自被吴国打败后，卧薪尝胆，立志报仇，经过几十年努力，转弱为强，灭了吴国。

前　言

　　《春秋左传》又称《左氏春秋》《春秋左氏传》《春秋内传》，汉朝以后多称《左传》。是古代编年体史书、散文作品集、儒家经典"十三经"之一，是我国现存第一部叙事详细的编年体史书。相传为春秋末年的左丘明为解释孔子的《春秋》而作，清代经今文学家认为经西汉刘歆改编，而近代则多认为是战国初年左氏根据各国史料编集而成。全书以《春秋》为本，通过记述春秋时期的具体史实来说明《春秋》的纲目，向我们展示了这一时期列国的政治、军事、外交等方面的重大事件和有关言论，以及天道、鬼神、占卜等事，是我们全面了解这一时期政治、经济、文化的重要资料。

　　《春秋》本来是春秋时代各国史书的通称，那时不少诸侯国都有自己按年代记录下的国史。到战国末年，各国史书先后失传，只有鲁国的《春秋》传了下来。它虽然用了鲁国的纪年，却是记录了当时社会的一部通史。但《春秋》记事是非常简略，而且遗漏很多的，这使其史学价值大打折扣。

　　《春秋》的"春秋笔法"所造成的问题似乎很快就被人发现了，《史记·十二诸侯年表》中，太史公说："是以孔子明王道，干七十余君，莫能用，故西观周室，论史记旧闻，兴于鲁而次春秋，上记隐，下至哀之获麟，约其辞文，去其烦重，以制义法，王道备，人事浃。七十子之徒口受其传指，为有所刺讥褒讳挹损之文辞不可以书见也。鲁君子左丘明惧弟子人人异端，各安其意，失其真，故因孔子史记具论其语，成左氏春秋。"这就是说左丘明怕孔子的《春秋》被人歪曲误解，专门为之作传加以解释，是为《左传》。

　　《春秋左传》为《春秋》三传之一，有 60 卷，18 余万字。大约成书于战国初期。全书以《春秋》为纲，并仿照其体例，按鲁君隐、桓、庄、闵、僖、文、宣、成、襄、昭、定、哀、悼十三公世次记事。在《四库全书》中列为经部。记述范围从公元前 722（鲁隐公元年）至公元前 468（鲁哀公二十七年）。全书多用事实解释《春秋》，不同于《春秋公羊传》《春秋穀梁传》完全用义解释。本书取材广泛，博采当时诸国史籍简册、旧文故志、训、典、语、令及口头历史传说，不但反映了春秋各国政治、经济、军事、外交、文化及各类代表人物的活动，而且还保存了夏、商、周等时期的部分史料。此书文字简洁、优美，作者善于突出事物本质，以简括语句表述复杂纷繁的事件，对战争的叙述，谨严而分明，委曲而尽致，令读者产生身临其境之感，还善用极少笔墨刻画人物的细致动作和内心活动，不愧为中国古代史学和文学名著。本书原与《春秋》分别单行成书，其纪年方法、时限、内容皆与《春秋》多有不合，书内解经之文显然系后人附入。本书在西汉平帝和东汉光武帝时曾一度立于学宫，东汉贾逵、服虔等曾为其作注，均佚。西晋杜预做《春秋经传集解》，始将经传合编。

其他注释有唐代孔颖达《春秋左传正义》、清代洪亮吉的《春秋左传诂》、刘文淇《春秋左氏传旧注疏证》(有科学出版社本),今人杨伯峻的《春秋左传注》(中华书局 1981 年版)、王伯祥《左传读本》(上海人民出版社 1977 年标点本),还有朱东润的《左传选》(上海古典文学出版社 1956 年版)等。

《春秋左传》代表了先秦史学的最高成就,在史学中的地位被评论为继《尚书》《春秋》之后,开《史记》《汉书》之先河的重要典籍,对后世的史学产生了很大影响,特别是对确立编年体史书的地位起了很大作用。而且由于它具有强烈的儒家思想倾向,强调等级秩序与宗法伦理,重视长幼尊卑之别,同时也表现出"民本"思想,因此也是研究先秦儒家思想的重要历史文献资料。

《春秋左传》不仅仅是一部史书,也是一部优秀的文学作品,对战争场景的描写,对历史人物的刻画也极具魅力。文史结合的特点使其既有很强的知识性,又极具观赏性。为了让广大读者更好地感受春秋大变革时期的魅力,特别增加了春秋战国历史风云,以及对春秋笔法做了详细论述,对原典做了详解,同时收录了晋朝时杜预所著的《春秋左传集解》,另外对《春秋左传》里的名言和故事都有单独章节讲述。总之,本套《春秋左传》是一部汲取民间读书"活水"、体例全面创新、旨在帮助读者精研《左传》的"一站式"读本。

目　录

第一章　春秋时代概述 ……………………………………………… (1)

一、封建王朝的开端 ………………………………………………… (1)

二、制礼作乐与由神及人 …………………………………………… (6)

三、竞争与动荡纷杂的历史 ………………………………………… (7)

四、诸子百家论战国 ………………………………………………… (24)

五、官学下移与游士之风 …………………………………………… (27)

六、各国变法运动风起云涌 ………………………………………… (38)

第二章　春秋时代的政治、自然地理与文学 …………………… (41)

一、春秋时代政治与自然地理概况 ………………………………… (42)

二、春秋时代文学的三大地理板块 ………………………………… (44)

三、春秋时代的文学 ………………………………………………… (47)

第三章　春秋笔法 ………………………………………………… (87)

一、"春秋笔法"释义及其对史传的影响 ………………………… (87)

二、"春秋笔法"对文言小说的影响 ……………………………… (92)

三、"春秋笔法"对章回小说的影响 ……………………………… (101)

四、"春秋笔法"对小说主题、人物及表现形式的影响 ………… (117)

第四章　《春秋左传》原典详解 ………………………………… (127)

隐公 ………………………………………………………………… (127)

桓公 ………………………………………………………………… (171)

庄公上 ……………………………………………………………… (219)

庄公下 ……………………………………………………………… (249)

闵公 ………………………………………………………………… (282)

僖公 ………………………………………………………………… (297)

文公 ………………………………………………………………… (445)

宣公 ………………………………………………………………… (521)

成公 ………………………………………………………………… (586)

襄公 ………………………………………………………………… (680)

昭公 ………………………………………………………………… (884)

定公 ………………………………………………………………… (1103)

哀公 ………………………………………………………………… (1168)

附录一 ……………………………………… （1268）

后序 ………………………………………… （1274）

第五章　（晋）杜预集解《春秋左传》 ……… （1277）

春秋序 ……………………………………… （1277）

隐公第一 …………………………………… （1279）

桓公第二 …………………………………… （1307）

庄公第三 …………………………………… （1336）

闵公第四 …………………………………… （1374）

僖公第五 …………………………………… （1381）

文公第六 …………………………………… （1457）

宣公第七 …………………………………… （1502）

成公第八 …………………………………… （1543）

襄公第九 …………………………………… （1603）

昭公第十 …………………………………… （1736）

定公第十一 ………………………………… （1887）

哀公第十二 ………………………………… （1923）

第六章　《春秋左传》名言 ………………… （1979）

其乐融融 …………………………………… （1979）

教子以义方 ………………………………… （1980）

众叛亲离 …………………………………… （1981）

善不可失,恶不可长 ……………………… （1982）

君子不欲多上人 …………………………… （1984）

怀璧其罪 …………………………………… （1985）

一鼓作气 …………………………………… （1986）

与恶弃好非谋也 …………………………… （1988）

修己而不责人 ……………………………… （1989）

风马牛不相及 ……………………………… （1990）

一薰一莸,十年尚臭 ……………………… （1992）

唇亡齿寒 …………………………………… （1993）

欲加之罪,何患无辞 ……………………… （1995）

无信患作,失援必毙 ……………………… （1996）

重怒难任,陵人不详 ……………………… （1997）

量力而动,其过鲜 ………………………… （1998）

以欲从人则可 ……………………………… （1999）

怀安败名 …………………………………… （2001）

莫贪天功 …………………………………… （2002）

信，国之宝也 …………………………………………………… （2003）

师直为壮 ……………………………………………………… （2004）

不以一眚掩大德 ……………………………………………… （2006）

死而不义非勇也 ……………………………………………… （2007）

彼骄我怒，而后可克 ………………………………………… （2008）

过而能改，善莫大焉 ………………………………………… （2009）

鞭长莫及 ……………………………………………………… （2010）

尔虞我诈 ……………………………………………………… （2011）

仁信忠敏 ……………………………………………………… （2013）

侵官，冒也 …………………………………………………… （2014）

称仇不谄 ……………………………………………………… （2015）

事君不避难 …………………………………………………… （2016）

我德则睦 ……………………………………………………… （2018）

举不失选，官不易方 ………………………………………… （2019）

众怒难犯 ……………………………………………………… （2020）

居安思危 ……………………………………………………… （2022）

不贪为宝 ……………………………………………………… （2023）

立德、立功、立言 …………………………………………… （2024）

言之无文，行而不远 ………………………………………… （2025）

赏不僭而刑不滥 ……………………………………………… （2027）

君不失其信 …………………………………………………… （2028）

忠善以损怨 …………………………………………………… （2029）

陵人卑上，弗能久矣 ………………………………………… （2031）

爱之如父母，归之如流水 …………………………………… （2032）

君子不犯非礼 ………………………………………………… （2033）

苟利社稷，死生以之 ………………………………………… （2034）

民知所适，事无不济 ………………………………………… （2036）

小国忘守则危 ………………………………………………… （2037）

民弃其上，不亡何待 ………………………………………… （2038）

以礼为国 ……………………………………………………… （2039）

知者除谗以自安 ……………………………………………… （2040）

人而无礼，胡不遄死 ………………………………………… （2042）

去疾莫如尽 …………………………………………………… （2043）

视民如伤国乃兴 ……………………………………………… （2044）

盈必毁，天之道 ……………………………………………… （2046）

多陵人者皆不在 ……………………………………………… （2047）

第七章 《春秋左传》故事 …………………………………………… (2049)

　　一、鲁隐公时期故事 …………………………………… (2049)

　　二、鲁桓公时期故事 …………………………………… (2056)

　　三、鲁庄公时期故事 …………………………………… (2069)

　　四、鲁闵公时期故事 …………………………………… (2080)

　　五、鲁僖公时期故事 …………………………………… (2082)

　　六、鲁文公时期故事 …………………………………… (2127)

　　七、鲁宣公时期故事 …………………………………… (2143)

　　八、鲁成公时期故事 …………………………………… (2166)

　　九、鲁襄公时期故事 …………………………………… (2194)

　　十、鲁昭公时期故事 …………………………………… (2263)

　　十一、鲁定公时期故事 ………………………………… (2342)

　　十二、鲁哀公时期故事 ………………………………… (2353)

第一章　春秋时代概述

一、封建王朝的开端

在《史记》中，司马迁这样记述了周王朝的诞生：

曾经有其他的民族侵略周，周人欲战，古公亶父回答说，我不忍杀人父子。周人为了避免无谓的流血，舍弃了家园，迁到岐山脚下。

在现在的周原遗址，立有歌颂古公亶父人品和功绩的石像。

由商向西，大约600公里的岐山脚下的周原（今陕西省岐山县周原一带），即是周的中心。周把人民当作国家的财富，这样的姿态，逐渐在周围各国中获得很高的声望。渭水流淌在周原大地上，在渭水之滨，终于上演了一场大大改变历史的征战，主导是古公亶父之孙周文王和太公望吕尚（即民间所称的"姜太公"）。文王高度赞赏太公望的才能，并邀请太公望为周的军师。这

司马迁

时，大量的其他民族的民众涌入周，不断诉说殷商的残暴，请求周推翻殷商，改天伐殷的决心在文王死后由武王继承。作为周的强大对手，商纣王在史学家的笔下，也曾是一代有作为的君王，后来由于他惊人的残暴与沉溺于酒色，使国力衰竭，即使他文武双全，也无法扭转眼前的现实。此时，周族人对商王朝表面上百依百顺，不断以珍宝、美女进贡，而私下却广招人才，加强军备，直到周人发动进攻之前，商纣王仍蒙在鼓里。

公元前1046年2月，一支军队行进在雷电交加、风雨泥泞的进军途中，这就是姜太公率领的伐纣大军。东渡黄河之后，姜太公命令沉掉所有船只，不留后路，和商军决一死战。据《史记》记载，武王伐殷的这场战争被称为牧野之战，是夏商周三代最大的战争。

对于武王、太公望和其他民族来说，这是一场力量悬殊的战争：武王集结了周围八国的民族，在周的旗帜下，集结战车4300辆，士兵48000人；而迎战的殷军有70万人，周军的士兵还不到殷军士兵的十分之一。但是战争发生了意想不到的变化，殷军士兵们让开道路欢迎周军的到来。周代制造的青铜礼器"利簋"描述了牧野之战的情况：武王灭纣，战争从早上开始，到黄昏就很快结束。殷军虽然人数众多，但皆无作战之心，纷纷丢下武器，为武王的大军让开道路，使人们感到殷军中其他民族的士兵们正在希望周军的进攻获得胜利。

让我们从文物中追溯周的风采，感受周的意蕴："大禹鼎"从周原出土，鼎的内侧刻有文字，诉说了周灭商的理由——殷商失去天命，殷商的守护者们沉溺于酒，放松了对军队的统帅，因此文王承天命，继而武王灭掉了殷商。

历史上的西周，是中华文明制度礼乐的奠基时代。而这个局面的开创，则归功于三个人，那就是文王、武王和周公。

周文王在位50年，他勤于时政，团结民众，他重视农事，关怀小民，协调工作。50年如一日，从早忙到晚，甚至连吃饭的时间都没有。正是由于周文王的努力为周最终战胜商纣王奠定了坚实的基础。

周文王即位之初国力并不强盛，周仍然是商的属国，周文王对殷纣王毕恭毕敬，并接受殷纣王册封的"西伯"称号，周文王的父亲被殷纣王父亲害死，文王实际上与殷纣王有不共戴天之仇，但文王即位时国家不强大，难以和商王朝抗衡。周文王只能忍气吞声，谋求国家力量的进一步发展。

周文王为取得殷纣王的信任，对殷纣王百般听命，及时进贡珍宝和美女。祭祀纣王的祖先时，一定亲自到场，并显得恭恭敬敬。周文王的良好表现，殷纣王看在眼里，喜上心头，殷纣王敕命文王为"西伯"，"西伯"就是西方诸侯之长。同时，殷纣王要求周文王以西伯的名号，替殷纣王征服叛国。周文王名正言顺利用这个时机，打着为殷征服叛国的旗号，有计划地四处征伐，树立自己的权威。征战的结果使得周的力量越来越强大，势力范围越来越广阔。

文王作为西方诸侯之长，在自己的地域范围内，推行礼让谦和的文化氛围。国中治理得井井有条，令四周的诸侯见了心生仰慕之情。周的东边有两个小诸侯国，即虞国和芮国。两国因为争田夺土而互不相让。虞、芮两国国君便到周找"西伯"周文王来裁决这件事，在周的境内，两人看到这里的人彬彬有礼，互相谦让，连划田界都互让而不争，于是两国以所争之田为闲田而退出争端。

周文王有一次出行在外看见一堆枯骨,便派人去把它埋好。手下官吏回答说,这是无主的枯骨,文王说:"有天下者天下之主,有一国者一国之主,我就是他的主。"天下人听到这件事对周文王心生归属之情。

周文王的领袖魅力吸引了众多人才,连殷纣王身边的人也有投奔到周文王麾下的。文王对有才之士礼遇有加。周以外的贵族、太颠、闳夭、散宜生、鬻子、辛甲等人都来到周文王身边,为周的征战和治国出谋划策。

周文王首先向周的西方用兵,以解除东进克商时后顾之忧,向西方用兵主要针对的是犬戎和密须两个民族。进攻密须是文王首次遇到的重大战役,并取得决定性胜利。

文王灭密须以后,就转而向东征伐,向商王朝的领地开始步步逼近,文王向东直指在今山西长治的黎,这里距离殷王朝的京城不远,中间只隔一座太行山脉。接着又攻下了邘,文王在东方最费力的进攻就是进攻崇国,崇国筑有高大的城墙。难以进攻,文王精心组织谋划,取得了胜利,从而能从北中南三个方向向殷朝进攻。文王为了能够更好地进攻殷朝,还把首都从周迁移到丰,以便于从这里出发调动大军攻灭殷朝,文王在做好政治军事、人心向背的准备之后,正准备调动大军攻灭殷朝时,却老死于工作中。

文王在位五十余年,兢兢业业,为后继者武王伐纣做好了一切准备。

周武王是周文王的第二个儿子,武王全面继承文王所创的基业,继续重用文王选拔的大臣执政,保持了政策的连续性。

武王即位后第四年,经过对自己队伍的充分演练和准备后,恰逢殷贵族内部因为纣王的淫暴而分崩离析。武王认为伐商的时机已到,亲率战车三百乘,勇猛的虎贲三千人,以及普通甲士四万五千人向东讨伐殷纣王,在牧野一日之内击溃殷的守军,攻占朝歌。殷纣王在鹿台自焚,殷朝政权土崩瓦解,然后,武王分兵多路,瓦解殷朝驻屯别处的守军和其所属藩国的抵抗。

经过几年征战,武王占领殷商全境及其所属藩国。

周武王就是因为克商的武功,才得到武王的称号。

武王克商之后,把都城从文王所建的丰邑,迁到镐京。丰邑和镐京其实相距很近,两者之间的距离不过 25 里(都在今陕西西安市郊长安区)。

武王为了巩固统治,开始推行分封制,武王分封的诸侯,有两种,一种是先代是功臣之后,另一种是亲属。至于对待敌对的殷贵族,虽然也有给封地的,但情况完全不同。当时,原商朝王畿以内,殷贵族的势力还很强大,特别是殷贵族的基层,士一级人数众多,很难统治。武王对此采用一面加以安抚、笼络,一面加强监督控制的方法。加强监督控制就是设置三监,三监分别是纣王之子武庚,以及武王的两个弟弟管叔和蔡叔。设置三监的目的在于把新征服的商朝王畿分割开,以便对原来有统治势力的殷贵族加以安抚和监督,进而消除他们的顽强反抗。事实上,这个办法并没有取得预期的效果。

武王去世后,成王年岁尚小,周公旦掌握政权,周朝贵族内部发生争夺王位的斗争。在此时机,管叔、蔡叔利用他们的权力和军事力量,联合纣王之子武庚和东方的方国部族发动叛乱。周公经过三年东征才把这场大乱平定。周公东征虽然取得胜利,但是,商朝统治的基层势力还顽固地存在着。原来武王推行三监的分封制,既没有取得预期的征服殷臣的功效,相反到一定时期,却成为发动大叛乱的根源,因此,如何进一步加强控制原来的商代王畿,以及许多强有力的方国,如何消除殷贵族社会势力的顽强反抗,成为周公必须加以解决的突出问题。

周公又称周文公,是武王、管叔之弟,在武王诸弟中是最有才华的。武王时,周公已掌握大权,辅佐武王成就周朝事业。

牧野之战,周公就参与谋划,武王设置"三监",周公也参与其中。武王认为周公既勤于政务,又多才多艺,因而要依兄终弟及的继承法,传位于周公,但周公惶恐而不敢接受。

武王死后,武王之子成王年幼,难以应付克殷之后复杂的政治斗争形势。周公忧虑诸侯因此叛周,就自己摄政称王,努力完成武王遗志,稳定时局。

但叛周之事还是发生了。武王之弟、周公之兄管叔主谋发动了这场叛乱。管叔主谋发动叛乱具有争夺王位的性质,因为他是武王之弟、周公之兄。武王死后,成王年幼,按殷兄终弟及的传统,该由他继承王位。这场叛乱又因为有殷贵族武庚及一些殷属方国东夷参加而更显复杂多变。因为殷遗民参加叛乱是图谋推翻周朝而复国。

周公当时面临的形势十分严重,不但周与殷贵族之间有严重冲突,而且周贵族内部又有深刻的矛盾。当周公占卜吉利,准备兴师东征之际,诸侯及其官僚、贵族则强调困难很大,不敢出征,要求违反占卜的结果。因为当时一是人民不安定,二是参与叛乱的都是王室、诸侯宗室,以及自己的父辈亲属。当周公动员诸侯及其所属出发东征的时候,诸侯及其所属居然一起公开出来表示反对。周公据理力争,说服贵族东征。周公对他们反复宣讲,必须听从上帝之命,听从占卜结果;必须顺从天意,在文王勤劳建成的基业上,继续完成文王大业。

周公东征的战略,首先控制大局,制止叛乱,然后各个击破,全面平定叛乱。这个过程前后花了三年时间。第一年只是制止了叛乱的蔓延,第二年平定了管叔、蔡叔和武庚之乱,第三年继续东征,才灭掉东夷的奄国。对东夷的战斗显得异常激烈,因为东夷处于今天的山东半岛，三千多年前，这里森林茂密，部队行进困难，而且有很多猛兽如虎、豹、犀、象等出没干扰。

周公东征取得巨大胜利，对周王朝的创建和巩固具有重大作用。武王虽然已经克殷，但是实际上除了周朝原有西土以外，只占有殷原来的京畿以及南国，包括现今河南的北部、中部；河北东南角；山西南边。因为殷代晚期，殷国力衰落，夷狄纷纷内迁，西北的戎狄进扰中原，东方的夷族渐居中土，殷的直属领地已经缩小很多，而四周的夷狄部族和方国势力一时大有扩展，使得殷减弱了力量，这也是殷灭亡的原因之一。周克殷后，新建的周朝继承了这个局面。同时，周以"小国"攻克殷的"大邦"，一下子不容易控制"大邦"的局势，加上周的克殷，在京畿一战而胜，原来京畿殷贵族的势力仍保持着，而且根深蒂固。武王不得已而采用安抚和监督相结合的政策，继续分封殷的王子武庚为属国，并设置"三监"，但如此并无法消除殷贵族的顽强抵抗力量。武王克殷之后二年便去世，所谓"天下未宁而崩"，而成王年幼，三监、东夷联合起来发动叛乱，确实造成了周的动荡艰难的局面。经过周公三年东征，才使艰难局面转危为安。经过周公第二次"克殷"，对殷贵族的控制力量就大大加强了。经过周公攻克东夷许多方国和部落，就把东部原来东夷居住地区归入周的直辖领地。可以说，周公东征的胜利，才使周朝基本上完成了统一大业，才奠定了创建周朝的基础。

周公东征胜利后，为了防止殷贵族势力的再次叛乱，决定改变对殷贵族就地监督的办法，开始大规模地强迫迁移殷贵族。一方面把殷贵族集中迁移到洛邑；另一方面，就是分批分配给主要的周贵族的分封国，让周的诸侯王把殷贵族带往远处的封国。这样，这些原本政治、经济落后的封国可以利用受教育较多，有一定治国经验的殷贵族的力量来加强周在当地的统治。周公使用一箭双雕的办法解决了困扰周多年的殷顽民的治理问题。

周公三年平定叛乱后，为加强对东方的统治，开始在伊、洛地区大规模营建新邑，作为东都称为成周。原来的都城镐京称为宗周，又称西都。同时设置东西两都，是为了加强对中原地区以及对四方的管理和统治。这是中国历史上的伟大创举，为后世王朝所仿效，这种行政设置对于加强全国的统一起着重要作用，因为全国面积广大，僻居西方的国都丰邑、镐京不便于管理中原和东、北、南三方的政务。

周公摄政称王七年后，把权柄交还成王。周的统治才开始真正进入安定平稳期。

二、制礼作乐与由神及人

周代建立以后，商代由神来决定人间命运的时代已经过去，人们依照自己的意志来改变生活的时代开始了。殷商社会中指导一切的神，在周代仅存于仪式中。这是因为，地上是人间生活的地方，人们只要崇拜神，心存正义地去祭祀就可以了。

从商到周社会发生了巨大的变化，随之，青铜器的器形也发生了变化。

台北故宫博物院收藏了"毛公鼎"，商代经常看到的夸张的造型变得无影无踪，装饰也趋于简单。周代的青铜器内写满了铭文。毛公鼎的内侧就刻有周王对家臣毛公下达的指示，内容是依靠自己的努力解决社会动乱，铭文的内容透露出更多的人间性。

还有一个器物是用于盛放稻谷等粮食的，它上面刻着父亲在儿子出门时交给儿子、并要求子孙作为家宝收藏的内容。这件容器的铭文显露出美好的梦想，表明青铜器进入了人们的生活，器形也变得温和了。

"侯母作侯父旅壶"器形丰满，是妻子为出征的丈夫做的，铜壶口沿上的铭文显示了妻子对出征的丈夫深厚的感情，"侯母作，侯父戎登，用征行，用求福无疆"，为参加征战的丈夫送行，祝愿永远的幸福，也可以说是希望丈夫能够活着回来。铭文蕴含着深深的祝福和憧憬，标志着周代社会出现了理智和人性的光辉。

司马迁在《史记》中记载，周朝天下安定，刑罚只用了不足 40 年。周是一个秩序井然的国家，祭祀天和祖先的时候，从建筑物的大小到编钟演奏的音乐，以及仪式的程序都有详细的规定，这就是被称为礼的制度，一切循礼而作。

故宫博物院收藏了周代诸王的肖像画，其中有灭掉商的武王。武王将自己的王族和功臣封作各地的诸侯，试图建立一个以周王为中心的有秩序的国家。诸侯根据身份分别被授予公、侯、伯、子、男的爵位，此后，分封的诸侯国超过了 200 个。根据记载，诸侯国的领土面积以爵位而定，最高爵位的诸侯国也不过方百里，即大约 60 平方千米的领地。

1992 年发现了晋侯墓，周代的王族墓地在此以前一处也没有找到，因此这次发掘使人们第一次了解到了周代统治者的埋葬情况。出土的尸骨上堆满了精美的玉器，总数大约为 300 件。古代的人们渴望永存，用玉器装饰死者，周代也继承了相同的习俗。在周代，不只是在埋葬死者的时候，在祭天的时候，在祭祖的时候，在朝拜天子的时候，也都使用玉器。什么样的仪式用什么形状的玉器，《礼记》中都有详细的规定。覆盖在死者脸上的玉制面具，据说是为了防止恶鬼的侵入。"玉英文圭"，高 30 厘米，在周代，圭是和爵位一起由周王授予的，圭是显示身份的器具，不同爵位的人所携带的圭的长度是不同的，天子在向诸侯授爵位的时候，要在宫殿里按照"礼"的规定举行庄重的仪式。在"颂壶"的铭文中，详细描写了"周礼"中关于仪式的情形：在朝阳升起的同时，周王就座，臣子进门，在内庭站立，宣读周王的命令。被授予黑色的礼服和缀有铃铛的红色旗帜的臣子，接受委任状，退出。根据后代的记载，周朝有超过 3000 种礼仪，后来诞生的孔子，一生所憧憬的就是这种用礼治理的有秩序的国家。

北京故宫博物院收藏的"世父钟"是西周的青铜乐器，由 8 只 22 件大小不同的钟组成的乐器叫作编钟。由编钟演奏的音乐不只是为了娱乐，在祭神和祭祖等重要的仪式中也是不可缺少的。"宗周钟"是西周末期为了纪念周厉王平定南方少数民族入侵而制作的，它也是周王为自己制作的现存极为稀少的青铜器之一。在周代，音乐是仪式中必需而神圣的，得到了快速发展。在当时，乐器不仅有编钟，而且还有古琴等弦乐器，据说还有合唱和舞蹈。

三、竞争与动荡纷杂的历史

自东周起，社会进入到充满思辨的春秋战国时代，在这个百家争鸣的时代中，诞生了许多豪强霸主、能臣奇士，也诞生了孔子、老子、墨子、孟子等一大批哲人。

周武王克商之后，沿用商朝的一套制度，即把土地分封给团结在武王周围并做出一定贡献的人，这些人再把土地分封给自己的功臣或亲属。这种层层分封土地的制度使得受封者既有土地，又有人民，容易导致分离倾向。这种制度历经四百多年最终演变为诸侯混战，中华大地翻天覆地。在中华民族历史上，发生如此大的巨变只有两次，一次是春秋战国，另一次就是从鸦片战争爆发的 1840 年至今。

西周的土地分封制度刚开始时确实起到团结众人、分权治国的作用。由于土地广阔，交通条件又极其落后。这种形式的分权有利于诸侯发挥各自的积极性，因地制宜处理区域内的政治经济事务。也正是因为周王对诸侯如此放权，而维系诸侯与天子关系仅仅是形式上的礼制，缺乏相应的制度监督和权力监控，最终酝酿了分封四百年之后的天下大乱。中国历史进入春秋战国时期。

公元前 770 年，周平王从镐京向东迁到洛邑，逃避犬戎进攻所带来的生存威胁，春秋时期从此开始。历经四百多年风雨岁月的侵蚀，诸侯之间原本既有的亲情、友情逐渐被他们的后代淡忘、遗弃。而维系他们团结在一起的领导核心周王室又软弱无力，遵循周礼之人越来越少。诸侯之间争权夺利,反目成仇,战争的激烈程度不断升级。

春秋时战斗双方还讲求礼仪,看重形式,稍显温和,这种战斗作风持续到公元前453年就已荡然无存,从这时开始直到公元前221年秦始皇统一中国,战斗都异常激烈,死亡人数动辄以几万、十几万计。把这段时期称作战国,不仅仅因其战争次数多,更因为战争惨烈,即使从字面上感觉,"春秋"两字含蓄有礼,虽有争执,但也较为收敛,而"战国"两字却是赤裸裸的相互搏杀,只要能消灭对方,无所不用其极。但2200多年以前的战国时代是中国历史上关键性的重大变革和发展时期,无论政治、经济等各方面都有着重大的变革和发展。

这时的农业生产由于铁工具的普遍使用,水利灌溉工程的开发,生产技术的进步,荒地的开垦,一年两熟制的推行,农田产量有了较大增加,使得五口到八口之家的小农得以成长。魏、秦等国先后推行按户籍授田的制度,规定一夫授田百亩,由此小农成为君主政权立国的基础。随着小农经济成为立国的基础,各国政权组织相应发生变革,废弃了原来由各级贵族统治的制度,形成以将相为首脑的中央集权的君主政权,普遍推行郡县两级的地方行政组织。

战国前期,各国先后进行变法都是为了进一步加强这种政治、经济上的改革,维护和发展小农经济,奖励农民为国家努力"耕战"。由此富国强兵,从而在兼并战争中取胜。战国时代以小农经济为基础而建立的中央集权体制,为秦汉以后历代王朝沿用,其影响持续到近现代。

春秋战国社会变动频繁迅速,各种思潮争相涌现,诸子百家就出现在这段时期。普通百姓要在心理上适应新环境,寻找安全感;国家管理者也要创新制度,创新手段来治理国家,各种各样的学说带着各自的梦想和追求,去满足各类人心理上和精神上的需要,并在实践中展示自己。

战争是催化剂,战争的双方为了击败对方,开始有意识地改进各自的管理制度,整合各种资源,官僚制度由此产生。国与国之间的竞争导致农业技术的改进,以提高生产效率;国与国之间的竞争导致俸禄制的职业官僚的出现,国与国之间的竞争导致社会结构的变化,出现了小自耕农、工商业者以及由宗法贵族分化而来的官僚和各种士等多个阶层。

春秋战国时期的混乱也带来华夏民族的融合,由于战争所带来的动荡迁徙,由于战争所带来的侵略吞并,客观上促进了各个区域居民的交流、融合。为华夏民族的形成奠定了早期的基础。

除了民族的融合作为春秋战国时期的一个历史主题外,春秋战国之所以引人瞩目,还在于这是一个思辨、竞争和动荡、繁荣并存的历史时期。其中,由姜太公开创的齐国基业,是最明显的例证。

姜太公以其卓越的雄才大略,辅佐周武王登上了中国历史上第三个朝代的王位,然而他并没有像小说《封神演义》中描写的那样,被封为众神的班头,而是在周朝建立后,得到了中国山东半岛古名为营丘的一块土地,同时他正式成为周朝下属的诸侯,国号为齐的开国之君。他到任后的第一件事是击败了此地的东夷族,将齐国的疆土一直向东发展到了海边,这使来自高山平原地区的华夏民族第一次看到了辽阔的海洋。据说太公望大力发展纺织业,使贫穷之地变成了富裕的诸侯国。在灭商战争中立了大功的姜太公,不仅是打仗的高手,在治理国家方面也显示了出色的才能,他对当地土著民族的风俗采取了宽容的态度,并以一种人们乐于接受的方式来推行他的统治。

齐国在建国之初就制定了"因其俗减其礼,通商工之业,便鱼盐之利"的治国方略,因此其他诸侯国的人才和物品纷纷流向这里。当时齐国有一个在今天看来仍然比较开放的政策,就是以外商驾车的数量来决定接待的规格:驾一辆车的免费就餐,驾三辆车的免费食宿,并供给马饲料,驾五辆车的,除了同样享受上述各种待遇外,另配备五名侍女和侍卫,这一政策吸引了大量客商。一时间,临淄城里"车毂击,人肩摩,连衽成帷,举袂成幕,挥汗成雨"。

《考工记》是我国现存最早的一部记载官府手工艺规范的专著,专家认为该书是齐国的官书。《考工记》对于制作玉器、陶器、船舶、兵器、铜器以及建筑、水利等都有具体的记载,而其中对于制车工艺的论述尤为精到。从选材、装辐、轮更、辰转到成品检验技术都详尽、严谨。在临淄考古队的出土文物仓库里,我们看到一些车的零部件模型,这些车马遗物,木制纹理清晰可辨,可见在春秋时期,齐国制车水平已经十分高超。《考工记》出现在齐国,也就不足为奇了。对于如何验证轮子的平衡,《考工记》介绍了一个方法,"悬之,以视其辐之直也,水之,以视其平沉之均也"。也就是说,在做好的轮子上悬一个吊锤,以吊锤的线是否垂直来衡量轮子的辐条是不是均匀,再把轮子放到水里,看轮子四周能否平整地浮出水面。在很多年以后,这种简单易行,而又充满智慧的方法还在使用。

驾车的技巧就在于如何控制马,马分为副马和骖马,中间两匹为副马,负责用力拉车,外侧为骖马,负责左右转向,要想随心所欲驾驶马车,就要学会用缰绳调理好副马和骖马。《诗经·秦风·小戎》中所谓"驷骥孔阜,六辔在手",说的就是这个道理。吉水和淄河两岸的牧草资源,为齐国大量饲养马匹提供了有利条件,养马业的兴盛促进了齐国经济的繁荣。在齐国，上至王公贵族，下至平民百姓，都喜欢马。齐国有一个小镇叫千乘，就是因为齐景公游马迁寺而得名的。

在齐国首都临淄郊外，有四个高大的土堆，这里的百姓称他们为"四王冢"，像这样的墓穴，这里还有很多，他们点缀着齐国古都临淄的原野。千百年后，远远望去，仍然隐隐透出一股帝王之气，或真或假，都令人遥想当年齐国力的强盛。齐桓公于公元前681年确立霸业。具有戏剧性的是，他居然起用了和他有一箭之仇的敌手管仲做他的宰相，而正是这个差点儿要了他性命的人，却使齐桓公成了春秋时代第一任霸主。对管仲与齐桓公的这段生死之交，唐代大诗人杜牧曾感叹道"幸脱当年车槛灾，一匡霸业为齐开，可怜三尺牛山土，千古长埋天下才"。

开创了齐国如此繁华局面的君主，是齐桓公，为"春秋五霸"之一。此人在历史上，是值得书写的一位有识之人。

周建国过程中，姜太公立了很多战功，为周文王和周武王两代人所倚重。周分封时，便把姜太公分到齐，齐开始建国。姜太公传到齐桓公时已历经四百多年，这时的周王室失去往昔的号召力，更没有力量来保护各诸侯，诸侯国各自发展以求自保。

当时，北方的戎狄各民族越过太行山向东侵扰，从东北兴起的山戎族也趁机扰乱燕齐边境，南方江汉流域的楚国也北进中原，在华夏诸侯看来，楚也是蛮夷之一。在这种南北双方夹击形势之下，中原文化岌岌可危，时势需要一个强有力的诸侯领袖联合其他诸侯国共同保卫中原免受侵犯。

齐国经济比较发达，有着良好的经商传统，齐桓公继承的国家，有一定的经济实力来成为诸侯领袖，不过，齐桓公能成为齐国国君，以及后来能成为开创新局面的诸侯霸主，都有着较好的运气成分。齐桓公的前任也就是他哥哥齐襄公死后，有两个人都有资格继承君位，一位是齐桓公，住在吕国，由鲍叔牙相伴，一位是另一个弟弟，名叫公子纠的，住在鲁国，由管仲和召忽相伴。两人知道襄公的死讯后，都急着赶回齐国争夺君位。桓公因为距离近，比公子纠更快回到齐国就任君位，桓公即位后，发兵去拦截由鲁国军队护送的公子纠，双方发生一场混战。公子纠的谋臣管仲一箭射中桓公，幸好射中桓公的带钩，不过，桓公手下毕竟兵强马壮，把护卫公子纠的鲁兵打得大败，并兵临鲁国。齐兵向鲁国的人说到，公子纠是我君的亲兄弟，自己不忍下手，由你们杀了吧。公子纠的谋臣管仲和召忽是我君的仇人，一定要献出来，交给我君，亲自泄愤。鲁国人依他们的话做了，但召忽不愿受辱自杀，管仲却俯首为囚。齐君主帅鲍叔牙是管仲的好朋友，知道管仲具有政治天才，走到半路就解除了他的桎梏。回到齐国，鲍叔牙又在桓公面前竭力保举他。桓公正当用人之时，并不计较管仲的一箭之仇，重用管仲为相，在管仲的主持下，齐国的内政、军政和财政都有重大改革，为齐桓公的霸业筑就了坚实基础。

齐桓公在"尊王""攘夷"两方面都做得出色。所谓"尊王"，是齐桓公一直维持周朝的固有秩序，要求诸侯照例向周室纳贡。所谓"攘夷"，就是要帮着其他诸侯国抵抗北方异族和南方楚国的入侵以及平定诸侯国的内乱。逐渐地，齐桓公形成了自己的威权，成为支配诸侯的霸主。

当时，如果没有齐桓公这样强有力的领导来团结东方诸侯国成为一个大集团，共同抵抗戎狄和南方楚国的进犯，恐怕中原文化就会遭到摧残，从而中断自己的发展进程。四百多年后，秦统一中国时，中原文化已浸润到各个诸侯国，包括秦、楚、越等国家，那时的统一才可以叫作水到渠成，人心所向。

齐桓公霸业的巅峰是他即位后的第三十五年，桓公约鲁、卫、宋、郑、许、曹等国在葵丘(今河南民权县东北)会盟，相会修好。齐桓公在会盟上发出宣言："凡我同盟之人，既盟之后，言归于好"。又申明周天子的禁令：不可壅塞泉水，使邻国遭受水患；不可见邻国饥馑而不接济粮食，不可更换嫡子，立庶为长；不可以妾为妻，不可让妇人参与国政。葵丘会盟9年后，齐桓公去世，齐国发生内乱，齐国霸业结束。

齐桓公霸业的奠定，离不开一个人，他就是春秋战国时期仅次于商鞅的改革家管仲。

管仲，名夷吾，颍上(今安徽阜阳东南)人，出身卑微，当过商人，三次求官都被逐，三次去打仗却都做了逃兵，但此人很有才能，年轻时与鲍叔牙一起经商，鲍叔牙深知其才干。当公子纠在政变中失败，支持公子纠的管仲被囚禁，鲍叔牙仍全力将管仲推荐给齐桓公。桓公不咎既往，重用原反对他的管仲为相，充分反映了齐桓公唯才是举的政治家风范。管仲执政后，进行了一系列的改革。

首先，在经济方面，管仲主张大力发展农业、手工业和商业。他认为"仓廪实而知礼节，衣食足而知荣辱""设轻重鱼盐之利，以赡贫穷，禄贤能"。只有先发展经济，才能巩固政治和推进文化。在农业方面，他主张实行土地制度和赋税制度上的改革。所谓"均地分力""与民分货""相地而衰征"，即将井田划分给耕者，实行分田到户的个体经营，然后按土地质量和产量，让农民将收获的一部分以赋税形式交给国家。这样大大提高了农民的生产积极性。他还主张在农时季节不要征兵打仗，不让农民服徭役，使农业的正常生产得到保障。管仲的这些措施促进了齐国农业生产的发展。

在手工业方面，管仲设置"工正""工师""铁官""三服官"等管理手工业的机构，使国家加强对冶铜、制铁、纺织等手工业管理，并大力发展冶金手工业生产，以先进的青铜器和铁器来武装军队和促进农业生产的发展,达到富国强兵的目的。在商业方面,管仲主张设立市场,吸引各地客商,并设立专门的机构管理市场,对市场物价加以监控,以稳定国家的经济。

第二,政治方面,管仲在整顿原有制度的基础上,对齐国的政治、军事制度进行了全面改革。在行政上,实行城市和农村分开管理的制度,并将士、农、工、商分开治理,不使他们混居一起,居民更不能自由迁徙,通过这种措施,可以更加严密地控制人民,保证人力资源的充分。在军事上,管仲提倡寄军令于内政的办法,使军政合一,将全国民众以军事编制组织起来。规定五家为一轨,每轨设轨长一人;十轨为一里,设司里一人;四里为一连,设连长一人;十连为一乡,设良人一人。由各级军官掌管军令。由五家各出一人,五人为伍,由轨长率领;十轨为里,里有五十人,为一小戎,由司里率领;四里为连,有两百人,为一卒,由连长率领;十连为乡,有两千人,为一旅,由乡良人统领;五乡组成一帅,有一万人,为一军,由五乡的帅带领。全国共三军,分别由桓公及另外两大臣统帅。每年春、秋两季以狩猎来训练军队,寓兵于农,寓农于战。编制训练完成后,不许自由迁徙,每伍的人"祭祀同福,死丧同恤,祸灾共之",使人与人、家与家之间保持密切联系,做到夜里打仗互相听到声音不会混乱,白天打仗面目互相熟悉,便于相互协调救助,达到"居同乐、行同和、死同哀,是故守则固,战则同强"的目的。这样严密的组织使军队的战斗力大大提高。为了制造军械,管仲还制定了一套用兵器来赎罪的刑法。臣民犯了重罪,可以用一副犀牛皮制的甲和一柄车戟来赎罪;犯了轻罪,可以用铁来赎罪。又规定打官司要用一束箭作听审的费用。以此来筹措军事武器,使齐国兵甲充足。

在外交上,管仲提出"安四邻""择其淫乱者而先征之"的政策。

由于管仲的一系列改革,使得齐国日益强大,为齐桓公称霸奠定了各方面基础。

被孔子称为圣人的周公旦,是武王之弟,建立了礼的制度,他被分封到齐国南方的——鲁。今日的山东省曲阜尼山,在春秋战国时代,就是鲁国首都的郊外,也是春秋时代大思想家、教育家孔子的故乡。

孔子,名丘,字仲尼,公元前551年出生在今天山东省曲阜市东南的尼山。他是春秋末期伟大的思想家、教育家、儒家学派的创始人,在2000多年漫长的历史长河中,儒家文化在中国的儒家、道家、佛家三大家中,对中国的文化历史影响最为深远。对中国人人格的铸造产生了不可低估的深刻影响,并影响到了东亚和东南亚各国。

虽然孔子创立的儒家学说一直以来被奉为中国封建社会的正统思想,但是孔子在他生前却没有受到过如此之高的礼遇。孔子的一生基本上是在颠沛流离中度过的。

孔子是什么时候出生的呢？按照史书上"十月庚子孔子生"的记录，换算成现在的公历，孔子应该出生在公元前551年9月8日。孔子的远祖是宋国贵族，是殷商王室的后裔，孔子的父亲名叫叔梁纥，是一名武士，母亲叫颜徵在。早年丧父，家境衰落，为了生活，小时候干过很多粗活，年轻时还曾做过掌管仓库和放牧牛羊的小官，可是，不管条件多么艰苦，孔子一直坚持学习。他擅于取法他人，曾经说过"三人行，必有我师焉"。

　　自幼在鲁国的文化氛围中生活，深受周王朝礼乐制度的影响，孔子在15岁时产生了一个强烈愿望，那就是把研究和弘扬周朝的礼乐文化、典章制度，当作自己一生的目标。在当时，鲁国的政权实际上掌握在三个世代为公卿的家族手中，即孟孙氏、仲孙氏和季孙氏，三家也被称作三桓。深受周礼影响的孔子认为，周天子执掌天下大权是最合乎道理的，如果权力落到诸侯手中就是无道，如果权力再往下移就是加倍的无道，孔子对于当时鲁国三桓当政的政治现状非常不满。

　　公元前694年，鲁桓公去世，桓公长子庄公即位，庄公有三个弟弟，分别为庆父、叔牙、季友。庄公死后，三个弟弟争权，季友得势。季友建议鲁君立公孙敖继承庆父家业，称孟孙氏，以成（今山东宁阳东北）为封邑。立叔牙三子公孙兹为叔孙氏，以郈（今山东东平东南）为封邑。而将汶阳（今山东泰安西南）和费（今山东费县）作为季友本人的封邑，称季孙氏。因季孙氏、叔孙氏、孟孙氏均是鲁桓公的子孙，所以后人合称之为"三桓"。

　　三桓在鲁国的势力和影响都很大，这种影响由春秋延续到战国，前后持续了二百五十多年。三桓同宗同族，在对待公室的立场上基本一致。为维护其专权地位，三家总是勾结在一起，相互支援。正是由于三家密切合作，才得以长期控制鲁君与鲁国政局。但这并不意味着三桓之间就是"亲如兄弟"，其实，自庆父、叔牙、季友起，三桓便是以手足相残而闻世的。季友就曾逼叔牙饮毒自杀，迫庆父悬梁自尽。其后，三家为了各自的政治、经济利益一直在不断地争斗。

　　三桓作乱发生于公元前517年。庆父、叔牙、季友的八世孙们视鲁君如无物，尤其是季孙氏更是对鲁昭公极尽侮辱。最终逼走了当时的国君鲁昭公，迫使其流亡于齐、晋之间，有国不能归，有家不能回，客死异乡。

　　像"三桓"这样的士大夫在春秋兴盛有其原因。周天子的衰落使得诸侯王的权力得以解放，摆脱了周天子的禁锢，但同时也失去了周天子的保护。诸侯为自立与自强计，不能不加强本国卿大夫的权势，卿大夫的意见对诸侯国国君相当重要。于是，春秋时各国都形成了卿大夫掌握大权的局面，只是程度各异而已。鲁国在卿大夫执政方面比任何国家都走得更远，形成了所谓的"三桓"专政。

不过"三桓"家族中也确实出现了不少优秀的政治家、军事家和外交家。应该说正是由于他们的杰出贡献，才使得"三桓"专政有较好的执政基础，得到本国人民拥护，赢得其他国家的赞许。

"三桓"在鲁国的势力到战国初期即由盛转衰，以至销声匿迹。由于史料缺乏，三桓的消亡显得非常突然，其详细原因不得而知。但无论如何，三桓内部的争斗应该是衰败的一个重要原因。

公元前517年，三桓作乱驱逐鲁昭公后，三桓形成了在鲁国专政的局面。"三桓"专政以前，三桓各自专注于扩充自己的实力，多亲自主持家政、邑政，家臣实力甚微。三桓专鲁政以后，三桓注意力转移至参与国政，他们要考虑如何控制鲁君，如何统治鲁国，如何处理与其他卿大夫的矛盾，如何处理三桓之间的纠纷等重大问题，家政、邑政自然落入家臣手中。因各种战争以及朝、会、聘、盟等外交事务，三桓时常奔走于国外，少则一月，多时半年，有时连本人都会被其他国家扣押为人质达一年、两年之久，此时，三桓的家臣在封地区域俨然成了"主君"，主持封地内的一切事务，掌握生杀大权。由于家臣政治权力的增加，其经济实力也迅速上升，家臣地位得以大大提高，其在三桓家族中的地位自然不可小觑。尤其是确定主君继承人的问题上，家臣起着决定性作用。

家臣实力的增加自然是鲁国三桓家臣叛乱不断的前提条件，此外还有许多现实因素，促使家臣叛乱不断发生。首先是三桓与鲁公室矛盾激化，使得家臣有机可乘，家臣叛乱一般都打着"张公室"的旗号；其次是三桓内部矛盾激化直接导致家臣叛乱；最后，敌国林立的国际环境也为家臣叛乱提供了便利条件。鲁国的叛乱家臣大都逃亡齐国以乞求"政治避难"，除一名叫竖牛的叛乱家臣被杀于逃亡途中外，无一人受到相应的处罚，这无疑也助长了家臣叛乱的嚣张气焰。

公元前501年，鲁国发生的三桓家臣作乱是多次家臣叛乱中持续时间最长、影响最大的阳虎之乱。阳虎由专权季孙氏家政、邑政，进而"执国命"，权势凌驾于三桓之上长达三四年之久，可以说是家臣执政的极盛。阳虎控制季孙氏后，又先后对孟孙氏、叔孙氏发动攻击，妄图消灭三桓，达到扩张自己权力的目的。阳虎之乱，杀人无数，害人不浅，也沉重打击了三桓的势力。阳虎叛乱失败后，先逃到齐国，请齐师伐鲁，不得许。后逃奔宋国，又由宋国奔到晋国，最后为赵国的简子收留，成为赵简子的幕僚。

阳虎之乱后，三桓开始认真考虑如何对付家臣，如任用什么人治国才更合适、更平稳的问题。

孔子就是在这种社会背景下开始登上鲁国的政治舞台。

公元前 522 年，孔子 30 岁，这一年对他有特殊的意义，因为三十而立，孔子所说的"立"是指在社会上立身。在孔子看来，生存与立身是不同的，一个人可以靠他的贵族地位生存，也可以靠他的财产生存，靠他的技艺和劳动生存，而所谓立身是指一个人能够在道德上、在待人处事上、在礼节制度上完全符合社会公认的准则，在当时也就是周礼的要求。孔子说自己已经三十而立，就是认为自己经过多年的学习和思考，在 30 岁的时候已经解决了以礼立身的问题。他 30 岁时创办了中国历史上最早的私立学校，并开始授徒讲学，学生多数是贫民，也有贵族，只需交上一束干肉就算交了学费。颜路、曾典、子路、伯牛、冉有、子贡、颜渊等人就是孔子较早的一批弟子，连鲁国大夫孟喜子的两个儿子也来向孔子学习，可见孔子办学已是闻名遐迩。私学的创设，打破了当时只有官府才能办学的传统，让更多的普通人接受了教育，进一步促进了学术文化的下移。

公元前 517 年，孔子 35 岁的时候，鲁国的政治形势进一步恶化，三桓与鲁昭公的矛盾更加严重，这一年三桓作乱，鲁昭公被迫流亡国外。在鲁召公出走的前后，孔子感到鲁国无道，不如到齐国发展，于是带领弟子来到齐国。齐景公向孔子请教治国的道理，孔子说"君君，臣臣，父父，子子"，意思就是要按照周礼讲究君臣之道，父子之道。齐景公对孔子的回答很满意，很想留他在齐国做官，但是齐国以晏婴为首的士大夫们都表示反对，并且，当时齐国的大权也操持在大夫陈氏手中，齐景公虽然对孔子感兴趣，但也不得不妥协。因此，孔子觉得他的志向无法在齐国实现，又返回了鲁国。

孔子回到鲁国后，仍然从事文化教育事业，这一时期，孔子的弟子越来越多，前来求学的人几乎遍及各个诸侯国。尽管他的影响和声望都与日俱增，鲁国的统治者却没有想用他为官的意思。同时，鲁国的政权还掌握在三桓手中，而三桓又受制于其家臣。孔子不满这种政权不在君王，而在大夫手中的状况，也不愿在这种情况下出来做官。正是在这样的日子里，孔子迎来了他 40 岁的生日，他说自己是四十不惑，所谓不惑就是指对自己选择的人生道路有着坚定不移的信念。

公元前 501 年，鲁国发生了三桓家臣作乱的情况，叛乱平息后，三桓在叛乱中遭到严重打击，痛定思痛，三桓认识到家臣专政的问题必须解决。因此，三桓希望使用没有土地和人口，只接受俸禄，德才兼备的官僚来代替那些有土有民，无法无天的旧式宗法家臣。三桓将目光转向了孔子师徒，孔子在 51 岁的时候终于有了出来做官的机会。当年，孔子被任命为一个小城的县令，一年之后由于鲁国国王和三桓对孔子的政绩很满意。于是在第二年，孔子又被任命为拥有一定军权的司空，随后很快就再升为拥有一定司法权的大司寇。公元前 500 年，齐鲁在加谷会盟，鲁国由孔子主持礼仪，孔子认为有文士者必有武备,有武士者必有文备,所以准备了一支较强的卫队。由于早有防范,使齐军想用武力劫持鲁君的预谋未能得逞,同时,鲁国还利用外交手段收回了被齐国侵占的土地。孔子在这次会盟中,使鲁国在强大的齐国面前不失体面,还把被齐国侵占的土地收了回来,确实立了大功。

尽管如此,孔子在鲁国却得不到重用,这是因为孔子要维护的是周礼,是一种君臣有序的统治秩序,而三桓的理想目标是维持大夫当权的现状。在很多问题上,孔子的主张均对三桓的利益构成了侵害,这使得孔子与三桓之间的矛盾随之暴露。鲁定公十三年,鲁国举行了祭天的仪式,按惯例,祭祀后要送祭肉给大夫们,却没有送给孔子。这表明三桓已不想再任用他了。于是,孔子在不得已的情况下离开鲁国,再次到别国去寻找出路,开始了周游列国的旅程。这一年,孔子55岁。

孔子游学壁画

从公元前497年到公元前484年,孔子先后带着弟子去了卫国、陈国、楚国等七个诸侯国,但都因为自己的思想和理论不能够得到采纳而一直没有施展才能的机会。就这样,在诸侯国间奔走了14年后,已经68岁的孔子,在其弟子冉求的努力下被迎回了鲁国,但是仍是被敬而不用。孔子驾车周游列国之后,回到鲁国,广招门徒,主要传授六艺,这六艺是指礼、乐、射、御、书、数,其中"御"是孔子特别强调的一项技能。鲁哀公十六年,73岁的孔子得了病,不久去世。

孔子的学说,在汉代以后长期被封为正统意识形态,影响了中国两千多年的文化历史进程,并深深渗透到社会生活的各个层面。他是位伟大的伦理学家,思想核心是以仁、义、礼、智、信等伦理道德为主的一整套儒家理念,不但提出了重义轻利、重道德自觉的观点,还提出了学问思辨型的修养方法和君子、仁人、圣人的理想人格和道德目标,奠定了中国传统伦理学的基本方向和基本原理。

被中国古代封为儒家经典的《论语》,是由孔子的弟子编纂的,其主要内容记录了孔子曾经说过的话,从中我们可以看出很多有关孔子在伦理道德上的思想观点。《论语·颜渊》中记载孔子说"己不所欲,勿施于人",意思即为,自己不喜欢的事情就不要强加在别人头上。《论语·雍也篇》中记载孔子说"夫仁者,己欲立而立人,己欲达而达人",意思是说,仁爱的道理在于自己要立业,也要帮助他人立业,自己要达到人生的目的,也要帮助他人达到人生的目的。可以说孔子的这些为人处世的道理,至今仍被大家所尊崇。

　　孔子还是史学家和文献整理学家。周游列国返回鲁国后,一面教授弟子,一面整理古代文化典籍,据说他工作的主要对象就是被人们称作六经的《诗》《书》《礼》《乐》《易》和《春秋》。自司马迁以来,人们常说孔子删诗书,定礼乐,但是经过仔细考察,证据似乎并不充分。对于诗书,他很可能只是编辑整理,而不是删节。至于《礼》,在孔子时代还不存在,《周礼》《礼记》是战国和秦汉时期的儒家所著,而《乐》早已失传,它与孔子的关系已无法考证。至于《易》,孔子四十几岁就已经深入研读过,晚年更是爱不释手,反复阅读,以至于连贯《易经》竹简的皮绳断了多次——韦编三绝,后世人将孔子研究《易经》的体会写进了《易传》。六经中《春秋》的情况与其他都不同,它的确是孔子所著,在当时各诸侯国都有自己的历史著作,而孔子的《春秋》是以鲁国的历史为主线,同时还兼顾了各诸侯国的大事,它是我国春秋时代的一部编年史,而不仅仅是鲁国的历史。孔子作为一名史学家和文献整理学家,将古代的书籍和典章制度,从官府中下移到了民间,对于他们的保留和传播起到了重要作用。

　　孔子也是伟大的教育家,孔子的教育思想自成一体,十分丰富,最根本的一点就是教书育人,他把教育与修身紧密相连,使人能通过教育得以成人,所以德育总是被他放在第一位。他提倡学而时习之,提倡温故而知新,注重因材施教,讲究教育方法,提倡有教无类。他还非常重视综合素质的培养,据说孔子的 3000 名弟子中,精通六艺的人竟有 72 位。他打破了学在官府的旧传统,开创了私人讲学的新风气,对于文化的下移和普及起到了重大作用。孔子通过教育,把历史文化知识和儒家思想传播到了各地各阶层,对于日后战国时代诸子百家的兴起和学术繁荣,做出了巨大贡献。经济、法律、政治、社会、美学、逻辑乃至军事领域,他也都有自己独到的贡献。“不患人知不己知,患不知人也”,是孔子自戒的格言,值得庆幸的是,他的教诲被众多的弟子所继承,相传至今。孔子所憧憬的理想虽未真正实现,却影响深远,植入中国文化的根脉。纷乱绮丽的战国时代,令一切思想有了发生、发展的可能性。儒学无疑是集大成的,后来者不断加以诠释变化,这个过程几乎贯穿了整个古代社会。

　　山东省曲阜,是孔子的家乡,每年的孔子诞生纪念日都要举行祭孔仪式,千年之后,他的威望转换成人们的某些日常观念与纪念形式。

　　自秦朝灭亡,至汉武帝的时代,孔子的思想作为国家的思想支柱获得了空前的重视。在祭祀孔子时表演的八佾(艺)之舞,原本是歌颂灭商的周武王,为武王表演的舞蹈,在漫长的文化历史演进过程中,逐渐成为祭献给崇尚周礼的孔子的舞蹈了。

以后,孔子的思想不仅成为国家统治的精神支柱,而且成为东方主流文化意识的代表。公元前1世纪,儒家学说传入朝鲜、越南,便成为其正统思想。儒家学说的这种思想,对朝鲜、越南、日本等国的封建化过程,及其民族文化的形成和发展,起到了积极的推动作用。孔子思想作为历史的产物,在相当长的时期内,对中国社会乃至世界上其他一些国家的历史都产生了十分积极的进步影响,用历史的眼光来看,他的功绩是主要的。

遵循礼治的周王朝,无可避免地迎来了纷争的时代。一方面其他民族不断侵入周的领土;另一方面,连接周王与诸侯的纽带,随着时间的流逝越来越淡薄,各个诸侯国不断增强自己的实力,开始了相互间的争斗。公元前770年,周王朝受到了诸侯与少数民族的联合攻击,将首都迁到了洛阳,史称东周。而周代,确是文化全面萌生的契机,在不断纷争离合之中,青铜器记录了这段斑斓岁月。

铜绿山,是自周代开始一直被开采的铜矿山之一。春秋战国时代,铜绿山号称拥有中国最大的铜生产量。与食盐一样,作为青铜器原料的铜也在各诸侯国范围内开始流通。在铜绿山,考古发现了63座春秋战国时代的矿井和8个冶炼用炉。长60米,宽约一米的狭窄的矿井,像田埂一样在地下延伸。形状和重量完全相同的铜饼(直径20厘米,重约350克)出土了10个,这种铜饼在其他地区也出土过。根据这一现象推断,铜饼有可能是我国古代货币的雏形。

货币终于登场了,因地域不同而形状各异。刀钱,长约18厘米,表面铸有"节墨之夯化"的字样,是齐国的钱币。布钱,模仿的是农具的形状,是晋国使用的货币。

1960年,在山西省侯马市发掘了春秋战国时代大规模的青铜器铸造工厂遗址。在南北长500米、东西长700米的范围内,发现了8个车间,工厂的遗址中共出土了三万件青铜铸模和铸范。在这个工厂内,工人们分工明确,流水作业,使形状复杂的青铜器物得以大批量生产。其中有鼎和编钟的铸模和铸范,各个部分的模和范表明已经使用分范合铸的技术。进一步调查表明,此处生产的青铜器在河南省等较远的地方也有过出土,这说明青铜器作为商品已经被大量生产,并在广大的范围内流通。北京故宫博物院藏有珍品——"莲鹤方壶",在十分少见的莲花座上站立着展翅欲飞的仙鹤,即使到了现在,仍然能够使人充分感受到它的动感。这只仙鹤是通过分别铸造各个部分后拼合而成的。

从商代开始的青铜器制造业,到了春秋战国时代,又一次繁荣起来,迎来了第二个黄金时代。与表现神的恐怖的商代青铜器不同,这时的器型具有亲切、温和的特征。有的鼎上铭文有500个字,上面铸有周王对重臣毛公说的话,周王对国家的动乱深表哀叹,指示毛公恢复礼治——司马迁在《史记》中形容这个时代礼治败坏，下人僭越。"散氏盘"，刻有铭文357字，它的内容是国与国之间土地争夺的经过和土地界限的划分。盘本来是盛水的容器，但散氏盘却是作为国与国之间重要的协议书而被铸造的。

进入春秋战国时代以后，诸侯加紧了对国家周围荒地的开垦，其结果是使国与国之间因土地纠纷而发生的战争越来越频繁，青铜器上也有所反映。现存"宴乐—鱼猎—攻占图壶"，使用在青铜上嵌入红铜的镶嵌技法，描绘了战国时代水上和陆上的战争场面：

在河上乘战船的战斗画面中，可以看到在水中向战船进攻的士兵的身姿。也有城墙上的攻防战，描绘的是步兵的战斗，没有战车。

在战国时代，战争的形式发生了很大变化，征兵成了很普遍的现象。战争的形式已经从乘坐战车的贵族之间的战争发展成为由农民参加的以步兵为主的战争。

在春秋战国的激烈动荡中，周王朝的礼治遭到破坏，成为杀戮的世界。据当时的资料记载，被杀的诸侯就有34人之多。200多个诸侯国在反复的战争和兼并中，最终演变成为七个大国，他们分别是晋、宋、楚、秦、吴、越、齐，最初成为大国的是齐国。

齐长城，比秦始皇时期开始修筑万里长城还早大约200年。万里长城是抵御北方民族入侵的工事，但齐长城却是建在国家的南面，实际上它是对南方宋国的防御。诸侯国都在建长城，诸侯们意识到了保卫国土的重要性。

故宫博物院保存着当时的一件武器——"十六年喜令壮戈"。这是乘在战车上的士兵使用过的青铜武器——戈，是装在枪的前端使用的，左右两面都可以当作武器使用。有一把长度为53厘米的青铜剑，出土于山西省，但从文字的特征上看，应该是在南方制作的，从刃部的破损情况看，这把剑曾经用于实战。

到了春秋战国时代，作为武器的剑已经普及，传说中著名的越王剑，为吴越之争而闻名的越王所喜爱。越国因盛产名剑而著名，南方的吴国和越国之所以势力能够扩张的一个原因，据说是因为拥有高超的造剑技术。越王剑在学术上也极富研究价值，1965年，这把传说中的神赐之剑在湖北出土，古剑历经千年仍保存完好。剑的正面用蓝色琉璃，背面用绿松石镶嵌成美丽的几何纹饰。剑刃很薄，锋利异常，轻易就可以划破十几层纸，世所惊叹。宝剑的剑柄，装饰了同心圆结构，由厚度不到一毫米，间距仅0.3至1.2毫米不等的多圈薄壁凸棱组成，十分规整。在同心圆的槽底，极细突起的绳纹清晰可见。这柄越王勾践剑的表面，布满亮黑色的菱形暗格花纹，擦拭不去，打磨不掉，显见不是普通工艺铸造而成，这些美丽花纹的身世更显得神秘莫测。经过后人的屡次试验，证明这就是今天人们熟悉的镀工艺雏形。在诸侯争霸的滚滚硝烟中，这把凝结了无数能工巧匠智慧和汗水的绝世宝剑,伴随它的主人南征北战,书写了一幕壮阔的历史。

公元前 515 年,公子光利用收买的杀手专诸,趁一次宴会的机会刺杀了吴王僚,夺取了王位,号为阖闾。一开始就留下"鱼腹藏剑"故事的吴国君主阖闾,在以后的扩张征战中得到了著名军事家伍子胥和孙武的帮助。

苏州古城自古以来就有人间天堂的美称,但是人们不一定都知道这座天堂的创建者,是从楚国逃难来到吴国的伍子胥。靠政变上台的阖闾夺位后,重用了这位曾帮他出谋划策的楚国将军,而伍子胥当上宰相后做的第一件事,就是率领国人修筑了阖闾大城,当地人至今戏称他是苏州城第一任城建部长。经过两千五百多年漫长的历史演变,至今苏州城的位置和规模都没有大的变动,说明当初建造者勘察选定的城址和修建规模是恰到好处的。在当时条件下,修城筑墙几乎是保卫国家的唯一方法,这就要求城墙的设计与建造不仅要固若金汤,还要考虑地形、地势的特点,还要保证交通便利、顺畅,同时又利于观察水情、敌情,以满足防守御敌的需要。周长为 47 里的阖闾大城,有水陆城门各八座,这是根据南方水网地区的特点而设计建造的。据说其中朝向东南方向的大门,当初的名字叫盘门,因为门上刻有盘龙,相传当时吴国的主要对手越王属蛇,按中国龙克蛇的传统说法,伍子胥就在朝向越国方向的城门上刻上了盘龙,后因此门水路萦回曲折,改称盘门。

为成就霸业,也为报父兄之仇,吴王阖闾、吴大夫伍子胥把扩张征战的矛头直接指向了吴地以西的楚国。楚国是先秦时代一个有近千年历史的古国,气候温暖湿润,文化发达,有着突出的南方地域色彩,与中原文化形成了鲜明对照。但楚国也是一个典型的扩张进攻型国家。公元前 613 年,楚庄王继位后,开拓疆域,扫灭诸侯,直至问鼎中原"一飞冲天,一鸣惊人",将原来不过 50 平方千米的国土,扩张至 5000 平方千米,使楚国成为春秋时土地最为广阔、经济实力雄厚、人口众多的南方大国。楚国还有丰富的矿产资源与发达的冶炼制造技术。具有庞大生产规模的铜绿山,实际上就坐落在当时的楚地,在连年不断的征战中,充当着楚国最大的战略物资铜的生产和冶炼基地,从春秋晚期一直开采到战国时期。有记载说,春秋战国时代 90% 以上的铜产于楚国。据专家根据遗留的冶炼铜渣计算,当时仅铜绿山一地至少炼出了 30 万吨铜。铜的生产和冶炼,有力地支持了楚国的扩张。

此时,齐国政局动荡,志向远大的青年军事家孙武,已经无法在他祖父原本富足的庄园里平静地过那种与世无争的恬淡生活。为避内乱,也为了实现自己的宏远胸襟,他做出了一生中的重大抉择,即远走处于中国南部地区的吴国,来实现他的英雄之梦。大约在公元前517年左右,20岁的孙武告别父母之邦齐国,长途跋涉,投奔吴国而去。来到吴国,孙武很快就和伍子胥成为知交,伍子胥把孙武推荐给吴王阖闾。此时的阖闾,正在革新图强,争图霸业。为完成争霸天下的宏伟大业,他选贤任能,广揽人才,伍子胥适时地向他推荐了年轻却从未经历过实战的孙武。孙武携兵法十三篇进宫拜见了吴王之后,相见恨晚的吴王却给孙武出了一个真正的难题,那就是带出一支训练有素、纪律严明、武器精良、物资充足的善战的军队,以对抗并进而吞并强大的楚国。

于是,谋略、胆识过人的孙武,要想运筹帷幄、树立威信、统领千军万马,在情势面前必须有所决断。孙武在练兵场上,当着吴王的面,演出了一场"教战斩美姬"的悲喜剧。倔强的孙武终于获得了吴王的信任,树立起治军的威信。充满了戏剧色彩的"孙子斩姬"的故事流传了2500年,司马迁用15年写成的《史记》中记载了那两名宫女的遭遇,同时把这种极端的治军方式归结为孙武的指挥才能,"将在外,君命有所不受",也因此成为日后不少将军当机立断的理论依据。为区区演兵而失去两名爱姬的吴王盛怒之余却没有失去理智,他终于认定孙子正是自己梦寐以求的统帅人才。于是,孙子被破格任命为将军,担当起国家重任。满腔宏愿、抱负远大的孙武终于把握住了命运的机遇,登上了历史舞台,从此揭开了自己生命中辉煌的一页。在古人称为立德、立功、立言的人生三不朽的伟业上迈出了至关重要的一步。

而2000多年前的楚国,不仅是伟大诗人屈原魂牵梦萦的地方,也是一代名将伍子胥的伤心之地。伍子胥的父亲和兄长同遭奸臣诬陷,被昏庸的楚平王杀害。伍子胥同孙武一样,出生将帅之门,楚国特有的军事文化在他身上打下了深深的烙印。

伍子胥,名员,楚国人。伍子胥的父亲名伍奢,哥哥伍尚。其先人伍举是先朝较有名气的官员,因而伍家在楚国有名气。伍奢是楚太子建的老师。太子建到了成婚的年纪,父亲楚平王派太子的另一位老师费无极到秦国为太子建相亲。秦女貌若天仙,费无极回到楚国,劝说平王自己接纳秦女,为太子另娶媳妇。平王听从了这个意见。费无极用这种方式讨好平王并留在平王身边做事。费无极害怕平王死后太子建将继承王位,对自己会不利,便设法陷害太子。费无极不断向平王进谗言,说太子因为秦女的缘故,对王心怀怨恨,还说太子建准备作乱夺取王位。平王因此事询问伍奢。伍奢知道费无极在其中挑拨离间,就说:"王为什么为谗贼小臣之言而疏远自己的亲骨肉?"费无极知道这话后,对伍奢心生怨恨,于是设计陷害伍奢。平王听信费无极,把伍奢囚禁起来。费无极又进一步对平王说:"伍奢有两个儿子,都很贤明能干,不杀他俩,将会成为楚国的忧患。可以把伍奢作为人质召他们过来。"平王派使者对伍奢说:"你的两个儿子能来自首,我就不杀你"。伍奢说："我有两个儿子,长子为人慈和仁信,若我叫他,他会来的。但我的小儿子固执刚强,能成大事业,他看到自首了也会被杀,就决不会来。"果不出伍奢所料,伍尚愿为见父亲一面而舍身赴死,伍子胥却为报父兄之仇远走异国,逃到了吴国。等待时机东山再起。

吴国当时存在争夺君位的斗争,阖闾夺位成功,开始重用伍子胥。伍子胥所做的第一件事就是修筑吴都姑苏的城墙,分内城和外城,内城周遭十里,外城周遭四十七里,是当时一座很大的城市。在伍子胥的鼓动、策划下,吴国准备进攻楚国。伍子胥前后用了四年时间攻下楚国,并进入楚国国都郢。伍子胥为报家仇竟掘楚平王墓,用鞭子抽打楚平王的尸体以泄家恨。楚国在伍子胥和孙武的联合打击下,感到害怕,把国都郢向北远迁到今天的湖北宜城市东南,远离吴国的兵锋。史称:"当是时,吴以伍子胥、孙武之谋,破强楚,北威齐、晋,南服越人。"可以说,伍子胥在吴的功业达到了顶点。

虽然伍子胥取得了成功,但他的结局却是悲剧性的。阖闾死后,他的儿子夫差接替王位。夫差雄心万丈,他打败越王勾践,却留而不杀,伍子胥劝说夫差:勾践是个能人,加上有范蠡、文种这班良臣,不杀勾践将会养虎为患,吴国终将为他们所灭。但由于越国派人在吴国上下活动,不杀勾践的意见占了上风。夫差也认为越国是小国,这次几近灭国的打击将使越国一蹶不振,不足以为患。然后夫差一心一意向中原发展,与齐、晋国争锋。公元前484年,吴大败齐军,俘虏了很多人,缴获了很多战利品。越王勾践为此专门到吴庆祝他们的辉煌胜利。吴国举朝上下欢天喜地。唯有伍子胥心情沉重。他认为齐、晋离吴国这么远,获得胜利又能怎样,而越国就在卧榻之侧,随时也可以进攻吴国,令吴国防不胜防。真正的威胁是越王勾践。伍子胥见夫差仍然没有警惕越王勾践,就把自己儿子送到齐国以避越祸。

伍子胥没完没了的劝谏,令夫差越来越厌烦。加上有人在夫差耳边说伍子胥的坏话,他就对伍子胥越发不满。他伐齐得胜回国后,知道伍子胥寄子齐国,立即以私通敌国的罪名,赐伍子胥自尽。伍子胥死后,被吴王下令抛尸江中,葬身鱼腹。事实证明伍子胥预见的正确性,越王勾践果真率兵灭了吴国,杀了吴王夫差。

逃到吴国的伍子胥,得到孙武的帮助,率兵攻入楚国。传说中他为报父仇,曾掘墓鞭打了楚平王的尸体,因伍子胥曾是楚平王手下的将军,便有了两千多年来关于伍子胥忠孝难以两全的历史评说。史书记载他勇于策谋,韬略出众,并有专门的军事著作传世。当年来自北方齐国的孙武和离开南方楚国的伍子胥,在吴国水乡的不期而遇,无疑为孙武后来的兵书平添了许多南方兵学的精髓,因此有专家认为,当年这两位军事家的交往是中国古代军事思想发展史上南北兵学的一个重要的结合点。

经过6年的准备,吴国国力大增,从物质上具备了进行战争的条件。在孙武等人"翦除羽翼、疲楚误楚"的高明策略指导下,给予楚国沉重的打击,初步控制了吴楚必争的江淮流域的豫章地区,使吴国基本完成了攻打楚国的战略部署。

但两千多年的悠悠岁月,冲淡了两位军事奇才关键的聚会,但他们充满智慧的军事策划成果,或许就是这一场著名的伐楚之战。柏举,如果不是因为当年吴国军队在这里同楚军进行了一场生死决战,恐怕没有多少人会记得这个名字。当时从苏州起兵的吴国军队,经过千里奔袭,到达了离楚国首都郢都仅一江之隔的汉水江边。措手不及的楚军慌忙昼夜赶到汉水,与吴军隔江对峙,楚军一名将领提出先派人马绕到吴军后面烧掉战船,切断吴军的退路。这一招对外线作战的吴军威胁很大,但楚军统帅囊瓦,出于贪立战功的心理,不等另一路楚军完成迂回包抄行动,即率军仓促渡过汉水,进攻吴军。孙武见楚军主动出击,当即命令吴军佯装败退,一退就是上百公里,在大别山脉脚下的柏举列阵迎敌。

公元前505年11月19日,这片广阔的丘陵锦旗飘扬,战鼓动地,自商纣以来,规模最大、最富有传奇色彩的柏举之战开始了。被大别山脉阻挡已没有退路的吴军,如同绝望的困兽,咆哮着扑向追杀而来的楚军,这是一场天昏地暗的恶战。只有3万人的吴军击败了20万之众的楚军,再次创造了以少胜多的奇迹,孙武在他的兵书中称这种作战方式为"投之亡地然后存,陷之死地然后生"。

汉水是当年吴军进攻楚国郢都的最后一道防线,但是它没有挡住孙武的锋芒,楚国最后一名将军沈尹戌率部拼死抵抗,也不能阻挡势如破竹的吴军,两强相遇勇者胜,楚军将领审尹述最终战死在国都的门前。仅用十天时间,吴军五战五捷,兵临郢都城下。吴楚之争,以吴的胜利而告终。

后来,吴国又发动了对越国的战争。中国古代四大美女之一的西施,原是在吴越战争中做了俘房的越王勾践贡献给吴国后继国王夫差的礼物,勾践自己也做了夫差的马夫,然而这一切都是一个阴谋。实际上吴国最后的灾难也并非都来自西施这位女子,早在越王勾践被吴王抓来服苦役时,吴国大将伍子胥就劝吴王不要留下后患。而吴王却被勾践那种俯首帖耳的假象所迷惑,非但不杀还放虎归山。伍子胥的忠言反而引起了夫差的反感,那种和谐的君臣关系开始破裂了。

公元前482年,吴王夫差率领身穿红、黑、白三色军装的大军在这里摆下了三个方阵,如火如荼的三万军人齐声呐喊,使前来会盟的一些中小诸侯国君看得胆战心惊,就连中原大国的晋国王君也被吴军的气焰所吓倒。就在夫差取得霸主地位的同时，从国内传来了十万火急的军情，原来曾被吴王囚禁了十年的越王勾践卧薪尝胆，回国后重整河山，发誓复仇。这次趁吴国后方空虚，突然袭击，俘虏了吴国的太子王孙，并占领了吴国的都城，刚刚取得霸主地位的夫差不得不在他的姑苏城下同他以前的马夫勾践签订了羞辱的盟约。

实际上，越王勾践早就趁吴王夫差千里北上会盟之际，图谋攻打吴国。争夺霸主地位之前，伍子胥就劝阻过夫差，告诫他说真正的敌人是近邻越国，不杀勾践，吴国迟早要灭亡，夫差勃然大怒，当即赐伍子胥一把剑，令他自尽。伍子胥临终前让人挖下他的双眼，挂在吴国的东门之上，他要亲眼看到越国灭亡吴国的那一天。吴王最宠爱的将军孙武目睹了这悲惨的一幕。大概也就在那个时期，孙武从此销声匿迹，飘然而去了。

春秋早期的战争，能够动员的人数只是在一万人左右，战国时期却增加了几十倍。在此时代，战国七雄展开了连续不断的关系到生死存亡的激战。1995年，在河北省易县，发掘了战国七雄之一的燕国遗址。在遗址中发现了大量的头骨，出土的数量大约有300个，周围掩埋的头骨估计在一万个以上。嵌有箭头的头盖骨，是战争的牺牲者。研究者认为，这个遗址中埋葬的是战死者。从《诗经》记录的当时民谣里可以听到为躲避战争集体逃亡的农民们的真实呼喊："誓将去汝，适彼乐土，乐土乐土，爱得我所！"

四、诸子百家论战国

战国时代，并非只是烽烟四起的争夺，也是各国生产力和经济实力的总较量，各国的君主们为了富国强兵，努力寻找理想的治国方法。回答这些要求的就是周游各国的思想家们，他们拥有各种各样的主张，被称之为"诸子百家"。

许多现代学者在谈及中国传统文化的精彩篇章时，都要追溯到那个百家争鸣的年代，当时各国各学派的学者纷纷云集齐国的稷下，著书立说，并展开了唇枪舌剑的大争辩，在这种宽松自由的学术气氛中，各家之说相灭相生，相反相成，以至于有学者在形容当年的诸子百家的思想大聚会给社会带来的变革时说，那种社会进步的冲动和思辨能力如此惊人，如同婴儿一夜之间长大成人，像孔子、老子、庄子、墨子等都是这个时代的理论巨人。至今专家们仍认为是他们的《论语》《道德经》等几部大作，奠定了中国传统文化的基础。

在齐国都城的想象图中，稷门在宫殿的南面，稷门附近曾有思想家们居住过的一些建筑物。齐国为了不让其他国家招走这些思想家,给予他们宽敞的住房和贵族般的招待。孟子等思想家们在这里切磋理论,一旦君主召唤,就会进入宫廷,直接向君主们阐述治国方略,思想家们在此不断探索什么是理想的社会。

孔子诞生于拥有古老传统的鲁国,他当作理想的治国方案是周的礼治。对周代秩序的憧憬,在孔子倡导的儒家学说中结出了果实。态度更为现实的晏子在齐国曾主政一时,他的观点就与孔子不同。记录晏子思想的竹简中,晏子阐述了君主治国的理想,即贤君之治国——主张贤明的君主,必须考虑国家利益,任用贤人,倡导国家的利益必须与君主的个人私利分开,无论怎样,国家的利益必须优先。晏子的观点透露出在战乱之中,新的政治思想已经诞生。

孟子据说诞生于没落的贵族家庭,曾是孔子门生的孟子倡导仁政的思想,宣传和发展了孔子的思想。和孟子同为孔子门生的荀子倡导人之初性本恶,必须按照礼来建立社会的规范。曾任过"漆园吏"的庄子继承了老子的思想,提倡无欲而自然的生活态度。经历和事迹都基本上是个谜的鬼谷子住在齐国的首都,倡导外交交涉方法中的纵横之术。

曾任吴国将军的孙子留下了许多关于兵法的阐述,他的兵法对后世有极大的影响。

孙武有兵书传世,后人称作《孙子兵法》。这本书相当系统地表述了孙武的军事思想,是我国现存最古老的兵书。孙武是一个为吴王服务的职业军事家。他重视战争对社会的影响,重视战争给民众带来的危害,重视战争规律的研究。他说:"兵者,国之大事,死生之地,存亡之道,不可不察也。"他认为解决敌对势力间的矛盾,战争并不是最好的方法,"不战而屈人之兵"才是最好的办法。孙武的战略思想主要内容有以下几点:一是战争的良好政治环境,孙武称之为"道"。道的作用就是要得到民众的拥护,得到民众拥护就"可以与之死,可以与之生,而不畏死",上下齐心,形成坚强的战斗意志,为制敌取胜取得了重大的精神力量。

二是战争与将帅的素质。对于将帅的素质,孙武提出"智、信、仁、勇、严"五个字的要求。智是智力的运用。在备战及战争进行中,会遇到各种复杂情况和各种临时的变化,将帅须有事前的周密考虑。在有利条件下考虑到不利因素,则任务可以顺利完成。在不利条件下要考虑到有利因素,则祸患可以解除。这些都须智力发挥作用,做出抉择。信和勇,孙武没有过多阐释。孙武把仁和严看作治军必要的互相配合的两方面。良将对士兵既要体恤,又要严格要求。

孙武强调对敌我军情的掌握,留下"知己知彼"的名言。孙武所谓"知己知彼"都不是简单地专指敌方或我方说的,而是把敌方和我方联系起来说的。而且,知己知彼还联系到战区的地形和作战时遇到的天气。毛泽东很赞赏孙武"知己知彼"的论点,他说:"有一种人,明于知己,暗于知彼,又有一种人,明于知彼,暗于知己。他们都不能解决战争规律的学习和使用问题。中国古代大军事家孔武'知己知彼,百战不殆'这句话,是包括学习和使用两个阶段而说的,包括从认识客观实际中的发展规律,并按照这些规律去决定自己行动克服当前敌人而说的,我们不要看轻这句话。"

孙武的战略思想富有辩证法的光泽。他虽不能从理论上形成辩证法体系,但在思想路线的实践上有明显的辩证法特点,这在表述"因粮于敌"和"因敌制胜"的时候更为显著。

古代用兵,因交通不方便,往往困于军粮的运输。孙武提出"因粮于敌"的方法,使敌军之粮为我所用,既能削弱敌人,又能充实自己,而且减少了由于运输而消耗的人力和物力。除了军粮,其他战争物资也可以采取这种办法从敌人手中获取。"因敌制胜",是针对敌方的具体情况,创造出相应条件,夺取战争中的主动地位,从而取得胜利。孙武认为战争跟其他事物一样,无时无刻不在变化之中。所谓"兵无常势,水无常形,能因故变化而取胜者,谓之神。"这就是说能根据情况变化,掌握战机而取得胜利,就是用兵如神的表现。

孙武的《孙子兵法》写于春秋晚期,在中外军事学术史上占有显著地位。战国时期著名军事家吴起、孙膑等都受到孙武的影响。而《孙子兵法》中的论断,历来为兵家或作家引用。约在七世纪,《孙子兵法》传入日本。十八世纪以后,陆续有英、法、德、俄等文字的译本,受到国外军界,甚至企业界的重视。

诸子百家中让君主们感兴趣的是法家,其代表人物是韩非子。曾是荀子门生的韩非子,继承了荀子的性恶说,他认为为了提高社会地位,追求自己的理想,迎合民众的种种做法都是乱的根源。韩非子指责其他的思想家,只知讨好民众,以致社会变乱频仍。韩非子倡导将孔子的礼治改成法治,他认为治理国家必须建立法治,使民众受到惩罚,只有在法律基础上建立起强大的权力,才能保证国家的安定。

在春秋战国时代诞生的诸子百家的思想,在以后的世代中,以儒家学说为中心,共同成为中华民族传统文化的精神支柱。文化的繁荣与物质并行,用具成为物质演进的佐证,从青铜器到铁器,是一个飞跃,正如思想的逐步明晰。

战国时代的农村,已经开始广泛使用耕牛,谷物的生产量飞跃提高。开垦和水利设施建设的盛行,使耕地面积和农村的人口激增,而这些都与铁器的普及息息相关。当时斧头的斧柄是用铁做成的,和铜相比,铁器由于铁矿石的丰富,可以低成本大量生产。当时的铁器仍使用铸范的制造技法,当时铁制的农具急速地得到普及,从出土的铁制农具可以看出,铁制的锄与以往的石制、青铜制农具相比,更能深入土壤中。铁器也使手工业得到发展,在城市和农村,手工业劳动者增加,铁制工具使各种手工业得到发展。铁器并未过时,清朝制作的编钟至今收藏于北京故宫博物院,精美无比,当年每个正月,皇帝都会在宫中演奏编钟,用来祈祷国家和人民的繁荣幸福。

实笔写春秋,诸子论战国,历史并不遵从人们的意愿,在不断地意外中延续发展,思想也不断交融汇合,轴心时代奠定的基础光耀千秋,我们可以怀想风华。

五、官学下移与游士之风

士阶层无疑是中国古代社会最具特色的一个阶层,是中国历史上最大的一个变数和动因。中国古代社会政治、经济、文化乃至整个文明性格的许多秘密都可以到这一阶层中去寻找。先秦时期的"游士"尤其突出地显现出上述特点,并大致由此规定了往后中国士阶层的命运。

用"游士"来概述先秦士阶层,不仅史有明载,也为学者所共识,实为最妥帖的说法。"游士"即是指那些"离其宗国,轻去其乡,游说他土,以干时君世主,以取禄位之士"。春秋战国之世,正是"布衣驰骛之时,而游说者之秋也。"要了解先秦的"游士"阶层,可以从三个方面来把握。第一,春秋战国之世,诸侯列国出于富国强兵的需要,开布衣卿相之局和"礼贤下士"之风,受过"六艺"(礼、乐、射、御、书、数)教育,能文能武的士子纷纷以游说、游学的方式参与到社会政治、文化生活之中,对当时和后世以深刻的影响。例如,《史记·孔子世家》记载,春秋晚期,邓析讲学于郑,孔子聚徒讲习六艺于鲁,"弟子盖三千焉,身通六艺者七十有二人",发展成为儒家学派,卒为儒宗。《孟子·滕文公下》也说孟子"后车数十乘,从者数百人,以传食于诸侯。"

游学和游说所以成为一时风尚,除了统治者的需要,也是士进于仕途的两个主要门径。如以秦国为例,卫鞅本魏人公叔痤之家臣,入秦后因说动秦惠王相;甘茂乃上蔡监门官史举之家臣,入秦后做秦武王的左丞相;范雎、蔡泽均因游说之才而做过秦昭王之相国。其他诸国亦皆如此,如燕昭王时,郭隗因其说动昭王,不仅昭王为其筑宫室,还造成了"士争凑燕"的局面(《战国策·燕策一》)。战国中后期,发展到有权势的大臣每多养士以为食客。如享有"春秋四公子"美誉的齐孟尝君田文、赵平原君赵胜、魏信陵君魏无忌、楚春申君黄歇,以及秦文信侯吕不韦,他们所养食客均达到 3000 人。游说、游学之士确对当时的列国以极重要的影响，王充《论衡·效力篇》谓："六国之时，贤才之臣（实指游士），入楚楚重，出齐齐轻，为赵赵完，畔魏魏伤，"确是实情。史家谓士为春秋战国时最活跃的一个阶层，正在于士子离宗国、去乡土，以其文才武艺而游移于列国之间。

毛遂自荐

　　先秦士子所以称之为游士，最根本的就是士阶层的社会地位由于旧制度的崩解而名存实亡，士子们丧失了过去稳固的禄位之资，因而他们上下游移，上者可至"士大夫"，下者则为"士庶人"。历来关于先秦士阶层的地位问题，史家、学者争论颇多，童书业先生就曾指出：春秋时代天子、诸侯、卿大夫皆是宗法贵族，应无疑义，但士是否贵族，在学术界还没有统一的看法。士的地位之所以难定，是因为士阶层是一个非常独特的阶层，特别是在制度上是如此：一方面，士没有大夫的那种"采邑"，也没有大夫的那种"家""室"，因而士对官职的依赖性很强。明末的大思想家顾炎武在《日知录·士何事》中指出，古代之士皆大抵为有官职之人；另一方面，士可以进仕为官，庶人、工、商则无功不能进仕，士可以受教育，庶人、工、商则至多受低级教育，不能受高级教育。

　　士在古代政制中的独特情况表明，士更多的只是一种身份的标志，从制度上讲，士属于贵族之列，有某些特权，但如不与官职相结合，多半就是空的。金文和古籍中所以出现"士大夫"和"士庶人"之说。在宗法制度上，士的地位并不高，他们不一定可以与卿大夫平列，低则与庶人同等，但是士子在仕途上可以达到卿大夫之位，而不能得意于仕途者则与庶人为伍。换言之，士的地位在宗法制度上并无变化，变化的只是具体的士人，用俗话说就是"铁打的营盘流水的兵"。造成这一情况的一个重要的原因可能就是鲁僖公九年，即公元前651年，诸侯在葵丘会盟，在盟约中明确提出"士无世官、官事无摄"（《孟子·告子下》）。也就是说，士的官爵禄位不世袭，这就更促进或推动了士子的流动或游移，特别是战国之时，实际上，士阶层处于不断沉浮分化之中，或仕或隐，或出或处，或上升为贵族，或下降为庶民，其间界限当难划定，故史籍中常称之为"游士"。

　　实际上，从此以后中国历史上士子们命运好时，可以是士大夫；命运不济时，则沦落到社会的最底层，如元代有"八娼、九儒、十丐"之说，高不过娼妓，低不过乞丐。"士"在平民百姓看来是官僚，而在官僚们看来也就是高级平民而已。所以美国著名学者余英时先生把中国文化传统中的"士"看作是一个"未定项"，这是有道理的。从根本上来讲，中国士子所以成为游士，就是因为他们不属于任何固定的阶级，文才武艺成为他们唯一的凭借。

先秦时的游士，还指此一时期存在着一批游离于社会政治、文化生活之外的士子。他们既不聚徒讲学，也无意于时君世主，而是游迹于大自然的山水之间，或者说"游方之外"。他们与"游方之内"的士子相比，同样在学问、道德、人品等方面都有极高的修养，不同的只是他们浮云富贵，敝屣功名，"天子不能臣，诸侯不能友"。孔子在周游列国时所碰到的晨门者、荷蓧者、长沮、桀溺等人均为"游方之外"者，他们均对孔子心存君国的救世主义、对他积极投身于社会政治、文化的改革与建设的行为提出了批评、讥笑和讽刺。实际上，这样一批自洁其行、高尚其志，与现实社会保持距离的游士也就是所谓的隐士。

游士阶层的兴起，在春秋战国时期，有特定的原因，同时代不无关系。

春秋战国，是中国古代社会由氏族封建制向国家集权制过渡的变革时期。这种变革，在政治上，是所谓"王纲解纽"；在文化上，是所谓"礼崩乐坏"；在学术上，是所谓"道术为天下裂"。在这个急遽变革的历史时期，作为一个特定的文化群体，士人一方面以自身的不断蜕变与分化回应着社会历史变革大潮的冲击，另一方面又极大地发挥其自身的文化功能，不断地为深化这个伟大的历史变革而推波助澜。顾炎武《日知录》以"邦无定交，士无定主"概说战国时代政治风俗的"衰变"，正说明士人群体的流动与演变，是与时代变革相伴而行的。

文化上的"礼崩乐坏"，其突出表征便是"官学下移"。这是影响士人发生重大质变的直接因素。《左传》昭公十七年载孔子曰："吾闻之，天子失官，学在四夷。"杜预注："失官，官不修其职也。"孔颖达引王肃曰："孔子称学在四夷，疾时学废也。"杜注"失官"则是，王云"学废"则非。因为学官不修其职并不意味着教育从此废毁，而是由官学替降为私学。

周代的官学下移，私学兴起，曾经为学者们津津乐道，以为这是平民教育的普及与扩大。其实，这纯属误解与错觉。据我们研究，周代的乡遂平民并非没有受教的机会，州党的庠、序，就是"六乡"居民受教的场所。而乡学的俊选之士还可入国学继续学习，通过特殊的考选，还有可能进入较高的官僚阶层。三年大比，以兴贤能，在西周是作为一种制度推行的。

周平王东迁之后，王室衰微，大比兴贤之制，也随之衰落。至于惠王、襄王时代（前676—前620年），兴贤之制不仅王室无闻，即使侯国君主欲觅国中贤能之士，亦须亲自过问。如《国语·齐语》载齐桓公责其乡大夫曰："于子之乡，有居处好学，慈孝于父母，聪慧质仁，发闻于乡里者，有则以告。有而不以告，谓之蔽明，其罪五。"如果大比兴贤之制存，

"考其德行道艺而兴贤者能者",应是乡大夫的分内之事,无须国君亲自过问,可见大比兴贤之制不行有日矣。

选士的制废,与乡校教育的废弛,是互为表里的。《左传》襄公三十一年载:郑人游于乡校以议执政大臣,然明建议毁掉乡校。设想如果乡校的文化功能依然如初,负有教育乡民子弟并为朝廷选拔俊士的职责,然明绝不至于出此下策。而子产也只是说"夫人朝夕退而游焉",仅以乡校为乡民的公共娱乐场所,亦不涉及其教育功能,可见这时的乡校不过是名存实亡,已无关教诲了。难怪在子产执政 3 年之后,百姓诵之曰:"我有子弟,子产诲之;我有田畴,子产殖之。子产而死,谁其嗣之。"(《左传》襄公三十年)百姓以子产诲其子弟为重大政绩,列于殖其田畴之前加以颂扬,可见在子产相郑之时,一度振兴过郑国的乡校教育。由此亦可见,官方的平民教育已经废弛到何等程度!

虽然说,官方乡校废弛,但平民教育却不绝如缕,这就是逐渐兴起并实际取代官方乡学的私家教育。

由官方乡校师资来源的考察,乡校蜕变为私学是较容易的。《礼记·学记》"古之教者,家有塾",郑注:"古者仕而已者,归教于乡里。"《书传说》也说道:"大夫七十而致仕,而退老归其乡里,大夫为父师,士为少师。新谷已入,余子皆入学,距冬四十五日始出学。"《白虎通·庠序之学》亦曰:"古者教民者,里皆有师,里中之老有道德者为里右师,其次为左师,教里中之子弟以道艺、孝悌、仁义。"由此可见,在乡学任教职者,是年老退休的官吏,是"里中之老有道德者"。又《管子·问篇》:"处士修行,足以教人,可使帅众莅百姓者几何人?"言"处士",则是未居官之人,言"使",则意味着乡校教师乃由官方委任。

担当乡校教师者,为退役的官吏,或是"修行"的"处士",或是"里中老有道德者",这与辟雍或泮宫中担任贵族子弟的教师者相较,其身份大为悬殊。在天子或诸侯的国学任教者,是所谓保氏、师氏、大司马、乐正、乐师、太师、保傅之流。虽然他们往往身兼多任,不专以教学为务;但均为在职居官之人,与乡校中以致仕的官吏及民间人士任教迥然有别。因此,一旦国家的选士制度弛废,官方乡校教育立刻便土崩瓦解或名存实亡。只有那些真正愿意献身于民教的"修行处士""老有道德者"才能坚持下去。这样,官方的乡校也就自然而然地蜕变为私学了。

因此,大比选士之制废毁,是春秋时代"官学下移"的根本原因。而选士之制废,乡校教育弛,私家之学起,士人的性质以及进入仕途的方式也就不可避免地发生深刻变化。

"士"不再是"有职之人"或"有爵之称",而是"在学之士"或"学成之士"这一知识群体的通称。其身份就是与农、工、商并称为"四民"的"士民",他们之中的多数,除了拥有知识之外一无所有。孟子说士"无恒产",苏秦曰:"使我有雒阳负郭田二顷,吾岂能佩六国相印乎?"(《史记·苏秦列传》)皆是其证。由此可见,"士"的职业选择,只有两种,要么"仕",要么"学"。现代著名哲学家冯友兰先生说,士"这个阶级,只能做两件事情,即做官与讲学"。用"做官"与"讲学"诠释"仕"与"学",大致不差。

士人进入仕途的方式,也发生了重大变化。大比考选然后获得爵命的入仕方式已经成为遥远的过去,取而代之的是援引、推荐或自荐。《史记·魏世家》载李克与翟璜的一段对话,十分具体地说明了士人由推荐援引入仕的情形:翟璜、李克与魏成子,分别向魏王推荐了不少人才。翟璜推荐的五人之中,有四位是历史上的知名人物:西河守吴起、中山相李克、邺令西门豹以及著名战将乐羊子。因此,翟璜颇以能为国家推荐人才自矜。当魏王选择国相时,翟璜满以为李克会推荐自己。但李克却推荐了魏成子。于是,翟璜愤然质问李克,自己哪点不如魏成子。李克则将翟璜所推荐的五人与魏成子所荐三人相比,说翟璜所荐五人君以为臣,而成子所荐三人(卜子夏、田子方、段干木)则君以为师。更为重要的是,魏成子推荐人才,并不是结党营私或沽名钓誉以博取更高的官位。这样,翟璜也就自知比不上魏成子了。由此可以想见,列国大臣大抵都可向国君推荐人才。由吴起、乐羊、西门豹、卜子夏、田子方、段干木诸人均在援引推荐之下走入仕途,亦可想见,战国时代其他士人的入仕情形,大抵如此。

不仅列国将相大臣推荐援引士人入仕,当时有名望的大学者大教育家及其先进弟子,亦往往推荐其子弟与学友登入仕途。如孔子"使漆雕开仕"(《论语·公冶长》);子路亦"使子羔为费宰"(《论语·先进》)。墨子"游公尚过于越","仕曹公子于宋","使胜绰事项子中"(《墨子·鲁问》)。又《墨子·贵义》记墨子推荐某人去卫地做官,其人至而后返,理由是给他的俸禄太少。而《公孟篇》载墨子收徒而许之以"仕",其徒"期年"而责其践诺。孔、墨均推荐弟子入仕,想来其他学派的大师当不会例外。

当然,亦有当国之主要求著名大师荐拔其弟子入仕者。如季康子问孔子:"仲由可使为政也与?"孔子曰:"由也果,于从政乎何有?"又问:"赐也可使从政也与?"孔子曰:"赐也达,于从政乎何有?"又问:"求也可使从政也与?"孔子曰:"求也艺,于从政乎何有?"(《论语·雍也篇》)季康子问子路、子贡及冉求能否从政,当是于孔门弟子中物色家臣。

因此,选士之制与乡校教育废弛之后,私家教育兴起,不仅改变了士人的性质;也改变了士人们的入仕方式。正是由于推荐援引成为士人们入仕的主要方式,因而士人游说自荐便逐渐成为战国时风。

春秋时代,为了争夺霸主,诸侯也往往礼遇敌国来奔的大臣,从而形成"楚材晋用"并

"疲惫宗国"的现象。如楚国申公巫臣,挟夏姬奔于晋国,"晋人使为邢大夫"。及楚共王即位,楚人杀巫臣之族"而分其室",于是巫臣决心报复楚国。其策略是"通吴于上国","与其射御,教吴乘车,教之战阵,教之叛楚"。使楚国腹背受敌,疲于奔命(《左传》成公二年、七年)。又如,效命于吴国并使楚国在柏举之战一败涂地的伍子胥亦为楚人,而辅助越王勾践兴越灭吴的范蠡与文种,亦是楚人。当然,春秋时代,诸侯礼遇亡命来奔的异国人士,往往是一种不自觉的举动;而亡命出奔者趋向何国,亦有相当的偶然性。如申公巫臣本打算奔往齐国,由于齐国刚刚在鞍之战中败于晋国,于是打消了奔齐的念头。此外,出奔者往往是失势的贵族而并非一般的士人。

时至战国,士人自荐登入仕途乃一时风会,形成了所谓"游士无宗国"的局面。士人的政治活动与文化活动摆脱了宗国的局限性,为他们施展抱负,成就功业甚至追逐名利提供了广阔的行为空间。如:公孙鞅西入秦"因孝公宠臣景监以求见"(《史记·商君列传》);苏秦、张仪皆凭三寸不烂之舌游说人主;虞卿亦"蹑蹻檐簦说赵孝成王",为赵之上卿(《史记·平原虞卿列传》);皆是其例。与游说之风相辅而行的,是所谓"客卿"现象。"客卿"本为秦国对客籍士人的称呼。如《史记·秦本纪》昭王三十三年有"客卿胡阳",三十六年有"客卿灶"等。而"客卿胡阳"在昭王三十八年又称"中更胡阳"。又司马错在秦昭王十六年任左更,《史记·秦本纪》称之为"左更错",而《白起列传》又称之为"客卿错"。范雎初入秦,亦拜为客卿(《史记·范雎蔡泽列传》)。又《乐毅列传》亦云燕赵皆以乐毅为"客卿"。则"客卿"一名,似乎非常设之官职,而是一临时之称呼。

战国时代,列国君主不仅采取积极主动的措施,大力招揽人才;士人们的取舍,其功利性更为明显。燕昭王"卑身厚币以招贤者","乐毅自魏往,邹衍自齐往,剧辛自赵往,士争趋燕"(《史记·燕召公世家》)。齐宣王"喜文学游说之士,自如驺衍、淳于髡、田骈、接予、慎到、环渊之徒七十六人,皆赐列第,为上大夫,不治而议论。是以齐稷下学士复盛,且数百千人"(《史记·田敬仲完世家》)。燕昭王"卑身厚币",齐宣王"高门大屋",礼贤下士,延揽如恐不及,各国君主大抵皆是如此。王充《论衡·效力篇》云:"六国之时,贤才之臣,入楚楚重,出齐齐轻,为赵赵完,畔魏魏伤。"因此,各国君主延揽人才不遗余力,也并非仅仅是为了博得礼贤下士的好名声,而是出于富国强兵以应付日益剧烈的兼并战争。等而下之者,各国卿相及贵介公子为了保住宗族利益或是巩固个人地位,亦纷纷私养门客以挟制人主,竟至于"扛鼎击剑,鸡鸣狗盗之徒,莫不宾礼,靡衣玉食以馆于上者",亦是有鉴于"得士者昌,失士者亡"的同一道理。

官学演变为私学,大比选士之制弛废;为了谋求出路,士人们不得不以游说自荐的方式进入仕途,这是形成战国游士风气的主体因素;而急剧的兼并战争所造成的人才渴求状态以及由上陵僭国的大夫为收买人望邀誉诸侯所形成的礼士之风,则是导致士人能够朝秦暮楚择木而栖的客体因素。正是这两种因素的相互催发,致使战国时代的士人心态发生了前所未有的变化。这种变化,主要表现在两个方面:一是克服厌学情绪,潜心向学埋头苦读以改变生存环境,朝为田舍郎,暮登侯王相的仕途幻觉成为士人的流行风。二是平交王侯傲视人主以张扬个性,以道自任舍我其谁的自我意识弥漫士林。

春秋时代,官学衰落,选士之制废弛,士人出路受阻,于是逐渐滋生厌学情绪。如《论语·子路》:樊迟请学稼,子曰:"吾不如老农。"请学为圃,曰:"吾不如老圃。"樊迟出,子曰:"小人哉,樊须也!上好礼,则民莫敢不敬;上好义,则民莫敢不服;上好信,则民莫敢不用情。夫如是,则四方之民,襁负其子而至矣,焉用稼!"

樊迟之请,历来学界的注释家多不得其解,唯清人刘宝楠差为得之。刘氏曰:"当春秋时,世卿持禄,废选举之务,贤者多不在位,无所得禄。故樊迟请夫子学稼学圃,盖讽子以隐也。"刘氏以为樊迟请学稼学圃乃讽劝孔子退隐,似乎难以确证。但他联系春秋末世的时代风气发掘樊须当日的隐曲深衷,不愧为巨眼卓识。又刘氏于《论语·卫灵公》"君子谋道不谋食"下亦曰:"古者四民各习其业,自非有秀异者,不升于学。春秋时,士之为学者,多不得禄,故趋于异业,而习耕者众。观于樊迟以学稼学圃为请,而长沮、桀溺、荷蓧丈人之类,虽隐于耕,而皆不免谋食之意,则知当时学者,以谋食为亟,而谋道之心或不专矣。夫子示人以君子当谋之道,学当得禄之理,而耕或不免无馁,学则可以得禄,所以诱人于学。"在"选举之务"废而贤者"无所得禄"的时代氛围之中,与其饱读诗书学干禄,不如学一点稼圃之类实实在在的谋生技能来得稳当。看来,樊须一定是感觉着仕途经济的渺茫无望,而出此下策的!然而,孔老夫子并未洞悉这位弟子"读书无用论"的内心隐秘,而是不问青红皂白地辱骂与指责,说什么从政者只需以礼义化民而无需教民稼穑,与樊须本意可谓风马牛不相及了。又《论语·先进篇》:子路使子羔为费宰。子曰:"贼夫人之子。"子路曰:"有民人焉,有社稷焉。何必读书然后为学?"子曰:"是故恶夫佞者。"

子羔尚未学成,子路便急急忙忙引荐他去做费宰。孔子认为这是害人,但子路却强词夺理。孔子也无可奈何,只好说,"所以我讨厌那些巧舌如簧文过饰非的家伙!"显然,这则孔门轶事的背景,正是当年逐渐泛滥的厌学情绪。

值得注意的是,这种厌学情绪已经传染到上层社会,甚至波及王朝的公卿大夫。《左传》昭公十八年载:鲁国使者去曹国参与会葬,拜见了同来会葬的周大夫原伯鲁。在交谈过程中,鲁国使者感觉到原伯鲁也有厌学情绪,回国后告诉了闵子马。闵子马认为,一定是下层社会的厌学情绪十分强烈，因而波及影响了在位者。而在位者又认识糊涂不能明辨是非。如果容忍这种不学无术以从政的现象长期继续下去，必然导致下陵上替，发生内乱。他还据此预言原氏将有灭族的危险。闵子马批评原伯鲁"不说学"，其话语是十分尖刻的。然而，具有讽刺意味的是，鲁人嘲笑周大夫"不说学"将有灭族的危险，曾几何时，这种厌学情绪也感染了鲁国的国君。《韩诗外传》卷五讲述了这样一则对话：哀公问于子夏曰："必学然后可以安国保民乎？"子夏曰："不学而能安国保民者，未之有也。"

作为一国之主，鲁哀公竟然提出如此愚不可及的问题，实在不免唐突失问。但联系上述背景，哀公之问又确乎有感而发。在上上下下弥漫着"读书无用论"的时代氛围中，鲁哀公有是惑而有是问，不其宜乎！

上述诸事，均发生在《春秋》鲁国昭、定、哀三世（前541—前468），其时已是春秋末叶而临近战国。然而，也许是物极必反罢，在前后不到40年的时间之内，社会风气却发生了180度的急转弯。《韩非子·外储说左上》载有赵襄子一则旧闻：王登为中牟令，上言于襄主曰："中牟有士，曰中章、胥已者，其身甚修，其学甚博，君何不举之？"主曰："子见之，我将为中大夫。"相室谏曰："中大夫，晋重列也。今无功而受，非晋臣之意。君其耳而未之目邪？"襄主曰："我取登，既耳而目之矣。登之所取，又耳而目也。是耳目人绝无已也。"王登一日而见二中大夫，予之田宅，中牟之人，弃其田耘，卖宅圃而随文学者，邑之半。

赵襄子使任登为中牟令，任登又推荐了中章胥已二位中牟之士。赵襄子亦毫不犹豫地任命他们为中大夫。此事在中牟一带引起了很大震动，"中牟之人弃其田耘，卖宅圃而随文学者邑之半"，士人向学之风一夜之间腾然而起。于是有宁越者苦心向学而终为王者之师。《吕氏春秋·博志》讲述了这样一个故事：宁越，中牟之鄙人也，苦耕稼之劳。谓其友曰："何为而可以免此苦也？"其友曰："莫如学。学三十岁，则可以达矣。"宁越曰："请以十五岁。人将休，吾将不敢休；人将卧，吾将不敢卧。"十五岁而周威公师之。

事实上，仅一赵襄子超擢士人，当不足以扭转一时风气。韩非子所言，或许杂有法家抑文学尝耕战的偏激情绪，但也并非尽是夸大之词。据钱穆的考证，宁越之事周威公，其时约在周威烈王二十一年前后。据《先秦诸子系年》卷2的记载，周威公立在威烈王十二年，"相距凡十年，其时正魏文、鲁缪尊儒礼贤，子思仕鲁卫，吴起仕鲁魏之际也。游仕渐得势，故宁越亦苦耕稼而从学问。其事虽微，足征世变"。赵襄子秉政51年，死于周威烈王元年（前425），宁越学15年为周威公师，则宁越始学，约在赵襄子死前3年（前428），其时正魏文侯十八年，上距鲁哀公出奔的贞定王元年（前468）正好40年。可见士人由厌学到向学的转变是何等之急遽。诸侯礼贤极大地改变了士人心态。

宁越以15年时间,完成30年的学业,昼夜兼程,不敢休卧,其目的便是免除耕稼之劳苦,改变恶劣的生存环境。宁越从学之动机,代表着战国时代士人从学的一般心态。晚于宁越将近百年的著名游士苏秦可为佐证。《战国策·秦策一》述其读书之苦状及其心理云:乃夜发书,陈箧数十,得《太公阴符》之谋,伏而诵之,简练以揣摩。读书欲睡,引锥自刺其股,血流至足。曰:"安有说人主不出其金玉锦绣,取卿相之尊者乎!"期年揣摩成,曰:"此真可以说当世之君矣!"

《史记·苏秦列传》也说苏秦不欲"治产业,力工商,逐什二之利以为务",不惜"引锥刺股,血流至足"。其目的十分明确,就是要人主"出其金玉锦绣"而"取卿相之尊"。

以学问作为仕进之阶,作为"取卿相之尊"的利禄之路,宁越与苏秦是成功者的突出典型。至于那些淹没在历史长河之中姓名不彰的成功或未成功者究有多少,不得而知。其中多少士人是怀着朝为田舍郎暮为王侯相的仕途迷梦而头悬梁锥刺股,又何可究诘!有谁又能肯定范雎、蔡泽、虞卿这些"家贫无以自资""蹑蹻檐簦""形容枯槁,面目黧黑"的贫苦士人潜心苦读的动机,不是为了改变自己悲苦不堪的命运!《吕氏春秋·尊师》收录这样一个故事:子张,鲁之鄙家也;颜涿聚,梁父之大盗也:学于孔子。段干木,晋国之大驵也:学于子夏。高何、县子石,齐国之暴者也,指于乡曲,学于子墨子。索卢参,东方之钜狡也,学于禽滑黎。此六人者,刑戮死辱之人也。今非徒免于刑戮死辱也,由此为天下名士显人,以终其寿,王公大人从而礼之,此得之于学也。

此六人并非生在战国,但《吕氏春秋》的作者却在战国末年。因此,这段文字实则暗示着战国士人的普遍心态。

周室东迁之前,君臣关系的确立,有所谓"策名委质"之制。"策名"即是"策命"。先由史官当场宣读命书,命书上记载着所命之职及任命理由。策命完毕,受命者的职权与义务即已确定。"委质"即是"奠贽",是臣下对于君上所行之"贽见礼"。"贽"的品级与授受方式虽然因相见者的身份不同而有所不同,但其目的与意义,则都是一样的。即以"奠贽"之礼,表示对君上的臣服与忠心,并承担对君上应尽的职责与义务。"策名委质"之制,春秋时尚仍其旧。《国语·晋语九》载晋人伐狄灭鼓,鼓子之臣夙沙釐,甘愿以妻孥随鼓子为奴。夙沙釐曰:"臣闻之:委质为臣,无有二心。委质而策死,古之法也。"又《左传》僖公二十三年载:晋惠公卒。怀公立,命无从亡人,期而不至,无赦。狐突之子毛及偃从重耳在秦,弗召。冬,怀公执狐突,曰:"子来则免。"对曰:"子之能仕,父教之忠,古之制也。策名委质,贰乃辟也。今臣之子,名在重耳,有年数矣。若又召之,教之贰也。父教子贰，何以事君？刑之不滥，君之明也，臣之愿也。淫刑以逞，谁则无罪？臣闻命矣。"乃杀之。

由此可知，"策名委质"不仅仅是确立君臣关系的外在形式，更重要的是这种外在形式所包蕴的君臣名节。韦昭《国语注》云："委质于君，书名于册，示必死也。"司马贞《史记索引》云："古者始仕，先书其名于策，委死之质于君，然后为臣，示必死节于其君也。"很明显，这种君臣关系，实际上就是无条件的人身依附，一旦委质为臣，便终身无改。而且这种"委质而策死"，也被士人们认为是"古之法""古之制"，是天经地义毋庸置疑的。

然而，时至战国，由于兼并战争所造成的人才渴求，以及由上陵僭国的大夫为收买人望邀誉诸侯所形成的礼士之风，使士人的自我意识得以充分高扬，从而追求确立某种新型的君臣关系。

战国时代，首开君主礼士之风者是魏文侯。魏文侯以大夫僭国，遍礼贤士以笼络人心博取声誉。据《史记·魏世家》所载李克谓翟璜之语，魏文侯对待士人有两种不同态度：一是以之为师；一是以之为臣。以之为师者，卜子夏、田子方、段干木；以之为臣者，吴起、翟璜、李克、西门豹、乐羊子、屈侯鲋。当然，以之为师，不过是一种冠冕堂皇的政治欺骗而已，其实质仍然是臣。《孟子·告子下》载淳于髡之语曰："鲁穆公之时，公仪子为政，子柳、子思为臣。"赵岐注云："鲁穆公时，公仪休为执政之卿。子柳，泄柳也。子思，孔急也。二人为师傅之臣。""师傅之臣"，一语道破。名为师，实为臣，不过比他臣多加一些尊敬而非仅颐指气使而已。然而，即使如此，也极大地刺激了士人们自我意识的高扬与自身价值的确认，从而唤起了士人莫大的自尊与自傲。田子方与魏太子子击的一次对话，透露着这一消息。

《史记·魏世家》记载这个一件事情：子击逢文侯之师田子方于朝歌。引车避，下谒。田子方不为礼。子击因问曰："富贵者骄人乎？且贫贱者骄人乎？"子方曰："亦贫贱者骄人耳。夫诸侯而骄人，则失其国。大夫而骄人，则失其家。贫贱者行不合，言不用，则去之楚越，若脱超然。奈何其同之哉！"子击不怿而去。

田子方以王师自傲，竟将王储不放在眼里。他之所以能以"贫贱者骄人"，便是出于"行不合言不用则去之楚越"这种"天生我材必有用"的心理。也许田子方对待太子击是一种极端的方式，或者这故事本身就是战国末年的士人欲以道统与君统对抗而虚构。然而流风所及，一般士人亦开始向人主要求更多的人格自尊。如《吕氏春秋·下贤篇》云：魏文侯见段干木，立倦而不敢息。及见翟璜，踞于堂而与之言。翟璜不说。文侯曰："段干木，官之则不肯，禄之则不受。今女欲官则相位，欲禄则上卿。既受吾实，又责吾礼，无乃难乎！"

翟璜并不明白，文侯所"礼"，不过是那些"官之则不肯，禄之则不受"与他保持一定政治距离者，象翟璜这样居官任职鞍前马后死心塌地的人，则不在所"礼"之列。但他能主动向人主索要失落的自尊，这本身就体现着强烈的人格意识。又，鲁穆公与子思为师友之争，也发生过类似的不愉快，《孟子·万章下》载：穆公亟见于子思，曰："古千乘之国以友士，何如？"子思不悦。曰："古之人有言曰事之云乎，岂曰友之云乎！"子思之不悦也，岂不曰：以位，则子君也：我臣也：何敢以君友也？以德，则子事我者也，奚可以与我为友？"

孟子揣摩子思之不悦，曲尽其衷。鲁穆公自以为礼贤下士，不以子思为臣，而以朋友相待。而子思则不以为然，认为要么就是君臣，要么就是师弟子，不可能是朋友。看来，子思比翟璜更加心高气傲，自认为德行超过君主，君主应执弟子之礼相见。这种争论，当然不会有结果。据孟子所言，鲁穆公对子思仍然礼遇有加，且"亟馈鼎肉"；但子思以为"君犬马畜"，竟"使者出诸大门之外，北面稽首再拜而不受"。因为，子思自觉其价值不仅仅是一个"臣子"或者等而下之的"食客"，而是怀抱利器的王者之师。

子思这一思想的逻辑发展，便形成了弥漫士林的以道自任舍我其谁的自我估价。其再传弟子孟轲就是这样评价自己的。孟子在《孟子·公孙丑下》中写道，"五百年必有王者兴，其间必有名世者。由周而来，七百有余岁矣，以其数，则过矣，以其时考之，则可矣。夫天未欲平治天下也，如欲平治天下，当今之世，舍我其谁也！吾何为不豫哉！"

孟子在齐而不见用，于是悻悻然离齐而去。但去齐之时，仍然希望齐王改变主意，思想"王如用予，岂徒齐民安，天下之民举安"。他自信有能力"平治天下"，并且"当今之世"，也只有他才能平治天下。不能肯定，孟子的自命不凡，其中有多大程度的自夸；然而，这种自命不凡的口吻，确乎流露着一般士人的强烈自信！而这种自信，必然要导致"士贵"与"王贵"的冲突！孟子的"舍我其谁"表现了士人对于社会的使命感与责任感，那么当时流行的另一种理论，即"士贵论"则是士人为世君人主照亮未来的指路灯。

然而，有所作为的君主毕竟是少数，现实之中大量存在的是庸常之主。战国时代流传着不少有关"君臣遇合"的历史佳话。这些流传的历史佳话，很难说不是那些怀才不遇而处于困顿的士人们所心造的幻影。

当然，由于士人强烈的自信心理与高度的自我估价，不仅助长了士人的孤高自傲，也促使更多的士人老死于林下。那放言"士贵"的颜斶最终归居于"邑屋"，便是极好的例证。夫隐居于岩穴的不仕之士，从高自标榜转为对时君世主及社会现实的猛烈抨击与无情的批判。可以说，这仍然是"以道自任"与"舍我其谁"的自我意识的逆向流露。

　　总之，社会政治的急剧变革，造成了"礼崩乐坏"的文化变迁。官学下移，私学兴起，大比兴贤之制成为历史遗迹，导致士人群体发生质变。"士"不再是"有职之人"或"有爵之称"，而是沦为"四民"之首。士的入仕方式由官方的挑选变为双向选择，从而游说之风大起。同时，急剧兼并造成的人才渴求以及僭国大夫的笼络人心形成的礼士之风，为士人的活跃提供了广阔的空间。这种主、客两大因素的相互催发，时至战国，士人心态发生了前所未有的变化：一是克服厌学埋头苦读以改变生存环境，朝为田舍郎暮为侯王相的仕途迷幻成为当时士人社会的流行风。二是傲睨人主倡言士贵，以道自任舍我其谁的自我意识弥漫士林。这种自我意识的高扬与自身价值的确认，正是士人文化趋于成熟的重要标志。

六、各国变法运动风起云涌

　　"高岸为谷，深谷为陵"——《诗经·十月》中的这句话，早就被人引用来形容春秋时代社会的翻天覆地的变化。春秋末期"君子陵夷"，政权易手，先前的封建秩序早已荡然无存。《左传》昭公32年(公元前510年)，史墨对赵简子说："社稷无常奉，君臣无常位，自古以然。故《诗》曰：'高岸为谷，深谷为陵。'三后之姓，于今为庶，主所知也。"杜预注："三后，虞、夏、商。"事实上，"三姓之后"应从更广泛的含义去理解，春秋以来的贵族而今沦为庶民，已成为十分普遍的社会现象。社会结构的变化不能不引起政治制度、经济体制、观念形态等方面的相应变化。继春秋之后，中国历史进入战国时代(公元前476—公元前221年)。这是一个社会大变动时期，春秋时代的世家大族几乎都已烟消云散，作为一个社会阶层们消失了，新的阶层取而代之。战国时代各国新兴的统治者，无不关注如何维护自己的威权。这一时代，纵横捭阖，波诡云谲，兼并战争不断，各国都必须集中一切力量为生存而奋斗。于是，各诸侯国为了适应社会的大变动，纷纷进行变法求富求强。

　　整顿和完善国家的政治体制，制订有效的经济政策，是富国强兵的根本。战国早期，七大强国都先后推行变法。各国变法的程度不同，效果也不同。例如原本很强大的齐国，由于旧贵族的阻挠，变法不彻底，因此日趋衰落。而魏、秦等国一意变法，变法后迈向富强。尤其秦国，在七国中变法最全面而彻底，因此实力日益雄厚，成为七国之首，奠定了统一中国的基础。

　　各国变法内容不尽相同，大致包括：通过整顿户籍、增加税收、稳定物价等手段，保持国库收入充盈和社会安定；针对强兵的需要，建立赏罚制度，严明军纪；以法治国，进一步巩固国家内部的统治秩序；选贤举能，建立官吏选拔制度；尽其利；注重地尽其利，提高农业产量。各种变法运动，在各国轰轰烈烈的展开。

公元前445年，魏文侯即位，任用李悝为相国（即宰相），主持变法。李悝是法家的创始人，主张以法治国。他收集各国现行法律，编成《法经》。这是中国第一部系统的法典，共分六编：盗法、贼法、囚法、捕法、杂法、具法。盗法针对侵犯私有财产，贼法针对侵犯人身（包括杀伤），囚法用于断狱，捕法用于捕亡，杂法用于惩罚较轻、越城、博戏（赌博）、借假（欺诈）、不廉、淫侈、逾制等六种违法行为，具法是根据具体情况加重或减轻刑罚的规定。《法经》的本意是以法治来保障社会变革的有序进行，然而它的影响超越了魏国。商鞅从魏入秦，帮助秦孝公实行变法，便是依据这部《法经》行事的；以后秦汉帝国编订的《秦律》《汉律》都是在《法经》的基础上逐步扩充而成的。

李悝一方面是法家，另一方面又是农家，他在变法时很注意开垦荒地、兴修水利、发展农业生产，为此必须铲除旧的领主土地关系。孟子说"善战者服上刑""辟草莱任土地者次之"，是针对李悝的。李悝主张"尽地力之教"，也就是派官员督责农民加紧生产，增产者赏，减产者罚。为此必须杂种五谷：稷（小米）、黍（黍子）、麦、菽（大豆）、麻，充分利用空闲土地，多种蔬菜瓜果，栽树种桑，扩大副业生产。李悝还实行"平籴法"，目的在于防止粮价太贵太贱，因为"籴甚贵伤民，甚贱伤农"，他主张采用"取有余以补不足"的手段，"使民适足，价平而止"。

人们从李悝所说的五口之家治百亩之田承担什一税（即收产品十分之一的税收）这点，已明晰可见这种农民不再是领主土地上的农奴，从"籴贱伤农"这点，约略可见小农经济已初步形成。这是一个历史的大进步，因为它进一步把农民从国家上解放出来、获得一定程度的人身自由，从而有利于生产生活。

比起魏国来，赵国的变法也毫不逊色。山东临沂银雀山出土的竹简表明，早在春秋末年，赵国就把百步为亩改为二百四十步为亩，这种新亩制有利于生产力的发展和小农经济的形成。

公元前403年，赵烈侯用公仲连为相国，进行改革，在"选练举贤，任官使能""节财俭用，察度功德"的同时，"以仁义，约以王道"。也就是说，按照法家的理论选拔人才、处理财政、考核官僚，按照儒家的理论教化民众。

此后，赵武灵王为了加强军力，还进行军制改革——这就是历史上非常著名的"胡服骑射"，建立骑兵。他学习胡人的骑射与服式，并驳斥反对派说："夫服者，所以便用也；礼者,所以便事也","法度制令各顺其宜,衣服器械各便其用"。这种因时制宜的改革,使赵国由此而日趋强盛。

在中国南边,公元前401年,楚悼王即位后,启用法家吴起,实行变法。吴起变法的指导思想是"损其有余而继其不足"、即剥夺旧贵族的权力和财产,扶植新兴势力。凡封君子孙已传三代以上的,收回爵禄;裁汰无能无用之官,节约开支,供养"选练之士";把旧贵族迁移到荒凉地区,充实与开发那些地区。

吴起针对楚国官场的歪风邪气、大加整顿,明确规定:"使私不害公,谗不蔽忠,言不取苟合,行不取苟容,行义不顾毁誉";"塞私门之请,一楚国之俗";"破横散纵,使驰说之士无所开其口"。目的在于提倡公而忘私,禁止私门请托,不准纵横家进行游说,以免扰乱视听。

吴起变法使楚国迅速强盛,成效卓著。但由于损害了以旧贵族为首的既得利益集团的利益,遭到了猛烈的反对,他们攻击吴起是"祸人",楚悼王是"逆天道"。一时间反对变法的舆论甚嚣尘上,楚悼王一死,守旧派发动叛乱,吴起被车裂肢解而死。

吴起的死,显示了涉及社会制度各个方面的改革,阻力之大是难以想象的,改革家往往遭到不公平待遇,甚至没有好下场。守旧派的反扑,使变法的成就逐渐化为乌有。韩非子说:"楚不用吴起而削乱,秦行商君而富强",殊不知,作为中国历史上最著声名的大改革家,商鞅也为此付出了生命的代价。

第二章 春秋时代的政治、自然地理与文学

　　春秋时代是中国历史上有名的"礼崩乐坏"的时代,周天子陵夷,霸主迭起,僭越礼制的行为时有发生。然而,此时期学术由西周时代学在王官的状况逐渐下移,平民开始得到受教育的机会,这是中国历史上一个重大的转捩点。同思想与文化的状况相应,春秋时代的文学也体现出自身的特点。其中,随着教育与文化的传播,春秋地域文学的分野对后代文学影响颇深,而地域文学的面貌又与其地的民族风俗密切相关。

　　此处有一点应予说明,即本书所说的春秋时代民族的定义及范围。一般来说,国内学术界关于民族的基本定义沿用的是斯大林提出的定义,即:"民族是人们在历史上形成的一个有共同语言、共同地域、共同经济生活以及表现于共同文化上的共同心理素质的稳定的共同体。"如果以这种标准来考察春秋时代的民族情况,我们可以看到的图景是:华夏族正在形成演变之中,它要经过春秋战国数百年的阵痛与融合,才最终形成一个相对稳固的民族共同体,并经过嗣后的汉朝数百年的洗礼,终于得到一个稳固的沿用至今的族名:汉族。因此,当我们将民族的观念用于春秋时代时,其含义通常要较现代宽泛一些。比如,同属于今山东半岛地区的齐国与鲁国,其民族成分就有所不同,齐国的始封祖姜尚是羌人姜氏的后裔,又糅合了居于齐地的东夷族的成分;鲁国的始封祖伯禽是周公之子,为周民族的嫡系,然而鲁地也有东奄遗民参与民族融合。晋国始封祖为唐叔虞,也是周民族嫡系,但晋国在春秋时代的发展,伴随着与境内赤狄、白狄等民族的融合。楚民族、吴民族、越民族都是属于南方的民族,其饮食、衣服、制度与中原大有不同。秦民族也经历了与西戎融合的过程。而在春秋时代的历史进程里,以上列国诸民族又共同走向了华夏族的大融合。也就是说,春秋时代的列国民族,共同受到宗周文化的洗礼,加入了春秋时代华夏族融合演进的时代变奏,而又不失其建立在各自的地域及文化基础上的民族特点。可以看到在春秋时代,判断族属的华夷之辨,很大程度上就是文化之辨。所以杞桓公用夷礼朝鲁,鲁国史官就要贬称杞桓公为"子",以示华夷之分(《左传·僖公二十八年》)。本书所讨论的春秋时代列国民族,即基于这种文化区分上的较宽泛的民族概念而言。至于春秋时代其他如舒大刚先生所说的"华夏族以外的其他人群和人类共同体",也即安介生先生所归纳的"华夷五方格局论"中的"东夷、西戎、北狄、南蛮"四大集团的风

一、春秋时代政治与自然地理概况

春秋时代的中国,政治中心分布在今晋、陕、冀、豫、鲁、鄂诸省。其主要列国如下图所示:春秋时代,其核心地区自然与历史地理状况可分如下四个地域:

(1)齐鲁及淮上。其地包括黄河入海口以南至山东半岛及安徽、江苏的淮河以北地区。诸侯国有齐、鲁、莒、向、滕、薛、邾、徐等。此地区地处徐兖平原,除鲁中南低山丘陵和胶东低山丘陵外,其余地区湖泊众多,地势平坦。此地区自古以来就是文明发祥之地。现代考古学者已经通过在此地区的发掘,建立了西河文化与后李类型、北辛文化、大汶口文化、龙山文化、岳石文化的考古学文化序列。在商代,此地为东夷聚居之地。周初封建诸侯,周公伯禽封于奄、太公封于齐,俾为周王朝东方屏捍。徐国属东夷系统,西周穆王时徐偃王威行淮夷,反叛周室。周穆王不得不东征徐偃王,费时三年,才征服淮夷,其史实见于《后汉书·东夷传》与西周《班簋》《方鼎》诸器。进入春秋后,齐大鲁小,成为两国强弱常态,两国关系同时影响到与周边诸小国的关系。

(2)三晋及中原。其地包括今山西省及河北南部、河南大部,安徽东北部。诸侯国有晋、郑、宋、卫、邢、虢、许、陈、蔡等,东周王朝也在此地区。山西地区为高原地形,地表多深厚黄土,经断层作用及流水切割,呈岭谷交错地形。东部山地以太行山脉为主,西部山地以吕梁山为主,春秋时代晋国的统治中心在山西南部的汾水、涑水流经的今临汾、曲沃、运城诸盆地。晋国与中原的交通,一为逾三门、颠軨,渡河后行崤山中,东至洛阳;一为从东山皋落氏(今山西垣曲)沿黄河进入河内,由孟津以北渡河进入中原,下临周、郑,或横越南阳地,循河、济以至卫、齐,自晋文公时代之后,此为主道。晋有山河之险,秣马厉兵,以临中原,其战略态势极佳,故常能在中原与楚国争竞。中原大体上指今天的河南中东部地区,春秋时代,东周王朝在洛阳盆地,东越嵩山山脉,即进入今豫兖徐平原。郑、宋、许、陈、蔡均在中原,成为晋楚两国争夺的对象。其地河网纵横,自西向东有泜、汝、颍、洧、睢诸水,地势平坦,行军便利,是多场重大战役的发生地。晋地与中原自古以来就是夏、商诸族的主要活动地域,西周建立后,为了安绥东境,于洛阳盆地建成周城,与宗周镐京成为周王朝的双都。周人也逐渐在中原立下脚跟,其势力南拓到汉水流域。成王封叔虞于太原,是为晋国之始,也是周王朝巩固北方边疆的战略举措。春秋时代,东周衰弱,中原成为晋楚争霸的战场。

（3）关中。其地包括今陕西省及四川省、重庆市一部分。诸侯国有秦、芮、梁等。按习惯来说，关中地区在汧陇以东至黄河两岸、秦岭以北的泾渭流域。其地在陕北高原和秦岭山地之间，在今陕西省中部。关中是西周文化的发祥地，春秋之世，周室东迁，将宗周之地弃与戎狄，秦襄、文、武、宣、穆诸公逐渐收拾余烬，开疆拓土，终于将关中置于秦国版图。秦国并以此为基础，开创战国时代变法图强、最终统一六国的新局面。春秋之世，秦国主要在秦穆公时代参与中原纷争，此后由亲晋转为联楚抗晋。盖秦国欲东出中原，须经华山，历桃林塞，入崤山道中，其地略当今陕西潼关与河南新安之间，地势险恶，为天然阻塞。秦军曾于此遭到晋军伏击，损失惨重。直到清代末年，时人记载崤山之险，依然是：

自出潼关以来，长日行甬道中。往往一甬道长至数十里，两侧土崖壁立，中或仅容一车，间有宽敞之处，故两方来车相遇，避之往往不易。至今日则此甬路间，一起一伏，凸凹极多，直如度山。然又路中塘土极厚，至五寸许，加以风吹颇烈，尘气迷目，甚苦人也。

可见其艰险之状。鲁文公十三年，晋侯令詹嘉守桃林塞，即今河南灵宝南往西到陕西潼关之一段，秦国从此被封锁不能东向，于是，秦人被迫转道向南，由巴蜀之地交通楚国，遂有联楚抗晋之举。

（4）楚及淮南。其地包括今湖北省及河南省南部、安徽省江淮之间地区。诸侯国有楚、邓、申、夔、随、郧、绞、江、息、蒋、蓼、舒等。此地区势力大略有三股。最大的一股是楚国，立国于今湖北省西部，逐渐向东、向北拓展。楚文王元年（公元前 689 年），楚都自丹阳（今湖北秭归县东南）迁至郢（今湖北江陵市南五公里处），即今之纪南城，开始大力拓张。第二股势力是汉水以北的姬姓诸侯，即所谓"汉阳诸姬"，如随、唐诸国，为西周初年所封建，但经过楚武王、文王的持续征伐，早已成为楚国的附庸，并在春秋末年为楚所灭。然《左传·僖公二十八年》晋栾贞子所谓"汉阳诸姬，楚实尽之"、定公四年吴人所谓"周之子孙在汉川者，楚实尽之"，盖除随、唐之外，其他被楚灭亡的汉阳姬姓国于史已经无考。楚国征服汉北诸侯之后，往北即可出邓、申，抵方城，参与中原争夺，往东北方向可征服淮上之蒋、息、江、弦、黄诸国，往东可征服淮南之群舒。第三股势力即淮南的群舒，即舒庸、舒蓼、舒鸠等。其对楚旋服旋叛，此数国均于春秋后期为楚所灭。南方的百越，据《左传·襄公十三年》载子囊议楚共王谥曰："赫赫楚国，而君临之，抚有蛮夷，奄征南海，以属诸夏。"则楚国势力在楚共王时代已抵达南海。

另有三个较次要区域，即：

（1）北方区。其地包括今河北省北部、京津唐地区。诸侯国有北燕，都于蓟（今北京市)。其为周初召公奭后裔,见于金文者有《大保簋》《匽侯盂》等。其国于春秋时事迹不显,惟齐桓公救燕、北伐山戎一事。《史记·齐世家》:"山戎伐燕,燕告急於齐。齐桓公救燕,遂伐山戎,至于孤竹而还。燕庄公遂送桓公入齐境。桓公曰:'非天子,诸侯相送不出境,吾不可以无礼於燕。'于是分沟割燕君所至与燕,命燕君复修召公之政,纳贡于周,如成康之时。"则北燕与齐国境土接壤,然而不参与中原之事。至战国时代,国力始强,为战国七雄之一。此外有南燕,为姞姓小国,地在今河南延津县东北。南燕参与春秋政治,反较北燕为多。

(2)东南区。其地包括今江苏省太湖地区、浙江省。诸侯国有吴、越。吴、越两国在春秋时代被作为晋、楚两国战略布局中的棋子使用,详细情况见上一章春秋列国形势的分析。虽然在春秋末期吴、越两国先后称霸,但其在精神文化上实无太大建树,季札的娴熟礼乐只是一个特例。此后越灭吴,越国又在战国早期被楚国所灭,其文化逐渐融入楚文化中。在中国文学史上,除了一首被《战国策》保存下来的《越人歌》外,吴越之地还远远没有汉代以后那样的辉煌。

(3)西南区。其地包括今四川省和重庆市。方国有巴、蜀、苴。武王伐纣时,参与者就有庸、蜀、羌、髳、微、卢、彭、濮等"西土之人"(《尚书·牧誓》)。巴蜀文化在西周时代主要受中原文化的影响,在春秋时代又渗入了楚文化和秦文化的因素。而巴、蜀文化之间势力又互有消长。巴国在春秋战国时代常与楚互攻,国力强盛。战国中期后巴蜀均衰落,于公元前316年左右被秦国灭亡。春秋中期以后,秦、楚关系渐渐密切,其交通主道为通过陕南商洛地带到达湖北西北部,循汉水南下至鄀,秦、楚文化对巴蜀文化施加了影响。如在岷江上游四川茂县牟托发掘的春秋晚期到战国早期的石棺墓M1中,就发现了巴蜀文化、秦文化、楚文化、中原文化、北方戎狄文化等诸种文化因素。但在春秋时代,巴蜀文明仍然是处在周边地区的文化类型,对中原文化影响不大,故归之于次要区域。

二、春秋时代文学的三大地理板块

从地域和风俗上来划分,春秋时代的文学可分为三大板块,即齐鲁派、晋郑派、秦楚派。

(1)齐鲁派:位于今山东半岛。春秋时代,其地有齐与鲁两个大国。齐国姜姓,始封之君是太公尚父,都于营丘(今山东临淄)。春秋时代齐国疆域,背负东海,西抵黄河,南至泰山,北达无棣(今河北盐山县南),是当时著名的大国。齐以商立国,《史记·货殖列传》："故太公望封于营丘，地潟卤，人民寡，於是太公劝其女功，极技巧，通鱼盐，则人物归之，繈至而辐凑。故齐冠带衣履天下，海岱之间敛袂而往朝焉。其后齐中衰，管子修之，设轻重九府，则桓公以霸，九合诸侯，一匡天下；而管氏亦有三归，位在陪臣，富于列国之君。"雄厚的国力是齐国得以称霸的根本。而齐人风俗，按《史记》记载，则"人多变诈"（《郦食其传》）、"齐人多诈而无情实"（《平津侯传》）、"齐号为怯"（《孙吴传》）、"齐伪诈多变，反覆之国"（《淮阴侯传》）。大抵齐人诡诈脆弱，在战国时代已经成为口实。鲁国姬姓，始封之君为周公伯禽，都于曲阜（今山东曲阜）。春秋时代鲁国疆域，南至今苏鲁交界之处，西到今山东郓城、巨野、成武一线，东至今沂水以东，北至泰山及汶水之北，以泰山与汶水北岸地与齐国为界。鲁国在西周时代是大国，但春秋时代逐渐衰微，沦为二等国，战国时代更成为小国。鲁以礼乐立国，但作为周初周王室安定东方的一个战略重心，其最初的军事实力也不可小视。如《鲁颂·閟宫》所言："保彼东方，鲁邦是常。不亏不崩，不震不腾。三寿作朋，如冈如陵。公车千乘，朱英绿滕，二矛重弓。公徒三万，贝胄朱綅，烝徒增增。戎狄是膺，荆舒是惩，则莫我敢承！"然而，鲁国作为周公子孙的封国，对于礼义情有独钟。《淮南子·齐俗训》："昔太公望、周公旦受封而相见。太公望问周公曰：'何以治鲁？'周公曰：'尊尊，亲亲。'太公曰：'鲁从此弱矣。'周公问太公曰：'何以治齐？'太公曰：'举贤而上功。'周公曰：'后世必有劫杀之君。'"鲁国遵循礼制伦理的规范，但在实际的政治层面上却行不通，避免不了积弱之局。鲁人风俗，《史记》载其"其城薄以卑，其地狭以泄，其士民恶甲兵之事"（《仲尼弟子传》）、"好农而重民"（《货殖传》）。故楚汉之际，刘邦击杀项羽之后，惟鲁不降，刘邦乃引天下兵欲屠之，为其守礼义，为主死节，乃持项王头视鲁，鲁父兄乃降。循节守义，诚为鲁国的大节。而在春秋时代，齐、鲁两国互为婚姻，两国共同处在山东半岛，又有着种种利益之争。虽然齐强鲁弱之势不变，但两国之间实有更紧密的经济与文化联系，其民间文化心理与文化传承颇为一致。故史籍往往齐鲁并称，如"齐、鲁礼义之乡"（《史记·三王世家》）、"齐鲁之门，学者独不废""齐鲁之间于文学，自古以来，其天性也"（《史记·儒林传》）。流风所及，齐、鲁成为汉代学术的重地。

（2）晋郑派：春秋时代的中原及河东之地，星罗棋布着大大小小的诸侯国，其中对文化与文学影响最深的有晋国和郑国。山西是中华文明的发源地之一，夏、商、周诸文明民族都曾在三晋大地上留下自己的踪迹。晋国姬姓，始封之君为周成王弟叔虞，本号"唐"，《左传·僖公十五年》："吾闻唐叔之封也，箕子曰：'其后必大。'晋其庸可冀乎？"盖叔虞封于唐，唐在河、汾之东，方百里，故称唐叔虞。晋初都于翼（今山西翼城西），春秋初期晋国内战，曲沃武公夺取君位。晋献公迁都于绛(今山西翼城东南)，开始向外扩张。至晋文公，国力富强，晋国长期称霸。晋景公时迁都新田(今山西曲沃西北)，疆域又有所扩张。据有今山西大部、河北西南部、河南北部和陕西东部一角。其地在战国时代为韩、赵、魏三国所分有。晋国长期与戎狄杂处，故染戎狄习气甚深。《左传·定公四年》："分唐叔以大路、密须之鼓，阙巩、沽洗，怀姓九宗，职官五正。命以《唐诰》，而封于夏虚，启以夏政，疆以戎索。""疆以戎索"即以戎族的习惯法来治理境内的意思，所以三晋之人，如《史记·孙吴传》所言："三晋之兵素悍勇而轻齐。"劲健狠急，是晋国人的特色。然而，晋国因在春秋时代长期作为霸主及与楚国对峙的力量而存在，所以俨然为中原诸国领袖，在朝聘盟会、收取贡纳、进觐周天子等频繁的国事外交活动中，晋国也逐渐认识到礼乐文化的重要性。在外交辞令、礼仪的运用、礼的立场的坚守等问题上，晋国均有不俗的表现。郑国姬姓，始封之君为周厉王之子姬友，是为郑桓公。郑国在姬姓侯国中较为晚封，然而从立国之初，郑国统治者就显示了敏锐的政治嗅觉。时当西周幽王的动乱年代，郑桓公忧心忡忡，与史伯商议，卜居于济、洛、河、颍之间，郑武公灭东虢与桧，都新郑(今河南新郑)。且郑立国之初，即与商人约定："尔无我叛，我无强贾，毋或匄夺。尔有利市宝贿，我勿与知。"(《左传·昭公十六年》)郑国处中原之要冲，各国往来之要道，大力发展商业，以通有无，取锱铢之利，所以郑国虽小，却能在晋、楚之间回旋折冲，屹立不倒，这与其重商主义政策积蓄的经济基础是有关系的。郑国在春秋时代人才辈出，如杰出的政治家子产，其言辞之辩极有感染力。民间诗歌的郑卫之音，更是长久以来被作为与正统诗教不合的反面范例，如"郑声淫"(《论语·卫灵公》)、"郑卫之曲动而心淫""治道亏缺而郑音起"(《史记·乐书》)等论断。晋、郑两国同为姬周王朝的直系子孙，对周文化有一种向心力，其文化面貌与风格均以周道为本，具有相似的特征。

(3)秦楚派：春秋时代，关中地区为秦国所占据。秦国嬴姓，于西周孝王时始封，始封祖为非子。非子为孝王养马于汧渭之间，马大蕃息，故孝王封之，以捍御周王朝西部疆域。逮至西周破灭，王室东迁，时秦襄公在位，出兵送周王之东，关中戎狄纵横，周王室无力顾及，于是弃岐山以西之地与秦。襄公子文公将戎人逐出，秦国遂崛起于关中。关中为四塞之国，北有陕北高原，南有秦岭山脉，西抵陇蜀，东达河曲，环山抱水，八百里秦川土地衍沃，当西周之时，关中实为中国文化之重心所在。然而平王东迁后，政治中心东移，文化中心也随之移至中原地区。就秦国本身来说，它的立国过程就是与西北方戎人的战争过程。秦人处在西周控制地域的最外围，虽在族群上与戎人相异，但他们的文化与戎人文化有融合的趋势。滕铭予先生说："这一阶段的秦文化还表现出与周边地区尤其是北方地区的古代文化产生了较频繁的交流,并接受了主要是北方地区古代文化的某些影响……秦文化与北方文化的交往以发生在关中地区与北方文化有关的军事活动为主……在秦文化中所见到的这些北方文化的影响应与西周末年侵夺'岐丰之地'的戎人有关。"秦以戎人文化与西周传统文化融合,有其落后性,如秦穆公死,以三良殉葬,此种人殉风气,在同时的中原各国已逐渐消失。在春秋时代,秦被中原各国视为蛮夷,不与交接,所谓"秦僻在雍州,不与中原诸侯之会盟,夷翟遇之"(《史记·秦本纪》)。直到战国中期商鞅变法之时,秦俗还是"戎翟之教,父子无别,同室而居"(《史记·商君传》)。然而,秦国的文学却有其辉煌成就,如石鼓文、《诗经》中的秦风,都是绝妙的艺术篇章。并且,秦国的文艺精神,与南方的楚国有相通之处。

楚国芈姓,始封君为熊绎。周成王时,熊绎以南方蛮族君主之位,为周王朝看管祭天时的庭燎,因功被封于楚地。楚国为子男爵等,国小位微,然而楚国先王"筚路蓝缕,以启山林"(《左传·宣公十二年》),在南方开创了强盛局面。周昭王感受到楚国威胁,南征楚国,却死在征伐的路上。至周夷王时,楚君熊渠自行称王,后虽于周厉王时畏其横暴来伐,暂时取消王号,但不久西周夷灭,楚又复王号。楚国疆域广大,由早期局处于今湖北西部,到春秋中期已经突破汉水流域,向东向南向北同时扩张。到春秋末年其疆域最盛之时,已经西起今湖北西部,东达今安徽、江苏交境之处,南达今湖南、江西,北抵今河南方城。楚因此也与中原各国发生了密切联系。楚与秦一样,被中原各国视为蛮夷,然而中原诸国又不能忽视这支力量的存在。春秋中后期的战略形势就是以晋、楚争霸为中心。从文化与文学上来讲,楚国也有高明的造诣,它对中原文化的吸收,有其自身的择取过程。《诗经》中的二南之风,前人以为是楚地之风,但那是汉水流域诸姬姓小国之歌,真正的楚风是笼罩在浓厚的巫性文化气质之下的歌谣与其他物质文化形式,它在战国时代突出地表现在屈原的辞赋中。在与中原的长期交往中,楚国也产生了一批接受中原文化的精英分子,只有在这种基础上,楚才能平等地与中原诸国对话。西周早年的史事中,有传说表明周公受到管蔡之谗后,曾经南奔楚国(《史记·鲁世家》),鲁昭公二十六年(公元前516年),周王室内乱,晋国出师助周敬王,王子朝及召氏之族、毛伯得、尹氏固、南宫嚚等人奉周之典籍以奔楚。这是宗周文化向楚地南移的一大契机。

三、春秋时代的文学

《公羊传·隐公元年》:"所见异辞,所闻异辞,所传闻异辞。"又桓公二年、哀公十四年均有此语。何休隐元年《解诂》云："所见者，谓昭、定、哀，己与父时事也；所闻者，谓文、宣、成、襄，王父时事也；所传闻者，谓隐、桓、庄、闵、僖，高祖曾祖时事也。"何休之意，并不在替春秋时代分段分期，而是在阐述他对《春秋》书法的理解，借此阐明其政治理想。这三句话也成为公羊家所艳称的"三科九旨"中的二科六旨，分别对应着太平之世、升平之世和衰乱之世。何休之论，出于《春秋》纬书，前面又有《春秋繁露》提倡，自何休阐述其精义，"张三世"因此成为公羊家的口实。然而"三世"所谓衰乱、升平、太平之说，实与春秋时代社会现状不符，故后人多有讥者，晚清经今文学家皮锡瑞不得不强调此三世之说是"借事明义"，为假借用法，是孔子的政治理想和治国理念托之于《春秋》的体现。很显然，这种三段分期法不能适用于我们这里对春秋时代的文学和文学活动的分期。

然而，如果从记载春秋史实的详略来看，以鲁国诸公的公年分期的方法是可行的。从春秋时代文学和文学活动发展的大势来看，我们可以把它分成三个时期，即沉潜期、发展期、繁荣期，其各期所属诸公如下：

①沉潜期：隐公、桓公、庄公、闵公，公元前 722 年—公元前 662 年

②发展期：僖公、文公、宣公、成公，公元前 661 年—公元前 573 年

③繁荣期：襄公、昭公、定公、哀公，公元前 572 年—公元前 467 年

春秋时代文学的一大特点是，它还没有与史学和哲学分离，还不能用现代文史哲的学科来分割，将它截然剥离出来。这就要求我们用整体性的社会史和文化史的眼光来处理材料，探微勾玄。

在我们看来，塑造春秋文学的主要力量不在于对传统文化以家族为中心的延续与维持，尽管这种延续非常重要，但文学是人学，它处理的是现实世界中的关系，只不过这种现实关系是以艺术形式折射出来的。春秋时代的思想、文化与文学的舞台，正是立足于公共领域的交流之上。这里借用了德国学者哈贝马斯的"公共领域"的概念，是取其形而不师其意。哈贝马斯的"公共领域"构筑在近现代资产阶级的社会生活形态之上，其主要含义是指公众舆论，随着技术的进步，公众舆论逐渐变质而被技术理性和工具理性所操纵。而在古代中国，并没有资产阶级，除了郑国的乡校和民间的歌谣之外，一般的平民也没有自由发表政见的平台。但是，列国间基于同一文化因素的影响，其道德、心理、教化都有很大的一致性，在贵族之间，有可能自由地表达对某个事件或人物的意见，从而形成或歧异或相对一致的观点。如《左传·闵公二年》记载晋献公命公子申生率师出征：

大子帅师，公衣之偏衣，佩之金玦。狐突御戎，先友为右，梁余子养御罕夷，先丹木为右。羊舌大夫为尉。先友曰："衣身之偏，握兵之要，在此行也，子其勉之。偏躬无慝，兵

要远灾，亲以无灾，又何患焉！"狐突欢曰："时，事之征也；衣，身之章也；佩，衷之旗也。故敬其事则命以始，服其身则衣之纯，用期衷则佩之度。今命以时卒，閟其事也；衣之龙服，远其躬也；佩以金玦，弃其衷也。服以远之，时以閟之，龙凉冬杀，金寒玦离，胡可恃也？虽欲勉之，狄可尽乎？"梁余子养曰："帅师者受命於庙，受脤於社，有常服矣。不获而龙，命可知也。死而不孝，不如逃之。"罕夷曰："龙奇无常，金玦不复，虽复何为，君有心矣。"先丹木曰："是服也。狂夫阻之。曰'尽敌而反'，故可尽乎！虽尽敌，犹有内谗，不如违之。"狐突欲行。羊舌大夫曰："不可。违命不孝，弃事不忠。虽知其寒，恶不可取，子其死之。"

此时，因晋献公身边的骊姬之谗，太子申生之位岌岌可危。晋国众臣对晋献公让太子申生衣偏衣、佩金玦的含义，均已洞察于心。有的劝申生主动避位，有的劝申生逃亡，有的鼓励申生为国出征，其观点虽然不同，但都已经看出潜在的危险。张高评先生分析此段说："或正或反，止怀一忧虑太子不立之意，妙在不旁著一语，而诸将聚谋之纷纷若若，如在目前。"《左传》在这里的场面和语言描写，非常精妙。其中的狐突之言，更是赢得后人的赞誉。南宋洪迈在《狐突言词有味》中说：

晋献公

左氏载狐突所叹八十余言，而词义五转。其一曰"时，事之征也。衣，身之章也。佩，衷之旗也。"其二曰："敬其事，则命以始。服其身，则衣之纯。用其衷，则佩之度。"其三曰："今命以时卒，閟其事也。衣之龙服，远其躬也。佩以金玦，弃其衷也。"其四曰："服以远之，时以閟之。"其五曰："龙凉，冬杀，金寒，玦离。"其宛转有味，皆可咀嚼。《国语》亦多此体，有至六七转，然大抵缓而不切。

这是《左传》的佳胜之处，也是春秋文学中的名篇。

又如昭公元年记载楚公子围与诸侯盟会时，列国大夫对他的讥评：

楚公子围设服、离卫。叔孙穆子曰："楚公子美矣，君哉！"郑子皮曰："二执戈者前矣！"蔡子家曰："蒲宫有前，不亦可乎？"楚伯州犁曰："此行也，辞而假之寡君。"郑行人挥曰："假不反矣！"伯州犁曰："子姑忧子晳之欲背诞也。"子羽曰："当璧犹在，假而不反，子其无忧乎？"齐国子曰："吾代二子愍矣！"陈公子招曰："不忧何成，二子乐矣。"卫齐子曰：

"苟或知之,虽忧何害?"宋合左师曰:"大国令,小国共。吾知共而已。"晋乐王鲋曰:"《小旻》之卒章善矣,吾从之。"

楚公子围即楚灵王,此时尚未弑君得位,然而其篡位野心,路人皆知。各国卿大夫于盟会时见到公子围的仪卫服色之盛,都看出他终将篡位。各人或隐或显地评论这件事,公子围回国后,果然杀楚王郏敖而自立为王。值得注意的是郑行人子羽所说的"当璧犹在",这是楚共王以迷信手段挑选嗣王的一个举措。此事非春秋时常典,不会由官方途径告知各国,而流传于各国间,可见春秋时列国间自有通畅的信息流通管道。

春秋时,还有少量贵族民主制政治形态的残留。如襄公八年,郑国众卿集议外交政策的取向,是从晋还是从楚。定公八年,由于晋国干涉卫国内政,卫公召集国人,询问"若卫叛晋,晋五伐我,病何如矣?"国人皆曰:"五伐我,犹可以能战。"于是卫国决定叛晋。《左传·哀公元年》记载,在吴人郢之役时,吴曾派人召陈怀公。陈怀公召集国人而询问外交选择,说:"欲与楚者右,欲与吴者左。"但是这种召集国人集议的,一般是外交、迁都等大事,内政则仍由君主或执政卿士掌控。

所以对春秋时代的公共交流来说,首先,最常见的地方是列国行人往来的迎送和宴享场所。春秋时代的行人之辞,已经成为《左传》记言写人的高水准的代表。所以要考察春秋文学,行人之辞为我们提供了很多材料。

其次,宴享的场合也是公共交流的重要手段。礼仪与风度,言辞与外表,缺一不可。这是士君子们考察对方的文化水准和君子风度的最佳场所。很多华美的辞令,就出自此种场合,并且这种场合往往要赋诗,《左传》中的赋诗问题,研究者众多,无须多论。

再次,君臣相对,群臣互言的场合,在《左传》中也多有记载。许多谏辞与应对之辞,其本身就是优美的文学,而战场上的辞令与礼仪之美,更为人所称道。晋之韩厥、郤至,是其典范。

最后,书信檄文,是具有高度文化水平的卿士大夫所写,其文章辞采往往有可观者。如《子家与晋执政书》《叔向与子产书》《吕相绝秦文》等,都是春秋时代的大文章,也是很宝贵的材料。

要考察《左传》所反映的春秋时代文学与文学活动的状况,就要从上述各方面着手。下面逐期描述春秋时代各期的鲁国及列国政治、外交关系与文学风貌概况。

(一)沉潜期的文学与文学活动概述

沉潜期的上限起于鲁隐公元年,即公元前722年,历隐、桓、庄、闵四公,下迄公元前

660年,共计63年。

1.隐公时代(公元前722年—公元前712年)

(1)鲁国及列国政治与外交

鲁隐公以庶子继位,始终有苋裘之志,不贪图君位之重,然而政治本来不是善心人所能应付,周公之任,自古难当,隐公并不具备成熟政治家的才干,故最终被弟弟鲁桓公所杀。

隐公时代,鲁国政权尚未下移。隐公操国之大政,然而公子翚之徒已能独断专行,盖因其欺隐公为摄政,无畏惧之心的缘故。和戎、结纪、与郑为隐公时代鲁政之大端。

隐公二年公会戎于潜,三年及戎盟于唐。此时戎势纵横,观隐公七年戎因凡伯不礼,伐凡伯于楚丘以归可知。鲁和戎,减轻戎对鲁之压力,实为安国之策。纪国为齐近畿之国,久在卧榻之侧,齐人欲得之而甘心,鲁不欲齐之坐大山东半岛,故极力援纪。二年公嫁伯姬于纪,与纪子帛盟于密。七年叔姬亦媵于纪。然齐、鲁因为纪国而引发的矛盾至桓公时代方充分展开,是为桓公之死重大诱因,下文再分疏之。隐公初年,与郑不谐,而与宋交好。郑、宋交恶,常交伐之。四年,公子翚曾率鲁军与宋、陈、蔡、卫人伐郑。然而隐公五年,郑伐宋,入其郛,宋求援于鲁,宋使不以实情告隐公,公怒,不救宋。由此可见,鲁隐公之以私愤而变更国家大计。然而郑昭宋聋,郑庄公在政治上老练之极,次年即与鲁谈判和好,齐、郑本就交好,故是年齐亦与隐公盟于艾。自此鲁、齐、郑交好,而显然与宋、卫、陈对峙,成两大集团。八年,郑伯使宛来归枋。两国关系更加友善。十年,公子翚即率鲁师会齐、郑伐宋。十一年,隐公与齐侯、郑伯伐许。归而为公子翚所弑。

此时列国之间,以郑国势力最为强大。郑庄公在政治、外交、军事上均胜于同时诸国之君,故其俨然有小霸之势。郑庄公与周桓王关系已出现裂痕,然犹为王朝卿士。至桓公时代,则"射王中肩"矣。宋、卫诸国,各有内忧。卫有州吁之乱,宋则宋殇公继位,十年十一战,民不堪命。故桓公元年宋华父之乱,其来有自。

(2)辞令与人物

隐公时期为春秋文学拉开帷幕的时代。平王东迁,至此已近50年,中原列国的势力此消彼长,周王朝已经无力维持王朝的政治中心地位。西周礼乐文化已经开始失去了约束作用,但传统的影响仍在社会现实中起着一定的道德和舆论上的制约作用。随着东周王朝经济和政治上的实力骤降,与之相关的西周时代的采诗制度也已经废弛,然而民间风诗的创作,正方兴未艾。此时期散文体的文学,主要体现在劝谏或议论的辞令之上。隐公时代的辞令,见于《左传》者,如下表:

公元前	公年	叙述者	主要内容	目的
720	隐3	卫·石碏	谏州吁之宠	劝谏
719	隐4	鲁·众仲	论卫州吁之乱	待问
718	隐5	鲁·臧僖伯	谏鲁隐公如棠观鱼	劝谏
714	隐9	郑·公子突	论戎师之性	献策
712	隐11	鲁·羽父	滕薛争长，以周之宗盟，异姓为后说之	外交
712	隐11	郑·郑庄公	与许大夫百里论许国之祸，与郑关系；论周之子孙日失其序	行政

此期的辞令，犹秉周礼，庄重而敦厚，如隐公五年的鲁臧僖伯谏如棠观鱼一节，委曲迂徐，庄重典雅，是国家老臣的劝谏风格。其人物集中在鲁、郑、卫等几个与宗周渊源深厚的诸侯国内，或为国君，或为重臣，这是受宗周文明浸染的一代的代表。

2.桓公时代(公元前711年—公元前694年)

(1)鲁国及列国政治与外交

鲁桓公虽以篡弑得位，但仍不失为鲁国一代有作为的国君。观其在位之行事，北抗强齐，西拒郑、宋，最终逼得齐襄公要用谋杀的卑劣手段将其除去，较之隐、庄诸公，可谓死得其所，更无论末世之襄、昭、定、哀诸公了。

大抵鲁桓公外交大略，以在山东半岛求得与齐国势力之平衡为主，而在西线，则力求打击与齐交好之国，前为宋，后为郑。其间形势诡谲，忽敌忽友，一切唯视鲁国国家利益之所在而为之。

鲁国国力较齐为弱，且齐行法治，鲁行周礼，其强弱之势自立国之初即已成型。唯齐处东海之滨，左有河济，东有纪国，南有鲁国，其势难以斡旋。齐如欲拓展国土，其势不得不东灭纪、南侵鲁。然而鲁国力尚存，纪国势单微，是以齐之扩张，以纪为先。鲁国之计，则唯有存纪以牵制齐，并积极与齐同步向半岛东部扩展，以封锁齐之右翼，阻挡齐国势力南下。隐公时代，鲁纲不振，无所作为。桓公即位，齐僖公增加对纪国的压力，桓公被迫做出反应。桓公虽于三年与齐联姻，娶齐姜为夫人，但齐僖公亦于此时加大对纪国的压力。为反制齐国计，桓公五年鲁城祝丘，祝丘地处沂水上，向、鄅、郯诸小国之间，东距东海，前此鲁国疆域未有至于此者。桓公十六年，鲁城向。向比起祝丘来，则更往东推进一步。至此，鲁国势力已直抵东海，齐之右翼扩张努力遭受遏制。

至于纪国，与齐国密弥接境，则早已深切感受到齐国的压力。纪的鄟邑更径在齐都临淄之郊。故纪为求自保，除自托于周王，以纪女为王后外，更深托于鲁国。桓公六年夏，公会纪侯于成。当年秋季即"大阅"，即检查武备，其时已有保护纪国之意。桓公十三年春，公会纪侯、郑伯，与齐、宋、卫、燕联军战，大败齐、宋联军，此战虽然另有原因，然通过战争，齐、鲁两国已严重对立。桓公十七年，公会齐侯、纪侯盟于黄。其重要目的即斡旋齐、纪关系。此时齐国君主已为齐襄公。齐襄公性格急促，桓公之居间斡旋没有大的作用，当年五月，齐即背盟攻击鲁国，战于奚地。此为齐、鲁两国单独交兵之始。此时形势严重，次年齐、鲁二君即会于齐泺水之上，齐襄公遂因与文姜私通之事令人暗杀桓公，以此极端手段除掉齐国扩张之障碍。

当齐、鲁对峙之时，齐国亦积极向西南方向发展势力，以从西侧牵制鲁国。桓公十年冬，齐侯、卫人、郑人与鲁战于郎。郎为鲁国西南边境军事要邑，齐侯率兵迂回至此，得城亦不能守，其用意亦无非从西南面牵制鲁国，令其不得全力对付齐国的扩张。鲁国亦针对郑、宋两个西方大国，采取相应的外交与军事策略。先是郑与鲁交好，但因北戎侵齐，诸侯救齐。齐使鲁人犒赏诸侯，鲁秉周礼，班赐后郑。郑公子忽怒，请师于齐。齐就势出师，于是有郎之战。于此可见郑庄公晚年亦变得昏聩。次年郑庄公卒，宋人威胁祭仲立郑厉公，与昭公争位，昭公奔卫。桓公十二年，公欲平宋、郑。宋公辞平，故桓公与郑厉公盟，因宋无信，鲁、郑共同伐宋，则鲁、郑之间战于郎之仇已暂时消解。此时宋国感到压力，于是联合齐国，局势暂成鲁、郑对抗齐、宋、卫之势，于是有十三年之战。桓公十五年，郑昭公复入郑，厉公出居栎。鲁既与厉公交好，则郑昭公视鲁为仇矣。而郑昭公之入亦非宋人所乐见，故鲁、宋又趋联合，而反与郑为仇，于是有十六年鲁、宋、卫伐郑之役。借此契机，鲁桓公亦欲通过宋与齐为好，以和平方式劝说齐侯保留纪国，故有十七年鲁、齐、纪三国之会。奚之战后又有齐、鲁泺之会。观桓公采取的策略，与齐国在直接对抗下亦有和平解决的诚意，故来战者回击之，同时仍不放弃和好之希望。联郑为对抗，联宋为缓和，此政策固为齐、鲁两国国力强弱所直接决定。然齐襄公断然下手，除去鲁桓公，则非桓公所能预计。

桓公死后，齐国向东拓展之障碍已除。庄公元年，齐师迁纪邢、鄑、郚三邑，二年，纪季以纪酅邑入于齐，纪国分裂。四年，纪侯大出逃，齐灭纪国。齐国国势就此蒸蒸日上，遂立齐桓公称霸之基业。

（2）辞令与人物

此时期中原混战，霸主未出，郑国于小霸之后，因后嗣争立问题，重新衰弱。列国违背宗周礼制之事层出不穷，而对政治社会人生的总结也在逐步丰富。继承西周而来的民

本思想、重本弱枝的政治原则、骄者必败的人生经验,在《左传》中都有很好的表现。如下表所示:

公元前	公年	叙述者	主要内容	目的
710	桓2	鲁·臧哀伯	谏桓公勿纳郜大鼎于庙	劝谏
706	桓6	随·季梁	论民为神之主	劝谏
706	桓6	鲁·申繻	论起名字之义	待问
699	桓13	楚·邓曼	论莫敖屈瑕之败	劝谏

　　其人物仍以各诸侯国的大臣为主。值得注意的是,《左传》在本期第一次出现了充满智慧的女性形象。在隐公时代,虽然有卫庄姜的不幸遭遇,然而庄姜本人除了美丽和风度之外,其个人的特性并没有充分展现。桓公十三年记载的楚武王夫人邓曼,却是一个非常优秀的智慧型女性:

　　十三年春,楚屈瑕伐罗,斗伯比送之。还,谓其御曰:"莫敖必败。举趾高,心不固矣。"遂见楚子曰:"必济师。"楚子辞焉。入告夫人邓曼。邓曼曰:"大夫其非众之谓,其谓君抚小民以信,训诸司以德,而威莫敖以刑也。莫敖狃於蒲骚之役,将自用也,必小罗。君若不镇抚,其不设备乎?夫固谓君训众而好镇抚之,召诸司而劝之以令德,见莫敖而告诸天之不假易也。不然,夫岂不知楚师之尽行也?"楚子使赖人追之,不及。

　　莫敖使徇於师曰:"谏者有刑。"及鄢,乱次以济。遂无次,且不设备。及罗,罗与卢戎两军之。大败之。莫敖缢於荒谷,群帅囚於冶父以听刑。楚子曰:"孤之罪也。"皆免之。

　　邓曼闻弦歌而知雅意,对斗伯比之言揣摩入微,合情合理,末尾"夫岂不知楚师之尽行也"反问极有力,一语惊醒梦中人,雄才大略的楚武王也要为之戒惧。明代王鏊《重刊左传详节序》云:"……闺门之懿,亦善言焉。有若邓曼、穆姜、定姜、僖负羁之妻、叔向之母。于戏!其犹有先王之风乎!其词婉而畅,直而不肆,深而不晦,炼而不烦。绳削有若剩焉,而非赘也;若遗焉,而非欠也。后之以文名家者,孰能遗之?"是为确评。

　　3.庄公、闵公时代(公元前693年—公元前660年)

　　(1)鲁国及列国政治与外交

　　鲁庄公政治才能远不及其父桓公。观桓公与戎盟会交好,而庄公未能延续其政策,导致十八年其亲自领军追戎于济西,即可知庄公未能绥远靖邦。然庄公慑于齐国杀父之威,恋于文姜母子亲情,其在位期间,与齐国长久保持友好关系,并娶哀姜为妻。又值其在位时,齐桓公得位,国势日上,以惊悸未定之衰鲁,自难以与抗。故庄公时代鲁国政治特征有二:一为与齐国关系;二为继承人问题。后者遂直接决定鲁国政权之下移至三桓。

请先言与齐国的关系。庄公初继位，年仅十二岁。以此韶龀之年，自难真正掌握国政。是时鲁国之执政者，公子庆父、公子翚之徒也。庄公元年齐师迁纪国郱、鄑、郚三邑，纪国之亡指日可待。鲁国已无力顾及，然尚有开拓疆土之举。东方与齐接触之东北面，鲁取守势，而转身向东南扩张，于是有庄公二年公子庆父帅师伐于余丘之役。然鲁国之力亦尽于此矣。文姜虽逊于齐，但其与庄公血缘亲情仍在，观庄公之行事，亦似无怨及其母之意。庄公三年，公子翚帅师会齐师伐卫，此时庄公十五岁，翚应为专命而行，然亦可见此时齐、鲁友好之势又成。次年庄公及齐人狩于糕，糕即郚，地在今山东长清西，为文姜与齐襄公私会之处，庄公此行，亦未必无文姜之力。五年庄公会齐人伐卫，六年齐人来归卫俘，八年鲁军与齐军围郕，郕降于齐师，齐之兵力直延伸至曲阜北方八十里处，而鲁人并不猜忌，亦可见齐与鲁友好方睦。

然而围郕之年，齐襄公被杀。是时庄公二十岁，血气方刚，亦望乘机挟制齐国，故与齐大夫盟于蔇，又要公子纠盟，然后送之回齐。孰料公子小白已兼程由莒赴齐，齐之大夫亦不乐庄公要盟之举，改意推奉公子小白，即齐桓公。庄公怒，伐齐欲纳子纠，鲁军败于乾时，齐杀子纠，而齐、鲁关系恶化。十年，鲁败齐师于长勺。长勺之战，局部之战斗，无关国势大局。而齐国自此上有明君，下有贤佐，其发展之势不可遏制。齐桓公亦不因此争位之事而影响战略发展。故十一年，王姬归于齐，由鲁至齐也；十二年，纪叔姬（庄公之姑母，纪侯之夫人）归于酅。酅于纪季之时已成为齐之附庸，没有齐桓公允许，叔姬无由得返夫家，可见齐、鲁关系已在解冻。至庄公十三年，庄公与齐侯盟于柯，自此齐、鲁关系复归于好。

文姜卒后，当年庄公即亲往齐国纳币，请娶哀姜。此举不合春秋礼制，故《公羊》《穀梁》皆讥之。二十三年，庄公又如齐观社。此时齐、鲁外交活动频繁。上年与齐国卿高傒盟于防，当年与齐侯遇于谷、盟于扈。二十四年庄公又亲至齐国逆哀姜，亦非当时礼制。然齐、鲁之关系密切可知。此后二十六年公会宋人、齐人伐徐，则齐人势力已能越过鲁国东部防线而进入东南方。二十七年盟于幽，会于城濮；二十八年鲁国饥，告籴于齐。齐、鲁似已成友好之与国。

然当时列国关系，没有永久的共同利益。庄公亦于此时深感齐国压力。故二十九年，鲁城诸及防，此为修补鲁国东部防线之努力。三十年夏，鲁师次于成，以防齐人灭郕，但已无济于事。兼之三十一年齐献戎俘，非外交礼制，此举隐含恐吓之意。故三十二年春，鲁即城小谷，加强曲阜西北之城防，戒齐之意昭然。然其年庄公卒，鲁国内乱，齐遂因此以定鲁，局势又大变。

次言庄公继承人问题。庄公数子,子般,出自孟任;闵公,出自哀姜之娣叔姜;僖公,闵公之弟,出自成风。子般为季友所拥立,然公子庆父使力士魏荦杀之;闵公为齐女之子,齐人立之;庆父与哀姜私通,哀姜欲立之,故容忍其杀闵公。最终季友拥立僖公,庆父自杀,齐人杀哀姜。鲁国内乱两年,国力削弱,齐人趁机迁阳邑,在东部又拓展了疆土。而继承问题的直接后果,更在于鲁国国内三桓势力已成,国君势力已难以撼动他们。季友立子般,杀叔牙,立叔孙氏;僖公听取季友意见,立公孙敖为庆父后,为孟孙氏。此后三桓强盛,公室衰弱,鲁国政治遂走上另一轨道。

此期齐国势力崛起,齐桓公在管仲的辅佐下,以尊王攘夷为口号,于庄公二十七年正式被周命为侯伯,成为春秋五霸中的第一个霸主。此外,庄公十五年,晋曲沃武公杀晋缗侯并翼,晋国政权转移到曲沃旁支之手,而晋献公于庄公十八年继位,着力经营晋土,消灭国内群公子,尚未参与中原事务。楚自武王、文王经营南国,成绩初彰,庄公五年,楚始都郢,其后楚成王以申、息为基地,开始经略中原,于庄公十六年始伐郑,此后不断作试探性的攻击,以达成北抵大河的战略态势,但受到齐桓公的坚决抵御。

(2)辞令与人物

此期的辞令,集中在几个方面,一为礼制,二为人神关系,三为人事。

公元前	公年	叙述者	主要内容	目的
684	庄10	鲁·曹刿	曹刿论战	献策
683	庄11	鲁、宋使者	宋大水,鲁吊之,臧文仲评之	外交
680	庄14	鲁·申繻	申繻论妖	待问
671	庄23	鲁·曹刿	曹刿谏庄公如齐观社	劝谏
670	庄24	鲁·御孙	谏庄公丹楹刻桷;论赍	劝谏
662	庄32	周·内史过	答周惠王问论有神降于莘	待问
662	庄32	虢·史嚚	论莘神	议论
661	闵1	齐·仲孙湫	论庆父未死,鲁难未已,鲁不弃周礼,未可动也	议论
660	闵2	晋·里克	论太子将师非制度也	进谏
660	闵2	晋·众臣	论晋献公赐太子偏衣金玦之意	议论

鲁国为周公之后,宗周礼乐传统浸染于鲁者极深。此时鲁国人物,有曹刿和御孙,《曹刿论战》早已是中国文学史上的名篇,其人机警有谋,而又谆谆于礼制,是鲁国的士君子一流人物。御孙为鲁大夫,《国语·鲁语》作"宗人夏父展",《列女传》作"大夫夏甫不

忌",是为鲁国掌宗人之官,所以他从明辨宗法的角度反对男女同赞,认为会混淆男女的不同社会地位。臧氏为鲁国传礼世家,其曾祖臧僖伯、祖臧哀伯、孙臧文仲,都以守礼能谏而闻名。鲁国君子虽有申繻的"妖由人兴"观,怀疑妖怪神异的存在,但大体上仍循旧典;而周史、虢史,思想上则更进一步,大力剥离国家兴亡观中的神的权力,展现了民本主义的思路。此外,晋国众臣论晋献公赐太子申生偏衣金玦之意,每个人说话的态度、观点、语气都代表了他的身份和性格,非常生动,是一组非常高明的通过对话写人的场景描写。

(二)发展期的文学与文学活动概述

发展期的上限起于鲁僖公元年,即公元前 659 年,历僖、文、宣、成四公,下迄公元前 573 年,共计 87 年。

1.僖公时代(公元前 659 年—公元前 627 年)

(1)鲁国及列国政治及外交

庄公虽为守成之君,然其政权尚未完全下移。至僖公时代,则三桓气候渐成,又值齐桓晋文相继称霸之时,鲁国除尊霸之外,没有其他选择。

僖公前半期,公子季友辅政,国政尚无差愆,连年与于齐桓公霸主之盟,二年城楚丘,三年公子友如齐莅盟,四年与于齐桓公伐蔡伐楚之役,继而公孙兹(叔孙戴伯)率师会齐人伐陈。五年公与于首止之会,六年与于伐郑之役,并救许围。七年与于宁母之会,八年与于洮之会,九年与于葵丘之会,十年僖公如齐,清钟文烝云:"言如者,朝也。桓偕夫人,庄以他事行,至此始专是朝大国。如京师、如晋、如楚,皆朝也。"其说是也。则葵丘之会后朝贡霸主之制正式实行也。十一年,公及夫人姜氏会齐侯于阳谷。十三年,与于咸之会,公子友如齐。十五年,公如齐,并与于牡丘之盟,军次于匡,公孙敖(庆父之子孟穆伯)帅师与诸侯之大夫救徐。然僖公十六年,季友、公孙兹卒,鲁国连失两位辅政者,此年僖公仍与于齐侯淮之会。

僖公后半期之政治,主要辅政者为公子遂(东门襄仲,庄公之子,东门氏于宣公十八年被逐于鲁)而非三桓。僖公十七年,季友、公孙敖卒后的权力真空尚未填补,僖公得以放手作为。鲁于是年越境千里而灭项国,齐桓公震怒,扣留僖公于齐。僖公夫人声姜会齐侯于卞,恳求齐侯释放僖公。是年齐桓公亦卒,宋襄公欲称霸,活动频繁,并出师伐齐,鲁国出师救齐,然宋师败齐师于甗,立齐孝公而还。二十二年宋襄公败于泓,称霸美梦昙花一现。鲁僖公此时忙于处理邾国问题。盖邾与鲁密迩接境,僖公甫即位,邾即伐鲁,僖公败之于偃。齐桓公称霸,禁诸侯自相征伐。齐桓公卒后,邾国追随宋襄公,执鄫子而用之,其愚昧暴虐可知。二十一年,僖公伐邾。二十二年,公伐邾,取须句。八月,与邾人战于升陉。三十三年,公伐邾,取訾娄,是年公子遂亦帅师伐邾。

宋襄称霸失败,继起为霸主者为晋文公。二十八年(公元前632年)城濮之战,晋大败楚军,奠定中原霸主地位。五月,僖公与于践土之会,是年冬,与于温之会。二十九年,与于翟泉之会,三十年,公子遂如晋,三十一年,公子遂又如晋,三十二年,晋文公卒,其子晋襄公能继父志,于三十三年败秦师于殽。鲁之于晋国,亦如前此之齐,视其为霸主而尊之。而僖公后半期之鲁、齐关系,亦有波折。齐桓公初卒,宋伐齐,鲁曾出师救之,宋败齐,立齐孝公。孝公与鲁不睦,二十六年,伐鲁西鄙,僖公追齐至酅,弗及。夏,齐复伐鲁北鄙。鲁国被迫派遣公子遂至楚乞师,并于是年底以楚师伐齐,取谷地。次年,齐孝公卒,齐昭公继位,兼之晋文公于此时称霸,强大压力之下,齐、鲁关系复归于好。三十三年,齐国归父来聘,臧文仲赞其有礼,劝僖公朝齐。是年僖公朝齐,归而卒。

综观僖公时代,齐、晋、楚、秦四国为第一集团的形势已成。然秦自败于殽山,不复东向进取,而以灭西戎为事,则中原之强国仅余齐、晋、楚,而尤以晋、楚关系为重心所在。齐桓公晚年长期与楚争夺江淮徐舒的控制权,亦为扼制楚国之策。盖齐桓公伐楚之役前,屡与江、黄诸国盟会,意在联合淮上诸侯牵制楚国。楚国亦视此为心腹之疾,僖公十二年,楚灭黄。十五年,楚伐徐,桓公会诸侯之师救徐。是年七月,齐师、曹师伐厉,厉即赖,在今湖北随州东北,此次作战行动已深入到汉水流域,为齐桓公对楚国北进之激烈回应。楚不为所动,于是年末败徐于娄林,故次年齐桓公会诸侯于淮以威慑之。十七年,齐师与徐师伐英氏,英氏在今安徽省金寨县境,盖英氏时属楚也。然齐桓公于是年卒,齐反制楚国的努力戛然而止。兹后楚视宋襄公如玩物,二十二年伐宋,二十三年伐陈,二十五年城顿,郑、宋、蔡诸国皆附于楚,楚之兵势如日中天。至晋文公败楚于城濮,楚国才不得不作战略转移。

晋秦为婚姻之国,此时秦之君为穆公,以晋献公女伯姬为夫人。然晋献公卒后,晋国内乱。惠公夷吾以秦力得位,朝济而夕设版焉。故秦、晋之间关系不睦,僖公十五年韩原之战,秦还俘虏了晋惠公。僖公二十四年,晋公子重耳以秦国之力回国,是为晋文公。早在韩原之战后,晋即作爰田、州兵,故虽败而兵益强;晋文公四年,又作上、中、下三军,其军力益强,故能于次年败楚于城濮。然文公卒后,秦、晋关系因郑国问题发生裂痕,故有僖公三十三年殽之战,秦由此不复东向。

此时期另一大问题为狄祸。庄闵时代,狄即已破灭邢、卫两国。僖公八年,狄伐晋,十年，狄灭温，温已近王畿。十八年，狄人、邢人又伐卫。二十年，齐人、狄人盟于邢。二十一年，狄又侵卫。二十四年，狄伐郑。邢虽为中原诸侯，但屡为狄之帮凶，故僖公二十五年，卫文公灭邢。三十一年，狄围卫，是年卫为避狄祸，迁于帝丘。三十二年，卫人攻狄，秋，卫与狄盟。三十三年，狄侵齐，晋人败狄于箕。狄于中原诸国，几乎攻击殆遍。齐桓公在管仲辅佐下所定攘夷原则，实为当时最紧迫的需要。了解此时局势，才能理解百余年后孔子的喟叹："微管仲，吾其被发左衽矣！"（《论语·宪问》）

（2）辞令与人物

这一时期是春秋文学发展期的开始。主要表现在辞令的华赡丰美，与沉潜期的质实厚重的特质有所不同。外交辞令的描写有波澜，多起伏，部分篇章如《烛之武说秦师》一节，甚至有了战国策士的风格。

公元前	公年	叙述者	主要内容	目的
658	僖2	晋·荀息	假道于虞国以攻虢	外交
656	僖4	楚·屈完	屈完观师及齐楚外交辞令	外交
655	僖5	晋·士蒍	论筑蒲与屈以处两公子	进谏
655	僖5	虞·宫之奇	宫之奇谏假道	进谏
653	僖7	齐·管仲	谏齐桓公辞郑公子华之卖国	进谏
646	僖14	晋·众臣	论籴米与秦	议论
645	僖15	晋·庆郑	与晋惠公论乘马·秦晋战后外交之辞	进谏
641	僖19	宋·子鱼	论祭用人牲·劝宋襄修德	议论
638	僖22	鲁·臧文仲	论国无小，不可易也	进谏
638	僖22	宋·子鱼	子鱼论战	议论
637	僖23	郑·叔詹	郑文公不礼重耳，论晋国诸公子重耳当得位	进谏
637	僖23	晋·重耳	重耳对楚子	外交
636	僖24	晋·寺人披	寺人披请见	进谏
636	僖24	晋·竖须	论沐则心覆	进谏
636	僖24	晋·介子推	介子推不言禄	议论
636	僖24	周·富辰	谏周襄王以狄伐郑	进谏
634	僖26	鲁·展喜	展喜犒师	外交
633	僖27	晋·众臣	晋卿让贤	议论
630	僖30	郑·烛之武	烛之武退秦师	外交

公元前	公年	叙述者	主要内容	目的
628	僖32	秦·蹇叔	蹇叔哭师	议论
627	僖33	周·王孙满	王孙满观秦师	议论
627	僖33	郑·弦高、皇武子	弦高犒师；皇武子辞秦师	外交

　　人物方面，除了公卿贵族之外，郑之弦高，本为商人，却能于危急情势之下主动担起责任，与杀气腾腾的秦军折冲于樽俎之间，其言语纡徐有节，绵里藏针，其处置得宜，使得郑国能够避免被秦军偷袭。齐国的管仲，治国有方，成为后代箭垛式的贤臣人物，有反映他观点的《管子》一书流传于世。

　　（3）赋诗活动

　　本时期《左传》中还首次出现了宾主酬酢时的赋诗记载。

公元前	公年	赋诗篇目	赋诗语句	赋诗者	赋诗意图
637	僖23	河水（逸诗）		晋·重耳	暗示晋将如河入海般事秦
		小雅·六月		秦·秦穆公	以尹吉甫喻重耳，祝其定霸诸侯，辅佐天子

　　2.文公时代（公元前626年—公元前609年）

　　（1）鲁国及列国政治与外交

　　文公时代，鲁政出四家，三桓及东门襄仲。然与他国大族之间内斗频繁不同，鲁国颇有君子之风。如七年公孙敖出使莒国，同时为东门襄仲迎莒女为妻，至莒见莒女美丽，便自娶莒女。襄仲请动用宗族兵攻击公孙敖，文公已准许。叔仲惠伯（即叔彭生，叔牙之孙，叔孙得臣之堂兄弟，其子皮时分为叔仲氏）力谏，文公醒悟，令惠伯和解两人。次年公孙敖逃于齐，鲁即续立其子谷，为文伯。文伯卒，从其请而立其庶弟难，是为惠叔。惠叔请求允许其父公孙敖回国，执政的东门襄仲也应允。与晋、宋等国大夫内斗之动用军队或动辄杀戮相比，鲁国政治情势相对温和。而文公时代晋为霸主，故鲁之外交政策以服从晋国为中心。

　　文公年间，叔孙、季孙、孟孙均有人辅政。叔孙氏为叔孙得臣，即公孙兹之子，他于文公元年如京师，三年率鲁军会晋、宋、陈、卫、郑军伐附楚之沈，九年如京师会葬周襄王，十一年败狄于咸，十八年文公卒后与公子遂出使齐国。季孙氏为季孙行父，即季友之孙，六年如陈，同年如晋，十二年帅师城诸及郓，十五年两次如晋，十六年会齐侯于阳谷，十八年文公卒后如齐。孟孙氏为公孙敖。其于文公元年会晋侯于戚，二年会诸侯于垂陇，五年如晋,七年如莒莅盟,八年周襄王崩,公孙敖如京师,未至而返,奔莒。因其出奔之故,孟孙氏在文公余年未能在鲁国政坛活动。公子遂为东门氏,其于文公二年如齐纳币,六年如晋会葬晋襄公,八年会晋赵盾盟于衡雍,九年会晋、宋、卫、许诸军救郑,十一年如宋,十六年与齐侯盟于郪丘,十七年如齐,十八年文公卒后如齐。另有后来之叔仲氏,其政治代表为叔彭生,他于十一年会晋郤缺于承匡,十四年率师伐邾。

此五大家族将构成文公时代之后鲁国主要分享政治权力的家族。但在文公时代,后来显赫的三桓尚未主政,执政者仍为东门襄仲。

此期鲁国服从于晋国。除主政各卿常赴晋国盟会朝贡外,二年,文公亦与晋阳处父盟,三年,公如晋,与晋侯盟。七年,公会诸侯及晋大夫盟于扈。十三年公再次如晋,并与晋灵公盟。大抵晋为霸主,常使其大夫与诸侯盟。鲁亦不敢不从。与齐国关系上,文公循鲁娶齐女之旧例,即位第二年即使公子遂如齐纳币,四年娶声姜,齐鲁关系良好。然八年公孙敖奔齐,十四年卒于齐,齐昭公娶鲁女子叔姬为妻,生太子舍人,昭公于文公十四年卒,齐公子商人弑舍人而囚鲁叔姬,是为齐懿公。鲁国托请周王室斡旋,齐人逮捕周来斡旋的单伯。鲁无奈求于晋国,齐放回鲁叔姬,归公孙敖丧,然亦于十五年伐鲁西鄙,虽经十六年之盟会,又于十七年伐鲁西鄙。十八年文公与齐懿公同时死亡,齐鲁关系在宣公时又有所改善。

此时期鲁仍与邾国持敌对关系。七年,文公伐邾,取须句,城郚。十四年,邾人伐鲁南境,叔彭生率军伐邾。

而此时列国关系之重点,仍在秦晋之争与晋楚之争。文公二年,秦攻晋,战于彭衙,以报殽之役,秦负。三年,秦再攻晋,战于王官,晋人不敢出。四年晋攻秦,围邧及新城,以报王官之役。六年,晋襄公卒,赵盾欲立公子雍,遣先蔑、士会至秦迎之,后又改立灵公夷皋,出兵御秦师,战于令狐,秦师败绩。八年,秦攻晋,取武城,以报令狐之役。十年,晋攻秦,取少梁。同年,秦攻晋,取北征。十二年,秦攻晋,取羁马,至瑕。文公十八年间,秦、晋之间大小近十战,战事频繁。然终处于中原以西,对中原整体大局没有大的影响。

晋、楚方面,自城濮大战后,楚国暂时收缩兵力,十余年未曾北向,而集中精力于征服淮上诸侯。文公元年,楚世子商臣弑其君楚成王,是为楚穆王。三年,楚围江,晋阳处父帅师救之,攻方城而还。四年,楚遂灭江。五年,楚灭六。九年,楚复北向经营中原,伐郑,晋合诸侯救之,不及而还,郑及楚平。十二年,群舒叛楚,楚执舒子,围巢,灭之。十四年,楚庄王立,平定公子燮与子仪叛乱。楚国国势更趋强大。综观文公时代,晋、楚未有直接军事冲突,但均蓄势待发。

秦、楚之间，主要为合作关系。先是文公五年，郜人叛楚即秦，又贰于楚，于是秦人攻郜，郜在今湖北宜城，已处在当时楚国中心区域。秦人此举，规模不大，楚人能够容忍。文公十六年，楚大饥，庸率群蛮叛楚，楚出兵，与秦、巴合灭庸国。可见，此时秦、楚关系密切。

此外，文公时代狄祸仍频，但中原各国已能有效抵御。三年狄侵齐，七年狄侵鲁西鄙，九年狄侵齐，十年狄侵宋，十一年狄侵齐，十三年狄侵卫，然十一年长狄侵齐，又侵鲁，叔孙得臣率师御之，杀狄人首领长狄侨如。此后二十余年间，长狄渐次遭到重大损失，最终灭亡。

（2）辞令与人物

文公时代，除了庙堂辞令之外，又增加了新种类，即书信。盖外交折冲，除了行礼如仪的官面文章外，有很多利害攸关的讨论，须在小范围内私下进行，待统一了看法后，再上报实施，转化为具体的政策。这种书信体的外交文书，其自身就是春秋文学中的精品。

公元前	公年	叙述者	主要内容	目的
620	文 7	宋·乐豫	谏宋昭公将去群公子	进谏
620	文 7	晋·郤缺	论九歌九德九功六府三事	献策
615	文 12	秦鲁之使	外交辞令	外交
614	文 13	邾·邾文公	卜迁于绎，知命	议论
610	文 17	郑·子家	与晋执政赵宣子书	外交
609	文 18	鲁·大史克	对文公论勿赏莒公子	进谏

在春秋时代，郑国贤臣辈出。文公十七年，晋侯以郑穆公贰于楚，在盟会时不见郑公，按照惯例，霸主对于不从命的诸侯，在这种外交场合给予冷遇之后，随之而来的就是出兵讨伐。为了避免郑国遭受兵燹之灾，郑大臣子家给晋国执政者赵盾写了一封信：

寡君即位三年，召蔡侯而与之事君。九月，蔡侯入於敝邑以行。敝邑以侯宣多之难，寡君是以不得与蔡侯偕。十一月，克灭侯宣多而随蔡侯以朝於执事。十二年六月，归生佐寡君之嫡夷，以请陈侯於楚而朝诸君。十四年七月，寡君又朝，以蒇陈事。十五年五月，陈侯自敝邑往朝於君。往年正月，烛之武往朝夷也。八月，寡君又往朝。以陈、蔡之密迩於楚而不敢贰焉，则敝邑之故也。虽敝邑之事君，何以不免？在位之中，一朝於襄，而再见於君。夷与孤之二三臣相及於绛，虽我小国，则蔑以过之矣。今大国曰："尔未逞吾志。"敝邑有亡，无以加焉。古人有言曰："畏首畏尾，身其余几？"又曰："鹿死不择音。"

小国之事大国也,德,则其人也;不德,则其鹿也,铤而走险,急何能择? 命之罔极,亦知亡矣。将悉敝赋以待於鯈,唯执事命之。

文公二年六月壬申,朝於齐。四年二月壬戌,为齐侵蔡,亦获成於楚。居大国之间而从於强令,岂其罪也? 大国若弗图,无所逃命。

其信列举事实,以见郑服于晋之殷勤,从另一个侧面对晋国只顾"逞吾志"的做法提出了批评。又引俗言常语,表达如果晋不接受郑国的诚意的话,郑将改图事楚的态度。有理有利有节,既表达了小国之谦逊,亦传达了不畏强御之意。语气委婉纡徐,不急不躁,表现力非常丰富。赵盾接到此信后,惧郑国改图事楚,派巩朔行成于郑,并令赵穿、公婿池为质于郑国。子家此信,使国家免于兵灾,而换来大国的尊重,是政治文学中的佳品。

(3)赋诗活动

此期《左传》所记载的赋诗活动有:

公元前	公年	赋诗篇目	赋诗语句	赋诗者	赋诗意图
624	文3	小雅·菁菁者莪		晋·晋襄公	既见君子,乐且有仪,嘉宾也
		大雅·嘉乐		鲁·鲁文公	晋公令德,受禄于天,敬主人也
623	文4	小雅·湛露;小雅·彤弓		鲁·鲁文公	不合礼。湛露为周王宴诸侯,彤弓为周王宴赏有功,故卫宁俞不答赋
620	文7	大雅·板	板之三章	晋·荀林父	寓同寮为其谋划,应当听从之意。阻止先蔑使秦,先蔑不听
614	文13	小雅·鸿雁		郑·子家	以鳏寡喻郑,欲鲁为之讲和于晋
		小雅·四月		鲁·季文子	喻自己奔驰道路之苦
		鄘风·载驰		郑·子家	喻依靠大国救援
		小雅·采薇		鲁·季文子	将为郑奔走,直到成功

3.宣公时代(公元前 608 年—公元前 591 年)

(1)鲁国及列国政治与外交

宣公时代,鲁国三桓势力继续发展,然宣公之立靠东门氏之力,故宣公仍延续文公时代政策,决策上倚靠东门氏。公子遂卒于宣公八年,其子公孙归父十年即出从政,直至宣公末年均是主政者。其间公孙敖之孙仲孙蔑(孟献子)于九年参与国事,季孙行父亦于十年如齐,均在公子遂卒、公孙归父从政之间。然此时期三桓力量已壮大,遂于宣公卒后逐东门氏于齐。三桓专鲁政之局面于成公时得以实现。

此时期的前期鲁国仍与齐国保持良好关系。然鲁在齐重压之下,几成属国。元年,宣公尚在丧中,即由齐娶妇,此时齐为惠公。齐国卿高固欲娶鲁女叔姬,五年春,宣公如齐,高固劝惠公扣留宣公而求叔姬,夏天方放回宣公。鲁已不能与齐维持战略平衡。七年宣公会齐伐莱,十年惠公归鲁济西田,同年惠公卒,顷公继位。次年鲁公孙归父即会齐人伐莒,十四年公孙归父会齐侯于谷。但齐顷公之时,鲁、齐关系逐渐不睦,至十八年,宣公遣使至楚国乞师,欲伐齐。盖鲁自齐顷公以来不事齐,专事晋国。而齐新与晋盟,鲁惧齐伐而晋不救,故如楚乞师。

鲁、晋关系上,鲁仍取遵从霸主之政策。七年宣公与于黑壤之会,十七年,宣公与于断道之会。然与文公时代相较,盟会较少,晋、鲁关系渐疏。且宣公晚年与楚交好,十五年,公孙归父会楚王于宋,十八年,遣使如楚乞师伐齐。于此可见晋、楚势力在邲之战后的消长。

晋、楚关系仍是此时期列国局势之重心。宣公二年,晋赵盾及赵穿弑晋灵公,成公黑臀继位。宣公十年,晋景公继位,晋由赵氏执政,卿大夫专国政,国内关系经历重新梳理之过程,故对楚不能专力顾及。楚则庄王在位,政令畅通,国势渐盛。晋、楚两大阵营于此时期形成,晋、宋、卫为一方,楚、蔡为一方,秦国亲楚,并不时与晋国发生战争,二年,秦伐晋,十五年,秦又伐晋,晋败之于辅氏。秦、晋之战多在河西,于中原局势无大影响。齐国恃前代霸主之资,于晋、楚间持相对独立的超然态度,然齐顷公无能,纵容妇人女子嘲笑使节,触犯晋国郤氏,终于引火上身,招致宣公十八年晋景公之伐,又于成公初年大败于晋,亦是自取其辱。

宣公元年,楚与郑侵陈侵宋,晋救不及,伐郑。郑常处此两难境地,遂采取服从强者之国策,晋来服晋,楚来服楚,晋、楚亦各心知,然晋方去郑,楚必伐之,楚方去郑,晋亦必伐之。郑国亦惟强者是从。当宣公时代,晋公卿专政,楚强于晋,故郑服楚为多。宣公二年,郑即遵楚命伐宋于大棘,获其卿华元。三年,楚庄王伐陆浑之戎,逼近周畿,问鼎于周,继而移兵讨伐复从晋之郑,四年、五年,又连年伐郑。晋人不出。七年晋会诸侯于黑壤,亦无作为矣。八年,楚灭舒蓼,楚在淮南之势力继续拓展,是年晋景公新立,晋亦欲重与楚争。九年,楚伐郑,晋郤缺率军救郑,不及。十年,晋、宋、卫、曹伐郑。十一年,楚、郑、陈盟于辰陵,楚平陈夏征舒之乱。十二年,楚复伐郑,晋出兵救郑。两军相持于今河南荥阳北,城濮战后最大的战役爆发。此战为接触战性质,晋国内矛盾复杂,主将皆不欲战。晋先縠以私愤陷晋军于险地,楚军掩击之,晋大溃于邲,晋军争渡,舟中之指可掬。

楚庄王祭祀于黄河而还。

兹后晋、楚仍相持于郑、宋。十五年,楚服宋,晋暂落下风。于是晋乃移转兵锋,灭国内之赤狄潞氏、甲氏及留吁,以期积聚实力,整合国内卿大夫权力的分配。等到宣公末年,晋又有齐之役,故与楚仅能相持于黄河一线。

宣公十五年(公元594年),鲁国发生了中国史上的一件大事,即鲁国初次实行税亩之制。其制具体内容多有学者论及。大抵公室收入不足,故国中按田亩之多少收税,以增加国家收入。何以鲁国于此时实施税亩政策?盖因国内三桓势力强盛,公室土地人口逐渐被侵吞,加之此时鲁国面临齐顷公之威逼,亟须增强经济实力以供整顿军备,来应对困难局势。

(2)辞令与人物

宣公时代,随着晋、楚争霸局势已定,各国的外交和军事活动频繁展开,辞令也更加有声有色。

公元前	公年	叙述者	主要内容	目的
606	宣3	周·王孙满	答楚王问九鼎	外交
598	宣11	楚·申叔时	谏楚王勿县陈	进谏
597	宣12	晋·士会	邲之战,士会论战	议论
594	宣15	晋·伯宗	论伐潞子婴儿	议论

此期人物中,周之王孙满,早在僖公三十三年年纪尚幼之时,就曾评价秦军队列不整,必败师;此时于楚庄王北进洛水,以强大军力问鼎于周之际,担任使节,以言辞折服楚王。其引经据典,注重现实,不畏强梁,实堪称美。此外楚之申叔时、晋之士会、伯宗,都是其国智慧多识型的人物,其辞令亦有可观者。

4.成公时代(公元前590年—公元前573年)

(1)鲁国及列国政治与外交

成公时代,鲁政完全落入三桓之手。三桓之外,宣公弟叔肸之子公孙婴齐亦活动于成公之世,然其十八年即卒,势力未足与三桓抗衡。此时鲁之政要诸家,大抵如下:

公孙婴齐,二年率鲁师参与齐、晋鞌之战,六年如晋,受晋令伐宋,十六年请于晋,请释放季孙行父,十七年卒。

臧孙许,即臧文仲之子,臧仲讫之父,于成公元年与晋公盟于赤棘,二年与于齐、晋鞌之战,成公四年卒。

仲孙蔑(孟孙氏)五年如宋报聘,六年率鲁师受晋命伐宋,十八年会晋、宋、卫诸君盟于虚打。

季孙行父(季孙氏)为相鲁者,二年帅鲁师会晋师以伐齐,六年如晋贺晋迁都,九年如宋致鲁伯姬,十一年如晋报聘,十六年被扣押于晋,同年归鲁。

叔孙侨如(叔孙氏)为叔孙得臣之子,文公十一年得臣败长狄于咸,获长狄侨如,故以长狄之名名其子。是时参鲁政。其于成公二年率鲁师与于齐、晋鞌之战,三年帅师围棘,五年会晋荀首于谷,六年以晋命率师侵宋,十一年如齐,以修鞌之战以前齐、鲁之好,十四年如齐逆女为成公夫人,十五年会晋士燮等各国卿士会吴于锺离。十六年鄢陵之战后,叔孙侨如进谗言于晋卿郤犨,曰:"鲁之有季、孟,犹晋之有栾、范也,政令于是乎成。今其谋曰:'晋政多门,不可从也。宁事齐、楚,有亡而已,蔑从晋矣。'若欲得志于鲁,请止行父而杀之,我毙蔑也,而事晋蔑有贰矣。鲁不贰,小国必睦,不然,归必叛矣。"盖叔孙侨如通于宣公夫人穆姜,且欲夺季孙、孟孙之室,以专鲁政,故欲杀季孙行父及孟献子。经公孙婴齐之谏,范文子之缓颊,晋国终于释放季孙行父。行父归,即逐叔孙侨如于齐国,而立叔孙豹为叔孙氏之后。

此时季孙、孟孙于三桓中势力居大。公孙婴齐谏郤犨曰:"夫二人者,鲁国社稷之臣也,若朝亡之,鲁必夕亡。"范文子谏栾武子曰:"季孙于鲁相二君矣。妾不衣帛,马不食粟,可不谓忠乎?信谗慝而弃忠良,若诸侯何?"则当时无论鲁国本国人还是列国之人,均已承认季孙、孟孙在鲁国举足轻重之地位。

自鞌之战后,齐、鲁关系趋于缓和。成公元年,鲁作丘甲,以应付齐的威胁。二年,鲁与诸侯之师败齐于鞌,晋使齐归鲁济阳之田。此后齐惟晋命是从,故八年晋又使鲁归济阳之田于齐。九年齐灵公继位,鲁逐渐与齐修复鞌之战前良好关系,成公并娶于齐。此时鲁亦嫁女于宋,宋、鲁前此极少通婚,此为鲁的睦邻邦交政策。

晋、鲁关系上,自鞌之战后,鲁服从于晋。而晋之视鲁,几等于附庸国。三年,公与晋师伐郑,同年晋使荀庚来聘于鲁,四年公如晋朝会,晋侯不敬。五年,公与于诸侯虫牢之盟,此后无年不从晋盟会或征伐。十一年晋景公卒,成公如晋,被迫会葬送殡,鲁人讳之。十六年,晋听信叔孙侨如谗言,欲执公,后执季孙行父。晋、鲁关系发生波折,叔孙侨如奔齐。十八年,公如晋,晋使士匄来聘。是年成公卒。

鲁、楚关系上,成公二年,楚令尹子重与蔡、许攻鲁、卫以助齐国,进至阳桥。鲁国大恐,以执斲、执针、织纴各百人以赂之,楚许之,故与楚盟于蜀。然成公之世,楚兵锋虽锐,然晋已有以敌之,故鲁以服晋为主。

此时代列国之重大问题仍为晋、楚问题。吴国作为一个不确定因素已参与到列国政治之中。晋、楚方面，晋自宣公十二年败于邲，战略上暂取收缩之势，加以国内政治斗争复杂，晋实不愿意与楚再发生大战。然景公以来，晋逐渐恢复向楚施压之态势，以求得战略上之平衡，双方争夺仍以郑国为中心。晋于解决齐国问题后，即连年伐郑，郑亦朝晋暮楚以应之。然双方皆已疲惫。成公九年，晋景公释钟仪回楚，以开拓与楚对话途径。是以成公九年楚攻下莒国，晋国时有秦兵，未做反应。晋厉公初立，宋华元与楚令尹子重、晋卿栾书私交均笃，于是有斡旋晋、楚之举。成公十二年，晋士燮与楚公子罢、许偃会盟于宋西门之外，约定互不加兵，如有灾害兵祸，则互相救援。然楚于三年后背盟，攻击郑、卫。郑复叛晋从楚，攻击宋国。此时如晋国不做出相当反应，则楚将得寸进尺，故成公十六年，晋攻郑，楚救之，春秋时代又一大战役发生。两军战于鄢陵，射楚共王中目，楚军败绩，晋势大振，有干涉鲁国内政之举。然楚未受实质性打击，仍足与晋周旋于中原。成公十七年，晋两次攻郑，均以楚救而还。此时晋国内矛盾加剧，晋厉公欲去群大夫而用其左右嬖幸，使胥童、夷羊五、长鱼矫杀三郤，栾氏、中行氏执厉公，杀其宠幸。次年，栾书、中行偃杀厉公，立晋悼公。悼公复霸之局面遂于襄公时代出现。

而吴国于成公时代出现于中原诸侯国视野之中。成公七年，吴伐郯。是年晋使申公巫臣于吴，教吴车战，且使之叛楚。吴亦于是年始攻楚，攻巢、徐。马陵之会时，吴攻下州来。楚令尹子重、子反疲于奔命。十五年，晋大夫士燮与诸侯大夫会吴于钟离。次年晋、楚战于鄢陵，晋胜。十七年舒庸引吴攻楚，楚灭舒庸。观此则此时期吴仅能予楚以骚扰，尚未能大损楚国实力。而晋于吴亦限制严格，力图将之控制在对楚攻击范围之内。故成公七年吴伐郯后，郯服于吴，八年晋士燮即率诸侯军伐郯，晋之不欲吴染指山东半岛，其意可知。

秦、晋方面，仍以战争及不信任关系为主。成公九年，秦人、白狄伐晋。晋于与楚关系缓和之时，亦欲和秦，于成公十一年约与秦君盟于令狐，然晋君先至，秦桓公不肯渡河，两国各派使者至河对岸，订盟而还。桓公归而背盟。故十二年晋与楚盟，暂时解除中原威胁，即于十三年遣吕相绝秦，继率齐、鲁、宋、卫、郑、曹诸侯之师伐秦，深入秦境，战于麻隧（今陕西泾阳北），败秦军。秦军此时已无力回击。

（2）辞令与人物

成公时代，已接近春秋文学的繁荣期，晋、楚争霸，波澜叠兴，故其辞令或丰赡、或极富个性：

公元前	公年	叙述者	主要内容	目的
589	成2	晋·韩厥	鞍之战辞令	外交

公元前	公年	叙述者	主要内容	目的
589	成 2	齐·宾媚人	齐致赂于晋	外交
589	成 2	周·单襄公	辞晋献齐捷于周	外交
588	成 3	晋·知罃	知罃对楚王	外交
586	成 5	晋·绛重人	答伯宗问梁山崩之礼	议论
585	成 6	晋·韩献子	论迁都于新田	献策
583	成 8	鲁·季文子	论晋归鲁田于齐	外交
582	成 9	晋·范文子	论楚囚南冠,为君子	议论
579	成 12	晋·郤至	郤至使楚,论用乐	外交
578	成 13	周·刘子	论敬	议论
578	成 13	晋·吕相	吕相绝秦	外交
575	成 16	楚·申叔时	申叔时论楚出军救郑	议论
575	成 16	晋楚之将	鄢陵之战	议论

其中,鞌之战和鄢陵之战中的辞令,一向为人称道。盖春秋时代,将相不分途,将领均由命卿担任,在军为武官,在朝为文官,其所受教育及知识背景均符合对贵族的要求,故其军阵辞令,颇有文质彬彬之致。如韩厥在鞌之战中对齐侯之礼,尽管将要俘虏齐侯,但其周旋揖让都有足称者,谦谦君子的风度跃然纸上。而成公十三年的晋《吕相绝秦文》,更是春秋时代数一数二的一篇大文章。此外,晋国的绛地重人,是下层人民,居然能够给晋国智囊伯宗出主意,应为君子隐在民间者。我们读后来的经书和子书,如《论语》里的荷蓧丈人、楚狂接舆,在此时已有类似人物了。

(3)赋诗活动

此期《左传》的赋诗记载如下:

公元前	公年	赋诗篇目	赋诗语句	赋诗者	赋诗意图
582	成 9	大雅·韩奕	韩奕之五章	鲁·鲁成公	以韩姞喻伯姬所嫁得所,美季文子送嫁之功
		邶风·绿衣	绿衣之卒章	鲁·穆姜	感季文子送女之劳

(三)繁荣期的文学与文学活动概述

繁荣期的上限起于鲁襄公元年,即公元前 572 年,历襄、昭、定、哀四公,下迄公元前

467 年,共计 106 年。

1.襄公时代(公元前 572 年—公元前 542 年)

(1)鲁国及列国政治与外交

襄公在位三十一年,此时代中,鲁国完全为三桓所控制。襄公十一年,季孙、孟孙、叔孙作三军,三分公室。公室益衰。

季孙氏之季孙行父于襄公五年卒,次年其子季孙宿即出而从政。此时仲孙蔑(孟孙氏)当政。然七年季氏城费,同年季孙宿如卫,次年季孙宿会晋侯等盟于邢丘。九年季孙宿如晋,活动频繁。至十一年,三分公室而各有其一,其主倡者正为季孙氏。可见季孙氏已重掌鲁政。于此亦可见季孙在鲁国的决定性地位。十二年,季孙帅师救台,攻入莒国郓邑。十四年,季孙宿与诸侯会吴人于向,是年冬又与于诸侯戚之会,十五年于击退齐对成之进攻后,季孙宿又帅师城成。十九年,季孙宿如晋,二十年如宋,其后季孙基本不再出国外交,盖鲁国季孙居守之制已经形成。

孟孙氏之仲孙蔑为鲁国老臣,历宣、成、襄三代。其于襄公元年会诸侯围宋彭城,并于同年会诸侯师伐郑,二年会各国大夫于戚,同年向晋知罃献策,城虎牢以困郑。五年,仲孙蔑与卫孙林父会吴于善道,六年至十年暂掌鲁政。此后或因年老休衰,未见其活动,十九年卒。次年其子仲孙速即出而从政,会莒人盟于向,同年率鲁师伐邾,然二十三年,速即卒。速子羯于二十四年即出而从政,帅师侵齐,二十八年如晋,二十九年会诸侯大夫城杞,同年冬如晋,然其亦于襄公三十一年卒。其后直至昭公九年,孟孙氏暂无政治代表出而从政。

叔孙氏之叔孙豹自成公末年侨如被逐后立为叔孙之后,始终活动于襄公之世。豹勤恳知礼,故鲁国外交倚之甚重。二年叔孙豹如宋,三年与诸侯之大夫盟,四年如晋,五年与鄫世子巫如晋,六年如邾,十四年会晋师伐秦,十五年与季孙宿帅师城成。十六年如晋求晋伐齐,十九年会晋士匄于柯,二十三年,齐伐晋,叔孙豹率师救晋,次于雍榆,二十四年,叔孙豹如晋,同年如京师,二十七年与于宋向戌弭兵之会,盟于宋。此外,凡襄公有盟会诸侯、朝见霸主之事,叔孙豹皆随之,几乎无会不与。

此外,公孙婴齐之子叔老亦出而辅政,十四年与季孙宿会同诸侯,会吴于向,十六年,会诸侯伐许,二十年如齐,二十二年叔老卒。三十年,叔老之子叔弓如宋,葬宋共姬。盖公孙婴齐家族长期与三桓共事,故能得三桓之信任。

此时鲁服从于霸主晋国。除大夫如晋、与晋盟会外,元年晋侯即使荀罃来聘,盖晋悼公初立,欲服诸侯,从鲁始,故其聘之规格颇高。三年,襄公如晋,盟于长樗。同年,又与于鸡泽之盟。五年,公与诸侯盟于戚,同年会诸侯救陈。七年与于诸侯邢之会,八年公如晋,九年会诸侯伐郑,十年与诸侯会吴于柤,同年又会诸侯伐郑,十一年会诸侯伐郑,同盟于亳城北,同年又会诸侯伐郑。十二年,晋使士鲂来聘,同年公如晋。十六年,晋悼公卒,公会晋平公等诸侯于溴梁。晋人执莒子、邾子以归,此二君皆不服鲁者,于此可见晋国对鲁的重视。十八年,公会诸侯之师围齐。十九年,盟于祝柯。二十年,公会诸侯盟于澶渊。二十一年,公如晋,同年,会诸侯于商任。二十二年,会诸侯于沙随。二十四年,会诸侯于夷仪,二十五年,会诸侯于夷仪。同年盟于重丘。二十六年,晋使荀吴来聘于鲁,公会诸侯大夫于澶渊,二十九年,晋侯使士鞅来聘。大抵襄公三十一年间,晋凡四聘鲁,而鲁之朝会晋国则不知其数了。

　　鲁、齐关系方面,极大程度上为齐、晋关系的折射。齐灵公自晋悼公立,见晋国内部矛盾严重,不能如前合聚诸侯,故起兵扩张。晋之会盟征伐,齐多遣世子光与之。六年齐灭莱,齐之境土达到山东半岛黄海之滨,十五年齐即伐鲁北鄙,围成,鲁击退之,同年邾人伐鲁南鄙,与齐遥相呼应。十六年起,齐即不与诸侯盟会,两伐鲁北鄙,围郕。鲁无奈向晋求救。鲁于晋始终态度恭顺,晋欲安东方诸侯,则鲁不可不救。故荀偃及士匄均允诸伐齐。十七年齐又伐鲁,围桃,围防,邾人亦伐鲁南鄙。十八年,齐又伐鲁北鄙。同年,晋出师合诸侯围齐,齐师退守临淄,晋军横扫齐境。十九年,晋再攻齐,闻齐灵公卒,乃还。此时响应齐国之邾国内部亦分裂,二十一年,邾庶其以漆、闾丘来奔鲁,二十三年,邾畀我来奔。齐庄公继位,初慑于晋兵威,不敢轻举妄动,然亦设勇爵以养勇士,思有以报晋。襄公二十三年,齐趁晋有栾盈之乱,出兵伐卫、伐晋,沿太行山而还。归而袭莒。次年,鲁仲孙羯率师侵齐反击之。二十五年,齐崔杼侵鲁北鄙,然是年齐国内乱,崔杼弑庄公,齐景公立,与鲁交好,二十七年遣庆封聘鲁,兹后齐庆封、高止相继出奔,已无余力攻鲁矣,其与晋国关系亦复和好。

　　此时期晋、楚关系仍为列国之重点。然晋内部争扰严重,楚面临吴国的巨大威胁,双方于中原之争均勉力而为之,故二十七年宋向戌发起的弭兵之会获得晋、楚两方呼应。晋国方面,自悼公立,遂能重合诸侯,与楚争竞。且襄公四年魏绛和戎,晋之土地大大扩张。至悼公末年,晋之疆域已跨太行而东,直抵黄河沿岸。河南北部、河北南部均为晋有。然晋、楚实不欲战。晋、楚争夺焦点,襄公九年前为陈,九年后则仍在郑国。九年,晋大合诸侯伐郑,晋欲围郑以引楚军决战,诸侯皆不欲战,于此可见时代氛围之变迁。此固与列国均有大夫强宗的内忧相关,然亦未尝不与楚被中原诸国认同的心理相关。盖此时晋之拒楚,全为战略利益之争夺,而非文化与种族之争了。十年,郑复与楚和,晋出兵伐郑,楚救之。晋栾黡欲战,知莹谓"我实不能御楚",亦不战而退。此后晋有秦兵,又有伐齐之役,与楚国关系相对缓和,遂有二十七年弭兵之会,晋、楚遂和平划分势力范围。

晋、秦方面,秦始终与晋为敌。十年,晋师伐秦,十一年,秦师伐晋,晋士鲂轻敌,兵败于栎。十四年,晋会鲁、齐、宋、卫、郑、曹、邾、滕诸师伐秦,无功而返。秦无力出关,而晋亦不能如鲁成公时代那样占上风了。

楚国方面,以郑为焦点之争夺,于襄公十一年后,转而攻宋,十五年,晋败楚于湛孤,攻许而还。然其后双方未发生严重冲突,盖因楚有吴患,晋有秦、齐之师故。吴于此时已成长为楚之腹心之疾。襄公三年,楚令尹子重攻吴,破鸠兹,至衡山,然别军邓寥攻吴都,兵败覆灭。吴迅速反攻,攻楚取驾。晋亦利用之。三年之鸡泽之会本拟请吴参加,然吴有楚兵,不果。五年,鲁、卫大夫与吴会于善道,为晋合诸侯会吴预备,是年,中原诸侯遂会吴于戚。十年,诸侯会吴于柤。然晋亦时时制约吴国行动。十三年,吴乘楚丧伐楚,败于庸浦,十四年,晋与诸侯会吴于向,责其于丧中伐楚,不合于礼。是年,楚子囊攻吴至棠,吴人不出。楚退兵遭伏击,大败。子囊还楚死,遗言必城郢以备吴。盖楚已经疲于奔命。二十五年,楚屈建为令尹,以芳掩为司马,推行税收改革,楚国力复强。是年,吴召舒鸠叛楚,楚灭舒鸠。吴王诸樊攻楚,死于巢地。兹后终襄公之世,吴无力攻楚。此年晋国赵武继士匄,荀偃后执政,减诸侯之币以礼敬之。晋、楚两国均无隙可乘,亦无力再战,故有二十七年弭兵之会。服晋与服楚之诸侯两朝晋、楚,故二十八年鲁襄公至楚朝之,值楚康王卒,鲁、郑、许、陈诸君被迫为康王送葬。然晋、楚之间暂无兵事矣。

此时各国均为大夫执政,观襄公十六年诸侯会于溴梁,只有大夫约盟,即可知。鲁国公室亦极衰微。二十九年,晋士鞅来聘,襄公享之,射者三隅,公臣不足,取家臣来补足之。可见其困窘之状。

二十九年,另有春秋时代文化史上的一件大事,即季札观乐于鲁。于此可见中原教化已渗透到南方,昔者蛮夷吴越之人,亦已拥有极高的文化修养。此又可为此时南北之争非复文化与种族之争作一注脚。

(2)辞令与人物

襄公时代是春秋文学走向繁荣的时代。其具体表现为佳言懿辞层出不穷,各国均有代表性的娴于辞令的人物,并且其私人之间往往有交谊,形成一互通声气的群体。

公元前	公年	叙述者	主要内容	目的
570	襄3	晋·祁午	祁午举贤	议论
569	襄4	晋·魏绛	魏绛和戎	进谏

公元前	公年	叙述者	主要内容	目的
565	襄8	郑·众卿	集议外交政策	议论
564	襄9	郑·公子騑	晋郑之盟,郑争改载书	外交
563	襄10	周·瑕禽	伯舆之大夫瑕禽与王叔之宰争讼于晋士匄之前	诉讼
560	襄13	楚·楚共王	楚共王论谥	议论
559	襄14	戎·驹支	论晋戎合作历史	进谏
559	襄14	晋·师旷	师旷论君道	待问
558	襄15	宋·子罕	子罕论宝	议论
552	襄21	鲁·臧武仲	臧武仲论诘盗	进谏
551	襄22	郑·子产	子产论晋微朝	外交
549	襄24	鲁·穆叔	与晋范宣子论三不朽	外交
549	襄24	郑·子产	寓书与赵宣子论勿重币	外交
548	襄25	郑·子产	献陈捷于晋,以言辞脱郑国之罪	外交
548	襄25	郑·子产	子产论政	议论
547	襄26	楚·申叔时	论楚材晋用	进谏
546	襄27	宋·子罕	子罕论邑以免向戌	议论
545	襄28	郑·子产	子产论为坛	外交
544	襄29	晋·叔侯	论晋兼并姬姓国历史	议论
544	襄29	吴·季札	季札观乐	议论
543	襄30	晋·绛县民	绛县民对历法	议论
542	襄31	郑·子产	子产坏晋馆垣以说之	外交
542	襄31	郑·子产	子产不毁乡校;子产论为邑勿以政学	议论
542	襄31	卫·北宫文子	论楚令尹围之威仪,有异志焉	议论

　　襄公时代的行人辞令及政治议论达到了相当的水平。此时晋有魏绛、师旷,吴有季札,鲁有臧武仲,郑有子产,卫有北宫文子,宋有子罕,都是列国卿大夫中的佼佼者。晋之绛县民,与成公时代的绛之重人一样,都是隐于民间的富有知识的隐者。值得注意的还有戎子驹支,虽然是异族,但其知识水平和言辞修饰已经不在华夏之下。晋国执政范宣子认为戎子驹支泄露了军事机密给楚国,不许他参加会盟,并要逮捕他。驹支辩解道:

　　昔秦人负恃其众,贪於土地,逐我诸戎。惠公蠲其大德,谓我诸戎,是四岳之裔胄也,毋是翦弃。赐我南鄙之田,狐狸所居,豺狼所嗥。我诸戎除翦其荆棘,驱其狐狸豺狼,以为先君不侵不叛之臣，至於今不贰。昔文公与秦伐郑，秦人窃与郑盟而舍戍焉，於是乎有殽之师。晋御其上，戎亢其下，秦师不复，我诸戎实然。譬如捕鹿，晋人角之，诸戎掎之，与晋踣之，戎何以不免？自是以来，晋之百役，与我诸戎相继於时，以从执政，犹殽志也。岂敢离逖？今官之师旅，无乃实有所阙，以携诸侯，而罪我诸戎！我诸戎饮食衣服，不与华同，贽币不通，言语不达，何恶之能为？不与於会，亦无瞢焉！（襄公十四年）

驹支并赋《青蝇》而退，范宣子被他说服，让他参与了盟会，和好如初。其言辞善用譬喻、反诘、引用史实等方法，可见诸戎虽然饮食衣服不与华同，但日濡月染，其贵族已经熟习华夏文化。

（3）赋诗活动

襄公时代，赋诗风气极盛。此亦文学繁荣之特征。作为记载中国春秋时代历史的著作，《左传》中大量记载了当时的历史主角——周天子、诸侯、卿大夫的言行举止，通过他们的音容笑貌来勾勒春秋时代的时代精神和人的精神。那是一个礼崩乐坏的年代，也是旧的礼制尚未消亡、新的礼制尚在形成的年代。他们是最后的贵族，战国时代的君主臣僚和他们相比，恰如暴富的市民。于是，在名流聚集的宴会上，在庄严肃穆的庙堂里，在金戈铁马的战阵间，他们依然没有失去高雅闲适的态度。他们秉承着祖辈的遗教，熟练运用着古圣的垂训和流传的今典，为春秋时代这最后一只流淌着宗周礼乐文明血液的漂亮天鹅谱出临死前的美妙歌声。如下表所示：

公元前	公年	赋诗篇目	赋诗语句	赋诗者	赋诗意图
565	襄8	召南·摽有梅		晋·范宣子	以男女婚嫁请鲁及时出兵
		小雅·角弓		鲁·季武子	兄弟之国互相亲近
		小雅·彤弓		鲁·季武子	天子赐诸侯，祝晋悼公重继霸业
559	襄14	小雅·青蝇		戎子驹支	责备晋国听信谗言弃绝友好
559	襄14	邶风·匏有苦叶		鲁·叔孙豹	匏可为漂浮物，鲁军将渡河击秦
557	襄16	小雅·圻父		鲁·叔孙豹	责备圻父不忠职守，使百姓困苦，以此责晋执政荀偃不出兵救鲁
		小雅·鸿雁		鲁·叔孙豹	以鸿雁比鲁，求范宣子援手击齐
554	襄19	小雅·黍苗		晋·范宣子	膏雨润百谷，晋救鲁也
		小雅·六月		鲁·季武子	以尹吉甫佐周宣王喻晋侯霸举

公元前	公年	赋诗篇目	赋诗语句	赋诗者	赋诗意图
554	襄 19	鄘风·载驰	载驰之四章	鲁·叔孙豹	对叔向求晋援引,防齐也
553	襄 20	小雅·常棣	常棣七章与卒章	鲁·季武子	鲁宋为婚姻之国,欲和睦相处
553	襄 20	小雅·鱼丽	鱼丽之卒章	鲁·季武子	赞襄公派遣使者及时
		小雅·南山有台		鲁·鲁襄公	美季武子为国家柱石之臣
547	襄 26	大雅·嘉乐	(叔向曲解齐郑赋诗之意)	晋·晋平公	欢迎齐、郑二君来访
		小雅·蓼萧		齐·国弱	晋、郑兄弟,为卫说情
		郑风·缁衣		郑·子展	请晋国允许二国之情
546	襄 27	鄘风·相鼠		鲁·叔孙豹	讥齐庆封无礼不敬
546	襄 27	召南·草虫		郑·子展	以赵孟为君子,忧虑国事而信任之
		鄘风·鹑之贲贲		郑·伯有	攻击自己的国君不良
		小雅·黍苗		郑·子西	比赵孟为周贤臣召公奭
		小雅·隰桑	(赵孟受其卒章)	郑·子产	思君子而尽心侍奉
		郑风·野有蔓草		郑·子太叔	与赵孟初见,十分高兴
		唐风·蟋蟀		郑·印段	遵守礼仪规范
		小雅·桑扈		郑·公孙段	君子有礼,受天福佑
546	襄 27	大雅·既醉		楚·蘧罢	晋侯赐宴后,美晋侯为太平君子
544	襄 29	邶风·式微		鲁·荣成伯	劝鲁襄公归国

2.昭公时代(公元前541年—公元前510年)

(1)鲁国及列国政治与外交

昭公时代历三十二年,其时已至春秋末年。鲁国国政完全为三桓所控制。公室更显衰微。继襄公十一年三家三分公室后,昭公五年,三家再次四分公室。季氏取其二,孟孙、叔孙各取其一,各以其税收之一部贡于公室。昭公愈益愤懑,遂有二十五年出奔之举。

执鲁政者，季孙氏有季孙宿，其于二年如晋，六年如晋，七年卒。十年，其子季孙意如（季平子）出而从政，帅师伐莒。十一年，季孙意如会各国国卿于厥愁。十三年，晋人以邾、莒之诉告鲁之侵伐，扣留季孙如意，次年放归。十六年，季孙如意如晋。

孟孙氏之仲孙蔑、仲孙速、仲孙羯均卒于襄公年间，羯子仲孙貜（孟僖子）于昭公九年出而从政，如齐。十年，帅师伐莒。十一年，会邾子盟于祲祥。二十四年，仲孙貜卒。其子仲孙何忌（孟懿子）于二十五年昭公攻季氏时，随叔孙氏助季孙，共同逐昭公。三十二年，昭公在乾侯，仲孙何忌会诸侯城成周，居周敬王以与王子朝对峙。

叔孙氏之叔孙豹为襄公时代元老，昭公四年卒。七年，其子叔孙婼如齐莅盟，十年，叔孙婼如晋葬晋平公，二十三年叔孙婼如晋，晋以邾人之诉，扣留之，次年放归。二十五年，叔孙婼如宋。是时昭公攻季孙，叔孙氏家臣鬷戾率师徒往救之，遂逐昭公，是年冬，叔孙婼卒。其子叔孙不敢（叔孙成子）于定公元年迎昭公丧于乾侯。

公孙婴齐家族仍得到三桓尤其是季氏的信任，几已等于季氏族人。元年，叔弓帅师疆郓田，二年，叔弓如晋，三年，如滕。五年，叔弓率师败莒师于盼泉，六年，如楚，八年，如晋，九年，会楚王于陈，十年，帅师伐莒，十一年，如宋葬宋平公，十二年，季氏费邑宰南蒯据费叛季孙，季孙令叔弓帅师围费，十五年，叔弓暴卒于祭祀武宫（周武王之庙）的典礼上，可能为脑溢血之类的突发疾病。其子叔辄（伯张）于二十一年卒，另一子叔鞅继出从政，于二十二年如京师会葬周景王，但亦于二十三年卒。叔鞅子叔诣（叔倪）于二十五年会诸侯于黄父，谋还周敬王于京师，但亦于二十九年卒。叔诣似乎忠于公室，故《穀梁传》云："季孙意如曰：'叔倪无病而死，此皆无公也，是天命也，非我罪也。'"意谓忠于公室者皆无疾而终，此为天命，所以逐君非季氏之过。

昭公已成名义上的国君。然盟会及典礼尚须其出席。二年，晋平公丧少姜，公往吊之，为晋人婉拒，至河而还。五年，公如晋，然莒以鲁受莒牟夷之叛诉于晋，险被扣留。七年，公如楚，贺章华宫之建成。十二年，公如晋，晋以莒故辞之，至河而还。十三年，公与于平丘之会，邾、莒诉鲁于晋，晋扣留季孙意如以归。同年，公如晋欲求季孙，为晋所拒，至河而还。十五年冬，公如晋，谢其释放季孙意如，不料又被扣留，次年方予放回。二十一年，公如晋，被拒，至河而还。二十三年，晋以邾故执叔孙婼，冬，公如晋求释之，至河有疾而还。二十五年公出奔至齐，居于郓，二十八年，公如晋，求返国，晋人拒之，置之乾侯。二十九年，公如晋，待于乾侯，终卒于乾侯。盖昭公一生，至晋七次，被拒五次，被扣一次，仅五年之行得以顺利来回，然亦险被扣留。见拒于晋两公：晋平公、晋顷公，见扣于晋昭公,可谓命运多舛。然晋、鲁关系,亦可一分为二视之。鲁于昭公时代,政权在三家之手,三家取益于邾、莒诸国以广己土,然此已触犯晋国所定诸侯互不侵犯之盟约。晋为维持霸主威信计,必须对此行为进行规范。故扣季孙、扣叔孙、扣昭公。盖晋既可为鲁而执邾、莒二子于溴梁之会,亦可为邾、莒执鲁君,皆视晋国维持霸权之需要。故昭公受此冷落。然自昭公出奔后,季孙贿赂晋执政之卿韩起、魏舒,故其于昭公返国之诉求均置之不理,而结好于季氏。

然昭公亦有自取其辱之道。盖鲁国权力下移,自文公之世,历宣、成、襄,已经四世。昭公忿于政治权力及经济权力被剥夺,思有以振之,故纠合对季氏不满的郈伯氏、季公若、诸公子攻季氏,冀一朝而除之,季氏愿出奔待罪于境上,不许。然公室微弱为中原诸侯的共同趋势,即晋、齐亦莫不如此,公室之徒实不足恃。故叔孙、孟孙救至,公即被逐出奔,颠沛流离于晋、齐之间,晋欲其与季氏俱还鲁,昭公坚拒,而其不善驭下、剥削严酷,徒增取败之道。观齐置公之郓邑,郓邑即于二十九年溃散,即可知其为政之苛,客死于乾侯,实是事理的必然。

昭公时代晋、楚关系不再是列国关系重点所在。盖晋国力已衰,无力干涉他国。故昭公元年,晋与楚会于虢。昭公三年,晏婴使晋,述齐陈氏行仁政,民归之如流水之状,叔向亦述晋政在家门之状。此为时代趋势。昭公四年,楚告晋欲大合诸侯,晋不敢争。然十三年,晋昭公继位,以诸侯有贰心,大合诸侯于平丘,用叔向计以兵车四千乘检阅示威于诸侯。此后惟昭公二十一年,因宋华亥、向宁、华定据宋南里以叛,晋助宋围之,然以楚之请求,宋释围,华氏叛党奔于楚。兹后晋与楚无冲突。

此时晋兵锋之所向,实在于戎狄。襄公时代,晋之国土已大为扩张。昭公时代,晋继续伐戎以扩张。其功绩最卓异的将领为荀吴。元年,荀吴败无终、群狄于太原。十二年,荀吴灭服,攻鲜虞。十三年,荀吴攻鲜虞,至中人,大获。十五年,荀吴攻鲜虞,围鼓三月,克之。十七年,荀吴灭陆浑之戎,二十二年,荀吴再次灭鼓。晋大力经营今河北中部一带,遂奠定战国时代赵魏疆域的基础。

昭公时代,晋之执政者,先为赵武,武于昭公元年卒,韩宣子执政,二十八年,韩宣子卒,魏舒执政。此年晋已灭羊舌氏、祁氏,分其地为十县,选拔贤能分别管理。晋公室虽卑,各卿之势力方强,故终能形成战国时代七雄之韩、赵、魏三国。

楚国此时主要敌人已为吴国。然昭公元年,楚令尹围即杀楚王郏敖而自立,是为楚灵王。灵王好大喜功,全不以外交规则及政治规范为事。昭公四年,楚会诸侯于申,晋不敢争。同年,楚与陈、蔡攻吴,破朱方,执齐叛臣庆封。以灵王杀庆封,直五十步笑百步耳,故自取其辱。随即灭赖。五年,晋韩起、叔向使楚,灵王竟欲留之为奴以辱晋国,幸楚蘧启疆巧谏之。此年楚初与越人合作攻吴,但败于鹊岸。六年,楚攻徐,吴人救之,楚攻吴,楚败于房钟。盖吴人剽悍轻疾,其战斗力已足与楚抗衡。七年,章华宫成,召诸侯往贺。八年,灭陈。九年,迁许于夷,十一年,灭蔡,以蔡世子为牺牲。十二年,围徐,驻于乾溪。楚公子弃疾发动叛乱,自立为楚王,灵王众散自杀。楚经灵王,民力大损,平王恐国人及诸侯叛之,故平王在位初年,息兵五年。

十五年,吴王僚立。十七年,吴攻楚,楚此时有备,战于长岸,吴大败。十九年后,楚平王政治昏乱,逼太子建叛,杀伍奢,伍员奔吴。楚虽在州来筑城以拒吴,然力已不足以拒吴。二十三年,吴攻州来,楚合诸侯兵往救,鸡父之战,楚军大败。是年楚囊瓦为令尹,用祖父子囊之遗言,增修郢城。二十四年,吴灭钟离、居巢。二十七年,吴攻楚围潜,楚将郤宛断其后,吴公子光使专诸刺杀王僚,掌握吴国政权。楚听信谗言,自坏长城,杀郤宛,楚政日坏。三十年,吴灭徐,伍子胥献策分兵扰楚,又用孙武为将,楚疲于奔命。三十一年,吴不断骚扰楚境。三十二年,吴攻越,败之。盖昭公前期,楚尚能对吴保持进攻态势,然昭公后期,吴、楚两国政治及军力均发生转变,吴渐能采取进攻态势,迨至定公四年,吴终成就入郢之役。

（2）辞令与人物

昭公时代连同襄公时代,为中国文化史上一辉煌灿烂的时期。如文学上之季札观乐（襄公二十九年）,军事上之毁车为行（昭公元年）,政治上晋郑刑书（六年、二十九年）,文献上王子朝以周之典籍奔楚（二十六年）,以及散布于各年传文之中的优美辞令,均足深考。

公元前	公年	叙述者	主要内容	目的
541	昭1	郑·子羽	子羽辞楚人之馆	外交
541	昭1	晋·赵孟	请释放叔孙豹于楚	外交
541	昭1	周·刘定公	劳赵孟于颍,论赵孟之偷	议论
541	昭1	郑·子产	论子南子皙之奸回	裁决
541	昭1	郑·子产	子产论神与色	待问
541	昭1	秦·医和	医和论女乐	待问
539	昭3	晋齐大夫	叔向与晏婴相语	议论
538	昭4	晋·司马侯	对晋侯论晋楚之势	进谏
538	昭4	鲁·申丰	论古之藏冰礼	待问

公元前	公年	叙述者	主要内容	目的
538	昭4	郑·子产	子产论作丘赋	议论
537	昭5	楚·薳启疆	谏楚子勿辱晋使	进谏
537	昭5	吴·蹶由	对楚灵王论龟卜之由	外交
536	昭6	晋·叔向	叔向与子产书论刑书	议论
535	昭7	楚·申无宇	谏楚灵王,执罪人于王宫	进谏
535	昭7	楚·薳启疆	说鲁侯参加章华宫之落成礼	外交
535	昭7	郑·子产	子产论鬼魂	待问
535	昭7	鲁·孟僖子	遗命二子向孔丘学礼	议论
534	昭8	晋·师旷	师旷论石言	待问
534	昭8	晋·史赵	论陈亡而不亡	待问
533	昭9	周·詹桓伯	辞晋以戎狄伐周	外交
532	昭10	郑·子产	子产论奔晋平公丧用币	议论
530	昭12	楚·子革	对楚灵王问如周取鼎	进谏
530	昭12	楚·倚相	谏楚王勿耽于游畋	进谏
529	昭13	晋·叔向	论楚国之乱	议论
529	昭13	晋·叔向	要挟齐会盟	外交
528	昭14	晋·叔向	论弟叔鱼之罪	刑罚
527	昭15	周·周景王	论晋籍谈数典忘祖	外交
526	昭16	郑·子产	论执政之卿无礼、论郑与商人盟	议论
525	昭17	郯·郯子	论以鸟名官	议论
525	昭17	郑·梓慎	论中原大火灾	议论
524	昭18	郑·子产	对晋边吏云郑之备	外交
523	昭19	郑·子产	反对晋人干涉国内立卿内政、子产不禳龙	外交
522	昭20	齐·公孙青	使卫,逢卫君出亡,辞令得体	外交
522	昭20	齐·晏婴	晏婴论鬼神与忠信、论和而不同	进谏
522	昭20	郑·子产	子产以水火论政	议论
521	昭21	周·冷州鸠	论周景王将铸无射	议论
519	昭23	楚·沈尹戌	论令尹子常城郢而必亡郢	议论
518	昭24	郑·子太叔	对晋执政论安王室	议论
517	昭25	郑·子太叔	论礼与仪	待问

公元前	公年	叙述者	主要内容	目的
517	昭25	鲁·子家子	鲁君逃难至齐,辞令彬彬	外交
516	昭26	周·王子朝	与诸侯书论周代历史	外交
516	昭26	齐·晏婴	论彗星、论为政在德	进谏
515	昭27	楚·沈尹戌	谏令尹子常杀费无极等佞臣	进谏
514	昭28	晋·成鱄等	论魏献子赏罚得当、晋魏献子执政、众臣谏魏献子以梗阳人之狱	待问
513	昭29	晋·蔡墨	论龙与古神话	待问
512	昭30	郑·游吉	晋人诘郑人送丧无副职,游吉答之	外交
510	昭32	周·周景王	请于晋国,以城周	外交
510	昭32	晋·史墨	论鲁政	待问

此时代辞令美妙的人物,晋有叔向、师旷、史墨,郑有子产、游吉,楚有蒍启疆。周景王与王子朝争,王子朝逃至楚国,向各诸侯国发出通告,历数周景王罪状,其文辞华美,穷史探源,也是春秋文学中的一篇大文章。另外,楚国的蒍启疆当楚灵王暴戾昏乱之时,能巧谏以释,其文辞的铺张变幻,置之《战国策》中亦难分辨:

及楚,楚子朝其大夫,曰:"晋,吾仇敌也。苟得志焉,无恤其他。今其来者,上卿、上大夫也。若吾以韩起为阍,以羊舌肸为司宫,足以辱晋,吾亦得志矣。可乎?"大夫莫对。蒍启疆曰:"可。苟有其备,何故不可?耻匹夫不可以无备,况耻国乎?是以圣王务行礼,不求耻人,朝聘有珪,享覜有璋。小有述职,大有巡功。设机而不倚,爵盈而不饮;宴有好货,飧有陪鼎,入有郊劳,出有赠贿,礼之至也。国家之败,失之道也,则祸乱兴。城濮之役,晋无楚备,以败於邲。邲之役,楚无晋备,以败於鄢。自鄢以来,晋不失备,而加之以礼,重之以睦,是以楚弗能报而求亲焉。既获姻亲,又欲耻之,以召寇仇,备之若何?谁其重此?若有其人,耻之可也。若其未有,君亦图之。晋之事君,臣曰可矣:求诸侯而麇至;求昏而荐女,君亲送之,上卿及上大夫致之。犹欲耻之,君其亦有备矣。不然,奈何?韩起之下,赵成、中行吴、魏舒、范鞅、知盈;羊舌肸之下,祁午、张趯、籍谈、女齐、梁丙、张骼、辅跞、苗贲皇,皆诸侯之选也。韩襄为公族大夫,韩须受命而使矣。箕襄、邢带、叔禽、叔椒、子羽,皆大家也。韩赋七邑,皆成县也。羊舌四族,皆强家也。晋人若丧韩起、杨肸,五卿八大夫辅韩须、杨石,因其十家九县,长毂九百,其余四十县,遗守四千,奋其武怒,以报其大耻,伯华谋之,中行伯、魏舒帅之,其蔑不济矣。君将以亲易怨,实无礼以速寇,而未有其备,使群臣往遗之禽,以逞君心,何不可之有?"王曰:"不谷之过也,大夫无辱。"厚为韩子礼。王欲教叔向以其所不知,而不能,亦厚其礼。

楚王异想天开,要让晋国前来朝贺的韩起和叔向充当贱役,以侮辱晋国。楚国众臣听到这个无视列国间外交准则的霸道想法后,不禁面面相觑,可慑于楚灵王淫威,没一个敢反对。蘧启疆此时出来发言,先退后进,欲擒故纵,从历史和现实角度分析晋、楚两国关系和晋国的可能反应,以及其对楚国的危害,终于使楚灵王打消了这个荒谬念头。其议论生风,力服楚王之概,我们千载之下,完全可以悬想。

(3)赋诗活动

此期亦为赋诗活动的繁荣期。见于下表:

公元前	公年	赋诗篇目	赋诗语句	赋诗者	赋诗意图
541	昭1	小雅·瓠叶		晋·赵孟	欲郑国享宴简单,一献而可
541	昭1	大雅·大明	大明之首章	楚·公子围	自高身份,如文王临在下
		小雅·小宛	小宛之二章	晋·赵孟	天命一去,不可复还,讥令尹围
541	昭1	召南·鹊巢		鲁·叔孙豹	己得赵孟之祐,免于被杀
		召南·采蘩		鲁·叔孙豹	晋国仁厚,不责重赋,鲁当尊事之
		召南·野有死麕	野有死麕之卒章	郑·子皮	美赵孟保护诸侯,以礼相待
		小雅·常棣		晋·赵孟	兄弟之国相亲
540	昭2	大雅·绵	绵之卒章	鲁·季武子	比晋侯为文王,韩宣子为文王之臣
		小雅·角弓		晋·韩宣子	兄弟之国要相亲
		小雅·节	节之卒章	鲁·季武子	颂晋德可蓄万邦
		召南·甘棠		鲁·季武子	以宣子比召公奭
540	昭2	卫风·淇澳		卫·北宫文子	美晋韩宣子有卫武公的德行
		卫风·木瓜		晋·韩宣子	与卫结好,施以厚报
539	昭3	小雅·吉日		楚·楚灵王	宣王田猎之诗,欲与郑伯田猎
530	昭12	小雅·蓼萧		鲁·不详	为宋华定赋之,美宾客宴会也

公元前	公年	赋诗篇目	赋诗语句	赋诗者	赋诗意图
526	昭16	郑风·野有蔓草		郑·公子婴齐	与韩宣子相见,适其愿也
		郑风·羔裘		郑·子产	美韩宣子为国之俊杰
		郑风·褰裳		郑·子太叔	晋应抚郑,否则往他人处去也
		郑风·风雨		郑·子游	见韩宣子为君子,十分高兴
		郑风·有女同车		郑·子旗	洵美且都,爱乐宣子
		郑风·萚兮		郑·子柳	宣子倡之,己和之
		周颂·我将		晋·韩宣子	志在靖乱,畏惧天威
525	昭17	小雅·采叔(菽)		鲁·季平子	以小邾穆公来朝为君子之举
		小雅·菁菁者莪		小邾·邾穆公	既见君子,乐且有仪,美季平子
517	昭25	新宫(逸诗)		宋·宋元公	不详
		小雅·车辖		鲁·叔孙婼	以周人思贤女喻季孙将娶宋公女

3.定公时代(公元前509年—公元前495年)

(1)鲁国及列国政治与外交

定公时代历时十五年。此时期内,春秋晋、楚两国争霸的霸主秩序完全崩溃。齐、鲁、宋、卫、郑诸国全部叛晋,而楚遭受立国以来最大打击,吴军入郢,其亦不能再向中原伸展势力。此时期列国政治处于无序状态。

鲁国三桓已被家臣所控制,而家臣专鲁政之局面亦已产生。昭公二十五年,公攻季氏,时叔孙婼在阚,叔孙氏之家臣鬷戾率军往救季氏,已见其独断之权。季氏操于家臣阳虎之手,定公五年,季孙意如卒,阳虎囚季桓子而与之盟,七年,齐归郓、阳关于鲁,阳虎居之以执鲁政,八年,阳虎欲杀三桓,败,奔阳关,九年,阳虎奔齐,奔赵,附赵简子。盖阳虎之威,鲁人甚惧。故阳虎出逃时言:"鲁人闻余出,喜于征死,何暇追余?"八年阳虎作乱时,孟孙氏亦由家臣公敛处父控制,攻击阳虎,阳虎逃后,公敛处父又欲杀季桓子,孟孙惧而归之于季氏,以免其遭公敛处父毒手。十年,叔孙氏家臣侯犯据郈而叛,叔孙、孟孙氏两次围郈,方平定之。十二年,孔子弟子仲由为季氏宰,策划堕三都。叔孙氏堕郈,季孙氏堕费,费宰公山不狃袭鲁,鲁公击败之,乃堕费。至堕孟孙氏之成时,公敛处父拒守,孟孙佯为不知,这是公敛处父的策略,故成得不堕。

此时鲁国之执政者,季孙氏为季孙意如(季平子),其于定公五年卒,季孙斯(季桓子)继,受制于家臣。六年,季孙斯如晋聘,同年冬,帅师围郓,八年,帅师侵卫,十二年,帅师堕费。

孟孙氏为仲孙何忌(孟懿子),三年,仲孙何忌与郳子盟于拔,五年,与季孙如晋聘,同年冬,帅师围郓,八年,帅师侵卫,十年,帅师围郈,十二年,帅师堕费。

叔孙氏先为叔孙不敢,定公五年卒。其子叔孙州仇(武叔懿子)于十年帅师围郈伐叛乱之家臣,同年如齐,十二年率师堕郈。

公室在三桓及其家臣之间维持其地位,亦乘机而取利。如十二年堕三都,定公实助之,至以公徒围成,然不克。前此之阳虎叛季氏,欲除三桓,定公实乐观其成,故不出师救季氏。定公于昭公,似稍有作为者。三年公如晋,至河而复,此为鲁君最后一次如晋。四年,晋会诸侯于召陵,盟于皋鼬,公与于会盟,此会晋失诸侯。六年,公为晋侵郑,此年季孙与孟孙如晋,此为鲁卿最后一次如晋。八年,公侵齐,会晋师于瓦,季孙、孟孙侵卫。十年,公会齐侯于夹谷,孔丘相之。十一年,鲁与郑平,鲁不再服晋矣。十二年,公与齐侯盟于黄。十四年,会齐侯、卫侯于牵。十四年孔子离鲁去卫。十五年定公卒。盖定公时代前期,鲁服晋,晋失诸侯,鲁遂于定公后期与齐、卫、郑交好,不再朝晋。然公室之衰已无能为力。

定公初年,楚令尹囊瓦当政,贪渎暴虐,以索贿不成,扣押蔡侯、唐侯于楚三年。楚政不竞于中原已久。吴国此时益强。二年,楚囊瓦攻吴,败于豫章,吴取巢。四年,吴与蔡、唐攻楚,越大别山,败楚于柏举,入郢。昭王逃于随。申包胥求救于秦,败吴兵。越亦于五年袭吴,吴夫概与阖庐争位,吴军方撤。此役对楚国打击极大,是楚国立国五百年来未有之事,其精神及实力均极受打击。故六年吴再伐楚,败其师于繁阳,楚惧,一度迁都于鄀以避吴。楚昭王吸取教训,休养生息,于定公十四年灭顿,十五年灭胡,国势又有起色。而此时越国愈益成为吴国大患,十四年,吴攻越,败于檇李,阖庐死,子夫差立,日以报越为志。楚之吴患亦因此而稍轻。

晋国此时,国内众卿矛盾严重。定公元年执政之魏舒死,范献子为政,役使诸侯,晋政益衰。四年,蔡、唐以楚之侵,求晋出兵攻楚。晋合诸侯于召陵,欲侵楚。然晋卿荀寅求赂于蔡侯,蔡侯不与,荀寅即劝范献子不出兵。晋从此失诸侯。八年,晋侵郑、侵卫,讨不服也。十年晋赵鞅又围卫,然已无能为力。十三年,晋赵氏与范氏、中行氏争,赵氏掌晋国政,范氏、中行氏入于朝歌以叛,晋内乱,更无暇顾及诸侯。加之鲜虞长期与晋为敌。定公三年,鲜虞败晋人于平中,俘晋将观虎。四年,晋士鞅率军伐鲜虞。五年,晋围鲜虞。定公末年,诸侯皆叛晋,齐、鲁、卫与鲜虞均援助困于朝歌之范氏、中行氏,以制衡晋国。

此时期列国始叛晋。蔡、唐求晋攻楚不果,失望之极,乃返而从吴,此吴代晋霸业之兆。八年,郑、卫盟于曲濮,谋叛晋。齐对晋早持一种相对独立的态度,此时更不以晋国为事。与晋关系最睦之鲁国,于定公十一年后亦不服晋。列国之间遂为所自为。七年,齐、郑盟于咸,齐侵卫,与卫侯盟。齐、郑、卫均不服晋。六年,鲁以晋命侵郑,七年,侵齐,八年,以晋命侵卫。故齐于七年、八年均侵鲁。十年,齐、鲁夹谷之会后,齐人来归郓、讙、龟阴田,齐、鲁关系复归于好,盖此时鲁已叛晋。十一年,鲁及郑平。鲁、齐、卫等东方诸侯遂自成一体,并援晋之叛卿以制晋。郑、宋之间一直有矛盾。十年,宋国内乱,景公嬖司马桓魋,景公庶母弟公子地与景公胞弟公子辰据萧而叛宋,宋流亡贵族纷纷聚焦于萧。后此群贵族奔郑,郑置之郑、宋之间隙地。郑、宋之间地即今河南杞县、陈留、通许之间,始得开发。然郑、宋亦不睦。十四年,卫亦有内乱,世子聩受灵公夫人南子之谮奔宋。然而大体来说,齐、卫、宋、鲁的关系依然良好。

(2)人物与辞令

定、哀时代为春秋末期的衰乱之世,然而也是平民知识分子崛起的开始,所以这里把它仍归于繁荣期。此期最重要的事件是我们现在已知的学术下移的社会状况以及孔子的出现。

公元前	公年	叙述者	主要内容	目的
509	定1	薛人	论宋役使薛,宋征于鬼,薛征于人	外交
506	定4	卫·祝佗	子鱼为卫争会盟之位次,论西周史	外交
500	定10	鲁·孔丘	夹谷齐鲁之会,外交辞令	外交

(3)赋诗活动

据《左传》载,定公四年秦哀公悯申包胥,为之出师救楚击吴,为赋《无衣》。

4.哀公时代(公元前494年—公元前467年)

(1)鲁国及列国政治与外交

哀公在位二十八年,已逸出《春秋》之外。幸《左传》纪事至哀公二十七年,首尾略具。故可道之。

哀公之时,晋由赵氏执政,其卿室强大,然对诸侯仍取低调姿态,不欲再合诸侯称霸主。楚已能与吴保持平衡。吴称霸于中原，然越紧蹑其后，终于哀公二十二年灭吴，亦短暂称霸。战国初期，越为实力复苏之楚所灭。其间列国纷扰，大抵宋与郑、曹为敌，晋与齐、卫为敌。

鲁国公室极卑，而哀公仍思复兴公室，故招致三桓不满。哀公二十七年出奔越，次年回国，死于公孙有山氏。此时执鲁政者仍为季氏。

季孙氏前期为季桓子（季孙斯），其于二年帅师伐邾，三年帅师城启阳，同年卒。其子季康子（季孙肥）继执鲁政。季康子于哀公二十七年卒。

孟孙氏前期为仲孙何忌（孟懿子），其于哀公元年帅师伐邾，二年帅师伐邾，并与邾子盟于句绎。三年又帅师围邾，六年帅师伐邾，十四年卒。其子仲孙彘（孟孺子、孟武伯）继，甫继，其成邑即叛，孺子围之不克，筑输城以威慑成邑。

叔孙氏前期为叔孙州仇（武叔懿子），二年帅师伐邾，与邾子盟于句绎。三年帅师城启阳，围邾。不知何时卒。其子叔孙舒（叔孙文子）二十六年帅师会越伐卫，二十七年与越盟，三桓皆从，是为季康子、叔孙文子、孟武伯。此为哀公末年之三桓。至鲁悼公年间，三桓益强，鲁公仅等于小侯。

晋国此时代重点在于内乱问题。因齐、鲁、鲜虞长期支持范氏与中行氏，向其输送物资，故晋常与齐、卫冲突。元年，齐、卫伐晋，二年，卫国内乱，卫灵公死，其孙出公继，晋送其父蒯聩（庄公）归卫，入于戚。三年，齐围戚。五年，晋赵鞅伐卫。是年晋解决范氏与中行氏问题。故六年晋即伐鲜虞，七年伐卫，十年伐齐，十三年，会吴于黄池，与吴争长，时越入吴，吴夫差急欲抽身，故让晋先盟。同年，晋侵卫。十四年，晋又伐卫。十五年，再次伐卫，十六年，卫庄公终于在晋国帮助下入卫。然而十七年，晋又入卫驱逐庄公，改立襄公般师。后庄公复入，般师出奔。然庄公于此年亦被戎州人己氏所杀。齐攻卫，执般师，立公子起。次年出公复归。哀公二十年，晋赵鞅死，赵无恤立，灭代。二十三年，晋知伯败齐于犁丘。二十四年，晋约鲁攻齐，败之。二十七年，知伯攻郑，遇齐救而还。盖终哀公之世，晋于内乱之处理外，主要关注卫国问题，并乘机打击齐国。此二国均与晋叛臣有关。此时晋不与楚、吴越争。观哀公四年，楚灭戎蛮，戎蛮子奔阴地投晋，晋人以之归楚可知。

楚国方面，哀公元年围蔡，蔡降，后迁于州来。四年灭戎蛮，六年，吴攻陈，昭王救陈，卒于军。楚惠王时，伐陈，伐郑，十五年伐吴，十六年白公之乱，叶公子高平定之，同年楚灭陈。其后楚实力逐渐恢复，终于在战国初成为举足轻重之大国。

吴国方面，哀公元年夫差即攻越，败之于夫椒，许越和。随后吴北向中原而争霸。是年吴侵陈,二年吴迁蔡,六年又攻陈,服陈。七年会鲁于鄪,强令鲁用百牢礼。八年攻鲁,至泗上而还。九年夫差开邗沟,十年与鲁、邾、郯师攻齐,十一年败齐于艾陵,杀齐卿国书。十二年与鲁、卫会于鄪,十三年合诸侯会于黄池,吴势力达到顶点。然越亦于此时入吴。哀公二十二年,越灭吴。

越为楚所扶植,用以牵制吴国,此政策到哀公朝方显示其巨大作用。先是元年越与吴订城下之盟,勾践卧薪尝胆,十年经营,终于黄池之会之年袭吴成功。其后十七年越攻吴,败之于笠泽,二十年,越围吴,二十二年灭吴。勾践与齐、晋诸侯会于徐州,周元王命越王为伯。灭吴之后,越功臣范蠡见机隐退,文种被杀。盖范蠡深知勾践为人,可与共患难,不可共富贵之故。此后越亦干预卫国君位之争,二十六年,越、宋、鲁、卫派兵送出公回卫,卫兵虽败,但出公不敢入,后死于越。哀公为三桓所逼,亦奔越。然吴、越在当时中原诸侯心目中,则仍为蛮夷,如二十七年越之舌庸与鲁哀公盟,三桓皆从之,季康子耻之,念及子贡,曰:"若在此,吾不及此夫!"盖子贡于哀公七年曾为季康子拒吴伯嚭之召。观此则楚虽已为中原诸侯所认同,而吴、越仍未被认同。虽有吴季札之深通中原礼乐文明,然可能为孤例。越兹后逐渐衰微,终于公元前334年为楚所灭,分裂为无数部落而服属于楚。吴、越未能从文化上尽快与中原文化混合认同,直至秦汉之世仍被视为蛮夷,至今唯以铸剑技术和一首《越人歌》名扬于世,其来有自。

此时中原诸侯,各有内乱。而以卫国为中心,已见前述。陈、蔡尸居余气,已不足论。然齐国于哀公之世,其权力完全转入陈(田)氏之手,遂开战国强齐的基础。郑、宋、鲁、卫均苟延到战国之世,然七雄环伺,亦唯有等待灭亡之一途。

(2)辞令与人物

此期辞令,已成余响。盖列国纷争已近尾声,战国时代即将到来,惟力是视、富国强兵成为各强国的国策,其君主除秦、楚之外,都经过了重新分化组合的过程,礼仪与道德不再是君主们关心的内容,连外表的粉饰作用也被摒弃。然而,随着百家的兴起,尤其是道家学派的兴起,还有南方民歌的创作被记录下来,乱世文学正向着另一个辉煌之境跃进。

公元前	公年	叙述者	主要内容	目的
494	哀1	吴·伍子胥	谏夫差勿放过越国,违天而长寇仇	进谏
494	哀1	楚·子西	论吴师在陈已怠,勿足为惧	议论
488	哀7	鲁·子服景伯	论吴徵鲁百牢;谏季康子伐邾	外交
484	哀11	吴·伍子胥	谏吴王勿忽视越国威胁	进谏

公元前	公年	叙述者	主要内容	目的
480	哀 15	陈·芋尹盖	楚伐吴,陈吊之,宾主之辞	外交
479	哀 16	卫与周	卫侯回国,告于周	外交

　　此时鲁有子服景伯,吴有伍子胥,列国争扰,子产、叔向那一代的辉煌已经成为过去。然而,哀公时代的文学精髓已经不在卿士大臣,而在新起之民间学者了。

　　以上所述三期,为春秋时代文学分期之大概。大抵沉潜期偏于质实,发展期凌厉多气,繁荣期文质彬彬。其间嘉言懿行、道德风俗、王侯贱隶、谣歌典诰、战争宴乐……诸此种种,或发之为文,或诵之为诗,都足有可观者。这是先秦时代早期中国文学的原生态范本,其态度、意味、情感影响后代极深。

第三章　春秋笔法

《春秋》是中国第一部真正意义上的历史著作,同时,因孔子对《春秋》的修订,又使它成为儒家一部极其重要的经典。亦史亦经的双重文化身份,使《春秋》对中国历史叙事传统产生了非常深远的影响。其中,"春秋笔法"作为《春秋》最重要的叙述操作方式,遂被后世史家奉为圭臬。史传作为孕育中国古典小说的母体,其饱经春秋笔法浸润的叙述传统,自然而然地又被古典小说成功地继承、师法。于是,"春秋笔法"作为一种蕴涵着巨大文化惯性和能量的叙述手法,始终受到古典小说作家的青睐,它也成为促成中国古典小说民族特征的一个重要因素,并从多方面给古典小说以巨大影响。对此,吴小如先生有过精要的论述,他说:"我国古典散文传统风格中所具有的含蓄蕴藉、旁敲侧击、匣剑帷灯式的手法特点,以及在对反面人物进行讽刺时往往能做到'无一贬词而情伪毕露'(鲁迅语),就是从'春秋笔法'发展来的。《春秋》的特色及其对后世散文(包括明清文人创作的章回小说)的影响也正在这里。"本章论述的主要内容就是"春秋笔法"的含义及其对古典小说的深远影响。

一、"春秋笔法"释义及其对史传的影响

"春秋笔法"与孔子修订《春秋》的价值判断方式密切相关。古代学者认为孔子修《春秋》"笔则笔,削则削","以一字为褒贬",文笔曲折隐晦而深藏"微言大义"。也就是说它寓褒贬于客观冷静的叙述之中,作者往往不加断语而使其是非自见。即"全书的记述完全不受个人感情影响,至少对于未受专门训练的人来说,它的语言没有留下有关作者个性或态度的痕迹"。又因其遣词造句含蓄蕴藉,匣剑帷灯,意蕴深婉,藏而不露,所以人们又称之为"皮里阳秋"。

(一)"春秋笔法"释义

最早论及"春秋笔法"的是《左传》成公十四年,其文曰:"《春秋》之称,微而显,志而

晦，婉而成章，尽而不汙，惩恶而劝善。非圣人，谁能修之？"在昭公三十一年，《左传》又释"春秋笔法"云："《春秋》之称微而显，婉而辨。上之人能使昭明，善人劝焉，淫人惧焉，是以君子贵之。"对此，后世学者多有阐释发挥，其中杜预附例以事，解说最为详尽：

日微而显，文见于此而起义在彼，称族尊君命、舍族尊夫人、梁亡、城缘陵之类是也。二日志而晦，约言示制，推以知例，参会不地、与谋日及之类是也。三日婉而成章，曲从义训以示大顺，诸所讳避、璧假许田之类是也。四日尽而不汙，直书其事，具文见意，丹楹、刻桷、天王求车、齐侯捷之类是也。五日惩恶劝善，求名而亡，欲盖而章，书齐豹盗、三叛人名之类是也。

所谓"微而显"指文辞简约但意义显豁。"志而晦"指载录史实而意蕴深隐。"婉而成章"谓表达婉转曲折却顺理成章。"尽而不汙"谓直书事实真相而不加夸饰。而上述四种用笔体例都服务于"惩恶劝善"。说到底，五例的要旨在于用晦述隐，以达劝惩。《荀子·儒效篇》云："《春秋》言是其微也。"杨倞注曰："微，谓儒之微旨，一字为褒贬，微其文，隐其义之类是也。"也即刘勰《文心雕龙·宗经》所谓："五例微辞以婉晦，此隐义以藏用也。"

"春秋笔法"主要通过"笔"与"削"来实现其褒贬目的。"笔"即书写记录，但它并非是凡事必录，而是依据其事是否有益于劝诫为标准，不以巨细而取舍，也即"刺恶讥微，不遗小大。善无细而不举，恶无细而不去。进善诛恶，绝诸本而已"。如《春秋》襄公二十一年载："邾庶其以漆、闾丘来奔。"昭公五年又载："夏，莒牟夷以牟娄及防、兹来奔。"庶其为邾大夫，牟夷为莒大夫，按理他们的名字没有资格被记入《春秋》，因为只有那些具有卿位的人才符合《春秋》书名的标准。《春秋》之所以记其名是为彰显他们携地卖国的恶名，并暗讽鲁之受地纳盗的不合礼仪。又如，当时筑城一般安排在冬季，此时农事已毕，这样就会不违农时；而在夏季筑城就会被视作违时之举。《春秋》桓公十六年云："冬，城向。"对此，《左传》同年释曰："书，时也。"相反，隐公七年《春秋》云："夏，城中丘。"《左传》于同年释为："书，不时也。"因为此次筑城既非国防之所急，而又妨害农功。可见，"书"与"不书"都暗含褒贬。"笔"还讲究通过着意的措辞来暗寓褒贬，如《春秋》隐公元年载"夏五月，郑伯克段于鄢"。其中的"克"字是作者刻意选择的，所以《公羊传》于同年释云："克之者何？杀之也。杀之则曷谓谓之克？大郑伯之恶也。"又如同样是"死"的意思，而《春秋》却有崩、薨、卒、弑、杀等暗含不同褒贬的称谓。可见，"春秋笔法"的"一字褒贬"绝非空谈，而是有"法"可循。

"削"主要指"讳书"，它指对某件事的全部或部分删略或隐藏，也要求服务于劝善惩恶这一宗旨。如《春秋》僖公十四年载："春，诸侯城缘陵。"如果按照据史实录的原则应记为"某国率诸侯城缘陵"，显然这里运用了"讳书"，原来齐国率领各诸侯国为杞国筑城于缘陵，城池未固而齐先离去，为惠而不终，所以《春秋》因其"有阙"而"不书其人"，借此以示贬斥。又如《春秋》襄公三十年云："晋人、齐人、宋人、卫人、郑人、曹人、莒人、邾人、腾人、薛人、杞人、小邾人会于澶渊，宋灾故也。"《左传》襄公三十年补充了参加这次盟会的各国大夫，并对其"讳书"手法予以说明：

会于澶渊，既而无归于宋，故不书其人。君子曰："信其不可不慎乎！澶渊之会，卿不书，不信也。夫诸侯之上卿，会而不信，宠、名皆弃，不信之不可也如是。"书曰："某人某人会于澶渊，宋灾故"，尤之也。不书鲁大夫，讳之也。

原来这次会盟的条约没有得到很好的遵守，为责贬这种不信行为，《春秋》便采取了在记述中删除与会各国大夫姓名的"讳书"笔法。《春秋》坚持"为尊者讳，为亲者讳，为贤者讳"的原则，这导致大量讳书笔法的出现。如《春秋》哀公十二年云："夏五月，甲辰，孟子卒。"孟子本为鲁昭公夫人，按《春秋》惯例，鲁君及鲁君夫人之死应称"薨"，其他诸侯及大夫之死才称"卒"，而且称夫人必冠以姓。对此《春秋》三传于哀公十二年做出了基本一致的解释。《公羊传》云："孟子者何？昭公之夫人也。其称孟子何？讳娶同姓，盖吴女也。"《榖梁传》云"孟子者何也？昭公夫人也。其不言夫人何也？讳其同姓也。"《左传》云："昭夫人孟子卒。昭公娶于吴，故不书姓。"原来在当时按照周礼同姓是不能通婚的，为掩藏昭公娶同姓于吴的违礼之举，所以

孟子

《春秋》才隐讳其词，暗示贬义。故《礼记·坊记》说礼也以此为例："娶妻不娶同姓，以厚别也，故买妾不知其姓则卜之，以此坊民。《鲁春秋》犹去夫人之姓曰吴，其死曰孟子卒。"同时，《春秋》的"讳书"还表现在"于外大恶书，小恶不书；于内大恶讳，小恶书"。如鲁隐公、桓公、闵公分别被公子翚、彭生、庆父所杀，而《春秋》皆不言"弑"，仅以"公薨"讳之，对鲁国三君的不当举措予以讥消。故《春秋集传纂例》引赵匡的话说："凡君之过恶，以讳为示讥，见其避讳，亦足以知其不当为也。"

另外，《公羊传》认为《春秋》记事还遵循了"常事不书"的原则。例如对于像狩、烝、

尝等四时常规祭祀一般不会记录。既然如此，如果对一些"常事"进行了记录，也就暗示了其事的反常，而寄寓了史官的讥贬。如《春秋》桓公八年载："八年春正月己卯，烝。"《公羊传》释之曰："烝者何？冬祭也。春曰祠，夏曰礿，秋曰尝，冬曰烝。常事不书，此何以书？讥。何讥尔？讥亟也。亟则黩，黩则不敬。"既然此时为"春正月"，而烝又为冬祭，对此加以记载，既隐刺此举不敬，又暗讽其祭礼不合时令。

不难看出，孔子修订《春秋》确实体现了汉儒所谓的"春秋笔法"，它的主要特点是史官以客观冷静、含蓄婉曲的微妙笔法来记录史实，对事件本身的是非曲直不置一词，而是把自己的主观褒贬委婉曲折地深隐于叙述笔法之中。应该明确的是，史官无论是"笔"还是"削"，都服务于"善善恶恶，贤贤贱不肖"这一目的。因此，就其实质而言，"春秋笔法"是一种具有浓厚伦理色彩的客观化叙述方式。

（二）《左传》《史记》对"春秋笔法"的继承

《春秋》在中国经学和史学史上的"原典"地位，使"春秋笔法"对历代史传产生了深远影响，这突出表现在对中国古典小说产生重大影响的《左传》《史记》这两部史传文学代表作品上。

《左传》为解经之作，对"春秋笔法"做出了最早、最精要的诠释，这对后世史家继承及运用"春秋笔法"起到了巨大的指导作用。同时，它还成功地借鉴了这一手法。刘熙载说："微而显，志而晦，婉而成章，尽而不汙，惩恶而劝善：《左氏》释经，有此五体。其实《左氏》叙事，亦处处皆本此意。"吴小如先生曾对《左传》的叙事特点做出过两点概括，其中之一便为："《左传》在叙事中是有鲜明的倾向性的，但作者本人却很少自己站出来说话（当然这并不是绝对的），对一事之褒贬，只让读者通过事实来体认，而作者并不轻易下断语。"刘知几在《史通·叙事》中曾对客观叙述做出归纳，实指出《左传》对"春秋笔法"的运用情况：一曰"直纪其才行"，如《左传》襄公三十一年，言子太叔之状，目以"美秀而文"，仅是如实描写。二曰"惟书其事迹"，如《左传》僖公四年载申生为骊姬所谮，自缢而亡，"此则不言其节操，而忠孝自彰，所谓唯书其事迹者"。三曰"因言语而可知"，如《左传》宣公十二年记随会之论楚君"筚路蓝缕，以启山林"，只凭其言语即可知道楚王美德。

我们不妨对《左传》中的"春秋笔法"作一具体分析，如成公二年作者就以"春秋笔法"记录了楚申公巫臣迎娶夏姬一事的全过程。貌美的夏姬本为陈大夫夏御叔遗孀，她先与陈灵公和孔宁、仪行父私通，后夏姬之子征舒杀陈灵公，孔、仪二人逃奔他国。楚庄王讨伐陈国，杀死征舒，欲娶夏姬，此时申公巫臣引经据典，直言劝谏曰："不可。君召诸

侯,以讨罪也;今纳夏姬,贪其色也。贪色为淫。淫为大罚。《周书》曰:'明德慎罚。'
……若兴诸侯,以取大罚,非慎之也。君其图之!"楚君被其冠冕堂皇的规劝所动而放弃
了纳夏姬为妃的想法。接着,楚令尹子反欲娶夏姬,申公巫臣又极力劝阻道:"是(夏姬)
不祥人也。是夭子蛮(夏姬最早丈夫),杀御叔(夏姬之次夫),弑灵侯,戮夏南(即征舒),
出孔、仪,丧陈国,何不祥如是? 人生实难,其有不获死乎! 天下多美妇人,何必是?"在其
危言耸听的一番劝诫之后,子反也打消了娶夏姬的念头。最终夏姬嫁给了连尹襄老。邲
之战,连尹襄老战死。此时这个多次以祸水为言来阻止别人迎娶夏姬的申公巫臣,却抓
住这个机会派人示意夏姬,令其回到郑国的娘家。然后他趁为楚出使齐国的机会,偷娶
夏姬于郑,并逃奔晋国。在申公巫臣偷娶夏姬的整个过程中,作者对其品行为人未加论
断,只是以客观的笔调冷静叙述,然而,申公巫臣之虚伪狡诈的性情却跃然纸上,作者对
他的讽刺讥贬也隐然可见。真正是"无一贬词,而情伪毕露"。《左传》作者还比较深隐
地运用"春秋笔法"暗示己意。如隐公三年写了"周郑交质"这一历史事件,桓公五年又
写了周桓王因利令智昏而"繻葛中肩",这两个事件分别显示了周平王与周桓王因无能无
德而成了郑庄公手下败将。吕祖谦曾指责说:"左氏叙平王庄公之事,……并称'周郑',
无尊卑之辨。不责郑之叛周,而则周之欺郑,左氏之罪亦大矣。"其对左氏的评判完全是
基于封建正统观念。而金圣叹却慧眼独具,他在评价"周郑始恶"时说道:"殊不晓此文,
乃独责平王之辞","殊不知左氏乃特地用此笔","平书周于郑,以羞平王也"。这里金
圣叹指出了左氏采用"春秋笔法"来暗讽周王的实际用心。类似于这样的写法在《左传》
中还有很多。

《史记》成功地继承了《春秋》和《左传》的"春秋笔法",并对其加以灵活运用。吕祖
谦《史记评林·读史总译》说《史记》"其旨意之深远,寄兴之悠长,微而显,绝而续,正而
变,文见于此而意显于彼,若有鱼龙之变化,不可得踪迹矣"。如在体例上,司马迁将项羽
安排在专门记述帝王事迹的"本纪"中,将孔子、陈涉安排在专载历代诸侯事迹的"世家"
中,这本身就暗寓了自己对人物的褒贬。再如《史记》还客观如实地记录汉武帝封禅求仙
的种种荒诞之举;又运用"互见法"在《高祖本纪》之外冷静地记载刘邦的一些冷酷、无赖
的行径,这些都是"春秋笔法"的成功运用。《史记·太史公自序》云:

"昔孔子何为而作《春秋》哉?"太史公曰:"余闻董生曰:周道衰废,孔子为鲁司寇,诸
侯害之,大夫雍之。孔子知言之不用,道之不行也,是非二百四十二年之中,以为天下仪
表,贬天子,退诸侯,讨大夫,以达王事而已矣。子曰:'我欲载之空言,不如见之于行事之
深切着明也。'夫《春秋》,上明三王之道,下辩人事之纪,别嫌疑,明是非,定犹豫,善善恶

恶,贤贤贱不肖,存亡国,继绝世,补敝起废,王道之大者也。……拨乱世,反之正,莫近于《春秋》。"

显然,司马迁自觉地继承孔子修订《春秋》的叙述传统,领会了孔子之"载之空言,不如见之于行事之深切著明"的"春秋笔法"的微妙之处,更承袭了"春秋笔法"意在"彰善瘅恶"的宗旨。他自然也把"春秋笔法"作为寄寓褒贬的有效手法,特别是在叙述他生活的汉代史实时更是如此。所以顾炎武曾说:"古人作史,有不待论断而于序事之中即见其旨者,惟太史公能之。"当然,顾炎武说得太绝对了些,司马迁之"春秋笔法"的成功运用实得益于《春秋》《左传》。

总之,"春秋笔法"成了贯穿整个史传文学发展史的权威叙述话语和道德伦理评判方式,巨波所至,并最终惠及中国古典小说。中国古典小说脱胎于史传文学的客观事实,贯穿于古典小说发展始终的慕史叙事倾向,遂使"春秋笔法"由修史义例而变为古典小说叙事的经典范式。纵观中国古典小说发展史,无论是文言小说,还是明清章回小说,"春秋笔法"都是小说家们手中叙事写人的瑰丽法宝,是它促成了古典小说客观化叙事特征的形成。

二、"春秋笔法"对文言小说的影响

作者在运用"春秋笔法"时一般不言人物性格如何,而其性格自现;不说自己爱憎与否,而褒贬自明。这正是杜预所谓"直书其事,具文见意",也是刘知几所说的"不言其节操,而忠孝自彰,所谓唯书其事迹者"。纵观文言小说漫长的发展历程,"春秋笔法"贯穿其始终,并很好地显示了它丰富的审美内涵。

(一)"春秋笔法"与志怪、志人小说

魏晋南北朝时期,中国古典小说虽还未摆脱依附史传的"粗陈梗概"状态,但其已粗具雏形,"春秋笔法"在此时的志怪及志人小说中均得到突出表现。

《搜神记·韩凭夫妇》比较典型地利用了"春秋笔法",它叙事写人力求客观,叙述者呈"内隐"状态,但其褒贬倾向却隐约可见:

宋康王舍人韩凭,娶妻何氏,美,康王夺之。凭怨,王囚之,沦为城旦。妻密遗凭书,缪其辞曰:"其雨淫淫,河大水深,日出当心。"既而王得其书,以示左右,左右莫解其意。臣苏贺对曰:"'其雨淫淫',言愁且思也;'河大水深',不得往来也;'日出当心',心有死

志也。"俄而凭乃自杀。

其妻乃阴腐其衣。王与之登台,妻遂自投台下,左右揽之,衣不中手而死。遗书于带曰:"王利其生,妾利其死。顾以尸骨,赐凭合葬。"王怒弗听,使里人埋之,冢相望也。王曰:"尔夫妇相爱不已,若能使冢合,则吾弗阻也。"宿昔之间,便有大梓木生于二冢之端,旬日而大盈抱,屈体相就,根交于下,枝错于上。又有鸳鸯,雌雄各一,桓栖树上,晨夕不去,交颈悲鸣,音声感人。宋人哀之,遂号其木曰相思树。相思之名,起于此也。今睢阳有韩凭城,其歌谣至今犹存。

小说在开头简明扼要地交代了人物身份及故事起因后,便直接进入故事主体。先写被康王无端夺妻又沦为筑城囚役的韩凭在接到妻子怀有死志的密信后自杀身亡;次写何氏在周密计划下自投台下,殉情而死;后写二人坟头的两棵大树根交枝错,栖于树端的一对鸳鸯晨夕交颈悲鸣。作者呈现于读者面前的只有这三个客观情节场景,他自己则完全超然地、不动声色地隐藏于故事画面之后,对人物不置丝毫的臧否。可是,高明的读者还是能体会到作者深隐于客观叙述之后的褒贬倾向及"微言大义"。小说非常成功地运用了"意在言外"的"春秋笔法",仅一个"夺"字就暗含着作者对康王专横跋扈、强掠人妻的无情鞭挞,不用作者出面论断评判,康王之荒淫无耻、不行君道即俨然可见。它如"囚""怒"等字眼传达的也是作者对无道昏君康王的谴责贬斥。小说最后又写了具有浪漫传奇色彩的墓树依偎错结和鸳鸯交颈悲鸣,这显然寄托了作者对韩凭夫妇的深切同情和美好祝愿。故事结束后,作者又交代相思树的来历,并以"今睢阳有韩凭城,其歌谣至今犹存"来证明故事的真实性,这也暗示了他们真挚爱情的永恒不朽。其实,"韩凭夫妇"这一标题就已经暗示了作者对二人"一而二,二而一"的不可分割的夫妻之情的褒扬。作者对人物的这一切褒贬,都是我们透过其客观叙述体会到的,在简练的文字中,作者传达了其丰富的褒贬情感,而这正是"春秋笔法"之婉曲幽深、含蓄蕴藉的要旨所在。塞米利安在谈到福楼拜的写作艺术时曾说:"福楼拜在《包法利夫人》这部小说的写作中,提出了一种小说美学:作品中处处都可以窥见作者的影子,但处处又看不到他的出现。"无疑,以此来衡量成功地运用"春秋笔法"的《韩凭夫妇》这篇作品,也是十分恰切的。

《拾遗记·薛灵芸》意在抨击魏文帝曹丕为满足一己之私欲,而置百姓家庭生活于不顾,强行夺人之女的罪恶行径。小说写道:

咸熙元年,谷习出守常山郡,闻亭长有美女而家甚贫。时文帝选良家子女,以入六宫。习以千金宝赂聘之,既得,乃以献文帝。灵芸(亭长之女)闻别父母,歔欷累日,泪下沾衣。至升车就路之时,以玉唾壶承泪,壶则红色。既发常山,及至京师,壶中泪凝如血。

帝以文车十乘迎之，车皆镂金为轮辋，丹画其毂，辀前有杂宝为龙凤，衔百子铃，锵锵和鸣，响于林野。驾青色骈蹄之牛，日行三百里——此牛尸涂国所献，足如马蹄也。道侧烧石叶之香——此石重迭，状如云母，其光气辟恶厉之疾，此香腹题国所进也。灵芸未至京师数十里，膏烛之光，相续不灭，车徒咽路，尘起蔽于星月，时人谓为"尘宵"。又筑土为台，基高三十丈，列烛于台下，名曰烛台，远望如列星之坠地。又于大道之傍，一里一铜表，高五尺，以志里数……

整篇作品基本上由以上两个场景组成。第一个场景着重叙写灵芸与父母被迫分离时的"歔欷累日，泪下沾衣"，特别写到她上路时"以玉唾壶承泪，壶则红色"与到达京城后"壶中泪凝如血"的客观事实。作者并没有站出来对魏文帝拆散他人家庭的无道之举加以评论，但此处文约义丰，言近旨远，可谓寓贬斥于文字底里，是无声的控诉。而且，一个"血"字也足以使贬义全出。真正达到了"春秋笔法"所谓的"一字之褒，宠逾华衮之赠；片言之贬，辱过市朝之挞"的艺术效果。第二个场景以夸饰铺排的笔调盛写文帝迎接灵芸时场面的壮观、豪华和奢侈。除此而外，也不见作者的一句评说，完全是让事实说话。表面看来，第二个场景并没有情节的展开，叙述基本上处于停滞状态，然而，此处并非闲笔。作者是通过有意极写迎女场面之盛，从而与第一个场景之悲形成鲜明对比，在无言的对比中，揭露了文帝之荒淫奢华是建立在灵芸深切痛苦之上的冷峻现实。这种意在言外、讥讽自见的客观化叙事效果的取得，与作者对"春秋笔法"的娴熟运用是密不可分的。我们还应该注意到，第一个场景已经写到"及至京师，壶中泪凝如血"这一细节。既然灵芸已到京师，从小说本身看故事至此完全可以了结，然而作者反而又不惜笔墨，大肆叙写迎女之豪华，这显然是作者对"春秋笔法"的有意运用，明此，我们才不至于辜负了作者的良苦用心。

除上举两篇小说外，魏晋南北朝时期的许多其他作品也很好地采用了"春秋笔法"。如《搜神记》中的《李寄》《古冶子杀鼋》《搜神后记·桃花源记》《齐谐记·薛道询化虎》《幽明录》中的《汉武帝杀人》《藻兼》《拾遗记》中的《怨碑》《翔风》等都是比较典型的作品。

魏晋时期社会动荡不安，战乱频生，百姓生活困苦不堪，加之释道二教盛行，于是一些小说家便利用神鬼故事寄托"微言大义"，隐晦曲折地表达自己对社会现实的褒贬，一般他们不做叙述干预，只是将暗含臧否的故事客观地呈现于读者面前。同时，魏晋时期社会政治气候异常恐怖，也不允许小说家放言无忌，他们大多只能曲衷深隐，借怪异言志。可以说，这些志怪小说运用含蓄委婉、寄意言外的"春秋笔法"，除承袭史传传统外，也是当时社会政治及文化状况之影响所致。

汉末人物品评之风渐兴，及至魏晋，清谈玄理、臧否人物更为士林崇尚，在这种文化背景下，志人小说遂形成规模。当时士人以文雅恬淡、超尘脱俗为审美趣味，在用语上则表现为言词简约蕴藉而含意隽永。不难看出，这种审美趋向在很大程度上也与以臧否人物为务的"春秋笔法"有着惊人的相通之处。于是，借"春秋笔法"以品评人物优劣便成为志人小说作家常用的有效方式，且往往能获得事半功倍的效果。另外，与志怪小说一样，当时恐怖的政治气氛也在客观上促进了以婉曲为特征的"春秋笔法"在志人小说中的广泛运用。

《世说新语》作为志人小说的代表作，比较典型地运用了"春秋笔法"。其最为常用的策略是将不同人物置于特定情景下，客观冷静地呈现其言行举止，在对比中显示人物优劣，即作者对人物的品鉴是暗示性的，而非直接出面对人物评三道四。如《德行》篇第十一则对华歆、管宁二人的叙写：

管宁、华歆共园中锄菜，见地有片金，管挥锄与瓦石不异，华捉而掷去之。又尝同席读书，有乘轩冕过门者，宁读如故，歆废书出看。宁割席分坐曰："子非吾友也。"

作者仅仅选取了二人共同锄菜、读书的两个场景加以客观叙述，并没有就二人"德行"高下做出直接褒贬，可从二人对待"片金"与"乘轩冕"者的迥异态度上，我们分明知道作者褒管贬华的价值取向，这与作者对"春秋笔法"的巧妙运用密不可分。

《雅量》篇也比较集中地运用了"春秋笔法"来委婉地传达作者对人物"雅量"高低的评判。如第三十六则：

王子猷、子敬曾俱坐一室，上忽发火。子猷遽走避，不惶取屐；子敬神色恬然，徐唤左右，扶凭而出，不异平常。世以此定二王神宇。

在这则不足五十字的短小精悍的故事中，作者在遣词造句上颇为用心，非常成功地体现了"春秋笔法"所谓的"一字褒贬"的功夫。一个"遽"字，就把子猷当时惊慌失措，以致来不及穿鞋而赤足奔逃的狼狈相活灵活现地表现出来。相比之下，作者以一个"徐"字来刻画子敬之临危不惧、坦然自若的不凡气度。不用作者出面论断，一"遽"一"徐"，即足以把二人"雅量"之大小全盘托出。

在极其简练的文字中深藏作者的"微言大义"，做到言少意多，才是"春秋笔法"的微妙要义所在。如《俭啬》篇第三、四两则就很好地体现了这一点：

王戎有好李，卖之，恐人得其种，恒钻其核。

司徒王戎既贵且富，区宅、僮奴、膏钱、水碓之属，洛下无比。契疏鞅掌，每与夫人烛下散筹算计。

总之,《世说新语》中的《德行》《雅量》《汰侈》《俭啬》《惑溺》《任诞》《忿狷》等篇都相当典型地运用了"春秋笔法",虽然作者叙述这些故事都意在品评人物性情的高下优劣,可是作者把不多的笔墨几乎都用于对故事本身的客观冷静叙述上,让事实代作者"品评",他则几乎从不抛头露面,直接对人物说三道四。然而,我们却能真切地感受到"晋人面目气韵恍然生动"。同时,《世说新语》语言简约玄澹而旨意深远,"春秋笔法"也讲究措辞精练隐晦而能蕴涵"微言大义",二者可谓异曲同工。

(二)"春秋笔法"与唐传奇小说

唐代,中国古典小说文体开始走向独立,古典小说叙事写人的艺术手法得到进一步的丰富和发展。然而,"春秋笔法"仍然是传奇作家婉曲深隐地传情达义的最常用手法。尤其是在那些与唐代社会政治现实联系紧密的传奇作品中,"春秋笔法"更显示出其独特的艺术魅力。而且,"在唐代修史成为士人三大理想之一,即使从事小说创作,在结构形式上,也往往以人物传记的形态出现,而语言力求雅洁和寓褒贬于字里行间的《春秋》笔法"。著名唐传奇研究专家程国赋先生在论及唐五代小说叙事笔法时也说:"唐五代小说作家将不隐恶、不虚美的春秋笔法融注在创作之中。""春秋笔法"在唐传奇小说中的表现主要在于以下几个方面:

首先,注重客观实录,在对历史事实的客观叙述中暗寓讽意。《东城老父传》《长恨歌传》等就是其中的代表作品。《东城老父传》对唐玄宗的斗鸡盛况进行了细致描写:

玄宗在藩邸时,乐民间清明节斗鸡戏。及即位,治鸡坊于两宫间。索长安雄鸡,金毫、铁距、高冠、昂尾千数,养于鸡坊,选六军小儿五百人,使驯扰教饲。上之好之,民风尤甚。诸王子家、外戚家、贵主家、侯家,倾帑破产市鸡,以偿鸡直。都中男女,以弄鸡为事,贫者弄假鸡。

小说还花笔墨叙写贾昌幼年为玄宗鸡坊小儿时,深得宠幸的情况:

金帛之赐,日至其家。开元十三年,笼鸡三百,从封东岳。父忠死泰山下,得子礼奉尸归葬雍州。县官为葬器丧车,乘传洛阳道。十四年三月,衣斗鸡服,会玄宗于温泉。当时天下号为"神鸡童"。时人为之语曰:"生儿不用识文字,斗鸡走马胜读书。贾家小儿年十三,富贵荣华代不如。能令金距期胜负,白罗绣衫随软舆。父死长安千里外,差夫持道挽丧车。"

对于这篇小说的作者或谓陈鸿或谓陈鸿祖,如果是陈鸿所作,他本为史官,曾修《大统纪》,可以理解,在传奇作品的写作中他会自然而然地运用史笔,注重对历史事实的客观实录,借此来表达其对玄宗骄奢淫逸生活的贬讥。即使为陈鸿祖所作,这篇小说对寓褒贬于客观叙述的"春秋笔法"的运用也是事实,对此,程毅中先生分析得十分透彻:"他(贾昌)只能摆出一些现象,不可能也不必要对历史做科学的分析。陈鸿祖也只是客观地记录贾昌的话,不加评论,俨然是史家的笔法,实际上就当然体现了作者的观点。"作者特别叙及幼儿贾昌仅仅因为善于驯鸡便骤然得宠,并引用当时流行的《神鸡童谣》,对玄宗的赏赐之滥、昏聩骄奢给以暗讽。作者始终没有对玄宗的荒唐之举做出直接露骨的评论,但是,"从这些微词里,可以看出作者的真意",也即"春秋笔法"的"微而显"在这里得到了很好的体现。

陈鸿的《长恨歌传》较忠实于历史真相,文中对唐玄宗沉溺于声色,不理政事的行为进行了客观呈现;又对玄宗因宠幸杨贵妃而使杨氏一门骤然显贵的裙带政治现象给以冷静叙述,他采用"春秋笔法"使其讽刺意味表现为冷色调。总之,"陈鸿以史笔写《长恨歌传》传奇,对唐玄宗贬刺之意,昭然于字里行间"。其他像《高力士外传》讽刺唐玄宗,《大业拾遗记》贬讥隋炀帝基本都采用了暗寓褒贬的"春秋笔法"。

其次,"春秋笔法"讲究用晦,或用讳笔,或隐约其词,以达到旁敲侧击的目的,特别是一些与诸如藩镇割据、牛李党争等政治事件联系紧密的唐传奇小说,作者为曲折示意,常常借助于"春秋笔法"。

典型作品是《聂隐娘》《红线》及小说集《玉泉子》中的某些篇章。据卞孝萱先生严密考证,《红线》《聂隐娘》皆为袁郊所作,两篇小说暗讽的对象都为魏博节度使,他们分别是历史上的田承嗣、田季安。我们首先要明晓两篇小说中的几个人物在历史上的真实面目。据《旧唐书·田承嗣传》,田承嗣原为安禄山部将,降唐后拥兵自固,"实无臣节";又据《旧唐书·田承嗣传》所附田季安事,"季安性忍酷",曾活埋才子丘绛,以"凶暴"闻名于世。与以上二人形成鲜明对比的是,据《旧唐书·薛嵩传》载,与田承嗣同为安禄山部将降唐的薛嵩却"感恩奉职";据韩愈《唐故检校尚书左仆射右龙武军统军刘公墓志铭》,陈许节度使刘昌裔才能卓著,生活淡然,与田季安的凶残无礼迥然不同。可见,历史上四人的优劣善恶已昭著判然。而卞先生又据史考证得出结论:袁家与薛、刘两家都有交往。如此,我们也就明白袁郊在叙事写人时会据史寄寓褒贬。而袁郊所采用的方法主要就是"春秋笔法"的隐讳方式。这其中的主要原因则与袁郊家学渊源密切相关,据卞先生援引韩愈《袁氏先庙碑》,《春秋》之学本为袁氏家族数世家学。所以,袁郊便很自然地以"春秋笔法"叙事写人,追求"其婉章志晦,谅以邃矣"的叙述效果,以达到贬乱臣贼子,褒贤臣忠良的目的。

　　然而重要的是看一下两篇小说中对"春秋笔法"的实际运用情况。《红线》是以史笔来褒薛贬田。薛嵩与田承嗣一样是"贼将"降唐，作者采取了"为贤者讳"的"春秋笔法"，小说回避了薛嵩原为安禄山部将的真实情况，以示与田承嗣之别。《旧唐书·薛嵩传》云："祖仁贵，高宗朝名将，封平阳郡公。"薛嵩之祖薛仁贵为唐朝名将，显然，讳言薛嵩为"贼将"，还考虑了薛仁贵这一因素，也有"为尊者讳"的意味。小说还写道薛嵩的"诸座客"中有一位诗人冷朝阳，这也不是闲笔，而是对薛嵩的暗褒之处。据《新唐书·陆长源传》："长源赡于学，始辟昭义薛嵩幕府，嵩侈汰，常从容规劝。嵩曰：'非君安能为此。'"由此可见薛嵩之从善如流的品质，这在当时的节度使中非常少见，其重士之贤已闻名于世。如果了解薛嵩的这一难能可贵的品行，我们就不难看出作者叙写其座客中有诗人冷朝阳，实际上运用了深曲隐晦的"春秋笔法"，寄寓其对薛嵩重士尊贤的褒扬。

　　《聂隐娘》中作者借"乞食尼"之口云："某大僚有罪，无故害人若干，夜可入其室，决其首来。"如果联系上述田季安活埋丘绛的史实，便可很容易地看出作者在这里运用了"春秋笔法"，借以影射田氏恶行，可谓匣剑帏灯，旁敲侧击。在藩镇割据之时，许多节度使独自为政，不行臣事，视中央政权为乌有，根本不按规定朝见皇帝。《新唐书·藩镇传序》云："魏博传五世，至田弘正入朝。"显然，在田季安为魏博节度使时，从未入朝觐见皇帝。而据韩愈《刘公墓志铭》记载，刘昌裔曾抱病入朝，"天子以为恭"。可见，田、刘二人对朝廷的态度明显不同。值得注意的是，《聂隐娘》中写到了刘昌裔"自许入觐"一事，根据上述事实，这也绝非闲笔，而是作者以婉曲的"春秋笔法"来褒刘贬田。同时，作者赋予隐娘以"聂"姓，联系其行侠仗义之举，我们很容易联想到著名的义侠聂政，显然作者也以"春秋笔法"来赞扬聂隐娘的"义"举。

　　除《红线》《聂隐娘》运用了隐晦的"春秋笔法"外，《玉泉子》中的某些小说也以这种手法来暗讽牛僧儒及其家人，很明显，这是牛李党争的产物。这些小说同样写得深隐婉曲，不同于《周秦行纪》之以第一人称直接以小说诬陷牛僧儒。它如《昆仑奴》中以"盖代勋臣一品"影射郭子仪等，也是对"春秋笔法"的巧妙运用，鉴于它们和《红》《聂》两篇小说对"春秋笔法"运用的相似性，这里不再详论。

　　最后，一些唐传奇小说在整体构思上采用了"春秋笔法"，使小说蕴含丰富的"微言大义"。这不同于以上的两种情况：或重在不动声色地客观叙述，使褒贬自见；或在某些地方长于用晦，深隐心衷。这些运用"春秋笔法"从整体上布局谋篇借以寄寓深意的传奇作品，主要是指那些寓言式的叙梦之作。其中《枕中记》《南柯太守传》表现得比较典型。

《枕中记》《南柯太守传》皆为托笔梦幻、隐喻人生之作。沈既济本为史官，后受杨炎牵累而被贬处州司户参军，对因政治斗争而产生的变幻莫测、人生如梦之感，体验深切。《枕中记》叙写卢生在梦中的荣辱沉浮，就是借梦寄寓"微言大义"。李肇《国史补》云："沉既济撰《枕中记》，庄生寓言之类。韩愈《毛颖传》，其文尤高，不下史迁。二篇真良史才也。"应该说，李肇的分析是切中要害的。《南柯太守传》的作者李公佐本为进士出身，却长期屈沉下僚又受党争牵连而遭贬黜，对"窃位者"的威势和政治纷争有着切身之痛。所以，在小说中隐含着作者对中唐时期政治秩序混乱的讽刺，他借助于叙梦这种曲折委婉的方式表达"浮生若梦"的思想。由于这两篇小说以"春秋笔法"所寄寓的"微言大义"显而易见，于此不再赘述。

同时，唐代小说中的某些志怪之作也继承了魏晋志怪小说的叙述手法，对"春秋笔法"的有意运用即其表现之一。皇甫枚《三水小牍》中的《张直方》《温京兆》等都是借"春秋笔法"来隐喻讽喻之旨，暗示褒贬之意。皇甫枚曾自云："以余有《春秋》学，命笔削以备史官之阙。"可见他是有意识地以"春秋笔法"来实现劝诫目的。汪辟疆也说："今细绎其书，虽多纪仙灵怪异，而每及义烈，亦复凛凛有生气。……是于侈陈灵异之余，隐喻垂诫之旨。至文辞雅饰，不失唐人轨范，又未可以猥琐诞妄视之。"《张直方》对张的种种劣迹采取了史家惯用的客观叙述手法，作者没有作直接的评论，但对其讥贬之意却溢于字里行间。《温京兆》开头便写温璋"敢杀，人亦畏其严残不犯，由是治有能名"。又写道："京兆尹之出，静通衢，闭里门，有笑其前道者，立杖杀之。"作者采用的仍是寄贬斥于事实的"春秋笔法"。

（三）"春秋笔法"与《聊斋志异》

宋元是文言小说发展史上的低落期，及至明清，文言小说开始复苏，《聊斋志异》的出现，使文言小说的发展进入了继唐传奇之后的又一高峰期。清初文网密布，文人不得不采取含蓄曲折的形式来表达自己的意愿，因此"春秋笔法"仍是蒲松龄寄寓"孤愤"的有效形式。

《聊斋志异》中的大量花妖鬼狐故事，就是作者用以曲折达意、寄托"孤愤"的载体。余集《聊斋志异序》云："是书之恍惚幻妄，光怪陆离，皆其微旨所存。"可以说，这类故事中的许多篇章都含有意在劝惩的"微言大义"。从这个角度讲，蒲松龄是借"春秋笔法"来布局谋篇，从而赋予小说以特定的意旨。蒲松龄之孙蒲立德在为《聊斋志异》所写的跋上就说小说"触时感事，以劝以惩"。正如有的学者所说："更多的是作者有意将明确的是非和强烈的爱憎熔铸在艺术形象中，以'春秋'笔法或隐曲的方式来表现。尤其是针砭时弊、抨击统治者的思想倾向，往往采用'口多微词，如怨如讽'的方式流露，因而使《聊斋志异》呈现出犀利与含蓄的和谐统一。"如《小翠》一篇，表面看来是写狐仙报恩之事，而其深层寓意却在于暴露官场不同派系之间的互相倾轧、阴谋中伤。像《林氏》《夜叉国》《梦狼》《黄九郎》等都潜隐政治寓意，只有明白了作者表意在此，而寓意在彼的艺术创作技巧，才能"有助于透过蒲松龄的春秋笔法，深入探索作品的内在寓意"。

特别是作者在表达他的民族思想时，多采用曲折隐晦的"春秋笔法"。如《公孙九娘》《野狗》对栖霞于七起义的同情，《张氏妇》则对三藩之乱时清军暴行的抨击，《三朝元老》对明季宰相及洪承畴的讽刺，都曲折婉转，是对"春秋笔法"的巧妙运用。那些取材于历史事实，意在揭露清兵暴行的作品，更是皮里阳秋，明褒暗贬。如《公孙九娘》："于七一案，连坐被诛者，栖霞、莱阳两县最多。一日俘数百人，尽戮于演武场中。碧血满地，百骨撑天。上官慈悲，捐给棺木，济城工肆，材木一空。"作者在措辞时是费过一番心思的，正如马瑞芳先生所言："作者在叙述这个时代惨剧时，用'于七一案'而不用官方'于七之乱'的说法，'案'是百姓的语言，'乱'是统治者的话语，表明了作者的倾向性。"这里体现了"春秋笔法"通过注重遣词造句来暗示作者褒贬的特点。而且，一个"空"字，即已暗含作者对清兵残暴的深深讽意，这正是对"春秋笔法"之"一字褒贬"的绝妙运用。小说开头的"碧血满地，百骨撑天"；结尾的"千坟累累"，"坟兆万接，迷目榛荒，鬼火狐鸣，骇人心目"，都近似客观叙述，它们言近旨远，深含"微言大义"。《林四娘》也是"曲笔纪实"之作，文中有些细节颇耐人寻味，如作者特意将林四娘这为衡王宠姬写成处女，显然寓有深意。"蒲松龄为什么苦心孤诣地将王士禛笔下千金聘人、宠冠后宫的艳姬处理成纯洁少女？正是他用心良苦之处。他就是要将最美好的东西、最纯洁的东西毁灭给人看。"这一分析非常独到、深刻，它使我们对林四娘的悲剧及这一细节的弦外之音有了更深入的认识。它如《韩方》《林氏》《鬼隶》《妖宅》等对清兵的暴行也都予以曲折影射。

清初屡兴文字狱，文人稍有不慎，就可能会因文贾祸，所以蒲松龄尽管"孤愤"填膺，有时也不得不对那些敏感的事件及人物采取"讳笔"。

据专家考证，《鸽异》中主人公张幼量的原型本是明末抗清志士、王士禛的岳父张万钟，是作者将"万钟"之名反其意改为"幼量"。据《邹平县志》记载，张万钟曾为保卫邹平而痛击清军，并因之而名闻一时。他酷爱养鸽，着有《鸽经》一书，《鸽异》中开头叙述张幼量养鸽成癖，正是对历史上张万钟其人的真实写照。小说写因某公不识名贵异鸽，竟烹而食之，于是张幼量便心灰意冷，将所畜群鸽尽赠知交。事实是当时张万钟是因忙于抗击清军才放弃了这一癖好。蒲松龄欲传张万钟之事，可张万钟的特定身份不能不使作者运用了隐晦的"春秋笔法"。张万钟《鸽经》中载录了产于山东的名鸽"鞑靼"，而《鸽异》中却将送给某公的异鸽命名为"靼鞑"，这一细微的变化，暗示了蒲松龄对满清异族的鄙视。只有了解了这一历史背景，才能更好地理解作者的良苦用心。《鸽异》所附第一则故事，也大有寓意，它借愚笨的佣仆将鲜活的名贵朱鲫弄成枯鱼，暗示朱明王朝灭亡是一些"老佣"的昏愚所致。

《黄将军》一篇也是借"春秋笔法"来传情达意。黄得功是历史上的真实人物，据《明季南略》记载，他曾先后被崇祯朝及南明弘光朝封为靖南伯、靖南侯、靖国公。小说中没有直称其名黄得功，而是称其为"黄靖南"，我们不知作者所指是"靖南伯"还是"靖南侯"，作者在对人物的爵号称谓上闪烁其词，显然有所顾虑。黄得功曾积极抗击清军，直至最后以身殉职。试想，如果作者直称"靖南伯""靖南侯"，就有明显的尊明褒黄倾向，也必然会引起人们对黄得功抗清壮举的联想，为全身避祸，作者就以"春秋笔法"，隐晦其所。但是，我们还是能感受作者在字里行间对黄得功的褒扬。另外，小说中还提到"二孝廉"，其中之一是杨文骢，据《明季南略》载，杨为官时污迹斑斑，曾消极抗清，又与声名狼藉的权奸马士英为郎舅，弘光元年，宁南侯左良玉曾上疏弹劾马士英，所列奸党中便有杨文骢。如此说来，作者略去杨文骢的名字，也是为黄得功避嫌。因为据《明季南略·黄得功》记载，黄得功曾待杨文骢"以弟兄礼"，且黄得功曾得到臭名昭著的马士英的关照。总之，作者既要表达对黄得功的景仰之情，又要躲避繁密文网的威胁，还要顾及黄得功的交际关系，于是他不得不以"春秋笔法"这种隐晦曲折的形式来传情达意。又如《罗刹海市》一篇则意在以隐晦的手法讽刺满人剃发等风俗。

蒲松龄虽然具有满腔的"孤愤"之情，可由于他所处时代极其恐怖的政治文化气氛，他的某些作品只能在叙述技巧上借助于"春秋笔法"，在题材上选取神鬼狐妖来"寄托"其微言大义。

三、"春秋笔法"对章回小说的影响

就白话小说而言，因其受说话艺术的影响，使它带有一个突出的特征，那就是小说中出现了大量议论，叙述者动不动就跳出来对情节或人物说三道四，作者的主观爱憎表现得既直接又鲜明，其叙事的客观化倾向则相对较弱，这在宋元话本中表现得尤其明显。当然，并非话本小说没有运用"春秋笔法"，但它远不如明清章回小说对"春秋笔法"的运用更加自觉、成熟，因此，我们这里对白话小说的分析以章回小说为重点。更具体地说，我们将以《红楼梦》《儒林外史》《金瓶梅》《水浒传》及《三国演义》为重点分析对象，并兼及其他小说。

"春秋笔法"的内涵可以集中地概括为两点：一是叙述客观冷静，"叙事不合渗入断语"，即作者尽量地把自己隐藏起来，让生活以本来的真实面貌呈现于读者面前，但在不动声色的叙述中却能够透示出作者的褒贬倾向；二是作者以隐晦的曲笔，含蓄的微词，向人们暗示其中的"微言大义"，其精髓也即刘勰所说的："夫隐之为体，义主文外。"

（一）直书其事，不加断语

许多经典章回小说作家，在叙事时都力求做到以客观冷静的"直书"，来显示褒贬好恶。这就是孔颖达在阐述"春秋笔法"之"尽而不訐"时所说的"直书其事，具文见义"。黄摩西在《小说小话》中主张小说叙述应达到"无我"的境界：

小说之描写人物，当如镜中取影，妍媸好丑令观者自知。最忌掺入作者论断，或如戏剧中一角色出场，横加一段定场白，预言某某若何之善，某某若何之劣，而其人之事实，未必尽肖其言。即先后绝不矛盾，已觉迭床架屋，毫无余味。故小说虽小道，亦不容着一我之见，如《水浒》之写侠，《金瓶梅》之写淫，《红楼梦》之写艳，《儒林外史》之写社会中种种人物，并不下一前提语，二其人之性质、身份，若优若劣，虽妇孺亦能辨之，真如对镜者之无遁形也。夫镜，无我者也。

他是针对白话小说里出现的大量令人生厌的作者议论有感而发的，也许其对某些小说的论述有值得商榷的地方，但小说叙事最大限度地追求客观冷静则无疑是非常正确的。事实证明，越是遵循客观叙述的小说，也就越能获得读者的认可。

曹雪芹对客观叙述有着极强的自觉意识，而"春秋笔法"正是他实现客观叙述的主要手法。《红楼梦》第一回作者就明确宣布："其间离合悲欢，兴衰际遇，俱是按迹循踪，不敢稍加穿凿，至失其真。"显然，客观"实录"成为曹雪芹叙事写人的自觉美学追求，确实他把自己的主观好恶隐藏得很深，这也是造成自《红楼梦》诞生以来，读者对小说中人物的优劣高下长期争论不休的主要原因之一。与其他小说作家更为不同的是，他在小说一开始就把自己与叙述者作了多重隔离。庚辰本第一回作者明确地告诉读者，此书为作者"用假雨村言敷衍出一段故事来"，可是作者紧接着又道："列位看官：你道此书从何而来？"这就给读者一种此书先于作者存在的假象，从而把自己与叙述者做了首次隔离。接着似乎又将叙述者身份赋予空空道人，说什么是空空道人把石头上所记文字"从头至尾抄录回来,问世传奇",这实际上他把自己与叙述者做了第二次隔离。同时,曹雪芹又以小说整理者的面貌出现,自言他只不过是对小说"披阅十载,增删五次",这样,作者再次疏远了自己和《红楼梦》叙述者的距离。从小说开头作者的一番刻意辩白看,他让毫无主观情感倾向的石头承担了叙述者身份。显然,作者在处理自己和叙述者的关系时煞费苦心,其目的无非是把自己隐藏得更深些,尽力把故事客观地呈现出来。当然作者还是会在客观叙述中寄寓自己的情感,对作者的隐匿声明,甲戌本脂砚斋评曰:"若云雪芹披阅增删,然则开卷至此一篇楔子又系谁撰?足见作者之笔狡猾之甚。后文如此处不少,这正是作者用画家烟云模糊处,观者万不可被作者蒙蔽了去,方是巨眼。"

从叙述实情看,曹雪芹在小说中为能更好地隐蔽自己,力求叙述的客观,基本上采用了"展示"型叙事方式。《红楼梦》之前的一些小说,明显地带有说话艺术的痕迹,类似于"看官听说"之类的叙述干预十分常见,叙述者时常从故事的背后走到前台,直接发出声音,这种特点来自说话艺术的"说——听"模式,若从叙述动作上看,这是典型的"讲述"式。其特点是小说中活跃着一个叙述者清晰的身影,他叙述、解释、评论事件和人物,有意识地向读者传达某种信息,这让我们无时无刻不感觉到叙述者的存在。而《红楼梦》则基本上脱离了源于说话艺术的"讲述"型叙述方式,而倾向于隐藏叙述者的"展示"型叙述方式。在"展示"型叙述方式中,"叙述者的形象却极为淡化或根本没有出现,文本中只有人物原生态的言谈举止、心理活动,读者在阅读的幻觉中似乎直接目睹行为和事件的发生"。我们要想知道作者对人物的褒贬只能借助于对情节的仔细分析。

从叙述视角看,限知视角在《红楼梦》中占有绝对优势。《红楼梦》之前的一些小说基本上以全知叙事为主,叙述者的身影如影随形,无处不在。而限知视角的实质就是使小说由叙述者的讲述转变成故事的自我显现。作为小说家直接代言人的叙述者从作品中退出,让读者直接面对人物,聆听人物的心声,观看人物的表演。《红楼梦》限知视角的运用主要表现为小说中人物的视角。"采用故事中某一人物的视点来观察和感受,这样,叙述者的主观性便被人物所取代,好像作品中的一切情感因素都与叙述者无关,都是故事中人物间的情感交流。在故事讲述中,叙述者仿佛只是客观地在讲人物说什么,怎么说;干什么,怎么干,而没有自己对人物的议论和评价。"如小说开始对一些人物及贾府的介绍叙写,作者分别采用了冷子兴、林黛玉、刘姥姥的视角,安排在第二、三、六回进行。读者所感受的也只是这三人的感受,所看到的也只能是这三人之所见。这样,作者隐藏了自己的身影,把故事从自己的控制中解放出来,淡化了自己的存在,我们看不见作者对人物的主观评价。如小说一开始对宝玉形象的刻画:先是冷子兴口中的"色鬼",再是王夫人嘱托黛玉时的"混世魔王",外加黛玉母亲生前评说的"顽劣异常",最后是林黛玉亲眼所见风采照人、似曾相识的贵族公子。在其后的情节发展中,作者又重点在第三十五回通过傅家婆子口中的"没刚性"、第六十六回贾琏小厮兴儿口中的"随便"来评说宝玉。作者的隐退,使我们最终也没能看到他自己对宝玉的直接评价,可我们从"客观"呈现中又分明感受到作者对宝玉的赞赏。不光对宝玉的描写是如此,对黛玉、宝钗、熙凤、探春、湘云等的刻画也是意在让读者直接面对她们,观看她们的表演,聆听她们的心声,作者则不置一词。

除在整体上作者为隐藏自己的感情而采取的"展示"型叙述方式及限知视角外,在小说局部作者也力求做到叙述的客观性,绝不直接流露对人物的好恶。如对秦可卿卧室装饰布置的描写,作者只是把一幅画面原模原样地推到读者面前,未做一句评论,可作者的寓意却非常清楚,所以有人于此评云:"叙法皆有微旨","必如此设法,作者殆有微意耶"。又如第三十四回写宝玉挨打后钗、黛相继前来探视,写黛玉"气噎喉堵,更觉厉害",王梦阮《红楼梦索隐》于此评曰:"此段全写钗黛诚伪之分,及宝玉与钗黛用情深浅之别,妙在不加褒贬,实处处右黛而左钗。……此中消息解人自解。"这显然指出作者在这里运用了客观描写式的"春秋笔法"来暗自褒黛贬钗。再如第十七回"大观园试才题对额"、第十五回"王熙凤弄权铁槛寺"等都只是客观叙写人物各自言行,作者也不露踪影。

总之,作者与叙述者的刻意疏离、展示型的叙述方式、限知视角的运用等都使《红楼梦》的客观叙述达到很高水平。而究其根本原因则与作者对"春秋笔法"的娴熟运用密不可分。

《儒林外史》采用以客观叙述为特征的"春秋笔法"来刻画人物取得很大成就,是讲究含蓄蕴藉的"春秋笔法"使小说的讽刺艺术达到了炉火纯青的地步。此处需要强调说明的是,这种讽刺艺术手法正是由《春秋》开创,在《左传》中得到成熟发展的。可以说"史家讥贬笔法是古代小说艺术的最早渊源,虽然它不是'虚构的叙述',但它的'直书其事,具人见意'(杜预《春秋左传序》)的写法却奠定了最重要的讽刺艺术传统——写实性讽刺艺术的基础"。《左传》不但最早肯定了《春秋》的讥贬手法,而且自觉继承并以其成功的实践奠定了史家寓讥弹于叙事的讽刺传统,让被讽刺对象通过他们自己的言行显示其否定性质,而作者的嘲笑贬斥隐喻其中。《左传》宣公四年,记录了这样一个场景:

宋城,华元为植,巡功,城者讴曰:"睅其目,皤其腹,弃甲而复。于思于思,弃甲复来。"使其骖乘谓之曰:"牛则有皮,犀兕尚多,弃甲则那?"役人曰:"纵其有皮,丹漆若何?"华元曰:"去之!夫其口众我寡。"

华元曾为宋国统帅，在与郑国作战时兵败被俘，逃回后做了监督筑城的官吏，可他还颐指气使。这一段只是客观地描写了双方以歌谣应和的情景，但作者对华元的讽刺却见于言外。吴敬梓深得其中三昧，在《儒林外史》中他客观冷静地记录下各色人物在人生舞台上的自我表演，让一系列客观事实来揭示人物各自的灵魂。如第四回，写严贡生在众人面前自我表白："小弟只是一个为人率真，在乡里之间从不晓得占人寸丝半粟的便宜。"话未落地，其家人便进来说："早上关的那口猪，那人来讨了，在家里吵哩。"此处直书式的冷峻讽刺无疑是不言而喻的，正如卧闲堂本所评："才说不占人寸丝半粟便宜，家中已关了人一口猪，令阅者不繁言而已解。使拙笔为之，必且曰：'看官听说，原来严贡生为人是何等样，'文字便索然无味矣。"评点者在与主观叙述的比较中充分肯定了客观叙述意在言外的妙处。又如范进居丧期间，在汤知县席间既不肯用银筷也不肯用象牙筷，只用白色的竹筷，汤知县见他如此守礼，以为他不用荤酒，可范进却在燕窝碗里拣了一个大虾圆子送进嘴里。这里作者采用了不带任何感情色彩的"展示"型叙述方式，而其讽刺意味却非常强烈。第三回写胡屠户一个嘴巴把范进打清醒，在回家的路上，"屠户见女婿的衣裳后襟滚皱了许多，一路低着头替他扯了几十回。到了家门，屠户高声叫道：'老爷回来了！'"这里作者也是外无藏否，却内有褒贬。它如张敬斋劝堆牛肉一段，作者也是"直书其事，不加断语，其是非自见也"。第四十七回，作者对五河县同一天举行的方、虞两家神主入祠场景一热一冷的"展示"。第五回对严监生再婚典礼与正室王氏奄奄待毙的喜悲情景的呈现，都达到了"无一贬词而情伪毕露"的境地。

《金瓶梅》是中国古典小说由主观叙事向客观叙事过渡的里程碑。虽然作者在叙事的过程中也不时地发表评论，但如果仔细观察就可以发现，与其前的累积型作品相比，作为文人独立创作的第一部章回小说，其叙事的客观性明显增强。西门庆与潘金莲的故事从《水浒传》衍生而来，《水浒传》第二十三回是这样介绍西门庆的：

原来只是阳谷县一个破落户财主，就县前开着个生药铺；从小也是一个奸诈的人，使得些好拳棒；近来暴发迹，专在县里管些公事，与人放刁把滥，说事过钱，排陷官吏，因此满县人都饶让他些个。那人复姓西门，但讳一个庆字，排行第一，人都唤他做西门大郎，近来发迹有钱，人都称他做西门大官人。

再看《金瓶梅词话》的相应文字：

原是清河县一个破落户财主，就县门前开着个生药铺。从小儿也是个好浮浪子弟，使得些好拳棒，又会赌博，双陆象棋，拆牌道字，无不通晓。近来发迹有钱，专在县里管些公事，与人把揽说事过钱，交通官吏，因此满县人都惧怕他。那人复姓西门，单名一个庆字,排行第一,人都叫他做西门大郎。近来发迹有钱,人都称他做西门大官人。

通过比较可以发现,《金瓶梅词话》对《水浒传》做了修改,它改"奸诈"的人为"浮浪子弟",变"放刁把滥,说事过钱,排陷官吏"为"说事过钱,交通官吏"。《金瓶梅词话》对西门庆仍然持批判的态度,且抨击的力度也明显较《水浒传》更强,但它却不像《水浒传》那样直接显露,使"西门庆一出场,脸上已被作者贴上反面角色的标签,读者无须思考便已认清了他的面目",而是寓贬斥于客观叙述,隐晦而含蓄。当然,从形式上看《金瓶梅词话》明显受到了"说话"艺术的影响,但它毕竟是文人之作,作者在其审美思维的深层是倾向于源于史传的客观叙述的。这从贯穿于小说当中的随处可见的白描手法的娴熟运用即可获知,后文我们将会详细论述。

《金瓶梅》第三十三回写韩道国在众人面前自我吹嘘与西门庆亲密的关系:

那韩道国坐在凳上,把脸儿扬着,手中摇着扇儿,说道:"学生不才,仗赖列位余光,与我恩主西门大官人做伙计,三七分钱。掌巨万之财,督数处之铺,甚蒙敬重,比他人不同。"白汝晃道:"闻老兄在他门下只做线铺生意。"韩道国笑道:"二兄不知,线铺生意只是名目而已。他府上大小买卖,出入资本,那些儿不是学生算账!言听计从,祸福共知,通没我一时儿也成不得。大官人每日衙门中来家摆饭,常请去陪侍,没我便吃不下饭去。俺两个在他小书房里闲中吃果子说话儿,常坐半夜他方进后边去。昨日他家大夫人生日,房下坐轿子行人情,他夫人留饮至二更方回。彼此通家,再无忌惮。不可对兄说,就是背地他房中话儿,也常和学生计较。学生先一个行止端正,立心不苟,与财主兴利除害,拯溺救焚。凡百财上分明,取之有道。就是傅自新也怕我几分。不是我自己夸奖,大官人正喜我这一件儿。"刚说在热闹处,忽见一人慌慌张张走向前叫道:"韩大哥,你还在这里说什么,教我铺子里寻你不着。"拉到僻静处告他说:"你家中如此这般,大嫂和二哥被街坊众人撮弄了,拴到铺里,明早要解县见官去。你还不早寻人情理会此事?"这韩道国听了,大惊失色。口中只砸嘴,下边顿足,就要翅趱走。被张好问道:"韩老兄,你话还未尽,如何就去了?"这韩道国举手道:"大官人有要紧事,寻我商议,不及奉陪。"慌忙而去。

很明显,《儒林外史》第四回严贡生在众人面前自我表白时的情节,受到这个情节的启发并模仿了这一情节。韩道国把自己和西门庆的关系渲染得亲密无间、不分彼此,可言犹未了,便有人告知妻子与兄弟通奸被抓,接下来便写他下跪央求应伯爵领他去求西门庆替他通融。一见西门庆,他"连忙双膝跪下,说道:'小人忝在老爹门下,万乞老爹看应二叔份上,俯就一而,举家没齿难忘。'"作者把一前一后两个场景客观写出,韩道国的真面目便自然显示出来。他还向众人自诩"行止端正","凡百财上分明,取之有道",后来西门庆刚死不久,他就"拐财远遁"。他说与西门庆"彼此通家,再无忌惮",后来他老婆王六儿果然让西门庆"包占"。凡此种种,"作者故未尝落一字褒贬也"。第六十九回写林太太与西门庆私通,西门庆来到招宣府后堂,"只见里面灯烛荧煌,正面供养着他祖爷太原节度邠阳郡王王景崇的影射图……迎门朱红匾上写着'节义堂'三字,两壁隶书一联:'传家节操同松竹,报国勋名并斗山'"。这一客观描写,对"荡检逾矩"的林太太无疑是"春秋笔法"式的"冷冰冰的挖苦"。所以张竹坡评曰:"林太太之败坏家风,乃入门一对联写出之,真是一针见血之笔。"由此可见"春秋笔法"暗寓褒贬功能的讽刺威力。

小说对应伯爵这一形象的刻画主要运用"春秋笔法",作者只是把应伯爵在西门庆面前的"表演"如实客观、活灵活现地呈现于读者面前,不做一句论断。第一回应伯爵和谢希大到西门庆家,西门庆责怪他们好几日"通不来傍个影儿",应伯爵便向谢希大道:"何如?我说哥要说哩!"接着对西门庆道:"哥,你怪得是,连咱们也不知道成日忙些什么。"十兄弟在玉皇庙结拜时,西门庆因应伯爵年长,让他为大。应伯爵伸着舌头道:"爷可不折杀小人罢了!如今年时,只好叙些财势,那里好叙齿?"对这些描写,张竹坡评道:"描写应伯爵,纯是白描追魂摄影之笔。如向希大说'何如?我说,'又如伸着舌头道'爷',俨然纸上活跳出来,如闻其声,如见其形。"这里所谓的白描手法,也就是用简练的文字如实客观地描写其言行,不用作者出面指明,而应伯爵的帮闲嘴脸即暴露无遗。在西门庆活着的时候,应伯爵对他好话说尽,阿谀奉承至极,西门庆刚死,他马上又趋奉张二官,并落井下石,向张二官引荐潘金莲。综观整个小说,作者就是把他对应伯爵的讥贬蕴藏于白描式的客观描写之中。可见,《金瓶梅》作者对人物的刻画多是"于有意无意之间,描写诸人言谈举止、体态性情,各还他一个本来面目。初不加一字褒贬,而其人自跃于字里行间,如或见其貌,如或闻其声"。而非"辞气浮露,笔无藏锋"。它如《三国演义》写关羽温酒斩华雄的片段,也是典型的客观叙述,关羽的英武,袁术、袁绍的傲慢偏见、曹操的慧眼识人等都是通过场面叙述显示出来的,作者并未置一词。

(二)深文曲笔,义见言外

或出于政治原因,或为避讳,或纯粹从艺术表现力出发,一些章回小说还巧妙地以隐晦之笔含蓄婉曲地向读者暗示情节的微言大义。最典型的恐怕是《红楼梦》了,曹雪芹在小说中曾明确交代:"或用实典,或设譬寓","况且古人多有微词,非自我今作俑也"(第七十八回)。可见作者是有意识地运用了隐晦的"春秋笔法"。自《红楼梦》诞生以来,人们对它进行了多维度的诠释,它曾被当作小说、自传、影射之作,成为索引、考证的对象。究其根源,就是《红楼梦》非常出色地运用了皮里阳秋式的"春秋笔法"来寄寓作者的微言大义。清刘铨福曾云:"《红楼梦》虽小说,然曲而达,微而显,颇得史家法。"作者在第五回等处以大量的诗、词、图、曲、谜等寄寓隐意,对此人们已论说得很多,于此不再赘述。

曹雪芹

此外人们常引以为证的是"秦可卿之死"这一情节。早在道光年间,《红楼梦》评点家王雪香就说:"秦氏死后,不写贾蓉悼亡。但写贾珍痛媳,又必觅好棺,必欲封诰,僧道荐忏,开丧送枢,盛以无加,皆是作者深文。"青山山农《红楼梦广义》也说其"深讳其事而以疾告于者"。洪秋蕃于第十三回评也根据小说中贾珍办理丧事的恣意奢华,秦氏死后他又哭得泪人一般,而贾蓉则表现淡漠等细节,认为作者暗示了秦氏之死与贾珍相关。新红学代表人物俞平伯的《红楼梦辩》还专门就此问题写了《论秦可卿之死》一文,以为秦氏之死是因她与贾珍的淫乱行为被婢女发现,而自缢身亡。应当说这些推论有一定说服力,除从贾珍的种种异常之举可以发现一些蛛丝马迹外,第五回金陵十二钗正册上与秦氏有关的一幅画"画着高楼大厦,有一美人悬梁自缢"。第十三回说"彼时合家皆知,无不纳罕,都有些疑心"。秦氏的两个婢女一个触柱而死,一个甘为义女。秦氏死时,尤氏正犯胃病卧床不起,前几回写尤氏甚爱秦氏,而此时小说竟无一笔写尤氏悲伤,也令人生疑。也许你不同意以上诸人对秦可卿之死的推断,但小说写秦氏之死这一情节运用了"春秋笔法"却是确定无疑的。甲戌本《脂砚斋重评石头记》第十三回回末有一段评云:"秦可卿淫丧天香楼,作者用史笔也。老朽因有魂托凤姐贾家后事二件,嫡是安富尊荣坐享人能想得到处。其事虽未漏,其言其意则令人悲切感服。姑赦之,因命芹溪删去。"这"史笔"就是"春秋笔法",按照孔颖达的解释,"春秋笔法"之"婉而成章"的含义就是"曲从义训,以示大顺",是服务于"诸所讳辟"这一目的的。作者删去"秦可卿淫丧天香楼"这一情节,遵循的就是"为贤者讳"的"春秋笔法"。其实,作者虽然"删去"了直接描写这一丑事的笔墨,可他却变直观为深隐,以更高超的带有暗示性的"春秋笔法"来叙述。甲戌本许多批点就泄漏了这一秘密,如在"彼时合家皆知,无不纳罕,都有些疑心"处批云:"九个字,写尽天香楼事,是不写之写。"在"贾珍哭得泪人一般"处批云:"可笑如丧考妣,此作者刺心笔也。"在"另设一坛于天香楼上"处批云:"删,却是未删之笔。"在"忽又听得秦氏之丫鬟名唤瑞珠者,见秦氏死了,他也触柱而亡,此事可罕"处批云:"补天香楼未删之文"。显然,从脂砚斋评所批的这些细节描写看,作者有深意寓焉。脂砚斋所说的"不写之写",正是"春秋笔法"的精髓所在。作者以明删暗示之法,还是将天香楼之事"泄漏"给了读者。《文心雕龙·隐秀》云:"隐也者,文外之重旨也。"刘永济在《隐秀》篇"释义"中曾谈到作者用晦的原因:"作者之情,或不敢直抒,则委曲之;不忍明言,则婉约之;不欲正言,则恢奇之;不可尽言则蕴藉之;不能显言,则假托之;又或无心于言,而自然流露之。于是言外之旨,遂为文家所不能阙,赏会之士,亦以得其幽旨为可乐。"从刘先生精妙入微地列出的作者行文用晦的种种原因看,曹雪芹采用"春秋笔法"的隐衷不外乎此。

说到《红楼梦》运用隐晦的"春秋笔法",我们还不能不提到戚蓼生,其《石头记序》云:

吾闻绛树两歌,一声在喉,一声在鼻;黄华二牍,左腕能楷,右腕能草。神乎技矣!吾未之见也,今则两歌而不分喉鼻,二牍而无区乎左右,一声也而两歌,一手也而两牍,此万万所不能有之事,不可得之奇,而竟得之《石头记》一书,嘻!异矣,夫敷华掞藻,立意遣词,无一落前人窠臼,此固有目共赏,姑不具论,第观其蕴于心而抒于手也,注彼而写此,目送而手挥,似谲而正,似则而淫,如《春秋》之有微词,史家之多曲笔。……盖声止一声,手止一手,而淫佚、贞静、悲戚、欢愉,不啻双管之齐下也。噫!异矣。其殆稗官史中之盲左、腐迁乎!……必得是意,以读是书,乃能得作者微旨……庶得此书弦外音乎?

戚蓼生已明确指出《红楼梦》运用了"微词""曲笔",从而使它具有内涵丰富的"微旨"和"弦外音",同时他还以数例加以论证。显然他认为《红楼梦》这种以委婉含蓄手法,来阐明幽微忌讳之事的写作技巧,与《左传》成公十四年所说的"《春秋》之称,微而显,志而晦"等特点及杜预对"春秋笔法"所做阐释,是一脉相承的。俞平伯先生在《题(石头记)人物图》中也指出《红楼梦》对"春秋笔法"的成功运用,说它"隐避曾何直笔惭,春秋雅旨微而显"。脂砚斋在甲戌本第三回行间批中也指出,《红楼梦》运用了"不写之写""指东说西"的《春秋》字法,具有"接榫甚便"的"史公之笔力"。

戚蓼生论《红楼梦》有"注彼而写此,目送而手挥"之妙,实际这种写法也源于《左传》。金圣叹在《读第六才子书〈西厢记〉法》中云:

文章最妙,是目注彼处,手写此处。若有时必欲目注此处,则必手写彼处。一部《左传》,便都用此法。

若用笔而其笔之前后、不用笔处无不到者,舍《左传》吾更无与归也!

刘熙载在《艺概》中也说:

《春秋》文见于此,起义在彼。《左氏》窥此秘,故其文虚实互藏,两在不测。

金、刘二人的这些议论都是针对《左传》所发。他们的话语都是来自孔颖达对"春秋笔法"之"微而显"的解释:"文见于此,而起义在彼。"而戚蓼生对《红楼梦》的评论很显然是受到了孔氏、金氏等人对《左传》评语的启发。言外之意,戚蓼生认为《红楼梦》所运用的含蓄蕴藉的"春秋笔法",具有不写之写、一笔多用的功效,而且它是承《左传》而来。如《左传》写介之推不言禄,既对其淡泊名利的境界表示赞赏,同时也暗中批评了晋文公重耳的疏漏。戚氏所谓的"一声两歌""一手二牍",在《红楼梦》中有突出的表现。如第三十三回写宝玉挨打,表面上看只是显示了封建家长与叛逆者的矛盾。其实,这个情节还暗含了大家族中的嫡庶矛盾、主仆矛盾,以及贾家与忠顺王府的政治派系之间的矛盾,因为这个情节与贾环的挑拨、金钏的投井身亡和忠顺王府索要优伶有着直接关系。可见作者真正是"一笔写出了几家事"。再比如"抄检大观园",也是一笔多用,揭示了贾府的多重矛盾。

顺便说一下,这种源于《左传》的"文在此而意在彼"的艺术手法,在《红楼梦》之外的其他古典小说中也有明显的表现。如《儒林外史》第三回,胡屠户打了范进一个嘴巴,"众人和邻居见这模样,忍不住地笑"。于此,天目山樵评曰:"笑者笑其手颤也,却先写笑,后写颤。叙事之法从盲左来。"这里《儒林外史》继承的正是《左传》常用的"注此写彼"的艺术传统。再者,《金瓶梅》对这种深隐的"春秋笔法"运用的也很成功,所以张竹坡在第一回回前评中有这样的话:"夫写一面照一面,犹他人所能,乃于写这一面时,却是写那一面,写那一面时,却原是写这一面。""盖人一手写一处不能,他却一手写三四处也。"这与上述金圣叹《读第六才子书(西厢记)法》对《左传》"目注彼处,手写此处","目注此处,手写彼处",一笔多用的评价何其相似!

曹雪芹在小说中还用隐晦的"春秋笔法"表达了他对君权政治的不满。《红楼梦》甲戌本凡例中有这样的话:"作者本意原为记述当日闺友闺情,并非怨世骂时之书矣。虽一时有涉于世态,然亦不得不叙者,但非其本旨耳。"又说:"此书不敢干涉朝廷。凡有不得不用朝政者,只略用一笔带出,盖实不敢以写儿女之笔墨唐突朝廷之上也。"从小说实际看,这只不过是作者的自我回护之词,可谓此地无银三百两。脂砚斋就曾多次提醒读者要领悟小说中的"史笔"与"春秋笔法",他在评点中常常揭示出作者用笔"狡猾之甚""别有机杼",提醒读者需"深宜玩索"。如第四回"薄命女偏逢薄命郎,葫芦僧乱判葫芦案",

脂砚斋在贾雨村判薛蟠案一段处批道:"故用'乱判'二字为题,虽曰不涉世事,或亦有微辞耳。"这"乱"字正是"春秋笔法"之"一字褒贬"技巧的表现。曹雪芹多次运用深隐的"春秋笔法",与他所处的时代环境有关,毕竟《红楼梦》产生于'经学复盛时代'的清朝,这同时是一个文字狱严酷的时代,所以《红楼梦》采用'皮里阳秋'的笔法是不足为怪的。曹雪芹在小说里所设置的那个'真真假假'的语言屏障可以表明,《红楼梦》在艺术构思上受到'皮里阳秋'的史学原则的影响"。第十八回写贾妃省亲,与贾母、王夫人呜咽对泣,"半日,贾妃方忍悲强笑,安慰贾母、王夫人道:'当日既送我到那见不得人的去处,好容易今日回家娘儿门一会,不说说笑笑,反倒哭起来。一会子我去了,又不知多早晚才来!'说到这句,不禁又哽咽起来"。而我们应当注意的是,此回回目中明标"天伦乐",这与当时众人"呜咽对泣"的场景是多么不协调。所以,侠人《小说丛话》云:"而其归省一回,题曰'天伦乐',使人读之萧然飒然,若凄风苦雨起于纸上,适与其标名三字反对。绝不及皇家一语,而隐然有一专制君主之威在其言外,使人读之而喻。"又如第八十三回贾母等到宫中探问贾妃之疾,元春含泪道:"父女弟兄,反不如小家子得以常常亲近!"与第十八回一样,这里也因运用了"春秋笔法",而蕴涵微言大义。按上引刘永济先生分析文人用晦的种种原因看,这里曹雪芹应是"不敢直抒,则委曲之"。

有时曹雪芹运用"史笔"非常隐晦,不深究则难以知悉其深意。如第十五回宝玉路谒北静王水溶时,北静王赠给宝玉一串念珠,说"此系前日圣上亲赐鹡鸰香念珠一串,权为贺敬之礼"。"鹡鸰"是一种禽鸟,又作"脊令",常生活于水滨。其最初见于《诗经·常棣》的"脊令在原,兄弟急难",皇帝把鹡鸰香珠赐给北静王水溶,本取"兄弟急难","外御其务(侮)","兄弟既翕,和乐且湛"之意。可曹雪芹所取并非在此,其真正的目的却是属意于诗中的以下几处:一是"死丧之威(畏)",即惧怕被杀;二是"原隰裒矣",即尸体积聚于原野;三是"兄弟阋于墙",即兄弟间争斗于萧墙之内。朱熹《诗经集传》释《常棣》一诗的主旨曰:"此诗盖周公既诛管、蔡而作。姑此章以下,专以死丧、急难、斗阋之事为言。"曹雪芹叙写这一情节,正是暗中借取此诗的题意来讽刺雍正皇帝兄弟间的残酷争斗。对于这串"鹡鸰香念珠",作者也认为它"说起来虽近荒唐,细按则深有趣味"。当宝玉将此念珠转赠黛玉时,曹雪芹便借黛玉之口道:"什么臭男人拿过的!我不要。"显然在作者的意识里,这念珠乃表面"香",实则"臭"。所以脂砚斋说《红楼梦》一部书"全是讽刺世事,反面《春秋》也"。

《红楼梦》运用晦笔的地方还很多。第四十回"史太君两宴大观园,金鸳鸯三宣牙牌令",刘姥姥在宴席上高声道:"老刘,老刘,食量大如牛,吃一个老母猪,不抬头。"自己却鼓着腮不语。面对这突如其来的举动，众人先是一怔，其后便都大笑起来。除凤姐和鸳鸯搞恶作剧而故意憋着不笑外，作者依次写了湘云、黛玉、宝玉、贾母、王夫人、薛姨妈、探春、惜春及众侍女的笑态，他们笑得尽兴而自然。可作者唯独没写宝钗之笑，作者当然不是忘记了宝钗，而是有意为之，这正是"不写之写"，是"意到而笔不到"。作者在这里运用的是"春秋笔法"惯用的"削笔"，实际上是"文如阔略，而语实周赡"，"使夫读者望表而知里，扪毛而辨骨，睹一事于句中，反三隅于字外"。作者在这里运用"削笔"，其目的是暗示他对宝钗遵循传统礼法、固守封建规范的淑女形象的进一步确认。又如作者曾多次暗示宝黛婚姻会无果而终；元春所赐礼物独宝钗与宝玉等同；贾母明斥才子佳人而暗对黛玉旁敲侧击；王夫人借骂晴雯而暗刺黛玉。这些细节绝非闲笔，而是寄意于言外。作者对凤姐的描写也没忘记用"春秋笔法"，如第六回作者写了凤姐对着贾蓉若有所思而欲言又止的情景，姚燮评此处"包藏无限"，许多人据此说凤姐与贾蓉关系暧昧，也许这有些武断，但作者此处确实写得含蓄隐晦，凤姐让贾蓉晚饭后再来，可作者后文并没有照应这一情节。当然这不是闲文，否则以曹雪芹对《红楼梦》"披阅十载，增删五次"的这种精益求精的态度，他绝不会在此花如此多笔墨。再如甲戌本第七回有一段文字："只听那边一阵笑声，却有贾琏的声音，接着房门响处，平儿拿着大铜盆出来，叫丰儿舀水进去。"脂砚斋就此批道："妙文奇想，阿凤之为人，岂有不着意于'风月'二字之理哉！若直以明笔写之，不但唐突阿凤声价，亦且无妙文可赏；若不写之，又万万不可。故只用'柳藏鹦鹉语方知'之法，略一皴染，不独文字有隐微，亦且不致污渎阿凤之英风俊骨，所谓此书无一不妙也。"他对此处隐晦的"春秋笔法"所取得的艺术效果极为赞赏。另外，"十二金钗"的入选与次序也隐示了作者对人物的好恶，他以自己喜爱的黛、钗居首，让湘云、妙玉靠前，他对凤姐、秦可卿颇有微词，则将她们列于后位。

《水浒传》对宋江的刻画也运用了隐晦的"春秋笔法"，即金圣叹所说的"深文曲笔"。金圣叹在第三十五回回前评云："一部书中写一百七人最易，写宋江最难。故读此一部书者，亦读一百七人传最易，读宋江传最难也。盖此书写一百七人处，皆直笔也，好即真好，劣即真劣。若写宋江则不然，骤读之而全好，再读之而好劣相半，又再读之而好不胜劣，又读之而全劣无好矣。"读者在对宋江形象的审美接受中所表现出来的这种反复与渐进，实和作者对深隐的"春秋笔法"的成功运用有关。金圣叹以为宋江绝非仁人孝子，他说："史不然乎，记汉武，初未尝有一字累汉武也，然而后之读者，漠不洞然明汉武之非是，则是褒贬固在笔墨之外也。呜呼，稗官亦与正史同法，岂易作哉，岂易作哉！"他之所谓《水浒传》"与正史同法"，实际上指出了作者塑造宋江这一形象时借鉴了源于正史的"春秋笔法"。小说多次写宋江谨遵父训,宁死不肯落草,而花荣、秦明、戴宗、李逵、张横、张顺等十六人,都是他拉而归之于水泊梁山。所以金圣叹据此评道:"此史家案而不断之式也。"孝是宋江最主要的性格特征之一。小说屡次写到宋江时时以父亲为念,而他为父洒泪更成为其至孝的标志,然而金圣叹指出宋江之孝乃是"伪孝"。宋江在自己逃亡之前吩咐庄客照顾老父,金圣叹于此评云:"人亦有言,养儿防老,写宋江吩咐庄客服侍太公,亦皮里阳秋之笔也。"第四十三回写了这样一个情节:李逵向宋江与众兄弟哭诉母亲被虎吃了,而宋江却大笑。金圣叹于此评道:"作者特于前幅大书宋江不许取娘,于后幅大书宋江闻虎吃娘大笑。所以深明谈忠谈孝之人,其胸中全无心肝。"至于宋江的眼泪,在金圣叹看来是伪善与欺骗。所以他说:"无人处却写太公洒泪,有人处便写宋江大哭。冷眼看破,普天下读书人,慎勿忽水浒无皮里阳秋也。"总之,在金圣叹眼里宋江是一个伪君子形象,小说对他的描写以皮里阳秋式的"春秋笔法"取胜。

除此以外,《水浒传》在其他地方也十分成功地运用了这种深隐的"春秋笔法",有的非常隐蔽,如不用心体会,以至很难发现。如第六十一回,小说中有这样一句话:"李固和贾氏跪在旁边。"金圣叹不愧有着卓越的艺术感受力,于此他批道:"俗本作贾氏和李固,古本作李固和贾氏。夫贾氏和李固者,犹似以尊及彼,是二人之罪不见也。李固和贾氏者,彼固俨然如夫妇焉,然则李固之叛,与贾氏之淫,不言而自见也。先贾氏,则李固之罪不见,先李固,则贾氏之罪见,此书法也。"金氏分析得十分精辟,这里只是两个人姓名的排列顺序不同,而传达的意蕴却有着明显的丰歉之分。金氏这里所谓的"不言而自见"和"书法"指的就是"春秋笔法"。《礼记·经解》曾云:"属词比事,《春秋》教也。"这里的"属词"除指讲究用字外,还指对词序的讲究。像以上这种情节在《水浒传》中不止一处。

《儒林外史》除广泛地采用寓褒贬于客观叙述的方式刻画人物外,还在某些地方运用了较为隐晦的叙述方式。第三十四、三十五回写"圣天子求贤问道",举行征辟大典,庄绍光应征进京,结果"辞爵还家"。第三十四回结尾写道:"朝廷有道,修大礼以尊贤;儒者爱身,遇高官而不受。"从表面看,这是对朝廷的歌功颂德,可仔细推敲,这正是作者明颂暗讽的"皮里阳秋"之笔。孔子云:"天下有道则见,无道则隐。邦有道,贫且贱焉,耻也;邦无道,富且贵焉,耻也。"既然朝廷有道尊贤,士人理应出仕来实现自己兼济天下的理想,毕竟儒家认为"邦有道,贫且贱焉,耻也",可为什么庄绍光却要辞官隐退呢? 一般,只有在"邦无道"时,儒家才采取这种"爱身"之举,以期达到洁身自爱、不与朝廷同流合污的目的。作者写庄绍光辞官告退,由于其矛头是直指最高当局的,在"避席畏闻文字狱"的时代,作者只好闪烁其词,借用隐蔽的"春秋笔法"寄寓深意。

作者还以"春秋笔法"写了一个细节。庄绍光正欲回答皇帝的问题时，不料头被蝎子蜇了一下，由此他得出结论："看来我道不行了！"贤能之人出山行道，这是他们梦寐以求的政治理想；"我道不行"，对他们来说无疑是十分痛苦的事情，其语深婉含蓄，却寄意深刻。对于他这个格外看重操守的真儒，已别无选择，只有"恳求恩赐还山"了。皇帝虽然认定庄绍光"学问渊深"，却听凭太保公所奏，"不由进士出身，骤跻卿贰，我朝祖宗无此法度"，于是降旨"允令还山"。这里的自相矛盾是显而易见的：既然要恪守必须由进士出身的"法度"，又何必煞有介事地搞什么求贤的征辟大典？可见这只是一种装饰门面的作秀表演，是对皇帝"寤寐求贤"之说的莫大讽刺。"有道尊贤"是假，无道弃贤才是真。这里作者借庄绍光之退隐，以隐蔽的"春秋笔法"巧妙地暗示了"邦无道"的社会现实。

在庄绍光进京和归乡途中，作者用"背面敷粉"法写了几件事：山东道上响马劫银，京师城门外老人贫病而死无人收殓，卢信侯无辜遭文字狱牵连。这就是所谓的"国家承平日久""海宇升平"！对此，天目山樵评道："初出门有赵大一节，归时又有此节，固是作者添此曲折以避直率。"显然，这些事件都隐约含蓄地透了作者对导致贤人在野的腐朽社会现实的谴责，可谓"婉而多讽"。

小说还写到杜少卿等人倡导修立泰伯祠的盛事，除泰伯为吴地圣贤这一地域因素外，更重要的是作者以此含蓄委婉地寄寓自己的儒家人格理想。孔子曾云："泰伯，其可谓至德也已矣！三以天下让，民无得而称焉。"无疑吴敬梓对真儒至德品行的呼唤是对孔子之言的呼应。

《三国演义》中，隐晦的"春秋笔法"主要体现在对刘备这一形象的塑造上。第四十二回作者引诗："曹操军中飞虎出，赵云怀中小龙眠。无由抚慰忠臣意，故把亲儿掷马前。"这"无由"和"故把"就点破了刘备作为政治家善于用貌似真诚以掩饰虚伪的诈术。这也无意中暗示出作者确实是以"春秋笔法"来刻画刘备这一形象的。提到刘备，大多数人把他视为"仁君"，可从小说对刘备带有"皮里阳秋"意味的描写看，"仁君"只是刘备形象的外在表征。浦安迪已注意到刘备这一形象存在的反讽特征："小说作者以史官的'曲笔'作风，运用醒目的措辞把读者的视角巧妙地引向高尚志气和英勇业绩的单纯表面与历史判断的潜在复杂性之间所存在的差异。"小说这样描写刘备："那人平生不甚乐读书，喜犬马，爱音乐，美衣服。少语言，礼下于人，喜怒不形于色。好交游天下豪杰，素有大志。"不喜读书、钟情于声色犬马美服，这与儒家理念相去甚远。而"喜怒不形于色。好交游天下豪杰，素有大志"则说明他善于韬光养晦。也许毛宗岗以为这样写会有损于刘备的"仁君"形象，就对此着意修改，删除了"喜犬马，爱音乐，美衣服"，改"少语言，礼下于人"为"性宽和,寡语言"。这样一来就使刘备更接近于"仁君"形象,可从小说对刘备的实际描写看,却与这一形象存在极大的错位。第二十一回"煮酒论英雄",曹操则直言不讳地称许刘备为"天下英雄"。小说中许多人就直称刘备为"枭雄",如第三十四回蔡瑁:"刘备世之枭雄";第五十四回周瑜:"刘备枭雄之辈";第六十回张累对刘璋说:"刘备世之枭雄,先事曹操,便思谋害;后从孙权,便夺荆州。心术如此,安可同处?"第六十二回刘巴劝刘璋:"刘备枭雄,久留蜀而不遣,是纵虎入室矣。"这似乎与刘备"仁厚懦弱"的性格不符,其实作者在小说中多次以"春秋笔法"来曲折地暗示刘备的"枭雄"本性。如取同宗刘璋之地,娶同姓刘焉之妇,这些显然与儒家仁义背道而驰。所以连怀有尊刘情结的毛宗岗在第五十二回回评中也说:"刘备取刘焉妇,而赵云不取赵范之嫂,是赵云过于刘备矣。"

　　刘备的行为举止之所以与人们所谓的"仁君"形象之间存在巨大反差,实与作者褒中寓贬的"皮里阳秋"笔法有关。其字"玄德"出自《老子》第十章,奚侗《老子集解》说:"玄德犹云至德,以其深远,故云玄也。"可见"玄德"二字暗示了刘备崇尚深隐潜藏、待机而发的价值取向。在第六十回他曾说:"曹以急,吾以宽;曹以暴,吾以仁;曹以谲,吾以忠:每与曹相反,事乃可成。若以小利而失信义于天下,吾不忍也。"多数论者以此作为刘备为仁君的例证,其实,这恰暗示了刘备之所以行仁履忠,纯是出于一种政治策略。仁义、忠厚只是他夺取天下的手段,而非目的。刘备"在其低声下气的岁月里,经过长期的努力,为自己塑造了一个宽厚、仁慈的形象,以弥补政治上的不利"。夏志清先生这个结论的得出,显然与小说塑造刘备这一形象时所用"春秋笔法"密切相关。毛宗岗在第十四回回评中也认为"玄德机智绝人,不是一味忠厚"。第六十二回写刘备不念与刘璋同宗之情而夺取涪关,宴会上,他"酒后吐真言",使其"枭雄"本性暴露无遗,他"顾庞统曰:'今日之会,可为乐乎?'庞统曰:'伐人之国,而以为乐,非仁者之兵也。'刘备曰:'吾闻昔日武王伐纣,作乐象功,此亦非仁者之兵欤?汝言何不合道理,可速退。'"夺同宗之地,他没有丝毫不安,反沾沾自喜,还以武王伐纣为自己开脱,由此可以看出刘备平时的种种"仁义"都是虚情矫饰,所以毛宗岗说他"未免露出真情"。他隐忍深藏,惯于施行"有而示之以无"之道。寄身于曹操时,他以灌园植蔬示人,实潜隐待时;煮酒论英雄时,为防曹操窥破心机,他巧借雷声掩饰失态;他曾对关羽、张飞表达自己的心声:"屈身守分,以待天时,不可与命争也。"第十一回写到刘备辞徐州,毛宗岗评曰:"刘备之辞徐州,为真辞耶?为假辞耶?若以为真辞,则刘璋之益州且夺之,而陶谦之徐州反让之,何也?或曰:辞之逾力,则受之逾稳。大英雄人,往往有此算计,人自不知耳。"毛氏之评真是一语道破刘备辞让徐州的心机。诸葛亮等再三劝刘备称帝，他"坚执不从"，说道："陷孤于不义，皆卿等也。"毛宗岗对此评道："埋怨一句，实是应承。"这揭示了刘备的真实心理。第八十回甚至在诸葛亮等人读罢祭文，他接受了玉玺之后，仍再三以"虚文"推辞曰："备无才德，请择有才德者受之。"最终还是如愿以偿地改元称帝。第八十五回白帝托孤时他嘱孔明道："若嗣子可辅则辅之，如其不才，君可自为成都之主。"俨然有要把皇位让与诸葛亮之意。李贽评道："只此一语，便夺孔明之魄。玄德真奸雄也。"这里李贽读出了"春秋笔法"之外的含义。其实刘备何尝不知刘禅之"不才"，其言意在"结孔明之心"。可见，作者主要是以深隐的"春秋笔法"来刻画刘备这一形象，并贯穿对其一生的描写。

另外，作者在极力赞扬关羽的神勇忠义之外，还用"春秋笔法"写其"刚而自矜"的一面，这就一步步地解构着他在人们心目中的高大形象。同刘备这一形象一样，在罗贯中"春秋笔法"式的叙述谋略之下，小说中的关羽形象竟也充满了"皮里阳秋"的反讽意味。

在《金瓶梅》中，吴月娘这一形象则比较集中地体现了皮里阳秋式的"春秋笔法"。张竹坡于第十二回回前批云："写月娘处，纯用隐笔也。"表面上看，吴月娘平实而恪守礼教，对家事不怎么上心，"秉性贤能，夫主面上百依百顺"。其实作者塑造这一形象"更有深意"，她对西门庆一味顺从，不知规谏；又引陈敬济入室，以致遗患于后；对西门庆众妻妾的明争暗斗，置若罔闻；贪恋李瓶儿财物，据为己有；不分良莠，认妓女李桂姐为女；又宣尼引卷，与王姑子、薛姑子等邪尼来往；冷漠寡情，拒西门大姐于门外，诸如此类，都与其"美德"不符。特别是第二十一回写她雪夜焚香祷祝："不拘妾等六人中，早见子嗣。"看似贤惠无比，但第五十回却写她暗中偷服王姑子所配之药。第五十三回写"吴月娘拜求子息"，从其祷告之语可以看出，第二十一回雪夜焚香的祷语并非出自真心，难怪张竹坡多次说"以此愈知其假"。张竹坡在第十四回回前评中道："则月娘为人，乃《金瓶梅》中第一绵里裹针柔奸之人。作者却用隐隐之笔写出来，令人不觉也。"他认为吴月娘是个"老奸巨猾"的人物，作者深恶其"阴毒权诈，奸险刻薄"，所以以"特用阳秋之笔"来写她的隐恶。张竹坡对吴月娘性格特征的认识与概括确实存在偏颇，但从客观上讲，作者塑造的吴月娘形象性格也确实比较复杂，具有多义性。读者对吴月娘形象的解读可以存在差异，但有一点是确切不疑的，那就是作者确实是运用了明褒暗贬的"皮里阳秋"手法来塑造吴月娘这一形象，这也正是"《金瓶》多暗刺"的艺术特色的体现。

四、"春秋笔法"对小说主题、人物及表现形式的影响

任何一种艺术表现手法绝不仅仅是一种毫无审美内涵的空洞形式,在它背后起支撑作用的是意识形态领域的某种观念或信仰。简言之,任何一种艺术手法都是某种思想观念的外化形式。"春秋笔法"又称"春秋义法",所以,说到底"春秋笔法"是一种极富伦理道德色彩的叙事艺术手法,所以它自然会影响到小说的主题、人物性格内涵及表现形式。

(一)"春秋笔法"对小说主题的影响

夏志清先生说:"传统评点家在称赞某个小说家时,总是强调他们严肃的说教意图,——又一个使人联想到历史家的特点。"这说明古典小说所负载的教化功能与史传有着密切的渊源关系。刘知几在《史通·忤时》中曾云:"春秋之教,以惩恶劝善为先。"他对由《春秋》奠定的传统史学的伦理道德化审美倾向给以充分肯定。其实在《左传》成公十四年对"春秋笔法"所做的阐释中,所谓的"微而显,志而晦,婉而成章,尽而不汙"这四种载笔之体,其最终目的都是为能更好地"惩恶而劝善"。《左传》昭公三十一年又进一步明确说:"《春秋》之称,微而显,婉而辨。上之人能使昭明,善人劝焉,淫人惧焉,是以君子贵之。"这就使"春秋笔法"从一开始就带有明显的伦理道德色彩和经世致用意识。其实,孔子修《春秋》就带有救世的功利目的。孟子曾云:"世衰道微,邪说暴行有作,臣弑其君者有之,子弑其父者有之。孔子惧,作《春秋》……孔子成《春秋》而乱臣贼子惧。"面对当时王道陵替、礼崩乐坏的局面,孔子欲挽狂澜于既倒,于是便以修《春秋》的方式,通过书法而明是非,别善恶,寓褒贬,以垂法后人。因孔子修《春秋》而得以发扬光大的以笔法来"劝善惩恶"的这一史学传统,也因孔子及《春秋》在中国文化史上的崇高地位,而被后世史家代代继承,并把它视为自己经世致用的不二法门。唐人殷侑在《唐会要》卷七十六中道:"历代史书曾记当时善恶,系以褒贬,垂欲劝诫。其司马迁《史记》、班固、范晔两《汉书》。音义详明,惩恶劝善,亚于《六经》,堪为世教。"另外,《左传》的道德伦理倾向也十分明显,"崇礼"是它的主要思想内容之一,据杨伯峻先生统计,《左传》中仅"礼"字就出现了四百六十二次。

1.小说主题的经世功能

作为孕育中国古典小说的母体,史传这种源于《春秋》而以"申以劝诫,树之风声"为务的经世功能,被古典小说很好地继承。《红楼梦》第一回空空道人说石头的故事"并无

大贤大忠理朝廷治风俗的善政"，"亦无班姑、蔡女之德能"，实际上是曹雪芹借空空道人之口，对古典小说普遍存在的浓厚伦理教化色彩的讥讽。古典小说因劝惩教化而具有浓厚伦理道德色彩，除因古典小说脱胎于史传而天然地承袭了其母体的劝惩功能外，还与古典小说低微的文化地位有关。许多古典小说为增加自己的文化价值，拓展自己的生存空间，也积极地向史靠拢，而主动肩负起教化劝惩的重任。"从小说家的创作动机看，他们崇善憎恶的道德良心，往往比某一具体的创作动机具有更内在、更深沉的创作内驱力。"魏晋时期，古典小说文体粗具雏形，许多小说家就在不同程度上表现出对"彰善瘅恶"主题的追求。干宝撰《搜神记》，即申明其目的是"明神道之不诬"。《搜神后记》《述异记》《拾遗记》等许多作品就是借助于荒诞离奇的情节，来宣扬伦理道德。《世说新语》中的某些篇章则客观直接地记载"劝善惩恶"的史实与传说，如《德行》《方正》《贤媛》《汰侈》等都通过意在言外的客观叙述使一些作品带有明显的伦理道德褒贬色彩。

　　唐代，小说文体开始走向独立。传奇小说的劝惩色彩并未减退，有些古典小说作家甚至直接以《春秋》的经世功能，来比附自己小说主题的道德教化意旨。《三水小牍·殷保晦妻》云："以余有《春秋》学，命笔削以备史官之阙。"又如《谢小娥传》结尾道："君子曰：'誓志不舍，复父夫之仇，节也。佣保杂处，不知女人，贞也。女子之行，唯贞与节能终始全之而已。如小娥，足以儆天下逆道乱常之心，足以观天下贞夫孝妇之节。'余备详前事，发明隐文，暗与冥会，符于人心，知善不录，非《春秋》之义也，故作传以旌美之。"这说明作家是有意识的以"春秋笔法"表现小说主题。陈鸿身为史官，自称"少学乎史氏，志在编年"，其《长恨歌传》《东城老父传》就运用"春秋笔法"对玄宗政治得失予以总结，以示劝鉴。明代，一些小说作家借助于怪异故事，寄寓褒贬，小说在整体上运用了"春秋笔法"来表现题旨。明瞿佑的《剪灯新话序》也指出"《春秋》皆圣笔之所述作，以为万世大经大法者也"，这里所谓的"圣笔"，也就是"春秋笔法"，他又说"《春秋》纪乱贼之事，"的目的是"劝善惩恶，哀穷悼屈"。凌云翰的《剪灯新话序》亦云："是编虽稗官之流，而劝善惩恶，动存鉴戒，不可谓无补于世。"明初赵弼的《效颦集》以阐发伦理道德为创作宗旨，该书中、下卷叙写了不少怪异故事，他在该书"后序"中写道：《春秋》所书灾异非常之事，以为万世僭逆之戒，……其于劝善惩恶之意，片言只字之奇，或可取焉。"显然他是有意识地运用"春秋笔法"实现劝鉴目的。可见，许多文言小说，把发扬《春秋》书法开创的"劝善惩恶"宗旨作为自己小说的主题。即使《聊斋志异》也以《春秋》为比附对象，强调小说的劝鉴教化功能。赵起杲就说："其事则鬼狐仙怪，其文则庄、列、马、班，而其义则窃取《春秋》显志晦之旨、笔削予夺之权。可谓有功名教，无忝著述。"但明伦也说《聊斋志异》"于人心风化，实有裨益"。

在白话小说中，由于宋元理学的影响，使本来就具有很强说教色彩的话本小说的政治伦理、道德观念、主题意识得到进一步强化，"语必关风"成为这些小说的普遍审美追求。如果说话本带有浓厚的民间色彩，受史传影响较小，那么，由文人加工创作的拟话本，其道德教化色彩也很强烈。如冯梦龙把其所编写小说集分别冠以"警世""喻世""醒世"之名，本身就透示出较强的教化意味。章回小说作家也表现出以裨益风教为己任的经世意识，从而使由《春秋》开创的劝鉴功能得到进一步弘扬。李贽在《忠义水浒全书发凡》中说："顾意主劝惩，虽诬而不为罪。今世小说家杂出，多离经叛道，不可为训。间有借题说法，以杀盗淫妄行警醒之意者，或钉拾而非全书，或捏饰而非习见，虽动喜新之目，实伤雅道之亡，何若此书之为正耶？昔贤比于班马，余谓进于丘明，殆有《春秋》之遗意焉，故允宜称传。"这番话，可视作对小说的史鉴功能与劝诫功能的双重认定，所谓"《春秋》之遗意"，也即"微言大义"。金圣叹在第十四回夹评中也说《水浒传》"作者志在《春秋》"。庸愚子的《三国志通俗演义序》也以《春秋》为比附对象，把章回小说效法"春秋笔法"以实现劝惩的实际情形表达得最为明确客观：

夫史，非独纪历代之事，盖欲昭往昔之盛衰，鉴君臣之善恶，载政事之得失，观人才之吉凶，知邦家之休戚，以至寒暑灾祥，褒贬予夺，无一而不笔之者，有义存焉。吾夫子因获麟而作《春秋》。《春秋》，鲁史也。孔子修之，至一字予者，褒之；否者，贬之。然一字之中，以见当时君臣父子之道，垂鉴后世，俾识某之善，某之恶，欲其劝惩警惧，不致有前车之覆。此孔子立万万世至公至正之大法，合天理，正彝伦，而乱臣贼子惧。故曰："知我者其惟《春秋》乎，罪我者其惟《春秋》乎！……若读到古人忠处，便思自己忠与不忠；孝处，便思自己孝与不孝。至于善恶可否，毕当如此，方是有益。"

即使连《红楼梦》这样的小说，张新之也以为它"以《春秋》示予夺"。他说："胡氏曰：'孔子作《春秋》，常事不书，惟败常反理乃书于策，以训后世，使正其心术，复常循理，交适于治而已。'是书实窃此意。"虽然其评论大多为牵强附会的无稽之谈，但也从一个层面说明小说作家以作品比拟《春秋》劝鉴功能的思维定式。如欣欣子《金瓶梅词话序》、静恬主人《金石缘序》、闲斋老人的《儒林外史序》等也无不以"善善恶恶"等来概括小说主题，即使像《循环报》《觉后禅》等一些淫秽之作，也往往打着"惩劝教化"的幌子，刊行于世。由此可见，由《春秋》开创、由历代史传继承并强化的以"春秋笔法"来实现"劝善惩恶"的传统，深深地影响了中国古典小说，使其主题呈现出鲜明的伦理道德色彩和注重经世致用的教化意识，也显示了作家深沉的伦理感和强烈的社会责任感。

2.主题阐释的多义性

尚简用晦的"春秋笔法"对古典小说主题的影响,还表现为它使一些小说主题的阐释呈现出多义性。《春秋》"微言大义"的话语解读模式及其意义建构方式,"为文学艺术的阐释打开了一条通向文学无穷生命力的门径"。董仲舒在《春秋繁露》中提出了"诗无达诂,易无达占,《春秋》无达辞"的观点,缘于《春秋》在经学史上的崇高地位,对"达辞"(作者与文本本义)的坚持不懈的探求便成了经学家们可望而不可即却越望而越想及的终极理想,真是欲罢不休。《春秋》无达辞"实际上揭示了人们对《春秋》之"微言大义"阐释的主观随意性,正是"春秋笔法"的隐晦含蓄、"文约指博",在客观上为人们对文本的解读提供了无限的阐释空间。孟子曰:"其事则齐桓晋文,其文则史。孔子曰:'其义则丘窃取之矣。'"司马迁《史记·太史公自序》又云:"《春秋》文成数万,其指数千。"这都说明孔子修《春秋》,则实际上是借简驭繁,微言以示义。对于孔子采取这种隐晦笔法的原因,吕思勉先生的解释非常合理:"封建之时,文网尚密,私家讲学,尤为不经见之事;况于非议朝政,讥评人物乎?圣人'义不讪上,知不危身,'托鲁史之旧文,传微言于后学,盖实有所不得已也,曷足怪哉。"殊不知,正是这"传微言于后学"为人们提供了无限的阐释空间。

受此影响,古典小说便继承了"春秋笔法"这种借隐晦叙事来赋予作品以丰富寓意的创作传统。宋代洪迈《夷坚乙志序》评历代小说云:"夫齐谐之志怪,庄周之谈天,虚无幻茫,不可致诘;逮干宝之《搜神》、奇章公之《玄怪》、谷神子之《博异》,《河东》之记、《宣室》之志、《稽神》之录,皆不能无寓言于其间。"《聊斋志异》更是蒲松龄"寄托如此,亦足悲矣"的"孤愤"之作。因此,一些有狂热考据癖的古典小说评论家,也热衷于钩深致隐,喜欢探索小说所蕴含的寓言意旨,这正像《公羊》《谷梁》二传属意于索求《春秋》大义一样。李贽《忠义水浒传叙》便强调《水浒传》乃是发愤之作:"施、罗二公身在元,心在宋;虽生元日,实愤宋事。"正因是发愤之作,所以才有所寄寓。明末清初的陈忱也以孤愤之情创作了《水浒后传》,他在自序中说:"我知古宋遗民之心矣,穷愁潦倒,满眼牢骚,胸中块垒,无酒可浇,故借此残局而著成之也。"他在化名"樵余"的《水浒后传略论》中又云:"《后传》为泄愤之书","《水浒》,愤书也"。寓意必定是多义的,言人人殊的现象在所难免。所以,对那些比较典型的采用了"春秋笔法"寄托隐义的古典小说而言,就造成了其主题解读的多义性。如对《水浒传》寓意的解读,李贽、陈忱以"发愤"之旨评之;汪道昆《水浒传叙》则以"诲盗"斥之;而金圣叹则以为《水浒》的题旨不在于以忠义表彰宋江等人,他认为宋江乃不过是"权诈"的"盗魁",小说的寓意乃在于揭示"天下无道","乱自上作"。金氏在第一回回评中直言:"乱自下生不可训也,作者之所必避也;乱自上作不可长也，作者之所深惧也。"

《金瓶梅》也比较典型地运用了"春秋笔法"来刻画人物，寄托寓意。受此影响，人们对它的主题也存在多种解读。说其为"淫书"者有之，说其为"寄意于时俗"者有之，说其"指斥时事"者有之，说其托"沉冤"于小说者有之。仅张竹坡自己就在《凡例》《苦孝说》《第一奇书非淫书论》《竹坡闲话》《冷热金针》《第一奇书金瓶梅趣谈》《金瓶梅寓意说》《金瓶梅读法一百零八条》等文中对小说所蕴含的寓意一再申述。即使现代学者也对《金瓶梅》主题存在争议，有"寓意说""暴露说""新兴商人悲剧说""为市民写照说""劝诫或警世说""主题矛盾说""愤世嫉俗说""社会风俗史说"，等等。可谓见仁见智，各有所主。

《红楼梦》也成功地运用了"春秋笔法"来寄寓"微旨"，第一回作者自道："满纸荒唐言，一把辛酸泪。都云作者痴，谁解其中味？"这看似"荒唐"之言，"辛酸"之泪，必然蕴涵了作者深深的意"味"。第一回作者又说："因曾历过一番梦幻之后，故将真事隐去，而借通灵之说，撰此《石头记》一书。"作者这番颇具隐喻意味的表白，更使人们确信小说深含了"微言大义"。戚蓼生《石头记序》强调《红楼梦》是"《春秋》之有微词，史家之多曲笔"，其意在告诉读者，对《红楼梦》的解读、诠释，应注意对其微言大义及主题意旨的还原。以致后来有人借题发挥，肆意引申，大谈《红楼梦》的微言大义，而把它的真面目涂抹得难以辨认。自《红楼梦》诞生以来，人们就对其意旨众说纷纭，比较著名的就有"影射说""政治说""言情说""自传说"，等等。鲁迅先生对此有过很经典的概括："单是命意，就因读者的眼光而有种种：红学家看见《易》，道学家看见淫，才子看见缠绵，革命家看见排满，流言家看见宫闱秘事。"红学研究中的考证派、索隐派等，对《红楼梦》主题的探讨也各持己见，莫衷一是。就是现在，许多学者对《红楼梦》的主旨认识也不尽一致，可见以"春秋笔法"寄寓"微言大义"而带来的后果，就在于小说主题阐释空间的无限延展。

吴承恩在他的志怪小说《禹鼎志》序中说："虽然吾书名为志怪，盖不专明鬼，时纪人间变异，亦微有鉴戒寓焉。"其实，他在创作神魔小说《西游记》时又何尝不是如此呢？《西游记》表面写唐僧师徒取经过程，内容充满神魔争斗，但这部小说绝非简单的游戏之作，而是深含"微言大义"，作者是在整体上采用了"春秋笔法"来寄寓题旨。谢肇淛曾云：《西游记》曼衍虚诞，而其纵横变化，以猿为心之神，以猪为意之驰，其始之放纵，上天下地，莫能禁制，而归于紧箍一咒，能使心猿驯伏，至死靡他，盖求放心之喻，非浪作也。"又有人说《西游记》是"寓言小说"，但"不知其寓意所在"，胡适在《〈西游记〉考证》中批评了前人对《西游记》主旨的种种曲解：

《西游记》被这三四百年的无数道士、和尚、秀才弄坏了。道士说，这部书是一部金丹妙诀。和尚说，这部书是禅门心法。秀才说，这部书是一部真心诚意的理学书。……都要妄想透过纸背去寻那"微言大义"，……（我）指出这部书起于民间的传说与神话，并无"微言大义"可说。

鲁迅基本赞同胡适的游戏说，而他又在某种程度上认可了谢肇淛"求放心"之说。在《西游记》确含有寓意这一点上，学术界基本上达成一致。然而，至于它蕴涵怎样的寓意，则存在见仁见智的分歧。概括而言，有"市民说""矛盾说""双重主题说""正邪说""游戏说""哲理说""情理说"等十余种主张。

总之，"春秋笔法"长于用晦，寄意深婉，这给某些小说主题的解读带来很大空间，有利于小说意蕴的阐发，也能取得"文本大于作者思想"的审美效果。但也不能否认，这在客观上也造成某些人对小说主题的随意曲解。

（二）"春秋笔法"与人物形象解读的差异性

"春秋笔法"的劝惩意识也使古典小说人物形象带有鲜明的伦理道德色彩。"春秋笔法"强化了小说主题的道德伦理意识，也就意味着小说多取材于忠奸、善恶、正邪、贞淫等社会生活内容，自然人物形象也就成了一些伦理道德的载体。作家劝惩意识的极端发展，结果使某些小说中的人物形象表现出类型化倾向。因为，为更好地达到劝鉴目的，作家往往把小说中某一人物塑造成某种伦理道德符号，片面追求其性格的某一侧面，尽量避免人物性格的不确定性，以为读者树立明确而容易把握的理想化的正面或反面典型。脂砚斋在庚辰本《脂砚斋重评石头记》第四十三回评论尤氏这一人物时道："最恨近之野史中，恶则无往不恶，美则无一不美，何不近情理之如是耶？"脂评正好从一个侧面透示出当时某些小说中人物形象身上浓厚的伦理道德色彩，这"不近情理"背后的根源正是人物审美的伦理化。

更重要的是，某些小说以隐晦婉曲的"春秋笔法"来刻画人物，从而造成读者对某些人物性格内涵理解的差异性。究其根本原因，还是"春秋笔法"带来的无限阐释空间。一些人讲《春秋》大义，往往深文周纳，凿空臆说，郑樵就说："凡说《春秋》者，皆谓孔子寓褒贬于一字之间"，"尽推己意而诬以圣人之意，此之谓欺人之学"。郑樵在这里指出了某些人错会文意、作品的现象。流波所及，这种习气也在古典小说人物形象的解读中得到反映。"春秋笔法"作为"曲笔"，它使人物形象的"形"与"神"之间充满了矛盾张力，这其间的空白需要读者循着作者"曲笔"提供的晦暗不明的方向，靠发挥自己的艺术想象力去填充,也即文字之外的潜层面的人物形象最终由读者塑成。如《红楼梦》中宝钗这一形象,作者在刻画其性格特征时就有意运用了"春秋笔法",这就造成了长期以来人们对宝钗性格内涵把握的巨大差异。其实自《红楼梦》诞生以来人们对钗、黛优劣高下的争论,与作者运用简约隐晦的"春秋笔法"来塑造宝钗形象,进而造成人们对宝钗性格特征理解的巨大差异有密切关系。甚至有人因争论钗、黛优劣而"几挥老拳",这便直接涉及人们对宝钗性格的不同体认。又如姚燮《读红楼梦纲领》即谓"宝钗奸险性生,不让乃母"。哈斯宝《新译红楼梦》高度评价曹雪芹采用"春秋笔法"刻画宝钗形象,他认为宝钗是残乖邪气的体现。而王国维认为《红楼梦》乃彻头彻尾的悲剧,是"由于剧中之人物之位置及关系而不得不然者,非必有蛇蝎之性质也与意外之变故也,但由普通之人物、普通之境遇逼迫不得不如是"。其隐意为《红楼梦》中没什么"蛇蝎"之人,每个人因地位及关系的差异便有不同的生活逻辑,于是冲突、悲剧不可避免,宝钗不是什么阴谋家,她和黛玉一样都是普通人,没有道德上的优劣之分。俞平伯《红楼梦辨》继脂砚斋后又一次提出"钗黛皆美"观点。牟宗三《红楼梦悲剧之演成》则说宝钗"活脱是一个女中圣人",她"行为豁达,随分从时,不比黛玉孤高自许,目无下尘"。他对宝钗是持欣赏的态度。应该说对宝钗性格解读的争议与作者深婉的"春秋笔法"关系极大,也即戚蓼生所谓的"《春秋》之有微词,史家之多曲笔"。它如《水浒传》中的宋江,金圣叹所谓的"骤读之""再读之""又再读之""卒读之"而分别会对宋江产生"全好""好劣相半""好不胜劣""全劣无好"的不同印象,实与蕴涵丰富阐释能量的"春秋笔法"大有关系。明容与堂刊本《李卓吾先生批忠义水浒传》和明袁无涯刊本《李卓吾评忠义水浒传》最早对《水浒传》进行评点。两书虽都题为李卓吾评,但明显不是出自一人之手。袁本赞扬宋江"义气深重","生平以忠义为心"。相反,容本以为宋江是"假道学,真强盗"。其后金圣叹全面否定宋江,《读第五才子书法》说"宋江是纯用术数笼络人"。第二十五回总批说宋江乃狭人、甘人、驳人、歹人、厌人、假人、呆人、俗人、小人、钝人,简直一无是处。当然在封建社会肯定宋江的人还是多数。即使现在学术界对宋江形象也存在争议,有的说宋江是农民起义领袖,有的认为他是投降派。《三国演义》中的刘备,多数人以为他是仁义之君,可也有不少人坚持其为"枭雄"。总之,人们对宋江、刘备这两个人物性格特征的解读都受到"春秋笔法"的影响,而很难定于一说。

(三)"春秋笔法"对小说表现形式的审美整合功能

"春秋笔法"浓厚的道德伦理色彩,对古典小说的艺术表现形式也产生了明显影响。

《春秋》具有"大一统"观念，它由"元年春王正月"一句引发，人们认为其措辞含有"微言大义"。目前学术界认为《春秋》"大一统"观念强调王朝统治开端及授受的纯正，强调王朝统治应具有足够的道德合法性。正是这一观念便演化成后来的"正统"意识，欧阳修曾云："正统之论，始于《春秋》之作。"在古典小说中，"正统"观念最典型地突显于《三国演义》。毛宗岗在评改《三国演义》时就突出了"尊刘贬曹"倾向，并在《读法》中特别提醒读者"读《三国志》者，当知有正统、闰运、僭国之别"。清王朝对自己由臣属取代朱明王朝的史事讳莫如深，凡是敢于诉诸笔墨者便会遭到"文字狱"的惩罚。"毛氏评改'罗本'，为使历史演义'经世致用'，尤其是为了贯彻史学'述以往为来者师'的'实学'精神，遂着意于强化'尊刘贬曹'的'正统'观念，隐喻清王朝'为篡国之贼，在所当夺'，寄托'复明'的一帘幽梦。"这样说来，毛氏在评改《三国演义》时强调"正统"观念，便以"春秋笔法"来隐喻对满清王朝的讥贬。

在《三国演义》中，"尊刘贬曹"意识发挥了审美整合的功能，它对全书的结构框架、臧否人物的标准、叙述的详略等表现形式产生了明显影响。这就决定了小说以蜀刘为叙述的重点与焦点。《三国演义》相对于《三国志》而言在篇幅分配上就大大向蜀国倾斜：《三国志》六十五卷中魏占三十卷，蜀占十五卷，吴占二十卷，而在《三国演义》中，在一百二十回的二百四十个对句中，就有一百四十个对句直接关系着蜀主、蜀将和蜀事，占百分之六十左右。这样就形成了三足鼎立、以蜀汉为叙事中心的新格局。表现在叙述速度及密度上，对蜀刘一方叙述的密度大，速度慢，全书一百二十回，从汉灵帝建宁二年(公元169年)写起，到晋武帝太康元年(公元280年)结束，共写了一百一十二年间的事，如果平均用墨，大约每年需要用1.075回的篇幅，即每回只能叙述0.93年的故事内容。可作者的叙述速度及密度明显受到道德伦理审美的影响，我们不妨先看下表：

《三国演义》叙述速度对比表

阶段 项目	三国形成前	三国鼎立	三国归晋
故事时间	39年(公元169—207)	27年(公元208—234)	46年(公元235—280)
叙述篇幅	34回(1—34回)	71回(35—105回)	15回(106—120回)
回均时间	1.15年/回	0.38年/回	3.07年/回
年均篇幅	0.87回/年	2.63回/年	0.33回/年
叙述速度	居中	最慢	最快

从表中可以看出，全书叙述的重点在第二部分，其叙述速度最慢，情节密度最大。全书最吸引人的情节如三顾茅庐、刘备渡江、赤壁之战、三气周瑜、刘备入川、谋取汉中、水淹七军、关羽之死、彝陵之战、七擒孟获、六出岐山等均集中在这一部分，而且，这一部分描写的重点也在蜀汉一方。进一步分析，全书叙述速度最慢、情节密度最大的部分主要是对诸葛亮和关羽的描写。如建安十三年故事情节主要围绕诸葛亮展开，它是全书叙述速度最慢的一年，用近十六回即从第三十八回"定三分隆中决策"到第五十三回"关云长义释黄汉升"，以赤壁之战为中心，多侧面地展示了"智绝"诸葛亮的政治、军事、外交才能。接下来就是建安五年的叙述速度较慢了，它占去了从第二十三回到第三十回近八回的篇幅。该年最重要的历史事件莫过于奠定曹操霸主地位的官渡之战，可作者仅安排了两回来叙写，而夹叙于其间的关羽故事却占了三回，通过"挂印封金""千里走单骑"等情节从而使关羽"义绝"的道德品质得到了充分显示。建安二十四年与建安五年一样，也用了近八回的篇幅，从第七十一到第七十八回写了关羽"水淹七军""刮骨疗毒""败走麦城"回等重要情节。可见，对叙述节奏起主导作用的是作者的道德伦理审美倾向。作者的审美伦理观念对小说叙述节奏的控制，在小说局部对某一情节的具体叙述中表现得非常明显，我们可以对当阳之战的叙写为例来加以分析。据史而言，曹操在此次战役中取得了胜利，刘备则是失败者，他只是在败逃途中取得了自卫性的局部小胜。可作者在"尊刘抑曹"观念主导下，通过对叙述节奏的调控，做出了这样的叙述：一方面以较快的速度蜻蜓点水般地叙述了刘备走新野、弃樊城、败当阳、奔夏口等惨败之势；另一方面却以舒缓的笔调浓墨重彩，绘声绘色地叙述了诸如"赵子龙单骑救主""张翼德大闹长坂桥"等大败中的小胜。对大败的轻描淡写，对小胜的浓墨重彩，在某种程度上把大败淹没于小胜之中，从而使小胜在大败的大背景衬托下显得光彩夺目，由此可见作者的伦理审美观念对叙述节奏的制约。

小说中蜀刘与曹魏的冲突是"善"与"恶"的较量，对孙吴集团政治色彩的淡化，更加巧妙地避开了老套的忠奸斗争模式。孙吴游弋于蜀汉与曹魏间，其联蜀则为"讨贼"，投曹就是"党恶"，如此，"孙吴集团的存在价值只能放在'尊刘抑曹'的'正统'观念的天平上来衡量"。试想，如果不以"尊刘贬曹"为叙述轴心，魏、蜀、吴三条叙述线索便会因失衡散落而紊乱不清。其实，毛氏《读法》中所谓的"六起六结""首尾大照应""中间大关锁"等结构艺术，其背后潜藏的主导因素就是"尊刘贬曹"的正统观念。杨义先生说："显层的技巧性结构蕴涵着深层的哲理性结构，反过来又以深层的哲理性结构贯穿着显层的技巧性结构。"也即结构之道决定结构之技。就《三国演义》而言，就是体现正统观念的"尊刘贬曹"这一结构之道,决定了小说的种种结构技巧。

同时,"春秋笔法"开创的劝善惩恶、经世致用的伦理教化功能,也对古典小说的结尾方式产生了某种程度的影响。一些古典小说尤其才子佳人小说多以大团圆结局,这几乎成了套式。某些小说的这种结尾模式,仍是劝惩教化观念所谓的"善恶有报"的这一结构之道的具体表现。

第四章 《春秋左传》原典详解

隐 公

隐 公

【原文】

[传] 惠公元妃孟子。孟子卒,继室以声子,生隐公①。宋武公生仲子,仲子生而有文在其手,曰:"为鲁夫人",故仲子归于我。生桓公而惠公薨,是以隐公立而奉之。

【注释】

①继室:此指续娶,不能视为正室夫人。声子:孟子的侄娣。隐公:名息姑,鲁惠公继室之子,桓公年幼,因此立他为太子即位,在位十一年。

【译文】

惠公的第一夫人为孟子。孟子去世后,续娶了声子,生了鲁隐公。宋武公生了女儿仲子,仲子生下来便有字迹在她的手心上,说"为鲁夫人",故而仲子嫁给我君。生了桓公而惠公便死了,故而隐公摄位而奉戴桓公。

【原文】

[经]元年,春王正月。

[传]元年(前722年),春王周正月①不书即位②摄也③。

[经]三月,公及邾仪父盟于蔑。

[传]三月,公及邾④仪父⑤盟于蔑⑥,邾子克⑦也。未王命,故不书爵⑧,曰"仪父",贵之⑨也,公摄位而求好于邾,故为蔑之盟。

[传]夏,四月,费伯⑩帅师城郎⑪,不书,非公命也⑫。

【注释】

①周正月:杜注,言周以别夏殷。所以说周正月者,因为春秋的时代,各国各用他自己的正朔;比如:晋国就是用的夏正,以正月为岁首。宋国是用的殷正,以十二月为岁首;而只有遵守周正者,方用周正,以十一月为岁首。这些个我们皆是根据《左传》本身就可以考察明白。

②不书即位:不修即位之礼,故史不书于策。

③摄也:郑玄《周礼注》:摄,训为代,或云:摄、假也。洪亮吉说,杜预本此。

④邾:曹姓,祝融八姓之一,周武王封邾侠为附庸。今为山东省邹县。

⑤仪父:是邾子克的字。

⑥蔑:鲁地,据《春秋传说汇纂》说,今泗水县东北四十五里有姑蔑故城。

⑦邾子克:是仪父的名。

⑧爵:是周王所封的爵位。

⑨贵之:是尊敬他。

⑩费伯:鲁大夫。费庈夫食邑于费,读如字,与季氏费邑读曰祕者有别,在今山东省鱼台县西南。

⑪城郎:鲁邑,在今山东省鱼台县东北九十里。《说文》:郎,鲁亭也。洪亮吉说,杜预本此。

⑫非公命也:不写在策上,也因这不是遵守鲁侯的命令。

【译文】

元年,春,王周的正月,经上不记载鲁隐公即位,是因为他摄政的缘故。

三月,隐公及邾仪父结盟于蔑。邾仪父就是邾子,名字叫克。因他尚未受周王的赐命,所以不记他的爵位。称他的字仪父,是尊敬他。隐公摄位,想要寻求和好于邾国,所以缔结蔑之盟。

夏,四月,费伯率领军队去筑郎城,经上不记载,因为这不是出于隐公的命令,不记于策书上。

隐公元年

【原文】

[经]夏,五月郑伯克段于鄢。

[传]初,郑武公娶于申,曰武姜。生庄公及共叔段①。庄公寤生②,惊姜氏,故名曰"寤生",遂恶之。爱共叔段,欲立之。亟③请于武公,公弗许。

及庄公即位,为之请制。公曰:"制,岩邑也,虢叔死焉。佗邑唯命。"请京,使居之,谓之京城太叔。祭仲曰:"都城过百雉,国之害也。先王之制:大都不过叁国之一,中五之一,小九之一。今京不度,非制也,君将不堪。"公曰:"姜氏欲之,焉辟害?"对曰:"姜氏何厌之有?不如早为之所,无使滋蔓④!蔓,难图也。蔓草犹不可除,况君之宠弟乎?"公曰:"多行不义必自毙⑤,子姑待之。"

【注释】

①共叔段:段为名字,郑庄公之弟。叔:排行在后的,年少的。古代常以"伯、仲、叔、季"来表示兄弟的排行,段比庄公小三岁,所以叫叔段。共:国名。段后来出奔共国,故称共叔段。

②寤生:胎儿脚先出来,即难产。寤:通"悟",逆,倒着。

③亟:屡次。

④无:通"毋",不要。滋蔓:滋长,蔓延。这里指不断发展自己的势力。

⑤自毙:自己摔跟头。毙:仆倒,倒下去。

【译文】

当初,郑武公在申国娶妻,名叫武姜,武姜生了郑庄公和共叔段。庄公是脚先头后出生的,造成难产,使姜氏很惊恐,所以取名"寤生",并因此很讨厌他。姜氏喜欢共叔段,想立他为太子。屡次向武公请求,武公没有答应。

等到庄公继位,姜氏为共叔段请求制这个地方作为封邑。庄公说:"制地是地势险要的地方,虢叔死在那里。其他地方唯命是从。"姜氏又改而请求京邑,庄公让共叔段住在那里,称为京城太叔。祭仲说:"凡属都邑,城墙周围的长度超过三百丈,就是国家的祸害。先王规定的制度：大的都邑，不超过国都的三分之一；中等的，不超过五分之一；小的，不超过九分之一。现在京邑不合先王制度，违反了规定，您将会受害。"庄公说："姜氏要这样，又哪能避免祸害呢？"祭仲回答说："姜氏怎么会有满足？不如早点给他安排个地方，不要让他发展。一经滋长蔓延就难以对付了。蔓延的野草尚且不能铲除掉，何况是您受宠爱的弟弟呢？"庄公说："多做不义的事，必然自己摔跤。您姑且等着吧！"

【原文】

[传]既而太叔命西鄙、北鄙贰于己①。公子吕曰："国不堪贰，君将若之何？欲与太叔，臣请事之；若弗与，则请除之，无生民心。"公曰："无庸，将自及。"太叔又收贰以为己邑，至于廪延。子封曰："可矣，厚将得众。"公曰："不义不昵，厚将崩。"

太叔完聚，缮甲兵，具卒乘②，将袭郑。夫人将启之。公闻其期，曰："可矣！"命子封帅车二百乘以伐京。京叛太叔段，段入于鄢，公伐诸鄢。五月辛丑，太叔出奔共。

【注释】

①既而：不久。鄙：边邑。
②完：修葺。这里指修城。聚：囤积粮食。甲兵：铠甲和兵器。乘：兵车。

【译文】

不久太叔命令西部边境和北部边境同时听命于自己。公子吕说："国家不能忍受两个君主的情况，您将怎么办？如果您打算把郑国让给太叔，就请您允许我去侍奉他；如果不给，那就请除掉他。不要让老百姓产生其他想法。"庄公说："用不着，他会自取灭亡。"太叔不久又收取原来两属的地方正式作为自己的封邑，并扩大到廪延。子封说："可以动手了，土地扩大将会得民心。"庄公说："对君不义，对兄不亲，土地扩大，反而会垮台。"

太叔修葺城墙，积聚粮草，整修武器和铠甲，准备步兵和兵车，将要袭击郑国都城。姜氏则打算作为内应打开城门。庄公听说了太叔起兵的日期，说："可以了。"就命令子封率领二百辆战车攻打京邑。京邑的人反叛太叔。太叔逃到鄢地。庄公又追赶到鄢地攻打他。五月辛丑日，太叔逃到了共国。

【原文】

[传]书曰："郑伯克段于鄢。"段不弟①，故不言弟；如二君，故曰克；称郑伯，讥失教

也;谓之郑志。不言出奔,难之也。

遂置姜氏于城颍,而誓之曰:"不及黄泉,无相见也。"既而悔之。颍考叔为颍谷封人,闻之,有献于公。公赐之食,食舍肉。公问之,对曰:"小人有母,皆尝小人之食矣,未尝君之羹,请以遗之。"公曰:"尔有母遗,繄^②我独无!"颍考叔曰:"敢问何谓也?"公语之故,且告之悔。对曰:"君何患焉?若阙地及泉,隧而相见,其谁曰不然?"公从之。公入而赋:"大隧之中,其乐也融融!"姜出而赋:"大隧之外,其乐也泄泄^③!"遂为母子如初。

【注释】

①不弟:不像弟弟的样子。弟,这里作动词。

②繄:句首语气词,与"惟"相近。

③泄泄:舒畅快乐的样子。

【译文】

《春秋》载:"郑伯克段于鄢。"太叔所作所为不像弟弟的样子,所以不说"弟"字;兄弟相争,如同两个国君,所以称之为"克";把庄公称为"郑伯",是讽刺他有失教诲;庄公蓄意安排了事情的发展。不说"出奔",难说公叔段是主动出奔的。

于是庄公便把姜氏安置在城颍,并对她发誓说:"不到黄泉不相见。"不久以后又对此感到后悔。颍考叔当时在颍谷做封人,听说了这件事,就找机会把一些东西献给庄公。庄公赏赐给他食物,在吃的时候,他把肉留在一边不吃。庄公问他为什么,他说:"小人有母亲,小人的食物她都已尝过了,但是没有尝过君王的肉汤,请让我带回去给她吃。"庄公说:"你有母亲可以送,我却偏偏没有!"颍考叔说:"我冒昧地问一下这是什么意思?"庄公就对他说明了原因,并且告诉他自己很后悔。颍考叔回答说:"您有什么可忧虑的呢?如果挖地见到泉水,在隧道里面相见,那谁敢说不可以这样呢?"庄公听从了颍考叔的意见。庄公进入隧道,赋诗说:"身在大隧中,快乐而和睦融洽!"姜氏走出隧道,赋诗说:"身出大隧外,快乐而自由自在!"于是做母亲的和做儿子的还和当初一样。

【原文】

[传]君子曰:"颍考叔,纯孝也,爱其母,施^①及庄公。《诗》曰:'孝子不匮,永锡^②尔类。'其是之谓乎!"

【注释】

①施:延,扩展。

②锡:通"赐",给予。

【译文】

君子说:"颍考叔真是纯孝了。他爱自己的母亲,并且把这种影响扩大到庄公。《诗经》说:'孝子的孝心没有穷尽,可以永远赐予和你一样的人。'大概说的就是这种情况吧。"

【原文】

[经]秋,七月,天王使宰咺来归惠公仲子之赗。

[传]秋,七月,天王①使宰②咺③来归惠公④仲子⑤之赗⑥,缓⑦,且子氏⑧未薨⑨,故名⑩。天子七月而葬,同轨⑪毕至,诸侯五月⑫,同盟⑬至,大夫三月,同位至⑭,士逾月,外姻⑮至。赗死不及尸⑯,吊生不及哀⑰豫凶事⑱非礼也⑲。

[传]八月,纪⑳人伐夷㉑,夷不告㉒,故不书㉓。有蜚㉔不为灾,亦不书。

【注释】

①天王:指周天子,是时为平王四十九年。

②宰:天子的太宰。

③咺:宰之名。

④惠公:隐公之父。

⑤仲子:桓公之母。

⑥赗:音风,助丧的物品。

⑦缓:惠公已故。

⑧子氏:仲子。

⑨未薨:未死。

⑩故名:所以称他的名字。

⑪同轨:郑玄服虔皆以轨为车辙,同轨以表示别于四夷国家。

⑫五月:五月指五月而葬,下三月及逾月皆同。

⑬同盟：曾同会盟者。

⑭同位至：同爵位者。

⑮外姻：是亲戚。

⑯尸：未葬以前为尸。

⑰哀：孝子哭泣的时候。

⑱豫凶事：人未死而赠赗是预料凶事。

⑲非礼也：不合于常礼。

⑳纪：在今山东省寿光县。至庄公四年，为齐所灭。

㉑夷：在今山东省即墨县西。

㉒不告：不通知鲁国。

㉓不书：史官不书在《春秋》上。

㉔蜚：《广雅》谓之刺蝀，小虫也，形圆而薄，气臭，每缘稻茎上，食稻花，令不成实。

【译文】

秋七月，天王使宰咺来赠送惠公及仲子的赗，时间甚迟缓，并且仲子未死，所以称他的名字。天子死后七月下葬，车同轨道的全都到，诸侯死后五月下葬，曾同过会盟的全都到，大夫死后三月下葬，同等官位的全都到，士死后一个月下葬，亲戚全都到。未葬以前不能有所赠，生者哭哀的时候不加以吊，事先预备凶事是不合礼。

八月，纪国侵伐夷国，但夷国不告鲁国，故鲁国史官不写在《春秋》上。有蜚但不成灾害，也不写在竹简上。

【原文】

[经]九月及宋人盟于宿。

[传]惠公之季年①败宋师于黄②，公立而求成③焉。九月及宋人盟于宿④始通⑤也。

[传]冬十月庚申，改葬惠公，公弗临⑥故不书。惠公之薨也，有宋师⑦，太子少，葬故有阙⑧，是以改葬。

[传]卫侯⑨来会葬，不见公，亦不书。

[传]郑共叔之乱，公孙滑⑩出奔卫，卫人为之伐郑取廪延⑪，郑人以王师⑫虢师⑬，伐卫南鄙⑭。请师于邾，邾子使私⑮于公子豫⑯。豫请往，公弗许，遂行，及邾⑰人郑人盟于翼⑱，不书非公命也。

[传]新作南门⑲,不书亦非公命也。

[经]冬十有二月,祭伯来。

[传]十二月,祭伯⑳来非王命也。

[经]公子益师卒。

[传]众父㉑卒,公不与小敛㉒故不书日。

【注释】

①季年:末年。

②黄:宋邑,在今河南省考城县西三十六里。

③成:和平。

④宿:在今山东省东平县东二十里。

⑤始通:始通和好。

⑥弗临:不亲往葬地。

⑦宋师:服虔以为宋师即黄之师也。是时宋来伐鲁,公自与战。

⑧有阙:葬礼缺乏。

⑨卫侯:卫始封于武王弟康叔。卫都在今河南省汲县东北。

⑩公孙滑:共叔段之子。

⑪廪延:在今河南省延津县北十五里。

⑫王师:周王师。

⑬虢师:虢自东迁以后,在今山西平陆县东五十里。

⑭南鄙:南境。

⑮私:私自请求。

⑯公子豫:鲁大夫。

⑰邾:邾地,在今山东省费县西南。

⑱翼:在今山东省费县西南。

⑲南门:鲁都城之门,亦曰稷门,至僖公二十五年更高而大之,故亦曰高门。

⑳祭伯:周公子旧封于祭,在今河北省长垣之祭城,为周王卿士,东迁后,遂迁于河南省之管城,在今河南省郑县左近。

㉑众父:公子益师字。

㉒小敛:以衣冠为敛为小敛,然后置于棺中为大敛。

【译文】

在惠公末年的时候，曾败宋国的军队于黄，隐公即位后就请求和好。九月，盟会于宿，两国始通如旧。

冬十月，庚申，改行葬惠公。公弗亲往葬地，所以也不写在《春秋》上。惠公死的时候，恰遇到与宋人打仗，太子又年少，葬礼甚有缺，所以改行葬礼。

卫侯来鲁国参加葬礼，不会见隐公，故史官也不写在《春秋》上。

郑国共叔段乱的时候，他的儿子公孙滑逃奔卫国，卫人就为他伐郑国，占据了廪延。郑国的人用周王的军队及虢国的军队伐卫国南境，郑又向邾国请帮助军队，邾国的君私求鲁大夫公子豫，豫请帅军队前往，但隐公不允许，可是他自己竟行，及邾人会盟于翼。因为隐公未曾命令他，所以史官不写在《春秋》上。

新作鲁都城的南门，不写在竹简上，也因为这不是出自隐公的命令。

十二月，周王的宰祭伯来，不写在竹简上，因为这不是出自周王的命令。

公子益师字叫众父的死了，隐公不参加他的小敛，所以史官不写他死的日期。

【讲评】

隐公元年史事的核心是君位的争夺，统治阶级内部是没有平民百姓所谓的亲情的，为权力而父子兄弟反目的事情多不胜数。郑庄公与共叔段兄弟争位的事情即其一例。郑庄公在《左传》中是个浓墨重彩的人物，此人长于征战和外交，有谋略，敢于挑战周天子的权威，高士奇《左传记事本末·郑庄强国》称之为"春秋诸侯中枭雄之姿也"，赵青黎《读左管窥》斥之为"奸人之雄"。通过《左传》的叙事，把庄公的伪善、共叔段的愚妄、母亲武姜的偏私刻画得栩栩如生。而与庄公兄弟形成对比的是鲁隐公兄弟，隐公是惠公的庶子，由于太子即后来的桓公年幼，他作为兄长摄政，但遵守嫡庶之分，始终准备归政给弟弟，最终惹来了杀身之祸。不知道是因为鲁国在诸侯国中一向以守礼比较严格著称，抑或是隐公其人比较仁弱？

隐公二年

【原文】

[经]二年春，公会戎于潜。夏，五月，莒人入向。无骇帅师入极。秋，八月庚辰，公及

戎盟于唐。九月,纪裂繻来逆女。冬,十月,伯姬归于纪。纪子帛、莒子盟于密。十有二月乙卯,夫人子氏薨。郑人伐卫。

[传]二年春,公会戎于潜,修惠公之好也。戎请盟。公辞。莒子娶于向,向姜不安莒而归。夏,莒人入向,以姜氏还。司空①无骇入极,费庈父胜之。

戎请盟。秋,盟于唐,复修戎好也。九月,纪裂繻逆女,卿为君逆也。

冬,纪子帛、莒子盟于密,鲁故也。郑人伐卫,讨公孙滑之乱也。

【注释】

①司空:掌管工程官员。

【译文】

二年春,隐公在潜地会见戎人,这是因为重修惠公时候的友好关系,戎人希望结盟,隐公婉言拒绝了。莒子在向国娶妻,向姜在莒国不安心而回去向国。夏季,莒子统兵进入向国,领着向姜回国。司空无骇领兵进入极国,派费父灭了极国。

戎人希望结盟。秋季,在唐地结盟,这是为了再次加强与戎人的友好的关系。九月,纪国的裂繻来迎接隐公的女儿,这是卿为了国君而来迎娶的。

冬季,纪子帛和莒子在密地结盟,这是为了协调鲁国和莒国间的不和。郑国人攻打卫国,讨伐公孙滑的反叛。

【讲评】

纪国是位于商朝东方的姜姓诸侯国,周取代商后又臣服于周。纪与齐、鲁、莒相邻,国力逊于齐、鲁。据传说,齐哀公为纪侯谗于周天子而被烹杀,齐国与纪国结下世仇。齐国强大起来后,纪国又成为齐国向东扩张的阻碍,一直处于齐国的威胁中。为了自保,纪国采取了与鲁国、周王室联姻等种种手段,但最终未能幸免被齐国吞并的命运。司马迁《太史公自序》云:“春秋之中,弑君三十六,亡国五十二,诸侯奔走,不得保其社稷者,不可胜数。”春秋时期周王室衰微,大国为争霸而积极从事武力扩张,以强凌弱,小国朝不保夕,这就是孟子所谓的“春秋无义战”,但从客观上来说,诸侯之间的兼并战争促进了民族和文化的融合,加速了奴隶制度的瓦解和封建制度的建立,具有进步意义。

隐公三年

【原文】

[经]三年(前720年),春王二月,己巳,日有食之。

[经]三月庚戌,天王崩。

[传]三年,春王三月壬戌,平王崩①。赴以庚戌故书之。

[经]夏,四月辛卯,君氏卒。

[传]夏,君氏②卒,声子也。不赴③于诸侯。不反哭于寝④不祔于姑⑤,故不曰薨⑥,不称夫人,故不言葬。不书姓⑦,为公故曰君氏⑧。

【注释】

①平王崩:庚戌是比壬戌早十天。因为周室希望诸侯赶紧来,所以赴告将它提早十天。

②君氏:《公羊》《谷梁》皆看见段烂的《春秋经》,误作尹氏。

③赴:照例应该写到竹简上送往各诸侯国。

④不反哭于寝:葬后不回到正寝去哭。

⑤不祔于姑:因为最初的礼节,并非合葬,所以《礼记·檀弓》篇说:"合葬非古也。"按最古为二部制,互通婚姻,下代的妻恰与其姑同姓,故必须祔于姑而不能祔于夫。

⑥薨:夫人等于诸侯亦曰薨。

⑦不书姓:以避免为正夫人。

⑧君氏:因为隐公现在为君,所以称他为君氏。

【译文】

春,周王历二月己巳,有日蚀现象。

春,周王历的三月,壬戌,周平王驾崩。以庚戌赴告,所以经上就记为庚戌。

夏,隐公的母亲声子死了。不赴告于诸侯各国;葬后从墓地回来,不到正寝哭祭;并且不祔祭于祖姑。声子的丧礼缺少了这三种礼节,故不说是薨。并且因为不称她夫人,故经上不说是葬。不写她的姓,然而为了隐公的缘故,称她为君氏。

【原文】

[传]郑武公、庄公为平王卿士。王贰于虢①,郑伯怨王,王曰"无之"。故周、郑交质,王子狐为质于郑,郑公子忽为质于周。王崩,周人将畀②虢公政。四月,郑祭足帅师取温之麦。秋,又取成周之禾。周、郑交恶。

【注释】

①贰于虢:指平王想和虢公共同执政。
②畀:给予。

【译文】

周平王的卿士先后由郑武公、郑庄公担任。平王同时又对虢公比较信任,想把政权分一部分给他,郑庄公怨恨周平王,平王说:"没有这回事。"因此周、郑交换人质。周的太子狐在郑国做人质,郑国的公子忽在周做人质。平王死后,周王室的人想把政权交给虢公。四月,郑国祭足带兵强行割取了周管辖的温地的麦子。秋天,成周的谷子又被郑割走。从此周朝和郑国结下了仇恨。

【原文】

[传]君子曰:"信不由中,质无益也。明恕而行,要之以礼,虽无有质,谁能间之?苟有明信,涧溪沼沚①之毛,蘋蘩蕴藻②之菜,筐筥锜釜③之器,潢污行潦④之水,可荐于鬼神,可羞于王公,而况君子结二国之信,行之以礼,又焉用质?《风》有《采蘩》《采蘋》,《雅》有《行苇》《泂酌》,昭忠信也。"

【注释】

①涧溪:都是指水沟。沼沚:均为小池塘。
②蘋:浅水中所长的植物。蘩:俗称白蒿。蕴藻:聚集的水草。
③锜釜:均为炊具,有脚的名锜,无聊的叫釜。
④潢污:低洼处的积水。行潦:道路上的积水。

【译文】

君子说："诚信不是发自内心，即使交换人质也没有用。能懂得将心比心然后办事，并用礼仪加以约束，即使没有人质，又有谁能离间他们？假如确有诚意，即使是山沟、池塘里的野草，蘋、蘩、蕰、藻这一类的野菜，方筐、圆筥、锜、釜一般的竹器和金属器皿，大小道上的积水，都可以献给鬼神，也可以进奉给王公，何况君子建立了两国的信任，依礼行事，又哪里还用得着人质？《采蘩》《采蘋》是《国风》的诗篇，《行苇》《泂酌》是《大雅》的诗篇，这些都是表明忠信的诗篇。"

【原文】

[经]秋，武氏子来求赙。

[传]武氏子来求赙，王未葬也。

[经]八月庚辰，宋公和卒。

[传]宋穆公①疾，召大司马②孔父③而属④殇公⑤焉，曰："先君⑥舍⑦与夷而立寡人⑧，寡人弗⑨敢忘，若以大夫⑩之灵⑪，得保首领以没⑫，先君若问与夷，其将何辞以对？请子奉之以主社稷⑬，寡人虽死，亦无悔⑭焉。"对曰："群臣愿奉冯⑮也。"公曰："不可，先君以寡人为贤，使主社稷，若弃⑯德不让，是废先君之举也，岂曰能贤？光昭⑰先君之令德⑱，不可务⑲乎？吾子其无废先君之功⑳。"使公子冯出居于郑。八月庚辰，宋穆公卒，殇公即位。君子曰："宋宣公可谓知人㉑矣！立穆公，其子飨㉒之，命以义夫㉓！商颂㉔曰：'殷受命咸宜㉕，百禄是荷㉖！'其是之谓乎！"

[经]冬，十有二月，齐侯郑伯盟于石门。

[传]冬，齐。郑盟于石门㉗寻卢㉘之盟也，庚戌㉙郑伯之车偾㉚于济㉛。

【注释】

①穆公：名和，宣公力之弟。

②大司马：宋官名。

③孔父：名嘉，是孔子六代祖。见昭公七年杜注，兹附世系表于下：宋闵公—弗父何—宋父周—世子胜—正考父—孔父嘉—木金父—皋夷父—宋厉公防叔—伯夏—叔梁纥—孔子。

④属：托付。

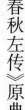

⑤殇公:宣公子名与夷。

⑥先君:指宣公。

⑦舍:放弃。

⑧寡人:诸侯自称。

⑨弗:不也。

⑩大夫:指孔父。

⑪灵:《广雅》:"灵、福也。"盖蒙人的恩宠,犹如得神灵的保佑。

⑫没:善终。

⑬社稷:社是土神,稷是谷神,古人连称为社稷。社稷代表国家。

⑭悔:后悔。

⑮冯:音凭。是穆公子庄公。

⑯弃:废弃。

⑰光昭:光大昭明。

⑱令德:美德。

⑲务:专力。

⑳功:功劳。

㉑知人:知人能任。

㉒飨:享受。

㉓命以义夫:这是由义来命令的。

㉔商颂:《诗经》的一篇。

㉕咸宜:皆合适。

㉖百禄是荷:所以可以担任百禄。

㉗石门:齐地,在今山东省济南市长清区西南。

㉘卢:齐地,在山东省济南市长清区西南二十五里。

㉙庚戌:杜注,十二月无庚戌,日误。

㉚偾:翻。

㉛济:济水,在山东。

【译文】

周大夫武氏的儿子来鲁国求取平王助葬的礼物,因平王尚未下葬,新王还不能行爵命,所以只称武氏,并且不称王使。

宋穆公病危了,召见大司马孔父,把殇公托付给他。对他说:"先君舍去与夷而立我为国君,我不敢忘记先君的恩惠。若是托大夫的福,我能够保全首领而死,先君若是问起与夷,我要怎样回答他呢? 请你尊奉与夷,使他主持国家,我虽死,也就不后悔了。"孔父回答说:"大臣们愿意尊奉冯为国君。"穆公说:"不可以。先君以为我贤明,故令我主持国家,若是我抛弃贤德而不退让,就是白费了先君的推举,怎能说是贤明呢? 为了光耀昭明先君的美德,可以不努力吗? 我的先生,请不要废弃了先君的功劳。"于是叫公子冯离国去住在郑国。八月,庚辰,宋穆公卒,殇公即位。君子说:"宋宣公可以说是知人善任的了。立了穆公,而他自己的儿子享受君位,这是由义而命令的。《诗经·商颂》说:'殷代的汤和武丁受命都是合于正道,所以承受了天下的百禄。'这句诗就是指此而说的吗?"

冬,齐国与郑国结盟于石门。这是重修卢的盟约。庚戌,郑伯的车子在济水翻车。

【原文】

[经]癸未、葬宋穆公①。

[传]卫庄公②娶于齐东宫③得臣④之妹曰庄姜⑤。美而无子,卫人所为赋硕人⑥也。又娶于陈⑦,曰厉妫⑧,生孝伯,早死。其娣⑨戴妫生桓公⑩,庄姜以为己子,公子州吁,嬖人⑪之子也。有宠而好兵⑫,公弗禁⑬,庄姜恶之,石碏⑭谏曰:"臣闻爱之,教之以义方⑮,弗纳⑯于邪⑰。骄,奢,淫,泆⑱所自邪也。四者之来,宠禄⑲过也,将立⑳州吁,乃定㉑之矣,若犹未㉒也,阶之为祸㉓。夫宠而不骄,骄而能降㉔,降而能憾㉕,憾而能眕㉖者鲜矣㉗。且夫贱妨㉘贵,少陵㉙长,远间㉚亲,新间旧,小加大㉛,淫破㉜义,所谓六逆㉝也。君义,臣行,父慈,子孝,兄爱,弟敬所谓六顺也。去㉞顺效㉟逆,所以速㊱祸也。君人者㊲,将祸是务去㊳,而速之,无乃不可乎?"弗听,其子厚㊴与州吁游,禁之,不可,桓公立,乃老㊵。

【注释】

①此经无传。
②卫庄公:名扬。
③东宫:太子所住的宫曰东宫。
④得臣:齐太子名。
⑤庄姜:孔疏谓为齐庄公之女。春秋的习惯,女子用母家的姓,所以称为庄姜。
⑥硕人:《诗》篇名。

⑦陈:在今河南省陈县,虞舜之后。

⑧妫:陈姓,武王女大姬适胡公满,封于陈。

⑨娣:从嫁女子。

⑩桓公:名完。

⑪嬖人:贱而为君所宠幸者。

⑫好兵:喜战斗。

⑬弗禁:不加以禁止。

⑭石碏:卫大夫。

⑮义方:方正。

⑯弗纳:不入。

⑰邪:非正曰邪。

⑱骄、奢、淫、泆:骄傲,奢侈,淫乱,泆荡。

⑲宠禄:宠爱厚禄。

⑳立:立为太子。

㉑定:决定。

㉒犹未:尚未定。

㉓阶之为祸:由此下去不至于祸患不止。

㉔降:降心,抑制。

㉕憾:恨。

㉖眕:按《尔雅·释言》:"眕,重也。"

㉗鲜矣:很少。

㉘妨:妨害。

㉙陵:欺凌。

㉚间:离间。

㉛小加大:小国加兵于大国。

㉜破:毁坏。

㉝逆:与顺相反谓之逆。

㉞去:离开。

㉟效:仿效。

㊱速:加快。

㊲君人者:为人君考。

㊳务去:努力去掉。

㊴厚:石碏之子。

㊵老:退休。

【译文】

癸未这天,给宋穆公行葬礼。

卫庄公娶了齐国太子得臣的妹妹为妻,她名叫庄姜,长得很美但没有生子,卫国人为她赋了一首《硕人》的诗。卫庄公又娶于陈国,名叫厉妫,生了孝伯,而孝伯早死。厉妫从嫁的女子戴妫生了桓公,庄姜把桓公当作自己的儿子一般看待。公子州吁是庄公宠幸的人所生,他恃有庄公的宠爱而非常喜爱战斗。庄公不禁止他,但庄姜厌恶他。卫大夫石碏进谏说:"臣听说爱护自己的儿子,要教导他方正的行为,不要使他陷入邪道。骄傲、奢侈、淫乱、泆荡就是邪道所以发生的原因。这四种行为的发生就是因为宠爱和厚禄太过分的缘故。若是将要立州吁为太子,就请赶快决定;若还不决定,等于是给了他攀缘的阶梯,不至于祸患必不止。受宠而不骄傲,骄傲而能抑制,抑制而不恨,虽恨而能自重,这种人是很少的。况且卑贱的人妨害高贵的人,年少的人欺凌年长的人,疏远的人离间亲密的人,新人离间旧人,小国而加兵于大国,淫乱而毁坏了正义,这就是所谓六种悖逆的行为。国君有义,臣子行义,父亲慈爱,儿子孝顺,哥哥友爱,弟弟敬爱,这就是所谓六种和顺的行为。摒弃和顺而效法悖逆,就是加速祸患的发生。做国君的人,应该把祸患努力除掉,反而去加速它,不是不可以吗?"卫庄公不听他的话。石碏的儿子石厚与州吁同游,石碏不能禁止他。等到卫桓公嗣位以后,石碏就告老退休了。

【讲评】

隐公三年发生了周郑交质的外交事件,此事的重要性在于,郑庄公居然蔑视天子的尊严,把周作为跟自己对等的诸侯国家,要求互换人质,显然不合礼,而周并无异议,这说明周的共主地位已经衰落,只是名义上的天子而已。而当时的君子也由此抒发了关于诚信的评论,认为两国相交,正如人们之间的交往,如果发的誓言言不由衷,那么交换人质是没有用的,这对于当今倡导诚信的社会也是有启发意义的。

"周郑交质"事还反映出《左传》作者进步的历史观念,即世易时移,要正视王室已经衰落的事实。洪迈《容斋随笔》卷十四批评"《左传》议论遣词,颇有害理处",认为《左传》

叙述此事的起因时说"王贰于虢"中"贰"字用得不妥，"夫以君之于臣，而言贰与叛，岂理也哉?"然而洪迈所批评的正是我们今天所见到的《左传》之长处。

同一年在宋国发生了穆公废黜自己的儿子而立哥哥的儿子为君之事，此事是殷商"兄终弟及"的继承制度的延续，更是穆公诚信的表现，所以君子表面上是称赞其兄知人善任，其实是赞扬穆公本人的品行。

隐公四年

【原文】

[经]四年春，王二月，莒人伐杞，取牟娄。戊申，卫州吁弑其君完。夏，公及宋公遇于清。宋公、陈侯、蔡人、卫人伐郑。秋，翚帅师会宋公、陈侯、蔡人、卫人伐郑。九月，卫人杀州吁于濮。冬十有二月，卫人立晋。

【原文】

[传]四年春，卫州吁弑桓公而立。公与宋公为会，将寻宿之盟。未及期，卫人来告乱。夏，公及宋公遇于清。

宋殇公之即位也，公子冯出奔郑，郑人欲纳之。及卫州吁立，将修先君之怨于郑，而求宠于诸侯以和其民，使告于宋曰："君若伐郑以除君害，君为主，敝邑以赋与陈、蔡从，则卫国之愿也。"宋人许之。于是陈、蔡方睦于卫，故宋公、陈侯、蔡人、卫人伐郑，围其东门，五日而还。公问于众仲曰："卫州吁其成乎?"对曰："臣闻以德和民，不闻以乱。以乱，犹治丝而棼之也。夫州吁，阻兵①而安忍;阻兵无众，安忍无亲，众叛亲离，难以济矣。夫兵，犹火也，弗戢，将自焚也。夫州吁弑其君，而虐用其民，于是乎不务令德，而欲以乱成，必不免矣。"

秋，诸侯复伐郑。宋公使来乞师，公辞之。羽父请以师会之，公弗许，固请而行。故书曰"翚帅师"，疾之也。诸侯之师败郑徒兵，取其禾而还。

州吁未能和其民，厚问定君于石子。石子曰："王觐为可。"曰："何以得觐?"曰："陈桓公方有宠于王，陈、卫方睦，若朝陈使请，必可得也。"厚从州吁如陈。

石碏使告于陈曰："卫国褊小，老夫耄矣，无能为也。此二人者，实弑寡君，敢即图之。"陈人执之，而请莅于卫。九月，卫人使右宰丑莅杀州吁于濮;石碏使其宰獳羊肩莅杀石厚于陈。君子曰:"石碏,纯臣也,恶州吁而厚与焉②。大义灭亲,其是之谓乎!"

卫人逆公子晋于邢。冬十二月,宣公即位。书曰:"卫人立晋",众也。

【注释】

①阻兵:仗着兵戈,依赖兵威。
②恶州吁:憎恨州吁弑君作乱。厚与:憎恨石厚参与州吁作乱。故石碏杀掉他俩。

【译文】

鲁隐公四年春天,卫国州吁杀害了卫桓公而自立为君。隐公与宋殇公会见,要重温在宿地会盟的友好。还没有到预定的时间,卫国人来鲁国汇报发生叛乱。夏天,隐公和宋殇公在清地非正式见面。

宋殇公即国君位的时节,公子冯逃亡到郑国,郑国人想派兵拥立他回宋国为君。等到卫州吁自立为国君,想要向郑国报复先君结下的仇恨,以此讨好诸侯和稳定国内人民,就派人告诉宋国说:"君王要是攻打郑国来除去君王的祸患,以君王为主,敝邑发兵和陈、蔡两国作为属军,这是卫国的想法。"宋国人答应了卫州吁。当时,陈国、蔡国正和卫国友好,故而宋公、陈侯、蔡人、卫人一起攻打郑国,包围了郑国都城的东门,围攻

鲁隐公

了五天才撤军离开。鲁隐公向鲁大夫众仲询问:"卫国州吁杀兄自立为君,不知可否成功?"众仲回答:"我听说施行德政能够和民,没听说采取作乱方式能够和民。若用作乱的方式和民,就如同理丝一样,越理越纷乱。州吁依靠兵威并且安于残忍;依靠兵威就会失掉民心,安于残忍便会丧失亲信,众叛亲离,很难成功。用兵,就如同火一样,不进行严禁,便会自焚其身。州吁杀掉他的国君,虐用他的百姓,这样他便不肯致力于修善美德,而想要用作乱的方式定其君位,那便一定不能避免祸败了。"

这年秋天,诸侯军再次攻打郑国。宋殇公派人来讨救兵,鲁隐公拒绝了。羽父请求出兵会合宋公,隐公不同意,他便坚决请求而后出兵前去。故而《春秋》记录说:"翚帅师",这是表示厌恶他。诸侯的军队打败了郑国的步兵,分割了郑国的谷子才回国。

州吁未能收拢卫国的民心,石厚向他的父亲石碏求问安定君位的方法。石碏答道:"要是可以朝见周天子,得到他的关照就能够安定君位。"石厚说:"如何才能得以朝见周天子呢?"石碏说:"陈桓公如今正受周天子的宠信,陈国、卫国的邦交正处于亲善和睦之际,州吁要是可以去陈国朝见陈桓公,求他代为向周王请命,一定能够获得周天子的应许。"石厚采纳了父亲石碏的建议,随从州吁一块往陈国去拜会陈桓公。

石碏暗中派人到陈国密告陈桓公说:"卫是个小国,我已经年迈无用了,故而未能平息卫国的祸患。州吁和石厚这两个人,确是杀害卫君的凶手,敢劳陈君大驾,就他二人到陈国朝拜的时机,请马上将他俩杀掉。"陈国人遵照石碏的话,将州吁和石厚抓住,并请卫国人到陈国处理他俩。同年九月,卫国人派遣名叫丑的右宰,到濮地杀害了州吁;石碏又派他的家臣羊肩,到陈国杀害了石厚。史官评论这件事说:"石碏,真是一位纯直的大臣,他由于痛恨州吁杀害卫君和石厚助州吁作乱,故而杀掉了他俩。大义灭亲,那正是说的石碏这种做法。"

卫国人到邢国迎接公子晋。冬季十二月,卫宣公就位。《春秋》记录说:"卫人立晋",是说出于民众之意。

【讲评】

州吁的恶行,《左传》作者明言处不多,往往通过第三者如石碏和众仲之口评说,但留给人深刻的印象。忠臣石碏杀死助纣为虐的儿子石厚,成为"大义灭亲"的典型,历来被人肯定。但也有学者对此提出非议,如洪迈《容斋随笔·续笔·二传误后世》说"自《左氏》载石碏事,有'大义灭亲'之语,后世援以为说,杀子孙,害兄弟。如汉章帝废太子庆,魏孝文杀太子恂,唐高宗废太子贤者,不可胜数。"看来同一类型的事情,还要看行事者立意如何,方能评判。

隐公五年

【原文】

[经]五年(前718年),春,公矢鱼于棠。

[传]五年春,公将如棠观鱼者。臧僖伯谏曰:"凡物不足以讲大事①,其材不足以备器用,则君不举焉。君将纳民于轨物者也。故讲事以度轨量谓之轨,取材以章物采谓之

物。不轨不物，谓之乱政。乱政亟行，所以败也。故春蒐夏苗，秋狝冬狩②，皆于农隙以讲事也。三年而治兵，入而振旅，归而饮至，以数军实。昭文章，明贵贱，辨等列，顺少长，习威仪也。鸟兽之肉不登于俎，皮革齿牙、骨角毛羽不登于器，则公不射，古之制也。若夫山林川泽之实，器用之资，皂隶之事，官司之守，非君所及也。"公曰："吾将略地③焉。"遂往，陈鱼而观之，僖伯称疾，不从。书曰"公矢鱼于棠"，非礼也，且言远地也。

【注释】

①大事：指军事和祭祀等国事。
②蒐、苗、狝、狩：分别为四季打猎的称呼。
③略地：视察边境。

【译文】

五年春，隐公准备到棠地观看捕鱼。臧僖伯劝谏说："凡是物品不能用到祭祀和兵戎的大事上，它的材料不能制作礼器和兵器，国君对它就不会有所举动。国君是要把百姓引入正'轨'、善于取材的人。因此演习大事以端正法度叫作'轨'，选取材料以制作重要器物叫作'物'。事情不合于'轨''物'叫作'乱政'。乱政屡次施行，国家将由此败亡。所以春蒐、夏苗、秋狝、冬狩这四种打猎的举动，都是在农事空闲时讲习。每三年大演习一次，进入国都整顿军队，回来祭祖告宗庙，宴请臣下，犒赏随员，清点俘获的东西。要车服文采鲜明，贵贱有别，辨别等级，长少有序，这是讲习威仪。鸟兽的肉如果不能放在宗庙的祭器里，它的皮革、牙齿、骨角、毛羽如果不用到兵器上，国君就不去射它，这是古代的规定。至于山林川泽的物产，一般器物的材料，这是下等人的事情，有关官吏的职责，不是国君所应涉及的。"隐公说："我是打算视察边境。"于是隐公就前往棠地，让捕鱼者摆出捕鱼场面来观看，臧僖伯推说有病没有跟随前去。《春秋》说"公矢鱼于棠"，这是说隐公不合于礼，而且棠地离国都较远。

【原文】

［传］曲沃①庄伯②以郑人邢人③伐翼④，王使尹氏武氏⑤助之，翼侯奔随⑥。
［经］夏四月，葬卫桓公。
［传］夏，葬卫桓公⑦，卫乱⑧，是以缓⑨。
［传］四月，郑人侵卫牧⑩，以报东门之役⑪，卫人以燕师⑫伐郑。郑祭足，原繁⑬，洩

驾⑭以三军军⑮其前，使曼伯⑯与子元⑰潜军军其后，燕人畏郑三军而不虞制人⑱，六月郑二公子以制人败燕师于北制⑲君子曰："不备不虞⑳不可以师㉑。"

[传]曲沃叛王。秋，王命虢公伐曲沃，而立哀侯㉒于翼。

[经]秋，卫师入郕。

[传]卫之乱也㉓，郕㉔人侵卫，故卫师入郕。

[经]九月考仲子之宫，初献六羽。

[传]九月，考㉕仲子㉖之宫㉗将万㉘焉。公问羽㉙数于众仲，对曰："天子用八㉚，诸侯用六㉛，大夫四㉜，士二㉝。夫舞所以节八音㉞，而行八风㉟，故自八以下。"公从之，于是初献六羽㊱，始用六佾㊲也。

[经]邾人郑人伐宋。

[传]宋人取邾田㊳，邾人告于郑曰："请君㊴释憾㊵于宋，敝邑㊶为道㊷。"郑人以王师㊸会之，伐宋入其郛㊹，以报东门之役㊺。宋人使来告命㊻。公闻其入郛也，将救之㊼。问于使者曰："师何及㊽？"对曰"未及国㊾。"公怒乃止，辞使者曰："君命寡人同恤社稷之难㊿，今问诸使者曰：'师未及国。'非寡人之所敢知㉛也！"

[经]冬十有二月，辛巳，公子驱卒。

[传]冬十二月辛巳，臧僖伯卒。公曰："叔父㉜有憾㉝于寡人，寡人弗敢忘㉞。"葬之加一等㉟。

[经]宋人伐郑围长葛。

[传]宋人伐郑围长葛㊱，以报入郛之役也。

【注释】

①曲沃：在今山西省闻喜县。

②庄伯：成师之子。

③邢人：邢是姬姓，周公之子所封。在今河北省邢台县西南。

④翼：今山西省翼城县东南有古翼城。

⑤尹氏武氏：二人，皆周大夫。

⑥随：今山西省介休市有古随城，后为晋士会食邑。

⑦卫桓公：是宣公之父。

⑧卫乱：指州吁之乱。

⑨缓：卫桓公死后，经过十四月乃葬。

⑩卫牧:牧是卫邑,在今河南省汲县。按即武王伐纣之牧野。

⑪东门之役:东门役在隐公四年。

⑫燕师:燕有南燕、北燕。北燕为姬姓,南燕为姞姓,今河南省汲县西有古燕城。

⑬原繁:是郑大夫。

⑭洩驾:亦郑大夫。

⑮军:是动词,即驻军。

⑯曼伯:郑大夫。曼音万。

⑰子元:顾炎武疑即郑厉公之字。

⑱不虞制人:虞是畏惧,制人是北制。所指不畏惧制人的军队。

⑲北制:即制人。

⑳不备不虞:不准备也不畏惧。

㉑不可以师:不可以打仗。

㉒哀侯:晋之君。

㉓卫之乱也:州吁之乱。

㉔郕:音成,文王子郕叔武始封,为伯爵。今山东宁阳县北有盛乡城。

㉕考:行落成礼。

㉖仲子:是桓公之母,惠公之妃。

㉗宫:庙。

㉘万:大舞。

㉙羽:舞者所执的羽毛。

㉚天子用八:天子用八八等于六十四人。

㉛诸侯用六:诸侯用六八等于四十八人。

㉜大夫用四:大夫用四八等于三十二人。

㉝士用二:士用二八等于十六人。此用服虔说及顾炎武《左传杜解补正》说。

㉞八音:指金、石、丝、竹、匏、土、革、木而言。

㉟八风:指闾阖风、不周风、广莫风、融风、明庶风、清明风、景风、凉风而言。本贾逵说。

㊱六羽:舞时执用六羽,为四十八羽毛。

㊲六佾:即四十八人。

㊳邾田:音朱,邾国的田地。

㊡君：指郑君。

㊵释憾：释四年再见伐之恨。

㊶敝邑：邾国自称。

㊷道：导引或向导。

㊸王师：周王的军队。

㊹郭：是郭。

㊺东门之役：东门役在隐公四年。

㊻告命：请求帮助。

㊼将救之：将去救宋国。

㊽师何及：敌年已到何处？

㊾未及国：没到国都。

㊿同恤社稷之难：共同抚恤国家的患难。

51 敢知：不敢知道。

52 叔父：曲礼说，诸侯称同姓曰伯父、叔父。这种现象与近代初民社会颇相仿佛，我曾细加以研究，所谓伯父、叔父者皆指始封的大夫，是当时诸侯的长或幼而定称为伯父或叔父。如长者的大夫，其后代永远是伯父，而幼者则永远是叔父。并且臧氏出自孝公，恰是隐公的叔父。

53 有憾：指谏矢鱼而言。

54 弗敢忘：不敢忘记。

55 葬之加一等：葬礼加命服一等。

56 长葛：郑邑。在今河南省长葛市北十二里。

【译文】

晋国的曲沃庄伯借着郑人和邢人去攻伐翼都，而周桓王派了尹氏及武氏去帮助他，结果翼侯逃奔到随邑。

夏，下葬卫桓公，因卫国有州吁之乱，因此延迟下葬。

四月，郑人侵入卫国的牧邑。为了报复东门之役。卫人借着燕国军队去讨伐郑国。郑国的祭足、原繁、泄驾率领三军攻击燕军的前面，又派曼伯与子元带领军队驻扎在燕军的后面。燕国人虽畏惧郑国的三军，但不畏惧郑国制邑的人民。六月，郑国的曼伯与子元两位公子利用制邑的军队，把燕军打败于北制。君子说："既不戒备又不畏惧，是不可以打仗的。"

曲沃庄伯背叛了周桓王。秋天,桓王命令虢公讨伐曲沃,扶立哀侯于翼都。

卫国州吁之乱时,邴国人曾侵入卫国,故现在卫师侵入邴国。

九月,仲子的庙举行落成典礼,将进献万舞。隐公问众仲跳舞执羽的人数。众仲说:"天子用八八等于六十四人,诸侯用六八等于四十八人,大夫用四八等于三十二人,士用二八等于十六人。跳舞的目的是要协调八种音调而表现八方的风情,所以数目从八以下。"隐公听从他的话。于是第一次进献六羽,这是鲁国宗庙采用六佾的开始。

宋人夺取了邴国的田地,邴国派人去郑国请求帮助说:"您郑君若去攻宋国以消释您的仇恨,我国愿做您的向导。"郑人便以周王的军队去会合邴国的军队,攻伐宋国,攻进了宋国都的城郭,以报复东门之役。宋国派人到鲁国请求帮助,隐公早听说军队攻入宋国都的城郭,将要派兵去援救。他便问使者说:"敌军已到达什么地方?"使者故意说:"还没有到达国都。"隐公很生气,就停止派兵,辞退使者说:"你来请求我同去救助国家的危难,现在我问你,你反而说敌军尚未到达国都。这就不是我敢知道的了。"

冬,十二月,辛巳,鲁大夫臧僖伯死了。隐公说:"叔父曾规劝我不要去观棠射鱼,我没有听从,他对我有遗恨,我也不敢忘记。现在就用加一等的命服来葬他。"

宋人攻伐郑国,包围了长葛,用以报复前次入郭的战役。

【讲评】

国君的言行好恶不仅是个人行为,往往对社会时尚、国家的命运产生重要的影响,所以做国君的要遵守礼的约束,不能率性而为。齐桓公好服紫,使得国内紫色织品奇贵,后来他主动宣称厌恶紫衣,才止住了这一偏差。就连后来的皇帝要出去踏青游玩,也得找个冠冕堂皇的理由,说是要采摘新鲜水果祭祀祖宗。总之,一切要纳入礼的范围。鲁隐公要去远离国都的地方看捕鱼,只是出于他个人的意愿,与国家的两件大事祀与戎都没有关系,所以遭到了臧僖伯的强烈反对。史官也表示了贬抑。

隐公六年

【原文】

[经]六年春,郑人来渝平。夏五月辛酉,公会齐侯盟于艾。秋七月。冬,宋人取

【原文】

[传]六年春,郑人来渝平,更成也。

翼九宗五正顷父之子嘉父逆晋侯于随,纳诸鄂,晋人谓之鄂侯。

夏,盟于艾,始平于齐也。

五月庚申,郑伯侵陈,大获。往岁,郑伯请成于陈,陈侯不许。五父谏曰:"亲仁善邻,国之宝也。君其许郑。"陈侯曰:"宋、卫实难,郑何能为?"遂不许。君子曰:"善不可失,恶不可长,其陈桓公之谓乎!长恶不悛①,从自及也。'虽欲救之,其将能乎?商书曰:'恶之易也,如火之燎于原,不可乡迩,其犹可扑灭?'周任有言曰:'为国家者,见恶如农夫之务去草焉,芟夷蕴崇②之,绝其本根,勿使能殖,则善者信矣。'"

秋,宋人取长葛。

冬,京师来告饥,公为之请籴于宋、卫、齐、郑,礼也。

郑伯如周,始朝桓王也,王不礼焉。周桓公言于王曰:"我周之东迁,晋、郑焉依。善郑以劝来者,犹惧不蔇,况不礼焉,郑不来矣。"

【注释】

①长恶不悛:让恶滋长而不悔改。

②芟夷蕴崇:铲除杂草,并把其堆积起来作成肥料。

【译文】

六年春,郑人来提出解怨结好,当时称为"更成"。

晋国翼都的九宗五正顷父的儿子嘉父到随邑恭迎晋侯,把他安排在鄂地,晋国人称为鄂侯。

夏天,在艾地结盟,开始与齐国结好。

五月十一日,郑伯侵犯陈国,获得全胜。往年,郑伯请求和陈国讲和,陈侯不答应。五父进谏说:"亲近仁义而与邻国和好,这是国家最宝贵的方法,您还是同意郑国的请求吧!"陈侯说:"宋国和卫国才是真正的忧患。郑国能做什么?"于是就没有同意。君子说:"善不可丢失,恶不可滋长,这说的便是陈桓公吧!滋长了恶而不悔改,立刻就得自取祸害。即使挽救,未必做得到!《商书》说:'恶的蔓延,就像遍地大火,不可以靠拢,难道还能扑灭?'周任有话说:"治理国家和家的人,看见恶,就要像农夫急于除杂草一样,锄去它聚积起来肥田,挖去它的老根,不要让它再生长,那么善的事物便可以发展了。"

秋天,宋人侵占长葛。

冬天,京城派人来汇报饥荒,隐公便代为向宋、卫、齐、郑诸国请求购买谷物,这是合于礼的。

郑伯去周都,开始朝觐周天子,周天子不加礼遇。周公对周天子讲:"我们周东室迁,依赖的就是晋国和郑国。友善地对待郑国,用以鼓励后来的人,还害怕人家不来,更别说不加礼遇呢? 郑国不会来了。"

【讲评】

春秋时期陈国、蔡国的地理位置比邻郑国和楚国,命运也相似。春秋五霸未兴时,郑庄公率先图谋霸业,陈国和蔡国不断受到郑国的侵凌。到楚国兴盛后,北上争霸,陈国和蔡国又成为楚国向北扩张的必经之路,最终被楚灭国。君子批评陈桓公不识时务,比邻强国,内政外交都应谨慎。而随着陈桓公之死,陈国内乱,政局也落入大国的操纵之中。

隐公七年

【原文】

[经]七年(前716年)春王三月,叔姬归于纪。

[经]滕侯卒。

[传]七年春,滕侯①卒。不书名②,未同盟③也。凡④诸侯同盟,于是称名,故薨则赴⑤以名,告终称嗣⑥也。以继好⑦息民⑧,谓之礼经⑨。

[经]夏城中丘。

[传]夏,城中丘⑩,书不时也⑪。

【注释】

①滕侯:文王子叔绣所封,今山东省滕州市西南十五里有古滕城。后至战国为田齐所灭。

②不书名:只写滕侯而不写其名。

③盟：刘熙《释名》："盟、明也，告其事于神明也。"因告神必须用名，且必须歃血为誓言。

④凡：凡者以为例，《左传》中言凡者前后共五十见，以后不再赘注。

⑤赴：用竹简记其事以送往各国曰赴。

⑥告终称嗣：通知君之终及嗣君之立，宋刊本及相台岳刻本皆作"告终称嗣"，后刊本作"告终嗣"非，可见两事虽相连但仍宜分为两件。

⑦继好：继续两国的和好。

⑧息民：和好则两国人民皆得安息。

⑨礼经：杜注以为"此言凡例乃周公所制礼经"。或有人疑之，以为非是。然细思之，鲁为极保守的国家，虽然在昭公之时已渐变化（顾炎武《日知录》周末风俗条下引李康《运命论》云："文薄之弊渐于灵景。"景王正与鲁昭公同时。）但在昭二年《左传》尚载有"晋韩宣子来（鲁）聘，观书于太史氏，见易象与《鲁春秋》，曰：'周礼尽在鲁矣！吾乃今知周公之德与周之所以王也！'"可见在对传统尊重渐衰的时候，仍然"周礼尽在鲁"。因为吾人不可忘记，在伯禽初封之时，分以"祝、宗、卜、史，备物典策"（皆见定公四年左传。）史所以记事，而典策为"春秋之制"，即此节所谓"礼经"就是。

⑩中丘：今山东省临沂市东北三十里有中丘城。

⑪书不时：因不合农时故写在《春秋》上。

【译文】

七年，春，周王历三月，鲁国的叔姬嫁到纪国。（无传）

七年，春，滕侯死了。只写滕侯而不写他的名字，因为滕国没有和鲁国缔结同盟。凡是诸侯各国同盟，就称名以告于神。因此国君薨也就以名赴告。一面赴告死者之终，一面称嗣位君主的名，以便继续两国的和好，从而安息两国的人民，这是周公所制定的礼经。

夏，修筑中丘的城墙，因为不合农时所以把这件事写在《春秋》上。

【原文】

[经]齐侯使其弟年来聘。

[传]齐侯使夷仲年①来聘②，结艾之盟③也。

[经]秋，公伐邾。

[传]秋,宋及郑平④。七月庚申,盟于宿⑤。公伐邾,为宋讨⑥也。

[经]冬,天王使凡伯来聘。戎伐凡伯于楚丘以归。

[传]初戎⑦朝于周,发币⑧于公卿⑨,凡伯⑩弗宾⑪。冬王使凡伯来聘⑫,还⑬,戎伐之于楚丘⑭以归。

【注释】

①夷仲年:齐僖公的母弟,名年,夷仲是谥法。

②来聘:来鲁国聘问。

③艾盟:在隐公六年。

④平:和平。

⑤宿:在今山东省东平县东二十里。

⑥为宋讨:邾人导郑伐宋在隐公五年,现宋郑既盟,鲁乃为宋讨邾以见好于宋。

⑦戎:在今山东省曹县附近。

⑧发币:献布币。

⑨公卿:周之公卿。

⑩凡伯:周公之子始封于凡,在今河南省辉县西南二十里。

⑪弗宾:不用对宾客的礼节招待他。

⑫来聘:来鲁国聘问。

⑬还:回去洛阳。

⑭楚丘:戎邑,在今山东省曹县东南五十里,与卫文公所迁之楚丘同名而异地。

【译文】

齐侯派夷仲来鲁国聘问,因两国已经缔结艾的同盟。

秋,宋国与郑国讲和。七月庚申,宋郑两国结盟于宿。鲁隐公讨伐邾国,这是为了求好于宋的缘故。

起初,戎人朝见周桓王,献布币给公卿做礼物。凡伯不用对宾客的礼招待他。这一年的冬天,周桓王派凡伯来鲁国聘问。他回洛阳的途中,戎人在楚丘攻击他,把他捉了回去。

【原文】

[传]陈及郑平①,十二月陈五父②如郑涖盟③。壬申及郑伯盟,歃如忘④。洩伯⑤曰:

"五父必不免⑥,不赖盟⑦矣!"郑良佐⑧如陈盟,辛巳及陈侯盟,亦知陈之将乱也。

[经]郑公子忽在王所⑨,故陈侯请妻之⑩,郑伯许之,乃成昏⑪。

【注释】

①陈及郑平:平是讲和。六年郑侵陈大获,今始谈和。

②陈五父:即陈公子佗。

③盟莅:莅临盟会。

④歃如忘:歃血的时候,意不在盟,如忘却此事。

⑤洩伯:郑大夫洩驾。

⑥不免:不免于难。

⑦不赖盟:对盟事不仰仗。

⑧良佐:郑大夫。

⑨王所:隐公三年周、郑交质,郑公子忽曾为质于周王都城。

⑩陈侯请妻之:陈侯误以为郑得王宠,故请成婚姻。

⑪成昏:昏同婚。古代成昏于夜晚,故用昏以名礼。

【译文】

陈国与郑国讲和,十二月,陈国的五父到郑国去莅临盟会。壬申,与郑伯盟誓。歃血的时候,五父不专心。郑大夫洩伯说:"五父必定不免于祸患,他对盟事毫不仰赖!"郑大夫良佐到陈国去莅临盟会,辛巳,与陈侯盟誓。他也看出陈国将发生乱事。

郑公子忽正在周桓王那里做人质,陈侯误以为他得周王的宠信,就请求把女儿嫁给他。郑伯允许了,于是陈、郑就成婚。

【讲评】

春秋时期,周天子名义上是天下的共主,实际上已经无力控制诸侯。诸侯国成为独立的实体,各国之间的外交活动逐渐增多。由于彼此之间缺乏信任,为了暂时消除争端、达成和议,只有凭借神谴和诅盟加以约束和威胁,所以盟誓就成为诸侯之间的重要外事活动之一。《左传》中频繁记载诸侯会盟之事,规模有大有小。春秋以前也有盟誓,但只是单纯的诺言,而春秋时期与之前明显不同的是采用了诅盟,并形成了一套完整的礼仪形式,这种形式上的变化表明当时人们已经面临某种诚信危机,需要外力来干预。这跟当时诸侯之间交换质子的作用是一样的。春秋初期,结盟国内部的关系还较为平等。到春秋中期以后,随着诸侯争霸斗争日趋激烈,开始出现由盟主来主盟的局面,并不时发生争盟的情况。盟会作为国家大事,陈国的五父担当外交使节,对待会盟的事务却如此疏忽懈怠,从侧面反映出他的不够稳重周详,不具备担当国政的能力,所以虽然乘乱篡位,但也不免于祸难。

隐公八年

【原文】

[经]八年春,宋公、卫侯遇于垂。三月,郑伯使宛来归祊。庚寅,我入祊。夏六月己亥,蔡侯考父卒。辛亥,宿男卒。秋七月庚午,宋公、齐侯、卫侯盟于瓦屋。八月,葬蔡宣公。九月辛卯,公及莒人盟于浮来。螟。冬十有二月,无骇卒。

[传]八年春,齐侯将平宋、卫,有会期。宋公以币请于卫,请先相见,卫侯许之,故遇于犬丘。郑伯请释泰山之祀而祀周公,以泰山之祊易许田①。三月,郑伯使宛来归祊,不祀泰山也。夏,虢公忌父始作卿士于周。

四月甲辰,郑公子忽如陈逆妇妫。辛亥,以妫氏归。甲寅,入于郑。陈鍼子送女。先配而后祖。鍼子曰:"是不为夫妇,诬其祖矣。非礼也,何以能育?"

齐人卒平宋、卫于郑。秋,会于温,盟于瓦屋,以释东门之役,礼也。

八月丙戌,郑伯以齐人朝王,礼也。

公及莒人盟于浮来,以成纪好也。

冬,齐侯使来告成三国。公使众仲对曰:"君释三国之图以鸠其民,君之惠也。寡君闻命矣;敢不承受君之明德。"

无骇卒,羽父请谥与族。公问族于众仲。众仲对曰:"天子建德,因生以赐姓,胙之土②而命之氏。诸侯以字为谥,因以为族,官有世功,则有官族,邑亦如之。"公命以字为展氏。

【注释】

①释:舍弃,废弃。祊:郑国祭祀泰山之邑(在今山东费县东南)。许田:近许之田(在

今河南许昌市南）。

②胙之土：分封土地。胙，赐给，此犹言封给。

【译文】

鲁隐公八年春天，齐侯要让宋、卫两国与郑国讲和，已经有了会盟的日期。宋公用财礼向卫国请求，想要先会面，卫侯同意了，故而在犬丘非正式相会。郑伯请求废除对泰山的祭祀而祭奠周公，用泰山旁的地交换鲁国的许田。三月，郑伯派遣大夫宛来鲁国致送地，表示不再祭奠泰山了。夏季，虢公忌父开始在周王室做卿士。

四月初六，郑公子忽到陈国迎接妻子妫氏。四月十三日，带着妫氏回国。四月十六日，进到郑国。陈鍼子送妫氏到郑国。他们先同房之后再告祭祖庙。陈鍼子说："这不能叫作夫妇，欺骗他的祖先了，不合于礼，如何可以生育呢？"

齐国人最终让宋、卫两国和郑国讲和。秋天，在温地会见，在瓦屋缔结盟约，丢弃东门之役的旧怨，这是合于礼的。

八月某日，郑伯领着齐人朝觐周天子，这是合于礼的。

隐公跟莒人在浮来结盟，以达成与纪国的友好。

冬天，齐侯派人来鲁国报告宋、卫、郑三国讲和的事。隐公派众仲答复说："君王让三国舍弃互相报复的图谋并安定他们的民众，这都是君王的恩惠。寡君听到命令了，如何敢不接受君王的明德。"

鲁卿无骇死，羽父为他请求谥号与氏族。隐公向众仲请问有关氏族的事。众仲答复说："天子立有德之人为诸侯，依据他的生地而赐姓，分封土地而赐予他氏。诸侯以字作为谥号，后人用这个作为氏族，累世做官而有功绩，后人便以官名为氏族，也有以封地为氏族的。"隐公命令以无骇祖父的字赐为展氏。

【讲评】

无骇去世，蒙国君赐以展氏的史实，对于我们了解古代姓氏制度有帮助。上古有姓有氏，姓是血缘家族的称号，氏是姓的分支。姓氏本来有别。《通志·氏族略》说："贵者有氏，贱者有名无氏"，姓的作用是"别婚姻"，因为古人朴素的优生学已经认识到"男女同姓，其生不蕃"，嫁娶要问姓，同姓不通婚。氏用来"明贵贱"。周代实行宗法制，有大宗、小宗之别，一个氏的建立表示一个小宗从大宗分出来。建立侯国要得到周王许可，卿大夫立新家要得到君主的允许，即"胙之土而命之氏"。贵族获得氏的方式很多，如以国名为氏,以邑名为氏,以官名为氏,以职业名为氏,以住地为氏,以字为氏。无骇的后人正是以其祖先的字为氏,这也是多数氏的由来。

隐公九年

【原文】

[经]九年(前714年)春,天王使南季①来聘。

[经]三月癸酉,大雨震电。庚辰,大雨雪。

[传]九年春王三月癸酉,大雨霖②,以震③书始④也。庚辰,大雨雪⑤亦如之⑥,书时失⑦也。凡雨自三日以上为霖⑧,平地尺为大雪⑨。

【注释】

①南季:天子的大夫。南是氏,季是字。

②霖:《尔雅》云:"久雨谓之淫,淫雨谓之霖。"

③以震:震是打雷。有雷震。

④书始:记载雷的开始。

⑤雨雪:雪落如雨。

⑥亦如之:也记其开始。

⑦书时失:言历法之错误。

⑧凡雨自三日以上为霖:这是解释写明霖雨的用意。

⑨平地尺为大雪:落雪地上高一尺以上称为大雪。

【译文】

九年,春,周桓王派大夫南季来鲁国聘问。(无传)

九年,春,周王历三月,癸酉,淫雨成霖并有雷电。经上记载了开始下雨的日子。庚辰,下大雪,也是一样记载了开始的日子。这是说历法有错误之处。凡是下雨,三天以上就叫作霖,下雪而地上积雪一尺以上就叫作大雪。

【原文】

[经]挟①卒。

[传]夏城郎。

[经]夏,城郎②书不时③也。

[经]秋七月④。

[传]宋公不王⑤,郑伯为王左卿士⑥,以王命⑦讨之,伐宋,宋以入郕之役⑧怨公不告命,公怒绝宋使。

[传]秋,郑人以王命来告伐宋⑨。

[经]冬,公会齐侯于防。

[传]冬,公会齐侯于防⑩,谋⑪伐宋也。

【注释】

①挟:鲁大夫。有经无传。

②郎:此郎非隐公元年之郎。此郎与曲阜相近,所谓近郊之地。

③书不时:不合农时。

④左氏《春秋》之经与《公羊》《谷梁》两传不同,左氏虽无事可记,仍须四时皆备,并非有深文大意存在。

⑤不王:王念孙说:"犹言宋公不朝。"

⑥左卿士:王有左右二卿士。

⑦以王命:用王的命令。

⑧入郕之役:在隐公五年。

⑨郑人以王命来告伐宋:郑人伐宋没能战胜,所以又派人往告鲁国。

⑩防:《公羊传》;防作邴。

⑪谋:讨论。

【译文】

鲁大夫挟死了。(无传)

夏,修筑郎城,记这件事表示筑城不合时。

秋,七月。(这一条经文下无记事,因《左氏春秋》每年必使四时全备,虽无事只写四时。)

宋殇公不往周朝朝见王,郑伯做周王的左卿士,便借着周王的命令声讨他,而攻伐宋国。宋国因为入郕那次战役而怨恨鲁隐公,便不来通告。隐公很生气,也谢绝了宋国派来的使者。

秋,郑人用周王的命令来鲁国通告讨伐宋国。

冬,鲁隐公在防会见了齐侯,谋划讨伐宋国。

【原文】

[传]北戎①侵郑,郑伯御之,患②戎师。曰:"彼徒我车③,惧其侵轶④我也。"公子突曰:"使勇而无刚者,尝寇⑤而速去之。君为三覆⑥以待之。戎轻而不整⑦,贪而无亲,胜不相让,败不相救,先者见获,必务进⑧,进而遇覆⑨必速奔,后者不救则无继⑩矣!乃可以逞⑪。"从之⑫,戎人之前遇覆者奔,祝聃⑬逐之⑭,衷戎师⑮,前后击之,尽殪⑯,戎师大奔⑰。十一月甲寅,郑人大败戎师⑱。

【注释】

①北戎:大约在今河北省地方。

②患:忧虑。

③彼徒我车:戎人用步兵,而郑人用战车。

④侵轶:侵略突袭。

⑤尝寇:引诱戎兵。

⑥三覆:三批埋伏。

⑦戎轻而不整:戎人性格轻浮而队伍又不整齐。

⑧务进:服虔以为"各自务进,言其贪利"。

⑨遇覆:碰见伏兵。

⑩无继:没有后援。

⑪逞:战役可胜。

⑫从之:照公子突的话去做。

⑬祝聃:聃音,郑大夫。

⑭逐之:追逐。

⑮衷戎师:将戎师切为两段。

⑯尽殪:殪音,全杀死。

⑰戎师大奔:所余戎师皆大逃奔。

⑱郑人大败戎师:至此戎师遂完全为郑师所败。

【译文】

北戎侵略郑国，郑伯出兵抵御。他很忧虑戎人的军队，因而说："他们用徒兵，我们用战车，我恐怕他们会侵略突袭我们。"公子突说："先派那些勇敢而不刚毅的人为前锋，引诱戎人入寇，就迅速退后。您准备三批伏兵等待戎人深入。戎人性情轻浮而队伍又不整齐，贪婪而不互相亲爱，胜利不相退让，失败不相援救，前面的戎人看到有所获，必定努力前进，前进而碰见伏兵，必定迅速逃奔，后面的戎人又不肯援救，就不再有后援了，于是我们就可以得胜。"郑伯听从了他的话。果然，戎人的前锋遇到伏兵就奔逃，郑大夫祝聃带兵从后追赶，把戎师从中切为两段，然后前后夹击，全部歼灭。所余的戎师就都赶紧大奔。十一月，甲寅，郑国人大败了戎人的军队。

【讲评】

郑国地处大国之间，其扩张不仅没有优势，反而危机四伏。但郑庄公成功地成了春秋初期的小霸，显示出其高超的政治军事才能。解决内患后，他实施了积极而稳步的对外扩张，一方面对随时可能夹击郑国的宿敌邻国宋和卫加强防御，另一方面展开灵活的外交手段，利用一切可能的政治力量，如与陈国先战后和，向鲁、齐示好并结盟。对天子的态度也是有进有退，既有适度地反击，又保持表面的尊重，借用天子的权威打击宿敌，最终使敌国服从，揭开了春秋诸侯争霸的序幕。

隐公十年

【原文】

[经]十年春，王二月，公会齐侯、郑伯于中丘。夏，翚帅师会齐人、郑人伐宋。六月壬戌，公败宋师于菅。辛未，取郜。辛巳，取防。秋，宋人、卫人入郑。宋人、蔡人、卫人伐戴。郑伯伐取之。冬，十月壬午，齐人、郑人入郕。

[传]十年春王正月，公会齐侯、郑伯于中丘。癸丑，盟于邓，为师期①。

夏五月，羽父先会齐侯、郑伯伐宋。

六月戊申，公会齐侯、郑伯于老桃。壬戌，公败宋师于菅。庚午，郑师入郜；辛未，归于我。庚辰，郑师入防；辛巳，归于我。君子谓郑庄公，于是乎可谓正矣，以王命讨不庭②，不贪其土以劳王爵,正之体也。

蔡人、卫人、郕人不会王命。

秋七月庚寅,郑师入郊,犹在郊。宋人、卫人入郑。蔡人从之,伐戴。八月壬戌,郑伯围戴。癸亥,克之,取三师焉。宋、卫既入郑,而以伐戴召蔡人,蔡人怒,故不和而败。

九月戊寅,郑伯入宋。冬,齐人、郑人入郕,讨违王命也。

【注释】

①为师期:确定出兵伐宋的具体日期。

②不庭:指不朝于朝廷的诸侯。

【译文】

十年春,周历正月,鲁隐公在中丘会盟齐僖公、郑庄公。二月二十五日,在邓地结盟,划定出兵日期。

夏五月,羽父事先会盟齐侯、郑伯,攻击宋国。

六月初三日,隐公在老桃会盟齐侯、郑伯。初七日,隐公在菅地击败宋军。十五日,郑国军队进到郜地。十六日,郑国把郜地划属于我国。二十五日,郑国军队又进到防地。二十六日,郑国把防地划属于我国。君子认为:"郑庄公如此做,能够说合于正道了。用天子的命令讨伐不来朝觐的诸侯,自己不贪婪土地,而以犒赏受天子的爵位的鲁国,这是获得治理政事的本体了。"

蔡国人、卫国人、郕国人没有依照天子的命令会师征讨宋国。

秋季,七月初五日,郑国的军队进到本国的远郊,依然停留在那里。宋军、卫军趁此攻击郑国。蔡军跟在后面攻击戴地。八月初八日,郑庄公包围戴地。初九日,攻下戴地,抓捕了三国军队。宋军、卫军已经攻入郑国,而又为了攻击戴地才联合蔡军,蔡国人发怒。因为三支军队不合作而失败。

九月某日,郑庄公领兵攻入宋国。冬季,齐军、郑军攻入郕国,这是征讨郕国违背天子的命令。

郑庄公

【讲评】

春秋所谓的正义战争,是"礼乐征伐自天子出",周天子虽然实力不够,但血统纯正,是名义上的天下的主宰,对于这一点,不仅春秋小霸郑庄公尊奉,后来的五霸也都奉行。所以再跋扈的诸侯,也要试图假借天子的名义讨伐其他国家,这样的行为,除了能满足本国的利益,还可以为自己披上正义的外衣。郑国借王命讨不庭,得到君子的称赞,是必然的。

隐公十一年

【原文】

[经]十有一年:春,滕侯、薛侯来朝。

夏,公会郑伯于时来。

秋,七月壬午,公及齐侯、郑伯入许。

冬,十有一月壬辰,公薨。

【原文】

[传]十一年,春,滕侯、薛侯来朝,争长。薛侯曰:"我先封①。"滕侯曰:"我,周之卜正也②。薛,庶姓也③。我不可以后之。"

公使羽父请于薛侯曰:"君与滕君,辱在寡人。周谚有之曰:'山有木,工则度之;宾有礼,主则择之。'周之宗盟,异姓为后。寡人若朝于薛,不敢与诸任齿④。君若辱贶寡人⑤,则愿以滕君为请。"薛侯许之,乃长滕侯。

【注释】

①先封:先受封。薛国是老的诸侯国,在夏朝时便已经被封为诸侯。

②周:指周朝,周都城,在河南洛阳市东北二十里,即洛阳故城。卜正:官名,为卜官之长。

③庶姓,外姓,非周朝同姓。

④诸任:任姓诸侯。齿:列,并列。

⑤贶：加惠。

【译文】

十一年春季，滕侯和薛侯前来朝见，争执行礼的先后。薛侯说："我们薛国受封在先。"滕侯说："我是周朝的卜正官，薛国是外姓，我不能落后于他。"

鲁隐公派羽父向薛侯劝说："承蒙您和滕侯来问候我，周朝的俗话说：'山上长着树木，工匠量才使用；宾客若有礼貌，主人就倍加恭敬。'周朝结盟的惯例，一般是异姓在后面。如果我到薛国朝见，就不敢和你们任姓诸国并列。如果您看得起我，那就希望您同意滕侯先行礼。"薛侯同意，就让滕侯先行朝礼。

【原文】

[传]夏，公会郑伯于郲，谋伐许也。

郑伯将伐许，五月甲辰，授兵于大宫。公孙阏与颍考叔争车，颍考叔挟辀①以走，子都拔棘以逐之。及大逵②，弗及，子都怒。

【注释】

①辀：居中的独木车辕。
②逵：四通八达的道路。

【译文】

夏季，隐公和郑庄公在郲地会见，策划进攻许国。

郑庄公准备进攻许国，五月甲辰日，在太祖庙内发放武器。公孙阏（子都）和颍考叔争夺兵车，颍考叔挟起车辕奔跑，子都拔出戟追上去。追到大路上，没有追上，子都很愤怒。

【原文】

[传]秋七月，公会齐侯、郑伯伐许。庚辰，傅于许。颍考叔取郑伯之旗蝥弧①以先登。子都自下射之，颠。瑕叔盈又以蝥弧登，周麾②而呼曰："君登矣！"郑师毕登。壬午，遂入许。许庄公奔卫。

齐侯以许让公。公曰："君谓许不共③，故从君讨之。许既伏其罪矣，虽君有命，寡人弗敢与闻。"乃与郑人。

【注释】

①蝥弧:一种旗的名字。

②周麾:向四面挥舞旗帜。

③不共:共,同"恭",恭敬。这里指对周天子恭敬顺从。

【译文】

秋七月,隐公联合齐侯、郑伯进攻许国。庚辰日,军队迫近许城。颍考叔拿着郑庄公的蝥弧旗争先登上城墙,子都从下面用箭射他,颍考叔摔下来死了。瑕叔盈又举着蝥弧旗冲上城,向四周挥动旗帜,大喊说:"国君登城了!"于是郑国的军队全部登上了城墙。壬午日,便占领了许国。许庄公逃亡到卫国。

齐侯把许国让给隐公。隐公说:"君王认为许国不恭敬顺从,所以我们才跟随君王讨伐它。许国既然已经认罪了,虽然君王有令,我也不敢接受。"于是就把许国土地送给了郑庄公。

【原文】

[传]郑伯使许大夫百里奉许叔以居许东偏,曰:"天祸许国,鬼神实不逞于许君,而假手于我寡人。寡人唯是一二父兄不能共亿,其敢以许自为功乎?寡人有弟,不能和协,而使糊其口于四方,其况能久有许乎?吾子其奉许叔以抚柔此民也,吾将使获也佐吾子。若寡人得没于地,天其以礼悔祸于许,无宁兹许公复奉其社稷。唯我郑国之有请谒焉,如旧昏媾①,其能降以相从也。无滋他族,实偪②处此,以与我郑国争此土也。吾子孙其覆亡之不暇,而况能禋祀许乎?寡人之使吾子处此,不唯许国之为,亦聊以固吾圉③也。"

乃使公孙获处许西偏,曰:"凡而器用财贿,无置于许。我死,乃亟去之。吾先君新邑于此,王室而既卑矣,周之子孙日失其序。夫许,大岳④之胤也,天而既厌周德矣,吾其能与许争乎?"

【注释】

①昏媾:姻亲。

②偪:同"逼",逼近。

③圉:边境。

④大岳:太岳,上古时的官名,掌管四岳祭祀。

【译文】

郑庄公让许国大夫百里侍奉许叔住在许都的东边,对他说:"上天降祸于许国,鬼神确实对许君不满意,因而借我的手惩罚他。我这儿连一两个父老兄弟都不能相安,怎么敢把讨伐许国当作自己的功劳?我有个兄弟,不能和睦相处,而使他四处奔走谋生,我连自己的兄弟都照顾不了,难道还能长久占据许国?您应当侍奉许叔来安抚这里的百姓,我准备让公孙获也来帮助您。假如我得以善终,上天可能又依礼而撤回加给许国的祸害,让许公再来治理他的国家。那时候只要我郑国对许国有所请求,希望贵国还会像对待姻亲一样,降格而同意。不要让他国逼近我们的处所,来同我郑国争夺这块土地。我的子孙挽救危亡还来不及,难道还能替许国敬祭祖先吗?我之所以让您留在这里,不仅为了许国,也是姑且巩固我国的边疆。"

于是就让公孙获住在许都的西边,对他说:"凡是你的器用财物,不要放在许国。我死后就赶紧离开这里。我祖先在这里新建城邑,眼看周王室已经衰微,我们这些周王朝的子孙一天天丢掉祖先的功业。而许国是太岳的后代,上天既然已经厌弃了成周,我哪里还能和许国争夺呢?"

【原文】

[传]君子谓:"郑庄公于是乎有礼。礼,经①国家,定社稷,序民人,利后嗣者也。许无刑而伐之,服而舍之,度德而处之,量力而行之,相时而动,无累后人,可谓知礼矣。"

郑伯使卒出豭②,行出犬鸡,以诅射颍考叔者。君子谓:"郑庄公失政刑矣。政以治民,刑以正邪,既无德政,又无威刑,是以及邪。邪而诅之,将何益矣!"

【注释】

①经:治理。

②豭:公猪。

【译文】

君子说:"郑庄公在这件事情上是合乎礼的。礼是治理国家,安定社稷,使百姓有序,使后代获利的工具。许国违背法度而郑庄公讨伐它，服罪了就宽恕它，揣度德行而处世，衡量力量而做事，看准了时机而行动，不让忧虑连累后人，可以说是懂得礼了。"

郑庄公让每名士兵拿出一头公猪，每行拿出一条狗和一只鸡，来祭神诅咒射死颍考叔的凶手。君子说："郑庄公此举失掉了政和刑。政用来治理百姓，刑用来纠正邪恶，既缺乏清明的政治，又没有威严的刑法，所以才发生邪恶的事。已经发生邪恶的事而加以诅咒，有什么好处！"

【原文】

[传]王取邬、刘、功芳、邘之田于郑，而与郑人苏忿生之田：温、原、絺、樊、隰郕、欑茅、向、盟、州、陉、隤、怀。君子是以知桓王之失郑也①。恕而行之，德之则也②，礼之经也③。己弗能有④，而以与人，人之不至，不亦宜乎！

郑、息有违言⑤，息侯伐郑。郑伯与战于竟⑥，息师大败而还。君子是以知息之将亡也。不度德⑦，不量力，不亲亲，不征辞，不察有罪⑧。犯五不韪⑨，而以伐人，其丧师也，不亦宜乎！

【注释】

①是以：因此。

②德：道德。则：准则。

③经：常规。

④弗：不。

⑤违言：不满的、伤和气的话。

⑥竟：通"境"，国境。

⑦度：揣度。

⑧察：审查。

⑨不韪：不是，过错。

【译文】

周天子在郑国取得邬、刘、功芳、邘的田地，而把原来属于苏忿生的温、原、絺、樊、隰郕、欑茅、向、盟、州、陉、隤、怀给了郑国。君子因此而知道周桓王将来会失郑国。认为按照恕道办事，是德的准则，礼的常规。自己不能拥有，就拿来送给别人，其他人不再来朝见，不也应该吗！

郑国和息国之间有了口舌，息侯就进攻郑国。郑庄公和息侯在边境作战，息国的军队大败而回。君子因此而知道息国将要灭亡了，认为不揣度德行，不考虑力量，不亲近亲邻，不分辨是非，不能明察曲直，犯了这五条过错，而还去讨伐别人，那么他最终打了败仗，不也是活该吗！

【原文】

[传]冬，十月，郑伯以虢师伐宋。壬戌，大败宋师，以报其入郑也①。宋不告命②，故不书。凡诸侯有命，告则书，不然则否。师出臧否③，亦如之。虽及灭国，灭不告败，胜不告克，不书于策。羽父请杀桓公，将以求大宰④。公曰："为其少故也，吾将授之矣。使营菟裘⑤，吾将老焉。"羽父惧，反谮公于桓公⑥，而请弑之⑦。

【注释】

①入：进攻，攻入。

②告：报告。

③臧否：善恶，指好与不好。

④大宰：宰相的官职。

⑤营：营建，建造。

⑥谮：诬陷。

⑦弑：封建时代称臣杀君、子杀父母。

【译文】

冬十月，郑伯带着虢国的军队攻打宋国。十四日，把宋国的军队打得大败，来报复宋国攻入郑国的那次战役。宋国没有来报告这件事，所以《春秋》未加记载。凡是诸侯发生大事，前来报告就记载，不然就不记载。出兵顺利或者不顺利，也是一样。即使国家被灭亡。被灭的不报告战败，夺取胜利的不报告战胜，也不记载在简册上。鲁国大夫羽父请求杀掉桓公，想借此求得宰相的官职。隐公说："从前由于桓公年幼，所以我代为摄政，现在我打算把国君的位子交还给他。我已经派人在菟裘建筑房屋，准备在那里养老了。"羽父害怕，倒过来在桓公那里诬陷隐公而请求桓公杀掉隐公。

【原文】

[传]公之为公子也，与郑人战于狐壤，止焉①。郑人囚诸尹氏，赂尹氏，而祷于其主钟巫，遂与尹氏归，而立其主。十一月，公祭钟巫，齐于社圃，馆于寯氏。壬辰，羽父使贼弑公于寯氏，立桓公，而讨寯氏②，有死者。不书葬，不成丧也③。

【注释】

①止：阻止，指被俘获。
②讨：征伐，发动攻击。
③成丧：齐备居丧之礼，指举行丧礼。

【译文】

当隐公还是公子的时候，曾率兵同郑国人在狐壤交战，被俘获。郑国人把他囚禁在尹氏那里。隐公贿赂尹氏，并在尹氏所祭神主钟巫的神位之前祷告，于是就和尹氏一同回国而在鲁国立了钟巫的神主。十一月，隐公准备祭祀钟巫，在社圃斋戒，住在寯氏那里。十五日，羽父派刺客在寯家杀了隐公，然后立桓公为国君。并且讨伐寯氏，寯氏家族有人被枉杀。《春秋》没有记载安葬隐公一事，是因为没有按国君的规格为隐公举行丧礼。

【讲评】

十一年发生的重要战事是郑庄公伐许。郑庄公早想吞并许国，此举既申讨了许国的不合法度，道义上得到支持，而又清楚认识到自己的实力尚不足灭许，所以只派人防守，还立了个傀儡君主收买民心，庄公做到了有理、有利、有节，不愧是位有政治谋略的君主。

桓 公

桓公元年

【原文】

[经]元年春,王正月,公即位。三月,公会郑伯于垂,郑伯以璧假许田。夏,四月丁未,公及郑伯盟于越。秋,大水。冬,十月。

[传]元年春,公即位,修好于郑。郑人请复祀周公,卒易祊田,公许之。三月,郑伯以璧假许田,为周公、祊故也。

夏四月丁未,公及郑伯盟于越,结祊成也。盟曰:"渝盟①无享国。"

秋,大水。凡平原出水为大水。

冬,郑伯拜盟②。

宋华父督见孔父之妻于路,目逆而送之,曰:"美而艳。"

【注释】

①渝盟:背盟,不守盟约。
②拜盟:拜谢结盟。

【译文】

元年春,桓公就位,对郑国重修友好。郑人请求重新祭奠周公,完成田的交换。桓公同意了。三月,郑庄公用璧玉来做许田的交换,这是为了请求祭奠周公和以祊田交换许田的原因。

夏四月初二日,鲁桓公与郑庄公在越地结盟,这是为了祊田的交易表示友好。誓词说:"要是违反盟约便不能享有国家。"

秋季,发大水。但凡平原上被水淹了称为大水。

冬季,郑庄公来此拜谢结盟。

宋国的华父督在路上看见孔父的妻子,盯着她走过来,又盯着她走过去,说:"既漂亮又光彩动人。"

中华传世藏书

春秋左传

《春秋左传》原典详解

【讲评】

郑庄公为达到吞并许国的目的,在外交、军事各方面都做了长期的积极的努力。如史称"郑伯以璧假许田"的事件就是重要的一步。夺取许田,就可进一步占有许国。他精心策划与鲁国换田,因为郑国的祊邑远在山东费县以东,是祭祀前天子沐浴更衣的地方,而许田是鲁国君臣西去朝见天子的"朝宿之邑"。相互交换从地理位置、管理等方面对两家都有利,鲁国没有理由不答应,但是此事合理而不合礼,"率土之滨,莫非王土",名义上,这些地方都是周天子的,诸侯没有权力交换。优柔寡断的隐公曾拒绝了这项交易,而在桓公那里郑庄公达到了目的,当然他还奉上了珍贵的璧玉作为交易的礼物。郑、鲁不经过天子就擅自交换了土地,又一次蔑视了天子的共主地位,同时说明随着各国的武力扩张,此时的土地所有权已经下降到诸侯之手。

桓公二年

【原文】

[经]二年(前710年)春王正月,戊申,宋督弑其君与夷及其大夫孔父。

[传]二年春,宋督①攻孔氏②。杀孔父而取其妻③。公怒④,督惧,遂弑殇公⑤。君子以督为有无君之心,而后动于恶,故先书弑其君⑥,会于稷⑦,以成宋乱⑧,为赂故,立华氏⑨也。宋殇公立,十年十一战⑩,民不堪命⑪,孔父嘉为司马⑫,督为大宰⑬故因民之不堪命,先宣言曰:"司马则然。"已杀孔父而弑殇公,召庄公⑭于郑,而立之以亲郑⑮,以郜大鼎⑯赂公,齐、陈、郑皆有赂,故遂相宋公。夏四月,取郜大鼎于宋。戊申,纳于大庙,非礼也。

【注释】

①宋督:指华父督。

②攻孔氏:古代各族皆有军队,故华父督用他的军队攻孔氏。

③杀孔父而取其妻:故先杀孔父而目的在娶其妻。

④公怒:宋殇公因此发怒。

⑤督惧,遂弑殇公:华父督因殇公发怒,遂有所惧,而弑殇公。

⑥先书弑其君：事实上杀孔父在先，杀殇公在后，但因他先有无君之心，故先书弑其君。

⑦稷：在今河南省商丘市左近。

⑧以成宋乱：以平定宋国的乱。

⑨为赂故，立华氏：因为华父督对各国皆有贿赂，所以才立华督主持宋政。

⑩十年十一战：殇公以隐公四年立，十一战皆在隐公的时代。

⑪民不堪命：人民不能忍受。

⑫司马：是主兵之卿。

⑬大宰：宋卿名。大音泰。

⑭庄公：是公子冯。

⑮立之以亲郑：因为在隐公三年，公子冯出居于郑。

⑯以郜大鼎：郜为文王子所封，今山东省成武县东南有北郜城。用郜国所造的铜器。

【译文】

二年，春，宋华父督攻击孔氏，杀死孔父而夺取他的妻子。宋殇公很生气，华父督很恐惧，于是就弑杀殇公。君子以为华父督先存有"无君"的心，然后才动弑君的恶念，所以经上先写"弑其君"。鲁桓公与齐侯及陈侯会见于稷邑，以平定宋国的乱事，这是为了接受贿赂的缘故，而立华氏主持宋政。宋殇公在位十年发生十一次战争，宋国的人民不能忍受。孔父嘉为司马，华父督为大宰，所以他利用人民不能忍受的心理，先公开宣布说："这些战争实在都是司马造成的。"既已杀了孔父而且又弑杀殇公，从郑国召回宋庄公而立为国君。借此亲于郑国，用郜国的大鼎贿赂鲁桓公，齐、陈、郑三国也都有贿赂，所以华父督就做了宋庄公时掌政权的人。夏，四月，鲁国从宋国取来郜国的大鼎。戊申，安置在太庙里面，这是不合礼的。

【原文】

[传]臧哀伯谏曰："君人者将昭德塞违，以临照百官，犹惧或失之，故昭令德以示子孙。是以清庙茅屋，大路①越席，大羹不致，粢食不凿，昭其俭也。衮、冕、黻、珽②，带、裳、幅、舄，衡、紞、纮、綖，昭其度也。藻、率、鞞、鞛③，鞶、厉、游、缨，昭其数也。火、龙、黼、黻④，昭其文也。五色比象，昭其物也。钖、鸾、和、铃，昭其声也。三辰旂旗，昭其明也。夫德俭而有度，登降有数。文、物以纪之，声、明以发之，以临照百官，百官于是乎戒惧，而

不敢易纪律。今灭德立违，而置其赂器于大庙，以明示百官，百官象之，其又何诛焉？国家之败，由官邪也。官之失德，宠赂章也。郜鼎在庙，章孰甚焉？武王克商，迁九鼎于雒邑，义士犹或非之，而况将昭违乱之赂器于大庙，其若之何？"公不听。周内史闻之曰："臧孙达其有后于鲁乎！君违不忘谏之以德。"

【注释】

①大路：天子祭祀时乘坐的大车，也称玉辂。

②衮：帝王或公侯穿的衣服。冕：礼帽。帝王、诸侯、卿大夫所戴。黻：祭祀时穿的蔽膝。珽：帝王所持大圭。

③藻、率：放置玉器的皮垫子。鞞、鞛：佩刀上的饰品。

④黼、黻：衣服上的图案。黑与白相间的称为黼，黑与青相间的称为黻。

【译文】

臧哀伯劝谏说："作为人君，要显扬美德而阻塞邪恶，以此作为百官的表率，即使这样仍然担心有不妥之处，所以显扬美德以示范于子孙。因此太庙用茅草盖屋顶，玉辂用蒲草席铺垫，肉汁不加调料，祭祀用的米不用舂过两次的，这是为了表示节俭。礼服、礼帽、蔽膝、大圭、腰带、裙子、绑腿、鞋子、横簪、填带、冠系、冠布，都各有规定来表示衣冠制度。玉垫、佩巾、刀鞘、鞘饰、革带、飘带、带饰、马缨，各级多少不同，用来表示等级尊卑。画火、画龙、绣黼、绣黻，这都是为了表示文饰高下。五种颜色象征天地四方，这都是为了表示色彩。锡、鸾、和、铃，这都是为了表示声音。画有日、月、星的旌旗，这是为了表示明亮。行为的规范应当节俭而有制度，增减也有一定的数量。用文饰、色彩来做标志，用声音、明亮来发扬它，以此向文武百官作明显的表示，百官才能警戒和畏惧，不敢违反纪律。现在废除道德而树立邪恶，把人家贿赂来的器物放在太庙里，公然展示给百官看，百官也模仿这种行为，还能惩罚谁呢？国家的衰败，因为官吏的邪恶。官吏的失德，由于受宠而公开贿赂。郜鼎放在太庙里，彰明昭著地受贿，还有更甚的吗？周武王打败商朝，把九鼎迁到雒邑，当时的义士还有人认为他不对，更何况把表明邪恶叛乱的器物搁置在太庙里，这怎么能行呢？"桓公不听。周朝的内史听说了这件事，说："臧孙达的后代在鲁国可能长享禄位吧！国君违背礼制，他没有忘记以道德来劝谏。"

【原文】

[经] 滕子来朝。

[经]三月公会齐侯,陈侯,郑伯于稷,以成宋乱。

【译文】

滕子来鲁国朝见。(无传)

三月,鲁桓公会见齐侯、陈侯及郑伯于稷邑,以平定宋国的乱事。

【原文】

[经]四月,取郜大鼎于宋,戊申纳于大庙①。

[经]秋七月,杞侯来朝。

[传]秋七月,杞侯②来朝,不敬。杞侯归,乃谋伐之。

[经]蔡侯,郑伯会于邓。

[传]蔡侯,郑伯会于邓③,始惧楚也。

[经]九月入杞。

[传]九月入杞,讨不敬④也。

[经]公及戎盟于唐,冬,公至自唐。

[传]公及戎盟于唐,修旧好⑤也。

[传]冬,公至自唐,告于庙⑥也。凡公行,告于宗庙。反,行饮至⑦舍爵策勋⑧焉,礼也。特相会,往来称地⑨,让事⑩也。自参以上⑪,则往称地⑫,来称会⑬,成事⑭,也。

[传]初,晋穆侯⑮之夫人姜氏,以条⑯之役生大子⑰,命之曰仇⑱。其弟以千亩之战⑲生,命之曰成师。师服⑳曰:"异哉君之名子也。夫名以制义㉑,义以出礼㉒,礼以体政㉓,政以正民,是以政成而民听,易则生乱㉔。嘉偶曰妃㉕,怨耦曰仇㉖,古之命也㉗。今君命大子曰仇,弟曰成师,始兆乱㉘矣。兄其㉙乎!"惠㉚之二十四年,晋始乱㉛,故封桓叔㉜于曲沃㉝。靖侯㉞之孙栾宾傅之㉟。师服曰:"吾闻国家之立也,本大而末小㊱,是以能固㊲。故天子建国,诸侯立家,卿置侧室㊳,大夫有贰宗㊴,士有隶子弟㊵,庶人、工、商,各有分亲㊶,皆有等衰㊷,是以民服事其上㊸,而下无觊觎㊹。今晋,甸侯㊺也,而建国,本既弱矣,其能久乎?惠之三十年,晋潘父㊻弑昭侯㊼,而立桓叔,不克,晋人立孝侯㊽。惠之四十五年,曲沃庄伯㊾伐翼㊿,弑孝侯,翼人立其弟鄂侯,鄂侯生哀侯㋿,哀侯侵陉庭㋿之田,陉庭南鄙㋿,启㋿曲沃伐翼。

【注释】

①此经之传亦见传(一)。

②杞侯:杞是姒姓,周武王伐纣求禹之后得东楼公,而封于杞。在今河南省雍邱县。

③邓:在今河南省鄾城区东南三十五里有邓城。

④讨不敬:因为杞侯来朝不敬。

⑤修旧好:指惠公与隐公的旧盟誓。

⑥告于庙:告于祖庙。

⑦行饮至:行饮的礼节。

⑧舍爵策勋:爵是饮酒所用的器皿。既饮之后,放下酒杯,则将随从的人的勋劳写到竹简上。

⑨往来称地:写上会盟的地方。

⑩让事:因为两国相会,莫肯为主人,互相谦让,所以只写会盟的地方。

⑪自参以上:由三国会盟以上。

⑫则往称地:去时称所往的地名。

⑬来称会:回来时就称会盟。

⑭成事:表示会盟已经成功。

⑮晋穆侯:为晋献侯之子,他为成王封其弟叔虞于唐的第九君。晋是姬姓。

⑯条:在今山西省安邑县北三十里鸣条冈。

⑰大子:大音太,即后之晋文侯。

⑱命之曰仇:命等于名。命之曰仇即等于名之曰仇。

⑲千亩之战:千亩在今山西省介休市。据《国语》说"宣王三十九年,战于千亩,王师败绩于姜氏之戎"。据《史记·周本纪》也说:宣王三十九年有千亩之战。

⑳师服:晋大夫。

㉑名以制义:名以制定义法。

㉒义以出礼:礼自义而来。

㉓礼以体政:政由礼而成。

㉔易则生乱:变易礼及义,乱就生出来。

㉕嘉耦曰妃:好的配偶就叫作妃。

㉖怨耦曰仇:相怨的配偶就叫作仇。

㉗古之命也:这是古人用的名称。

㉘兆乱:乱的预兆。

㉙兄其:音替,替即废。兄将来被废。

㉚惠:鲁惠公。

㉛晋始乱:指晋文侯卒。

㉜桓叔:即成师谥法。

㉝曲沃:在今山西闻喜县。

㉞靖侯:桓叔的高祖父。

㉟栾宾傅之:栾宾为公孙,任桓叔的师傅。

㊱本大而末小:根本粗大而末枝细小。

㊲是以能固:所以能牢固。

㊳卿置侧室:侧室所出为庶子。

㊴大夫有贰宗:大夫的嫡子为小宗。贰宗是庶子的后人。

㊵士有隶子弟:士低于大夫,以他的子弟为仆隶。

㊶庶人、工、商,各有分亲:在春秋时士与庶人尚不并称,自孟子时,方才开始士与庶人连称,由此可看出春秋与战国的分野。庶人与工商皆在贵族与小人之间。

㊷皆有等衰:皆有等级高下。

㊸民服事其上:百姓听从上面的命令。

㊹觊觎:下希望上的位置。

㊺甸侯:其爵位为侯,而封的地位为甸服。

㊻潘父:晋大夫。

㊼昭侯:晋文侯子。

㊽孝侯:昭侯之子。

㊾庄伯:桓叔子。

㊿翼:在今山西省翼城县东南十五里。

(51)哀侯:鄂侯之子。

(52)陉庭:《史记·晋世家》庭作廷。陉庭即茨庭在山西省翼城县东南七十五里。

(53)南鄙:南郊。

(54)启:开启。

【译文】

四月,鲁国向宋国取来郜国的大鼎。戊申,安置在大庙里。

秋,七月,杞侯来鲁国朝见,没有礼敬。杞侯归国,鲁国就谋划要讨伐他。

蔡侯与郑伯会见于邓,开始畏惧楚国的势力。

九月,攻入杞国,讨伐杞侯的不敬。

鲁桓公及戎人会盟于唐,以修治旧时的和好。

冬,鲁桓公从唐回国,告于祖庙。凡是公出国,要告于祖庙,回国,举行饮至礼,放下酒杯,就将随从人员的功劳记在竹简上,这是合理的。只有两国会盟,去时回时都写上会盟的地名,因为两国会盟,彼此谦让,不肯做主,会盟不成,所以只写会盟的地方;由三国以上会盟,则去时称所要去的地名,回时就称会盟,表示会盟成功。

起初,晋穆侯的夫人姜氏在条之役时生下了太子,命名叫作仇,他的弟弟在千亩之战时出生,命名叫作成师。晋大夫师服说:"奇怪呀!国君竟这样给他的儿子起名字。命名以制定义法,从义法而生出礼节,用礼节以完成政治,用政治以匡正人民,所以政治才有成效而人民听命服从。变易礼节和义法就要发生乱事。好的配偶叫作妃,相怨的配偶叫作仇,这是古人用的名称。现在国君叫他的太子做仇,太子的弟弟叫成师,这就开始预兆乱事的发生。做哥哥的将来岂不被废吗?"在鲁惠公的二十四年,晋国开始发生乱事,所以封桓叔于曲沃,由靖侯的孙子栾宾做他的师傅。师服说:"我听说一个国家的成立,根本大而末枝小,才能够巩固。所以天子封建诸侯,诸侯封建卿大夫,卿设置众子,大夫除嫡子外另立贰宗,士有他的子弟做仆隶,庶人及工商各有分别的亲戚,亲疏都有等差,这样人民才服从他的长上,而下面的人不敢觊觎上位。现在晋国只是甸侯的国家,而封建另一个侯国,根本既已衰弱了,还能长久存在吗?"在鲁惠公的三十年,晋大夫潘父弑杀昭侯而接纳桓叔,没有成功。晋国人立景侯为国君。在鲁惠公的四十五年,曲沃庄伯攻伐翼都,弑杀孝侯,翼都的人立他的弟弟鄂侯为国君。鄂侯生哀侯,哀侯侵占陉庭地方的田,陉庭就是翼都的南鄙。这件事开启了曲沃攻击翼都的事端。

【讲评】

宋国的华督垂涎孔父嘉妻子的美貌,杀死了孔父嘉(孔父嘉的后人因此逃亡到鲁国,传至六世孙即为圣人孔子),又杀了闻讯大怒的宋殇公,按理说华督杀人夺妻,又背负"弑君"的恶名,生命和地位都很难保证。但是他很会拉拢人心,先在国内制造舆论,把穷兵黩武的责任全部归罪于孔父嘉,减轻了国人对孔父嘉的同情,后积极在各诸侯国之间大行贿赂,鲁、齐、陈、郑都因接受了他的贿赂而承认了华氏建立的傀儡政权,鲁桓公甚至把纳贿的大鼎公然安放在太庙里,尽管臧孙达提出指责,也无济于事。说明当时统治者道德观念衰落,以至于各国上行下效,叛乱不绝。如晋国桓叔成师与其兄太子仇的继承者之间长达数十年的夺位之争,有人从哥俩命名的不祥解释动乱的起源,这种说法比较牵强,祸乱之源其实是统治者的贪婪不仁。

桓公三年

【原文】

[经]三年春正月,公会齐侯于嬴。夏,齐侯、卫侯胥命于蒲。六月,公会杞侯于郕。秋七月壬辰朔,日有食之,既。公子翚如齐逆女。九月,齐侯送姜氏于讙。公会齐侯于讙。夫人姜氏至自齐。冬,齐侯使其弟年来聘。有年。

【原文】

[传]三年春,曲沃武公伐翼,次于陉庭。韩万御戎,梁弘为右。逐翼侯于汾隰,骖絓而止。夜获之,及栾共叔^①。

会于嬴,成昏于齐也。

夏,齐侯、卫侯胥命于蒲,不盟也。

公会杞侯于郕,杞求成也。

秋,公子翚如齐逆女,修先君之好,故曰“公子”。齐侯送姜氏,非礼也。凡公女嫁于敌国,姊妹则上卿送之,以礼于先君;公子则下卿送之;于大国,虽公子亦上卿送之;于天子,则诸卿皆行,公不自送;于小国,则上大夫送之。

冬,齐仲年来聘,致夫人也。

芮伯万之母芮姜恶芮伯之多宠人也,故逐之,出居于魏。

【注释】

①获之:俘虏了晋哀侯。栾共叔:名成,桓叔之傅栾宾之子,时为哀侯大夫。

【译文】

鲁桓公三年春天,曲沃武公进攻翼城,军队驻扎在陉庭。韩万为武公驾车,梁弘做车右。在汾水旁的低洼地追击晋哀侯,因为骖马纠结树木上而停下来。夜里抓捕了晋哀侯和栾共叔。

桓公和齐侯在嬴地见面,这是因为和齐女订婚。

夏天,齐侯、卫侯在蒲地见面,有约言而没有结盟。

桓公和杞侯在地见面,是由于杞国要求媾和。

秋季,鲁国公子翚到齐国迎接齐女,重修先君的旧好,故而《春秋》称他为"公子"。齐侯护送姜氏,是不合于礼的。但凡公室女子出嫁到地位一样的国家,要是是国君的姐妹便由上卿护送她,表示对先君的尊敬;要是是国君的女儿便由下卿护送她;出嫁到大国,就算是国君的女儿也由上卿护送她;嫁给天子,便由六卿去护送,国君不自己护送;出嫁到小国,便由上大夫护送她。

冬季,齐国夷仲年来鲁国聘问,是为了护送姜氏。

芮伯万的母亲芮姜憎恨芮伯万宠姬太多,故而便把他赶走,让他住到魏城去。

【讲评】

齐僖公的女儿文姜聪慧美貌、地位显赫,有政治军事才能,但行为放荡,历史上对她的评价十分复杂。由于她与其兄长齐襄公的通奸,令父亲僖公不顾礼仪而亲自送她嫁到鲁国,并长期不许其归国省亲。这一荒淫之事还直接导致了鲁桓公的死亡,令鲁、齐失和,她本人也愧居齐、鲁之间的禚地而不敢归国。后来她帮助齐、鲁缓和关系,并在齐襄公死后回到鲁国辅佐儿子庄公治理国家,国力增强,死后被厚葬。《诗经》中多首诗与她的事迹有关,其中有毁有誉,如《齐风》中《载驱》《南山》《敝笱》等无情地讥讽了文姜与襄公的淫乱,而《郑风·有女同车》则以开放的态度,对文姜的聪明美貌大加称扬,为本国的公子忽拒婚文姜而感到惋惜。

桓公四年

【原文】

［经］四年(前708年)春正月,公狩于郎。

［传］四年春正月,公狩于郎,书时礼[1]也。

【注释】

[1]书时礼:周之春天等于夏历的冬天,这种狩猎不妨害农时,所以称为合礼。

【译文】

四年,春,正月,鲁桓公狩猎于郎,记载狩猎的时间,是合理的。

【原文】

[经]夏,天王使宰渠伯纠来聘。

[传]夏,周宰渠伯纠①来聘,父在故名②。

[传]秋,秦师侵芮败焉,小之③也。

[传]冬,王师秦师围魏,执芮伯以归④。

鲁桓公

【注释】

①渠伯纠:渠是氏,伯纠是名,其父为宰而以其子摄位出聘,所以书于竹简,以示讥讽。

②父在故名:因为他是摄父位,所以竹简称他的名字。

③小之:秦以芮军队为少,故轻之,遂为芮所败。

④执芮伯以归:盖欲纳芮伯于其国。别注:按臧琳《经义杂记》之公谷不具四时条下:"初学记文部引刘歆七略曰:'春秋两家文,或具四时,或不于古文无事不必具四时。'案春秋两家,谓今文公羊、谷梁也,古文谓左氏也,或不当句,不读为否,不必具四时,不衍字也。谓公、谷之经,或有不具四时,左氏虽无事必具也。"

【译文】

夏,周王的宰渠伯纠来鲁国聘问。因他的父亲尚在,所以写了他的名字。

秋,秦国军队侵略芮国.结果失败,因为秦国小看了芮国的力量。

冬,周王的军队及秦国的军队包围魏国,捉着芮伯而回。

【讲评】

姬姓芮国是周朝的畿内诸侯,芮伯世为周之卿士重臣。因芮伯万荒淫,被其母芮姜驱逐出国,芮国另立新君。但是此举未得到周天子的认可,于是秦国与天子联合出兵护送芮伯万复位。对周朝而言,干涉芮国事务可以显示周天子作为"天下共主"的尊严;对秦国而言,在天子的许可下逐步把邻近的芮国收归自己的管理范围之内,对秦国非常有利。果然,在秦穆公帮助下,芮伯万回到芮国,芮国成为秦国的附庸国。到公元前640年,秦穆公干脆灭掉芮国。

桓公五年

【原文】

[经]五年春正月,甲戌、己丑,陈侯鲍卒。

夏,齐侯、郑伯如纪。天王使仍叔之子来聘。葬陈桓公。城祝丘。

秋,蔡人、卫人、陈人从王伐郑。大雩。螽。

冬,州公如曹。

【原文】

[传]五年春,正月甲戌、己丑,陈侯鲍卒,再赴①也。于是陈乱,文公子佗杀大子免而代之。公疾病而乱作,国人分散,故再赴。

夏,齐侯、郑伯朝于纪,欲以袭之。纪人知之。

王夺郑伯政,郑伯不朝。秋,王以诸侯伐郑,郑伯御之。

王为中军;虢公林父将右军,蔡人、卫人属焉;周公黑肩将左军,陈人属焉。

郑子元请为左拒以当蔡人、卫人,为右拒以当陈人,曰:“陈乱,民莫有斗心。若先犯之,必奔。王卒顾之,必乱。蔡、卫不枝,固将先奔。既而萃于王卒,可以集事。”从之。曼伯为右拒,祭仲足以左拒,原繁、高渠弥以中军奉公,为鱼丽之陈。先偏后伍,伍承弥缝。

战于繻葛。命二拒曰:“旝②动而鼓!”蔡、卫、陈皆奔,王卒乱。郑师合以攻之,王卒大败。祝聃射王中肩,王亦能军。祝聃请从之,公曰:“君子不欲多上人,况敢陵天子乎?苟自救也。社稷无陨,多矣。”夜,郑伯使祭足劳王,且问左右。

仍叔之子来聘,弱也。

秋,大雩。书,不时也。凡祀,启蛰而郊,龙见而雩,始杀而尝,闭蛰而蒸。过则书。

冬,淳于公如曹。度其国危,遂不复。

【注释】

①赴:讣告。

②旝：主将之旗。

【译文】

五年春天，正月甲戌日、己丑日，陈侯鲍卒。《春秋》之所以记录两个日子，是由于陈国两次讣告日期不同。那时陈国发生内乱，文公的儿子佗杀死太子免而取替他做了国君。正值陈侯重病而出现了动乱，国都城中之人分散，故而再发了一次讣告。

夏天，齐侯、郑伯到纪国朝觐，想借机攻击纪国，被纪国人发觉了。

周天子剥夺郑庄公参与王政的权力，郑伯之后再不动员朝觐。秋季，周王领着诸侯征讨郑国，郑伯出兵抵抗。

周桓王自己统率中军，虢公林父领着右军，蔡军、卫军隶属于右军，周公黑肩领着左军，陈军隶属于左军。

郑国的子元请求组成左方阵来抵御蔡军和卫军，组成右方阵来抵抗陈军，他说："陈国刚出现动乱，故而民众都缺乏斗志。要是先攻打他们，他们必定奔逃。周王的中军去照顾他们，陈众一定发生混乱。蔡、卫两国军队不能相互支援，也必定纷纷争先奔逃。这时我们便集中兵力进攻中军，便能够获得成功。"郑伯听从了。曼伯做右方阵的主将，祭仲足做左方阵的主将，原繁、高渠弥领着中军护卫郑庄公，摆成一条威武的鱼丽阵势，先摆列二十五辆战车做前锋，又用一百二十五辆战车紧随其后，用以弥补列阵间的缝隙。

在繻葛进行战斗。郑庄公命令左右方阵的军队说："令旗一动，便击鼓进军。"最后蔡、卫、陈三国军队溃散奔逃，周王的中军也一时大乱，郑军从左右两边合力夹击，周军最终大败。祝聃一箭射中周桓王的肩膀，不过他仍能指挥军队。祝聃请求郑伯下令追击，郑庄公讲："君子不希望欺人太甚，又怎敢欺凌天子呢？要是可以自救，社稷不致倾覆，这便足够了。"夜间，郑庄公派祭仲足看望周天子，并且问候周王的左右随从。

仍叔的儿子前去聘问。《春秋》不记录他的名字，是因为他年轻。

秋季，举办雩祭求雨。《春秋》记录这件事，是因为不合惯例。凡是祭祀，初春举办郊祭，孟夏举办雩祭，孟秋举办尝祭，孟冬举办祭。要是过了规定的时间举行的祭祀，就进行记载，表示不是通常之祭。

冬季，州国的淳于公去到曹国。他观察出自己的国家将出现危难，就没有回国。

【讲评】

周桓王十三年(公元前707年)爆发的繻葛之战，在春秋史上很重要，它是长期以来周、郑矛盾的激化，可以看作桓王为维护和恢复王权而进行的最后一搏，也是郑庄公对外扩张的一次有力反击。桓王自即位以来，就在王朝内外进行了一系列准备，如重用周公黑肩，依靠虢国，拉拢曲沃，扶植翼侯，逐步削夺了郑庄公王朝卿士的权力，团结了陈、蔡、卫等一批小国，对桀骜不驯的郑国发动了繻葛之战。但不幸的是他遇到了一位强大的对手。郑庄公自继位之后，对内平叛，对外用兵，拉拢大国，凭借着国力的强盛，又有身为周室权臣的有利条件，不断扩充领地，增强实力，成为春秋初期的"小伯"。繻葛之战在政治和军事两方面都产生了重大的影响。政治上使得王室声威扫地，"礼乐征伐自天子出"的传统从此消亡，周王室从此沦落成为一般诸侯；军事上，郑军所采用的"鱼丽之阵"使中国古代车阵战法更趋严密。

桓公六年

【原文】

［经］六年(前706年)春正月寔来。

［经］自曹来朝，书曰："寔来①"，不复其国②也。

【注释】

①寔来：寔等于实，就住在鲁国。

②不复其国：不再回到州国。

【译文】

六年，春，淳于公从曹国到鲁国来朝见。经上记载"寔来"，表示他实在是来住在鲁国，不再回到他自己的国家。

【原文】

［传］楚①武王侵随②，使薳章③求成④焉。军于瑕⑤以待之⑥，随人使少师⑦董成⑧。斗伯比⑨言于楚子曰："吾不得志于汉东⑩也，我则使然⑪。我张吾三军而被⑫吾甲兵，以武临之⑬。彼则惧而协以谋我⑭，故难间⑮也。汉东之国，随为大，随张，必弃小国⑯。小国离⑰，楚之利也；少师侈⑱，请羸师以张之⑲。"熊率且比⑳曰："季梁㉑在，何益？"斗伯比曰：

"以为届图,少师得其君㉒。"王毁军而纳少师㉓。

【注释】

①楚:是芈姓,《春秋》称为子爵,但楚自己称王,他是祝融八姓之一。最初据丹阳,在湖北省秭归县东七里。至楚文王时,迁都于郢在今湖北省江陵县北十里纪南城。

②随:姬姓,后为楚所灭,在今湖北省随县南有古随城。

③薳章:楚大夫。薳音。

④求成:求和平。

⑤瑕:随地。

⑥以待之:以等候薳章。

⑦少师:随大夫。

⑧董成:办理和平的交涉。

⑨斗伯比:楚大夫,是令尹子文的父亲。

⑩汉东:汉水以东。

⑪我则使然:是我的政策使其如此。

⑫被:装备。

⑬以武临之:用武力来威胁他们。

⑭协以谋我:联合起来计算我。

⑮故难间:所以不易离间他们。

⑯随张必弃小国:随国自己以为侈大,必定舍弃四围小国。

⑰小国离:小国要离弃。

⑱少师侈:少师本人很侈大。

⑲请嬴师以张之:嬴音。请削弱我们的军队,以使少师自我张大其心。

⑳熊率且比:楚大夫。率音律,且音。

㉑季梁:随贤臣。

㉒少师得其君:少师很得随侯的信任。

㉓王毁军而纳少师:王削减军队然后迎接少师。

【译文】

楚武王侵略随国,派薳章去求和,亲自驻军在瑕等待。随国派少师办理和平的交涉。

楚大夫斗伯比对楚王说："我国不能得志于汉水以东,是由于我国的关系。我扩张我国的三军,而装备我国的甲兵,用武力威临他们,他们就畏惧而联合起来计算我,所以不容易离间他们。汉水以东的国家,以随国最大,随国夸张自己的力量,必定舍弃其他小国,小国离心,就是楚国的利益。随国的少师很自大,请削弱我们的军队,以使少师张大他的野心。"熊率且比说:"随国有贤臣季梁在,这样做有什么益处呢?"斗伯比说:"季梁的意见随侯总认为是末后的不急之务,而少师正得着他国君的信任哩!"楚王削弱了军队,然后迎接少师。

【原文】

[传]少师归,请追楚师,随侯将许之。季梁止之曰:"天方授楚,楚之嬴,其诱我也,君何急焉?臣闻小之能敌大也,小道大淫。所谓道,忠于民而信于神也。上思利民,忠也;祝史正辞,信也。今民馁而君逞欲,祝史矫举以祭,臣不知其可也。"公曰:"吾牲牷肥腯①,粢盛丰备,何则不信?"对曰:"夫民,神之主也。是以圣王先成民而后致力于神。故奉牲以告曰'博硕肥腯',谓民力之普存也,谓其畜之硕大蕃滋也,谓其不疾瘯蠡②也,谓其备腯咸有也,奉盛以告曰'洁粢丰盛',谓其三时不害而民和年丰也。奉酒醴以告曰'嘉栗旨酒',谓其上下皆有嘉德而无违心也。所谓馨香,无谗慝③也。故务其三时,修其五教,亲其九族,以致其禋祀。于是乎民和而神降之福,故动则有成。今民各有心,而鬼神乏主,君虽独丰,其何福之有!君姑修政而亲兄弟之国,庶免于难。"随侯惧而修政,楚不敢伐。

【注释】

①腯:肥壮。
②瘯蠡:家畜病名。
③慝:恶,邪恶。

【译文】

少师回到随国后,请求追击楚军,随侯准备听从他的建议。季梁劝阻随侯说:"上天正准备赐天命给楚国,楚军的疲弱是在诱骗我们,君王何必如此着急呢?据臣所知,小国之所以能够抵抗大国,是因为小国有道义而大国邪恶。所谓'道',就是忠于百姓而取信于神明。在上位的人想到造福百姓,这种行为就是忠;祝史真实不欺地祷告,这种行为就是信。现在百姓挨饿而国君享乐不节制,祝史用虚报功德的谀辞来祭祀,我实在不知道怎样才能成功。"随侯说:"我祭祀用的牲畜,毛色统一,膘也肥壮,做祭品的黍稷既丰盛又完备,怎么可能不取信于神明?"季梁回答说:"百姓,是神灵的主人。因此古代圣王都是先团结好百姓,然后才专心于神灵的事。因此在奉献牺牲的时候祝告说'牲口体壮膘肥',这是表示百姓的财力普遍存在,表示牲畜肥壮而生长繁殖旺盛,没有各种癣疥病,又种类齐全而肥壮。在奉献祭器里的谷物时祝告说'洁净的粮食装得满满的',这是说明春、夏、秋三季都没有灾害,百姓安乐而五谷丰登。在奉献甜酒时祝告说'又甜美又清香的好酒',这是说明君臣上下都有美德而没有邪恶之心。所谓的祭品芳香,就是说人心没有邪念。所以应专心致力于春、夏、秋三季的农事,修明五教,亲近九族,用这些行为来祭祀神灵。这样就能使百姓和乐而神灵降福,国家做任何事都会成功。如今百姓各有各的想法,鬼神没有主人,君王一人的祭祀虽然很丰盛,又能求得什么福呢?君王暂且修明政事,亲善兄弟之邦,就差不多得以避免祸难了。"随侯听了很是害怕,决心修明政事,楚国也没敢来攻打随国。

【原文】

[经]夏,四月公会纪侯于成。

[传]夏,会于成①,纪来咨谋齐难②也。

[传]北戎③伐齐,齐侯使乞师于郑④,郑大子⑤忽帅师救齐。六月,大败戎师,获其二帅大良,少良⑥,甲首三百⑦,以献于齐。于是诸侯之大夫戍齐,齐人馈之饩⑧,使鲁为其班⑨,后郑⑩。郑忽以其有功也,怒,故有郎之师⑪。公之未昏于齐也,齐侯欲以文姜妻郑大子忽,大子忽辞。人问其故,大子曰:"人各有耦⑫,齐大非吾耦⑬也。诗云:'自求多福⑭'在我而已,大国何为?"君子曰:"善自为谋⑮。"及其败戎师也,齐侯又请妻之,固辞。人问其故,大子曰:"无事于齐,吾犹不敢⑯;今以君命奔齐之急⑰,而受室以归⑱,是以师昏⑲也,民其谓我何⑳?"遂辞诸郑伯㉑。

[经]秋八月壬午大阅,蔡人杀陈佗。

[传]秋,大阅㉒,简车马㉓也。

[经]九月丁卯,子同生。

[传]九月丁卯,子同㉔生,以大子生之礼举之㉕,接以大牢㉖,卜士负之㉗,士妻食之㉘,公与文姜宗妇命之㉙。公问名于申繻㉚,对曰:"名有五:有信、有义、有象、有假、有类,以名生为信㉛,以德命为义㉜,以类命为象㉝,取于物为假㉞,取于父为类㉟。不以国㊱,不以官㊲,不以山川㊳,不以隐疾㊴,不以畜牲㊵,不以器币㊶。周人以讳事神㊷,名终将讳之㊸。

故以国则讳名⑭，以官则废职⑮，以山川则废主⑯，以畜牲则废祀⑰，以器币则废礼⑱，晋以僖侯废司徒⑲，宋以武公废司空⑳，先君献武废二山㉑，是以大物不可以命㉒。"公曰："是其生也，与吾同物㉝，命之㊑曰同。"

[经]冬，纪侯来朝。

[传]冬，纪侯来朝，请王命㉟，以求成于齐㊱，公告不能。

【注释】

①成：鲁地。今山东省宁阳县东北九十里有故城社，就是古成城。

②来咨谋齐难：纪被齐威胁，有被齐灭的可能，故与鲁商议。

③北戎：春秋时候齐国的边界，当北到河北省无棣县，更以北皆为北戎地。

④使乞师于郑：派人去要求郑国的军队帮助。

⑤大子：大音太。

⑥大良少良：戎国二帅的名字。

⑦甲首三百：披甲的军队，被割下来的首级有三百个。

⑧馈之饩：未煮熟的食物。馈是赠送。

⑨使鲁为其班：使鲁国戍齐的大夫为送饩的班次。

⑩后郑：把郑国列在最后。

⑪郎之师：在桓公十年十二月。

⑫人各有耦：每人各有合适的配偶。

⑬齐大非吾耦：齐是大国，不适合做我的配偶。

⑭自求多福：《诗经·大雅·文王》篇句。

⑮善自为谋：自己谋算的甚好。

⑯无事于齐，吾犹不敢：对齐没有帮助，我尚且不敢。

⑰奔齐之急：齐国有急难，而跑去奔救。

⑱受室以归：接受夫人归国。

⑲师昏：借着军队来成婚。

⑳民其谓我何：人民对我将如何的批评。

㉑遂辞诸郑伯：于是假托郑伯之名而辞谢。

㉒大阅：检阅军队。

㉓简车马：检阅车马的数目。因为郑太子忽怒鲁国班后郑，因此鲁人惧而备战，故检

阅军队。又按经曰:蔡人杀陈佗:陈佗立未会诸侯,故不称爵位。

㉔子同:庄公名。

㉕以大子生之礼举之:大音太。举之是接待的意思。

㉖大牢:大音太。指牛、羊、豕。

㉗卜士负之:《礼记·内则》篇说:卜士扶着他,以桑弧蓬矢射天地四方。

㉘士妻食之:卜士的妻也以乳喂他。

㉙公与文姜宗妇命之:宗妇是同宗的夫人。命之是取名字的意思。

㉚申繻:音须,鲁大夫。

㉛以名生为信:比如唐叔虞鲁公子友及郑穆公兰。

㉜以德命为义:比如文王名昌,武王名发。

㉝以类命为象:比如孔子首像尼丘,故名丘字仲尼。

㉞取于物为假:比如孔子之子叫孔鲤字伯鱼。生时遇人恰好送来鲤鱼,故名鲤字伯鱼。

㉟取于父为类:比如子同与他的父亲同一天生,故名叫子同。

㊱不以国:不能拿本国的名字为名。

㊲不以官:不能拿职官为名。

㊳不以山川:不拿山或河流的名曰为名。

㊴不以隐疾:不拿隐痛疾患为名。

㊵不以畜牲:不以马、牛、羊、豕、犬、鸡六畜的名字为名。

㊶不以器币:不拿铜器玉币为名字。

㊷周人以讳事神:周人对于祖先的名字避讳。

㊸名终将讳之:对于新死的名字将避讳。

㊹故以国则讳名:要用本国的名字,只好更易国名。

㊺以官则废职:用官为名,只好把官的职务去掉。

㊻以山川则废主:每个山水皆有他的主神。

㊼以畜牲则废祀:若以六畜为名,则当用的畜牲祭礼时不能用,如名猪则废猪,名羊则废羊。

㊽以器币则废礼:祭祀或者盟誓所用的器物及玉币要以为名,皆不能用,所以说是废礼。

㊾晋以僖侯废司徒:晋僖侯名司徒,改为中军。

⑤宋以武公废司空：宋武公名司空，改为司城。

⑤先君献武废二山：鲁献公名具，武公名敖，就将具山同敖山改名。

⑤大物不可以命：大物就指的以上所说的国、官、山川、畜牲及器币。不可以命是不可以给人起名。

⑤同物：《史记·鲁世家》也作同日。

⑤命之：给他起名。

⑤请王命：请鲁国代求王的命令。

⑤求成于齐：求于齐国讲和。

【译文】

鲁桓公会见纪侯于成邑。纪侯来咨询谋划应付齐国的威胁。

北戎攻伐齐国。齐国派使者向郑国乞求援军。郑太子忽率领军队去救齐国。六月，大败北戎的军队，把俘获两位将领大良和少良，以及披甲的军队被割下的首级三百个，献给齐国。当时诸侯各国的大夫戍守齐国，齐国人用生的食物赠送他们，派鲁国大夫负责分送，把郑国列在最后，郑太子忽因自己有功劳，因此很生气，所以鲁桓公十年有郎的战役。当鲁桓公还没有成婚于齐国以前，齐侯想把文姜嫁给郑太子忽，太子忽拒绝了。人家问他拒绝的理由，太子说："每个人各有合适的配偶，齐是大国，不适合做我的配偶。《诗经·大雅》说：'自求多福。'追求幸福靠我自己罢了，大国有什么好处呢？"君子说："太子忽很会替自己打算。"等到他打败北戎的军队，齐侯又请求把别的女儿嫁给他，他坚持推辞，人家又问他理由，太子说："对齐国没有帮助，我尚且不敢接受。现在为了国君的命令奔援齐国的急难，因而接受妻室才回国，是仗着军队而结婚，人民将怎样批评我呢？"于是假托郑伯的名义而辞谢。

秋，举行大检阅，为的是检阅车马。

九月，丁卯，子同出生。用太子出生的礼迎接他的诞生，准备了牛羊豕的太牢来迎接。出生三天，由卜士背负着他，由卜士的妻子以乳喂他。出生三月，桓公与文姜以及同宗的夫人给太子取名。桓公向申繻问取名的原则，申繻回答说："取名有五种原则：信、义、象、假、类。以出生时身上的字纹取名，就是信；以他的德性取名，就是义；以他身体的特殊形状取名，就是象；取物品的名做他的名，就是假；取和他父亲有关的事为名，就是类。不用国名为名，不用官名为名，不用山川的名为名，不用隐痛疾病的名为名，不用畜牲的名为名，不用铜器玉帛的名为名。周人对于祀奉祖先避讳而不称名，一个人的名字，终究将要避讳。所以用国名为名就要废去国名，用官名为名就要废去职官，用山川的名字做人名就要废去山川的主神，用畜牲的名字做人名就要废去祭祀，用铜器玉帛的名字做人名就要废去礼节。晋国为了僖侯名司徒的缘故，而废去司徒的官名，宋国为了武公名司空的缘故，而废去司空的官名，我们鲁国为了先君献公和武公的名字而废去二山的名字，所以重大的事物不能拿来取名。"桓公说："那么他出生和我同一天，就叫他做同。"

冬，纪侯来鲁国朝见，请鲁国代他求得周王的命令，以便求和于齐国。桓公告诉他不能办到。

【讲评】

季梁的谏言鲜明地体现了《左传》的民本思想。春秋之事，唯祀与戎，而民是神之主，要想求得战争的胜利，必须和民。随侯恐惧而修明政治，得到民心，使得楚国不敢轻易侵略它。这既是战略思想，也是治国思想。而"齐大非偶"成为郑公子忽留传后世的名言，针对拒婚这件事，既有人感慨他的智慧，也有人感叹他的愚蠢。得到齐女文姜，就得到了大国的支持，郑忽的君位可保，但文姜又是个不安分的女人，她与兄长襄公的淫乱直接或间接地导致了鲁、齐两国君主的死亡，哪样的结果恐怕都不是郑忽所想要的吧。

桓公七年

【原文】

[经]七年春二月己亥，焚咸丘。

夏，榖伯绥来朝。

邓侯吾离来朝。

【原文】

[传]七年春，榖伯、邓侯来朝。名，贱之也。

夏，盟、向求成于郑，既而背之。秋，郑人、齐人、卫人伐盟、向。王迁盟、向之民于郏[1]。

冬，曲沃伯诱晋小子侯，杀之。

【注释】

①郏:王城(在今河南洛阳市)。

【译文】

鲁桓公七年春天,穀伯、邓侯来鲁国朝觐。《春秋》记录他们的名字,是鄙视他们。

夏天,盟邑、向邑向郑国求和,不久又反叛郑国。秋季,郑军、齐军、卫军进攻盟邑、向邑。周天子把盟邑、向邑的民众迁到王城。

冬季,曲沃伯诱骗晋小子侯,把他杀害。

【讲评】

繻葛之战后,郑庄公实力强大,已成小霸,四处征讨。周王室实力更弱,对于诸侯的兼并战争毫无控制的能力,只有善后的作用。这一点从诸侯联军攻打盟邑、向邑后,周桓王只能迁移两地的百姓即可得知。

桓公八年

【原文】

[经]八年(前704年)春正月己卯烝①。

【注释】

①烝:是冬天祭祀。无传。

【译文】

八年,春,正月己卯,举行烝祭。(无传)

【原文】

[经]天王使家父①来聘。
[传]八年春,灭翼②。

[经]夏五月丁丑烝③。

[经]秋,伐邾④。

[传]随少师有宠,楚斗伯比曰:"可矣,雠有衅不可失⑤也。"夏,楚子合诸侯于沈鹿⑥,黄⑦随不会,使薳章让黄。楚子伐随,军于汉淮⑧之间,季梁请下之⑨,弗许,而后战,所以怒我而怠寇⑩也。少师谓随侯曰:"必速战,不然将失楚师。"随侯御之,望楚师⑪。季梁曰:"楚人上左,君必左⑫,无与王遇,且攻其右,右无良⑬焉,必败,偏败⑭,众乃携⑮矣。"少师曰:"不当王,非敌也。"弗从⑯。战于速杞⑰,随师败绩⑱,随侯逸⑲。斗丹⑳获其戎车㉑与其戎右㉒少师,秋,随及楚平。楚子将不许,斗伯比曰:"天去其疾㉓矣!随未可克也。"乃盟而还。

[经]冬十月雨雪㉔。

[传]冬,王命虢仲㉕立晋哀侯之弟缗㉖于晋。

【注释】

①家父:是周天子的大夫,无传。

②灭翼:实在是被曲沃武公所灭。

③烝:烝祭。无传。

④有经无传。

⑤雠有衅不可失:雠国有间隙,机会不可丢掉。

⑥沈鹿:楚地。在今湖北省钟祥市东六十里有鹿湖,池深不可测。

⑦黄:国名,在今河南省潢川县西潢城。

⑧汉淮:指汉水淮水。

⑨请下之:请先服从。

⑩怒我而怠寇:这是为的使我军队激怒振奋,而使敌人懈怠。

⑪望楚师:遥望楚师。

⑫君必左:楚君必在左面。

⑬右无良:楚君既在左边,他的右边必定没有良好的军队。

⑭偏败:右边一偏败了。

⑮众乃携:众军必定四散。

⑯弗从:不从梁的计谋。

⑰速杞:随地,当在今湖北省应山县境。

⑱败绩：全军覆没。

⑲逸：逃遁。

⑳斗丹：楚大夫。

㉑戎车：是随侯所乘的兵车。

㉒戎右：古代兵车上共有甲士三人，一是将，一是御者，一是戎右。

㉓天去其疾：这是指着随少师被擒获而死。

㉔十月雨雪：周正的十月，就是夏正的八月。有经无传。

㉕虢仲：是王卿士虢公林父。

㉖缗：是哀侯之弟的名字。缗音民。

【译文】

周桓王派家父来鲁国聘问。（无传）

八年，春，曲沃武公消灭翼都。

夏，五月，丁丑，举行烝祭。（无传）

秋，鲁国讨伐邾国。（无传）

随国的少师得随侯的宠信。楚国斗伯比说：“可以了，我们的敌国内部有了间隙，机会不可失去。”夏天，楚子会合诸侯于沈鹿。黄国与随国没有到会。楚子便派蒍章去责问黄国，而亲自讨伐随国。驻军在汉水与淮水间的地方。季梁请求随侯先向楚国表示服从，若不允许然后才战，这样做为的是使我国的军队激怒振奋，而使敌人的军队懈怠。但是少师对随侯说：“必定要速战，不然，将会失去打败楚军的机会。”随侯听了少师的话率兵抵御，遥望楚国军队。季梁说：“楚国人以左边为上位，国君必定在左边。我们不要与楚王正面冲突，姑且攻击他的右边，右边没有精良的军队，必定要败，右边一偏败了，众军就会四散。”少师说：“不正面对付楚王，不算是对付敌人。”随侯不听季梁的话。两军交战于速杞，随军败战，随侯逃走。楚大夫斗丹获得了随侯的戎车和他的戎右少师。秋天，随国与楚国讲和，楚子将不答应，斗伯比说：“天已经除去了他的祸患，随国还是不可以被克服的。”于是才会盟而回。

冬，十月，下雪。（无传）

冬，周桓王命令虢仲到晋国，立晋哀侯的弟弟缗为国君。

【原文】

[经]祭公来，遂逆王后于纪。

[传]祭公①来,遂逆②王后③于纪,礼也④。

【注释】

①祭公:祭是周公子所封,现为天子的三公,因为周王使鲁国为他主婚,所以祭公来受命于鲁。

②逆:迎接。

③王后:桓王的后。

④礼也:这样做法,甚为合礼。

【译文】

祭公到鲁国来受命,然后到纪国迎接王后,这是合于礼的。

【讲评】

童书业《春秋左传研究》说,春秋时有公、侯、伯、子、男五种诸侯。其中,周之畿内诸侯有周公、召公,周室尊亲及与王关系密切者也称为"公",如虢公、虞公。宋是商朝之后,于周为客,也称为"公"。其他较大的国如齐、鲁、卫、陈、蔡、晋等国皆称"侯"。畿内及畿外小国之君有称为"伯"的,如原伯、毛伯、郑伯、曹伯等。蛮夷之君皆称为"子",如楚、吴、越、邾、莒等。"男"是华夏小国诸侯之称,与子相近,如许男等。但是春秋时期称呼爵位已较混乱。楚武王是诸侯僭号为王的第一人,也是楚国的奠基者之一。他有雄才大略,在位五十一年间,利用周王室衰微、而诸侯大国尚无力南顾的良好时机,对内创县制,设令尹,置陈兵之法,积极进行政治、军事改革,对外进行武力扩张,多次征伐、吞并周围的小国,扩大了楚国的疆域。武王前后伐随三次,用意不是单为吞并土地,而是想让与天子同姓的随国成为其附庸,提升楚国的政治地位。这里记载的是第二次战争,随国战败后被迫立盟,尊楚子为王,从此开始了楚国的强盛之路。

桓公九年

【原文】

[经]九年春,纪季姜归于京师。

夏四月。

秋七月。

冬,曹伯使其世子射姑来朝。

[传]九年春,纪季姜归于京师。凡诸侯之女行,唯王后书。

巴子使韩服告于楚,请与邓为好。楚子使道朔将巴客以聘于邓。邓南鄙鄾人攻而夺之币,杀道朔及巴行人。楚子使薳章让于邓,邓人弗受。

夏,楚使斗廉帅师及巴师围鄾。邓养甥、聃甥帅师救鄾,三逐巴师,不克。斗廉衡^①陈其师于巴师之中,以战,而北^②。邓人逐之,背巴师,而夹攻之,邓师大败。鄾人宵溃。

秋,虢仲、芮伯、梁伯、荀侯、贾伯伐曲沃。

冬,曹大子来朝。宾之以上卿,礼也。享曹大子,初献,乐奏而叹。施父曰:"曹大子其有忧乎! 非叹所也。"

【注释】

①衡:通横。
②北:败走。

【译文】

九年春季,纪国的纪姜出嫁到京师。但凡诸侯的女儿出嫁,只有出嫁做王后的婚事才进行记录。

巴子派遣特使韩服向楚国汇报,请求楚国帮助巴国和邓国建立友好关系。楚王派章楚大夫道朔领着巴国使者到邓国访问,邓国南疆的人攻击他们,抢走了财礼,杀死道朔和巴国使者。楚王派薳章谴责邓国,邓国却不肯认错。

夏天,楚国派遣楚大夫斗廉领着楚军和巴军围攻鄾人,此时邓大夫养甥、聃甥领着军队救援人,邓军三次向巴军袭击,都未能取胜。斗廉摆成横阵排列在巴军中间跟邓军打仗,交战时伪装战败逃走。邓军追赶楚军,巴军处于他们的背面。楚、巴两军对邓军展开夹攻,邓军惨败,鄾人也在夜晚溃散了。

秋季,虢仲、芮伯、梁伯、荀侯、贾伯一起出兵进攻曲沃。

冬季,曹太子来鲁国朝觐,以上卿之礼进行款待,这是合乎礼制的。设宴款待曹太子,开始献酒,接着演奏,曹太子不禁叹气。鲁大夫施父讲:"曹太子或许会有什么忧心事吧? 可这儿不是叹气的地方。"

【讲评】

楚国在南方的崛起逐渐引起中原诸侯的不安,春秋初霸郑国与蔡国为了防范楚国的北进而在邓国会盟即是其明证。楚武王熊通僭号称王后,通过沈鹿会盟得到周边诸侯的承认,巴国等在会盟后成为楚国的附庸国。楚国与邓国既有政治联姻关系,又有战略上的敌对关系。从地理位置上来说,邓国是楚国北进的阻碍。鲁桓公九年,由于巴国使者在邓的附属国鄾被杀而引发了楚、巴、邓、鄾之间的战争,邓、鄾联军战败,鄾地也被楚国占领,离楚灭邓北进又进了一步。此战中楚斗廉采用了后撤诱敌、两翼包抄合围的战法,是春秋时期运用后退包围战术取得胜利的著名战役。

桓公十年

【原文】

[经]十年(前702年)春王正月庚申,曹伯终生卒。
[传]十年春,曹桓公①卒。
[经]夏五月葬曹桓公②。

【注释】

①曹桓公:就是曹伯终生。
②曹桓公:即曹伯终生的谥号。无传。

【译文】

十年,春,曹桓公逝世。
夏,五月,安葬曹桓公。(无传)

【原文】

[经]虢仲谮①其大夫詹父②于王,詹父有辞③,以王师伐虢。夏,虢公出奔虞④。
[经]秋,公会卫侯于桃丘⑤弗遇⑥。
[传]秦⑦人纳芮伯万⑧于芮。

[传]初,虞叔⑨有玉,虞公求旃⑩,弗献,既而悔之。曰:"周谚⑪有之'匹夫无罪⑫',怀璧其罪⑬',吾焉用此⑭,其以贾害⑮也。"乃献之⑯,又求其宝剑。叔曰:"是无厌也,无厌将及我⑰。"遂伐虞公,故虞公出奔共池⑱。

[经]冬,十有二月丙午,齐侯,卫侯,郑伯来战于郎。

[传]冬,齐,卫,郑来战于郎,我有辞也⑲。初北戎病齐⑳,诸侯救之,郑公子忽有功焉。齐人饩诸侯,使鲁次㉑之,鲁以周班后郑㉒,郑人怒,请师于齐,齐人以卫师助之,故不称侵伐㉓,先书齐,卫,王爵也㉔。

【注释】

①谮:以谗诬的话告诉他人。

②詹父:虢仲所属下的周大夫。

③詹父有辞:詹父有理由可以诉说。

④虞:姬姓,周武王封太王之子仲雍之后于虞。在今山西省解县东北四十里古虞城。

⑤桃丘:在今山东省东阿县西五十里桃城铺,旁有一丘,高可数仞,即桃丘。

⑥弗遇:先有约会相会,但未能遇见。有经无传。

⑦秦:嬴姓,伯爵,出自颛顼裔孙女修。其后人非子为周孝王养马,周人封为附庸。

⑧纳芮伯万:见桓公四年《左传》,王师秦师围魏执芮伯以归,所执的君就是芮伯万,现在方将他纳归到芮国。

⑨虞叔:虞公之弟。

⑩求旃:旃代表玉。

⑪周谚:周国习用的谚语。

⑫匹夫无罪:匹夫等于平民。无罪指本来没有罪过。

⑬怀璧其罪:只因为他有玉就有了罪过。

⑭吾焉用此:我何必保存这块玉。焉等于安,此是指玉。

⑮贾害:贾音。买来祸害。

⑯乃献之:就将玉献给虞公。

⑰无厌将及我:如此不满足,就将杀我。

⑱共池:杜预注地名阙,但《春秋传说汇纂》说:共池在今山西省平陆县西。共音洪,一音恭。

⑲我有辞也:我有理由可说。

⑳北戎病齐：北戎侵伐齐国，见桓公六年。

㉑次：为班郑伫的次序。

㉒周班后郑：郑只是伯爵，论爵位的班次，在各侯爵的下面。

㉓不称侵伐：只言战，而不言侵略。

㉔先书齐卫王爵：虽然主持军队的是郑人，但因为齐、卫皆是侯爵，所以竹简上以王爵为高下。

【译文】

　　虢仲向周王谮害他的大夫詹父。詹父有理由可以解释。就用周王的军队讨伐虢国。夏，虢公出奔到虞国。

　　秋，鲁桓公依照约定到桃丘会卫侯，结果没有遇到。（无传）

　　秋，秦人把芮伯万纳归芮国。

　　起初，虞叔有一块玉，虞公向他要那块玉，他不肯献出来。不久就后悔了，便说："周国的谚语有一句话说：'一个人原本没有罪，只因他怀有玉璧就有了罪。'我何必保有这块玉，岂不是用它买来祸害吗？"就将玉献给虞公。虞公又向他要他的宝剑。虞叔说："这简直是不知道满足。如此不满足，就将会杀我。"于是他就攻伐虞公，所以虞公出奔到共池。

　　冬，齐国、卫国和郑国来与鲁国交战于郎的地方。我们鲁国有理由可以说明他们来战的原因。起初，北戎侵伐齐国，诸侯派兵援救他，郑公子忽最有功劳。当齐国人把食物赠送给诸侯，派鲁国大夫负责排定分送的次序，他按照诸侯爵位的班次，把郑国排在后面。郑国人很生气。所以就向齐国请求出兵，齐人又以卫国军队帮助他。所以经上不说是侵伐，并且郑国主战，而先写齐、卫，是依照王爵为高下的缘故。

【讲评】

　　《左传》叙事往往注重铺垫，尤其是关涉到国家和人事的兴衰，内因外因都交代清楚，绝无突兀之笔。虢、虞二国的君主均属内政不修，颇有失德之处，如虢公与大夫不和，而虞公兄弟因财生隙，看到两国君主的行为，对两国接连灭亡的原因也就很清楚了。

桓公十一年

【原文】

[经]十有一年(前701年)春正月,齐人,卫人,郑人盟于恶曹。

[传]十一年春,齐,卫,郑,宋盟于恶曹①。

[传]楚屈瑕②将盟贰轸③,郧④人军于蒲骚⑤,将与随,绞⑥,州⑦,蓼⑧伐楚师,莫敖患之⑨。斗廉曰:"郧人军其郊,必不诫⑩,且日虞四邑之至⑪也,君⑫次于郊郢⑬,以御四邑,我以锐师宵加⑭于郧,郧有虞心⑮而恃其城⑯,莫有斗志,若败郧师,四邑必离⑰。"莫敖曰:"盍⑱请济师⑲于王?"对曰:"师克在和不在众,商周之不敌⑳,君之所闻也。成军以出㉑,又何济焉?"莫敖曰:"卜之㉒。"对曰:"卜以决疑㉓,不疑何卜㉔?"遂败郧师于蒲骚,卒盟㉕而还。

[传]郑昭公之败北戎也㉖,齐人将妻之,昭公辞。祭仲曰:"必取之,君多内宠㉗,子无大援㉘,将不立㉙,三公子㉚皆君也。"弗从。

郑昭公

[经]夏五月癸未,郑伯寤生卒。

[传]夏,郑庄公㉛卒,初祭封人仲足㉜有宠于庄公,庄公使为卿,为公娶邓曼㉝,生昭公,故祭仲立之。宋雍氏㉞女㉟于郑庄公,曰:雍姞㊱,生厉公。雍氏宗㊲有宠于宋庄公。故诱祭仲而执之㊳。曰:"不立突㊴,将死。"亦执厉公而求赂㊵焉。祭仲与宋人盟,以厉公归而立之。

[经]秋七月,葬郑庄公㊶。

[传]九月,宋人执郑祭仲,突归于郑,郑忽出奔卫。

[传]秋九月丁亥,昭公㊷奔卫。己亥,厉公立。

[经]柔㊸会宋公,陈侯,蔡叔,盟于折㊹。

【注释】

①恶曹:服虔说,经不书宋,因为宋后盟。杜预注,恶曹地阙,不知今何地名。

②屈瑕:屈姓为楚大姓,楚武王生子瑕封于屈,因以为氏。

③贰、轸:皆匽姓国,在今湖北省应山县境。

④郧:郧音云,是国名,郧姓,在今湖北省云梦湖旁。

⑤蒲骚:在今湖北省应城市北三十里。

⑥绞:国名,在今湖北省郧阳县西北。

⑦州:国名,在今湖北省监利县东三十里有州陵城。

⑧蓼:音了,国名,在河南省唐河县南八十里。

⑨莫敖患之:莫敖是楚官名,就是屈瑕.患之指以郧人这种办法为忧患。

⑩必不诫:必然没有防备。

⑪日虞四夷之至:王念孙说:"《方言》及《广雅》皆曰'言日望四邑之至也'。"较杜注谓虞为度为优。

⑫君:谓屈瑕。

⑬郊郢:楚地,在今湖北省安陆市有故郢城。

⑭锐师宵加:精锐的军队夜中进兵。

⑮郧有虞心:郧国有希望四邑来救的心。

⑯而恃其城:而仗恃他的城近能守。

⑰离:分离。

⑱盍:何不。

⑲济师:增益军队。

⑳商周之不敌:商指纣,周指武王,这是根据《尚书·泰誓》篇"纣有亿兆夷人,亦有离德;余有乱臣十人,同心同德"。

㉑成军以出:将军队组织成前进。

㉒卜之:占卜。

㉓卜以决疑:占卜是为了解决疑难。

㉔不疑何卜:不疑难又何必占卜。

㉕卒盟:终于与贰、轸两国盟誓。

㉖郑昭公之败北戎也:已见桓公六年。

㉗内宠:郑庄公内宠的夫人甚多。

㉘子无大援:没有大国的援助。

㉙将不立:因此不能即立为君。

㉚三公子：指子突、子亹、子仪。

㉛郑庄公：即郑伯寤生。

㉜祭封人仲足：祭在今河南省中牟县。封人是管封疆的小吏。

㉝邓曼：曼音万，曼为邓姓。

㉞雍氏：姞姓，宋国的大夫。

㉟女：以女嫁人曰女，是动词。

㊱雍姞：因为她是姞姓的女孩，女子称姓不称氏。姞，音吉。

㊲雍氏宗：雍氏的宗祖。

㊳故诱祭仲而执之：所以引诱祭仲往宋国而将他擒获。

㊴突：即厉公名。

㊵求赂：要求贿赂。

㊶葬郑庄公：郑庄公卒方才三个月，就予以埋葬，可见甚速。无传。

㊷昭公：即公子忽。

㊸柔：鲁大夫。

㊹折：鲁地，今地名阙。

【译文】

十一年，春，齐国、卫国、郑国和宋国会盟于恶曹。

楚国的屈瑕将要与贰国及轸国会盟。这时，郧国人驻军在蒲骚，将要与随国、绞国、州国、蓼国一起攻伐楚国军队。莫敖屈瑕为此很发愁。斗廉向他说："郧国人驻军在他们的都城的郊外，必然没有戒备，并且每天只盼望四国军队的来临。你去驻军在郊郢以抵御四国的军队，我用精锐的部队趁夜向郧国进兵。郧国人的心理希望着四国来救，而且仗恃着靠近自己的都城，因此不会有战斗的意志。若是击败了郧国军队，四国必生离心。"莫敖说："何不向国王请求援军呢？"斗廉回答说："军队的胜利在于和协，不在于众多。商纣和周武王两人的军队数目相差很远，是你所知道的。组成一支军队才前进，又为何要增兵呢？"莫敖说："用占卜来决定吧！"斗廉回答说："占卜是为了解除疑虑，既没有疑虑，何必要占卜！"于是．斗廉击败了郧国军队于蒲骚。莫敖完成了与贰国及轸国的会盟而后才回国。

当年郑昭公击败北戎以后，齐国将把女儿嫁给他，郑昭公推辞。祭仲对他说："必要娶了才好。我们的国君有很多的内宠，您若没有大国的援助，恐怕将不能继立为国君。

三位公子都是和您竞争君位的人。"但郑昭公没有听他的话。

夏天,郑庄公逝世。起初,祭地的封人仲足得到庄公的宠信,庄公派他做卿,代表庄公迎娶邓曼,生了昭公,所以祭仲立昭公为国君。而宋国大夫雍氏也曾把女儿雍姑嫁给郑庄公,生了厉公。雍氏的宗人得到宋庄公的宠信,所以诱骗祭仲到宋国,然后把他抓起来,对他说:"不立公子突(即厉公),就要你的性命。"同时也挟执厉公籍以求取贿赂。祭仲只好与宋人盟誓,然后带着厉公回到郑国,立他为国君。

秋,七月,安葬郑庄公。(无传)

秋,九月丁亥,郑昭公出奔到卫国。己亥,郑厉公立为国君。

鲁大夫柔会见宋公,陈侯及蔡叔,与他们盟誓于折。(无传)

【原文】

[经]公会宋公于夫钟①。

[传]冬十有二月,公会宋公于阚②。

【注释】

①夫钟:郕地,在今山东省宁阳县盛乡城北有夫钟里。夫音扶。

②阚:在今山东省汶上县西有阚亭在南旺湖中。

【译文】

鲁桓公会见宋公于夫钟。(无传)

冬,十二月,鲁桓公会见宋公于阚。(无传)

【讲评】

蒲骚之战是楚国东进的首捷。在这次战争中,郧国大败。楚国远交近攻,与贰、轸二国结成了联盟,顺利开始了向汉东的扩张。圈廉提出了"师克在和而不在众"的道理,后来经过吴起、孟轲等思想家、军事家的完善和发展,发挥为"天时不如地利,地利不如人和"的观念。

桓公十二年

【原文】

[经]十有二年春正月。

夏六月壬寅,公会札侯、莒子,盟于曲池。

秋七月丁亥,公会宋公、燕人,盟于谷丘。八月壬辰,陈侯跃卒。公会宋公于虚。

冬十有一月,公会宋公于龟。丙戌,公会郑伯,盟于武父。丙戌,卫侯晋卒。十有二月,及郑师伐宋。丁未,战于宋。

[传]十二年夏,盟于曲池,平杞、莒也。

公欲平宋、郑。秋,公及宋公盟于句渎之丘。宋成未可知也,故又会于虚。冬,又会于龟。宋公辞平^①,故与郑伯盟于武父,遂帅师而伐宋,战焉,宋无信也。君子曰:"苟信不继,盟无益也。《诗》云'君子屡盟,乱是用长,无信也。'"

楚伐绞,军其南门。莫敖屈瑕曰:"绞小而轻,轻则寡谋。请无扞采樵者以诱之。"从之。绞人获三十人。明日,绞人争出,驱楚役徒于山中。楚人坐其北门,而覆诸山下;大败之,为城下之盟而还。

伐绞之役,楚师分涉于彭。罗人欲伐之,使伯嘉谍^②之,三巡数之。

【注释】

①辞平:拒绝讲和。

②谍:侦察。

【译文】

十二年夏天,桓公与杞侯、莒子在曲池会盟,目的是为促成杞、莒两国议和。

桓公想促成宋、郑两国友善。秋天,桓公和宋公在句渎之丘会盟。由于还不了解宋国的和平诚意,故而桓公又大虚地与宋公见面。冬天,又在龟地同宋公同见面。宋公最终拒绝讲和,故而桓公同郑伯在郑地武父结盟,紧接着便领着军队联合攻打宋国。鲁、郑国故而要伐宋,是因为宋国不讲信用。君子说:"要是信义不能长久维持,订立盟约也是没有好处的。《诗经》讲:'君子屡次结盟,动乱一定滋长。'这都是由于不讲信用的结果。"

　　楚人出兵攻打绞国,军队驻扎在绞国首都的南门。莫敖屈瑕讲:"绞国弱小而轻浮,轻浮便缺少谋略。请不要派军队保卫砍柴的人,以此欺骗绞人。"楚王听从了他的建议。绞人俘获了三十个砍柴的人。第二天,绞人抢着出城,到山里去追击楚国的砍柴人。楚军在北门等候着,同时在山下设下伏兵;最终大败绞人,迫使绞国签订了城下之盟而回国。

　　在攻击绞国的这次战役中,楚军分批渡过彭水。罗国人想乘机进攻楚军,于是便派遣大夫伯嘉探察敌情,他三次遍数了楚军的人数。

【讲评】

　　楚国在蒲骚之战中战胜了试图阻遏其东进的郧国军队,第二年又用诱敌之计大败绞国,并逼迫绞国订立了屈辱的"城下之盟"。

桓公十三年

【原文】

　　[传]十三年(前699年)春,楚屈瑕伐罗,斗伯比送之,还谓其御①曰"莫敖必败,举趾高心不固矣②。"遂见楚子曰:"必济师③。"楚子辞焉。入告夫人邓曼④。邓曼曰:"大夫其非众之谓⑤,其谓君抚小民以信,训诸司⑥以德,而威莫敖以刑⑦也。莫敖狃⑧于蒲骚之役⑨,将自用也⑩,必小罗,君若不镇抚⑪,其不设备⑫乎?夫⑬固谓君训众而好镇抚之⑭,召诸司而劝之以令德⑮,见莫敖而告诸天之不假易⑯也!不然,夫⑰岂不知楚师之尽行也。"楚子使赖⑱人追之,不及。莫敖使徇⑲于师曰:"谏者有刑⑳。"及鄢㉑,乱次以济㉒,遂无次,且不设备㉓。及罗,罗与卢戎㉔两军之㉕,大败之。莫敖缢㉖于荒谷㉗,群帅因于冶父㉘,以听刑。楚子曰:"孤㉙之罪也,皆免之㉚。"

【注释】

　　①其御:斗伯比的车夫。

　　②趾高心不固也:脚抬得很高,证明他的心不定。

　　③必济师:必须增加军队。

④邓曼:是楚武王的夫人,邓国之女,曼姓。

⑤大夫其非众之谓:大夫指斗伯比。他所说并非指着增加军队。

⑥诸司:指百官而言。

⑦威莫敖以刑:用刑罚来威吓莫敖。

⑧狃:习惯而不以为意。

⑨蒲骚之役:在桓公十一年。

⑩将自用也:自以为上次蒲骚之役的胜利,而信用自己。

⑪镇抚:镇压抚绥之谓,此有戒饬莫敖之意。

⑫其不设备:将不备战。

⑬夫:指第三者,即斗伯比而言。

⑭训众而好镇抚之:训诫众人而善于镇压抚绥他们。

⑮劝之以令德:用美善的德性来规劝他。

⑯天之不假易:王念孙说:"假易,犹宽纵也。天不假易谓天道之不相宽纵也。"

⑰夫:仍指斗伯比。

⑱赖:据《春秋传说汇纂》,赖国在今河南省商城县南名赖亭。

⑲徇:遍布命令。

⑳谏者有刑:凡谏诤者即处以极刑。

㉑鄢:现在湖北省宜城市南有宜城故城即古鄢国。今按《水经注》,鄢水亦名宜水,此即洪亮吉所谓淇水。

㉒乱次以济:过河的时间,不按着军队的行列。

㉓且不设备:并且不预为戒备。

㉔卢戎:卢在今湖北省南漳县东五十里。

㉕两军之:两边军队来攻击莫敖。

㉖缢:初民社会相信身体若在生时受有伤害,其痕迹必带在死后,英人弗来则(H.G. Frazer)对此有专文研究。所以春秋时,人仍不欲以剑器自杀,而必自缢,以保存尸体。这种思想一直至清代新刑律以前,历代斩头皆重于绞刑,即由于此。

㉗荒谷:在湖北省江陵县东,据《荆州记》州东三里,有三湖,湖东有水,名荒谷。

㉘冶父:今湖北省江陵县东。《水经注》"荒谷东岸有冶父城"。

㉙孤:楚称王,故自称曰孤。

㉚皆免之:赦免诸将领的罪。

【译文】

十三年,春,楚国的屈瑕将去攻伐罗国。斗伯比为他送行,回来以后,对他的车夫说:"莫敖必定要失败的。他的脚抬得很高,证明他的心不定。"于是就去见楚子,对楚子说:"必要增加军队支持屈瑕才好。"楚子拒绝。楚子进到室内,把这件事告诉他的夫人邓曼。邓曼说:"他所说的并不是指增加军队,而是说您安抚小百姓要用诚信,训示诸位官员要用德行,而威临莫敖要用刑法。莫敖习惯于蒲骚之役的胜利,而信用自己的才干,必定小看了罗国。您若不加以镇压抚绥,岂不是等于不备战吗?他的意思当然是说,您应该训诫众人而好好地镇压抚绥他们。召集诸位官员而用美德规劝他们。亲见莫敖而告诉他天道的不相宽纵。不然,他难道不知道楚国军队已经都动员了吗?"楚子就派赖国人去追莫敖屈瑕,没有追到。莫敖派人在军中遍布命令说:"凡诤谏的人就处以极刑。"军队到达鄢水边,渡河的时候,行列大乱,于是全军就不再有秩序,并且毫无戒备。到达罗国,罗国与卢戎的军队两面合攻莫敖,完全把他击败。莫敖上吊自杀于荒谷,其他诸位将领被囚在冶父,以听候判罪。楚子说:"这是我的罪,把他们都赦免了吧!"

【原文】

[经]十有三年春三月,公会纪侯,郑伯。己巳,及齐侯,宋公,卫侯,燕人战,齐师,宋师,卫师,燕师败绩。

[传]宋多责赂于郑①,郑不堪命②,故以纪鲁及齐与宋,卫,燕战,不书所战③,后也④。

[经]三月葬卫宣公⑤。

[经]夏大水⑥。

[经]秋七月。

[经]冬十月。

[传]郑人来请修好⑦。

【注释】

①宋多责赂于郑:桓公十一年,宋执厉公而求赂,现在他要求的赂增加。

②郑不堪命:郑人不能够忍受。

③不书所战:不把作战的地方写出来。

④后也:因为鲁桓公到的时候甚晚。

⑤卫宣公:名晋。无传。

⑥有经无传。

⑦来请修好:因为鲁国帮助伐宋,所以要求重新修好。

【译文】

宋国向郑国要求增加贿赂,郑国人不能忍受它的要求,所以就借着纪国与鲁国的军队和齐国、宋国、卫国、燕国的军队作战。没有记载会战的地方,是因为鲁桓公到得太迟。

三月,安葬卫宣公。(无传)

夏,发生大水灾。(无传)

秋,七月。(无传)

冬,十月。(无传)

郑国人来鲁国请求重新修订两国的和约。

【讲评】

楚莫敖屈瑕因蒲骚、绞之战的连续胜利而骄傲自满,在率领大军讨伐小国罗的时候遭遇了惨败。主将屈瑕自缢,开创了楚国统帅以身殉职、以死谢罪的先例。而武王夫人邓曼则在此战之初就显示出她非凡的政治远见。清马骕《左传事纬》称赞邓曼:"趾高而知必败,心荡而知禄尽,楚乃有此奇识人!"

桓公十四年

【原文】

[经]十有四年(前698年)春正月,公会郑伯于曹。

[传]十四年春,会于曹,曹人致饩①,礼也②。

[经]无冰③。

[经]夏五④。

[经]郑伯使其弟语来盟。

[传]夏,郑子人⑤来寻盟⑥,且修曹之会⑦。

[经]秋八月壬申,御廪灾,乙亥尝。

[传]秋八月壬申,御廪⑧灾⑨。乙亥,尝⑩,书不害⑪。

[经]冬十有二月丁巳,齐侯禄父⑫卒。

[经]宋人以齐人,蔡人,卫人,陈人伐郑。

[传]冬,宋人以⑬诸侯⑭伐郑,报宋之战⑮也。焚渠门⑯入及大逵⑰,伐东郊⑱取牛首⑲,以大宫⑳之椽㉑归为卢门㉒之椽。

【注释】

①致饩:饩是未熟的食物;因为鲁国与郑公会于曹,曹伯当然与会。

②礼也:因为曹是地主,其赠送食物,这是合于道理的。

③无冰:表示不合于季节。有经无传。

④夏五:竹简因年久损坏,并非不书月,含有深文大义。

⑤子人:即弟语。

⑥寻盟:重申以前的旧盟。

⑦且修曹之会:并且修好最近与曹的盟会。

⑧御廪:鲁侯亲耕所得的食粮,储藏的仓库。

⑨灾:为火所焚。

⑩尝:祭祖先的意思。

⑪书不害:谷被灾,而能祭祀祖先,可见御廪灾是未受灾害的。

⑫禄父:即齐僖公,隐公六年曾与鲁国盟于艾。齐僖公的时候,齐国已经相当的强盛,所以《国语·齐语》称他为"小霸"。

⑬以:藉。

⑭诸侯:即经所说的齐、蔡、卫、陈各国的军队。

⑮报宋之战:宋之战在桓公十二年。

⑯渠门:是郑国都城的城门。

⑰大逵:是郑国的大路,路宽度能容九辆车并行。

⑱东郊:郑国都城的郊外。

⑲牛首:在今河南省陈留县西南十一里有牛首城。今按《水经注》说:"叙沙水所迳有牛首亭。"

⑳大宫:大音泰。大宫是郑祖庙。

㉑椽:音船。上承屋瓦的圆木。

㉒卢门：即宋城门。

【译文】

十四年，春，鲁桓公与曹伯会见于曹。曹国人赠送生的食物，这是合于礼的。

没有冰雪。（无传）

夏五。（无传）

夏，郑伯的弟弟子人来鲁国重申以前的旧盟，并且修订最近在曹国的会盟。

秋，八月壬申，天火焚烧鲁国的御廪。乙亥，祭祀祖先。记载这件事表示天火并未损害祭祀用的谷物。

冬，十二月丁巳，齐僖公禄父逝世。

宋国人借着诸侯的军队攻伐郑国，用以报复桓公十二年的宋之战。诸侯的军队焚烧郑国都城的渠门，进军到达宽大的车道，攻伐郑国都城的东郊，占领牛首，并带回郑国大宫的椽木做宋国卢门的椽木。

【讲评】

春秋初霸郑庄公死后，其子昭公、厉公等为继承君位而兄弟相争，列国插手其中，郑国陷入长达二十多年的动荡之中，使得郑庄公时期积累的优势消失殆尽。特别是宋国联合齐、卫、陈、蔡攻进郑国都城劫掠，可见郑国国力已大为削弱。

桓公十五年

【原文】

[经]十有五年春二月，天王使家父来求车。三月乙未，天王崩。

夏四月巳巳，葬齐僖公。五月，郑伯突出奔蔡。郑世子忽复归于郑。许叔入于许。公会齐侯于艾。邾人、牟人、葛人来朝。

秋九月，郑伯突入于栎。

冬十有一月，公会宋公、卫侯、陈侯于袲，伐郑。

[传]十五年春，天王使家父来求车，非礼也。诸侯不贡车服，天子不私求财。

祭仲专。郑伯患之，使其婿雍纠杀之。将享诸郊①，雍姬知之，谓其母曰："父与夫孰亲?"其母曰:"人尽夫也,父一而已,胡可比也?"遂告祭仲曰:"雍氏舍其室而将享子于郊。吾惑之,以告。"祭仲杀雍纠,尸诸周氏之汪。公载以出,曰:"谋及妇人,宜其死也。"夏,厉公出奔蔡。

六月乙亥,昭公人。

许叔人于许。

公会齐侯于艾,谋定许也。

秋,郑伯因栎人杀檀伯,而遂居栎。

冬,会于袤,谋伐郑,将纳厉公也。弗克而还。

【注释】

①享诸郊:在郊外设宴诱杀祭仲。

【译文】

十五年春天,周桓王派大夫家父前去鲁国索求车辆,这是不合于礼制的。由于诸侯不向周王进贡车辆与礼服,天子不应向诸侯求取财物。

郑大夫祭仲专权,郑厉公担忧这件事,派祭仲的女婿雍纠去杀死他。雍纠预备在郑国都城的郊外宴请祭仲,雍纠的妻子雍姬晓得了这件事,对她母亲说:"父亲跟丈夫,谁最亲近?"她母亲讲:"女子在未嫁之前人人都可能成为女人的丈夫,父亲却只有一个,这如何能相比呢?"于是雍姬便告诉祭仲讲:"雍纠不在家中而打算在郊外宴请您,我怀疑这件事,故而告诉您。"祭仲便杀死雍纠,把尸体摆放在周氏水池边示众。郑厉公用车装上雍纠的尸体出奔,他说:"大事跟妇女商量,死得当然。"夏季,郑厉公逃亡到蔡国。

六月乙亥日,郑昭公回到郑国就位。

许叔进入许国的都城为君。

桓公与齐侯在艾地见面,目的是为了共商安定许国的事。

秋季,郑厉公利用栎地的人杀害守栎大夫檀伯,自己由此就居住在栎地。

冬天,鲁桓公跟宋庄公、卫惠公、陈庄公在袤地见面,是为了商量攻打郑国,以便送厉公回国的事。不过战争失败,便各自退兵回国了。

【讲评】

春秋时期贵族内部的倾轧斗争异常激烈,远非人情所能理解。雍姬在父亲祭仲和丈夫雍纠这两个最重要的亲人之间做出了艰难的抉择,也留下了"人尽可夫"这个经常被误解的成语。雍姬母亲的话从血缘的角度来说是有道理的,另外,这种说法也与当时再婚普遍,对妇女还没有"从一而终"的要求有关。这种残酷的选择在春秋政治家族中并不罕见,如襄公二十八年齐大夫卢蒲癸欲杀岳父庆舍,他的妻子庆姜做出了与雍姬相反的选择。

桓公十六年

【原文】

[经]十有六年(前696年)春正月,公会宋,蔡侯,卫侯于曹。

[传]十六年春正月,会于曹,谋伐郑①也。

[经]夏四月,公会宋公,卫侯,陈侯,蔡侯,伐郑。

[传]夏伐郑②。

[经]秋七月,公至自伐郑。

[传]秋七月,公至自伐郑,以饮至之礼③也。

[经]冬,城向。

[传]冬,城向,书时④也。

【注释】

①谋伐郑:因为去年冬,曾谋伐郑,纳厉公,但是不能成功,所以现在更讨论这件事。

②夏伐郑:夏天各诸侯方实行伐郑。

③以饮至之礼:《左传》桓公二年说:"凡公行,告于宗庙,反行饮至,舍爵策勋焉,礼也。"饮至的礼节亦应当在庙,所以史官就记载在竹简上。

④书时:因为不妨害农时,所以书时。

【译文】

十六年,春,正月,鲁桓公会见宋公、蔡侯、卫侯于曹,谋划讨伐郑国。

夏,鲁桓公会合宋公、卫侯、陈侯、蔡侯讨伐郑国。

秋,七月,鲁桓公讨伐郑国以后回到鲁国,举行饮至的典礼。

冬,修筑向邑的城墙,记载这件事表示它合于时宜。

【原文】

[经]十有一月,卫侯朔出奔齐。

[经]初,卫宣公烝于夷姜①,生急子。属诸②右公子③,为之娶于齐而美,公取之,生寿及朔,属寿于左公子④,夷姜缢⑤。宣姜⑥与公子朔构⑦急子,公使诸齐,使盗待诸莘⑧将杀之,寿子告之使行⑨,不可。曰:"弃父之命,恶用子矣⑩,有无父之国则可也。"及行,饮以酒,寿子载其旌以先⑪,盗杀之。急子至曰:"我之求也⑫,此何罪⑬?请杀我乎!"又杀之,二公子故怨惠公。十一月,左公子洩,右公子职⑭立公子黔牟⑮,惠公⑯奔齐。

【注释】

①烝于夷姜:在初民社会的时代,贵族是多妻制度,所以有媵娣制,由此而又发生了烝报制,这是两件相连的制度。烝是在父亲死后,除其生母外,皆可娶为己妻,所生的儿子,其地位亦同嫡子相等。至春秋时代,这种制度仍旧通行,但见于《左传》所记载者只有六、七条,皆因为政治原因,而有所记载,其余不发生政治问题的,而不见于记载的,想必不可胜数,其详见我所著《中国古代社会史》。夷姜是宣公的庶母。

②属诸:托付给。

③右公子:是右媵所生的儿子。

④左公子:左媵所生的儿子。

⑤夷姜缢:缢就是上吊自杀,是因为失宠的缘故。缢亦见桓十三年"莫敖缢于荒谷"注。

⑥宣姜:即宣公先为急子所娶,而后又自娶的齐国女子。

⑦构:用言语陷害。

⑧莘:卫地,在今山东省莘县北莘田故城。《水经注》说"莘亭道陕限蹊要。自卫适齐之道也"。

⑨使行:使他赶紧离开卫国。

⑩弃父之命,恶用子矣:恶即安能。舍弃父亲的命令,这种儿子做何用处?

⑪载其旌以先:旌是急子所用的旌旗,旗上绘有他所代表的标志,就驱车先走。

⑫我之求也:这是我所求的。

⑬此何罪:此是指着寿子,他有什么罪要被杀?

⑭左公子洩,右公子职:左公子名洩,右公子名职。

⑮黔牟:是宣公所庶出的公子。

⑯惠公:即经所写的卫侯朔。

【译文】

起初,卫宣公娶他的庶母夷姜,生急子,把急子托付给右公子。后来卫宣公为急子娶一位齐国的女子,因为她长得美,宣公便自己娶了她,生寿及朔两人。把寿托付给左公子。夷姜因为失宠就上吊自杀。宣姜和公子朔陷害急子,宣公就派急子到齐国去。另外派一名恶盗在莘的地方等候!要把急子杀害。寿子知道这个阴谋,就告诉急子,要他赶紧离开卫国。急子不肯那么做,说:"舍弃父亲的命令,这种儿子做何用处?若是世界上有无父的国家,才可以那么做呢!"等到他要出发去齐国时,寿子用酒为他饯行,让急子喝醉,自己载着急子的旌旗先走,恶盗就把他杀了。等到急子赶到说:"要死的是我呀!他有什么罪呢?请杀了我吧!"恶盗便又把他杀死。因此左右两公子怨恨卫惠公(即公子朔)。十一月,左公子洩和右公子职立公子黔牟为国君,惠公出奔到齐国。

【讲评】

童书业《春秋左传研究》认为,春秋时期贵族家庭仍保持有较浓重的家长制色彩,所以男女关系比较通融,平辈间、上下辈间都可以发生婚姻关系,最突出的是儿子继承生母以外之诸母与弟弟继承嫂子,这都是家长制大家庭的特色。又"侄娣从嫁"及"媵"之制度说明家长制家庭中保存多婚及群婚之婚姻状态。从《诗经》中郑、卫等风也可知当时男女较易结合,也易分散。但在春秋时期家庭制度及婚姻制度已渐改变,可能向个体家庭过渡,此类事特别是尊者下淫已有"非礼"之嫌,所以对卫宣公通儿媳、杀二子的丑事,民间不乏讥评。《诗经》中有多篇论及其人其事,如《卫风·新台》《卫风·二子乘舟》等。

桓公十七年

【原文】

[经]十有七年春正月丙辰,公会齐侯、纪侯盟于黄。二月丙午,公会邾仪父,盟于趡。夏五月丙午,及齐师战于奚。六月丁丑,蔡侯封人卒。秋八月,蔡季自陈归于蔡。癸巳,

葬蔡桓侯。及宋人、卫人伐邾。冬十月朔,日有食之。

【原文】

[传]十七年春,盟于黄,平齐、纪,且谋卫故也。

及邾仪父盟于趡,寻蔑之盟也。

夏,及齐师战于奚,疆事也。于是齐人侵鲁疆,疆吏来告。公曰:“疆埸之事,慎守其一,而备其不虞,姑尽所备焉,事至而战,又何谒焉①?”

蔡桓侯卒,蔡人召蔡季于陈。秋,蔡季自陈归于蔡,蔡人嘉之也。

伐邾,宋志也。

冬十月朔,日有食之。不书日,官失之也。天子有日官,诸侯有日御。日官居卿以底日,礼也。日御不失日,以授百官于朝。

初,郑伯将以高渠弥为卿,昭公恶之,固谏不听。昭公立,惧其杀己也。辛卯,弑昭公而立公子亹。君子谓昭公知所恶矣。公子达曰:“高伯其为戮乎!复恶②已甚矣。”

【注释】

①埸:边境,疆界。其一:指本国边界,即自己一边。事至:有了军情。谒:犹言报告,请示。

②复恶:报恶,犹言报怨仇。复,报复。

【译文】

鲁桓公十七年春季,桓公跟齐侯、纪侯在黄地会盟,是调解齐、纪两国的和好,而且为了谋划进攻卫国的原因。

桓公与邾仪父在趡地结盟,为了重申蔑地的约定。

夏天,鲁军跟齐军在奚地爆发战争,是边界冲突。那时齐国人侵犯鲁国边境,边境官吏前来汇报。桓公说:“边境上的事情,慎重地防守自己一边,并预防出现意外,姑且尽力设防就是了,发觉敌情就迎战,又何必请示呢?”

蔡桓侯死,蔡国人把蔡季从陈国召回。秋季,蔡季从陈国回到蔡国,由于蔡国人称赞他。

攻击邾国,这是宋国的意愿。

冬季十月初一,日蚀。《春秋》没有记录日子,这是史官的错误。天子设有日官,诸侯设有日御。日官居于卿的地位推算历象，这是合于礼的。日御不遗漏历象，在朝廷上把它授予百官。

开始，郑庄公要用高渠弥做卿，昭公厌恶他，坚决劝阻而庄公没有听从。昭公就位，高渠弥担心昭公杀掉自己。十月二十二日，高渠弥杀了昭公而立公子亹做国君。君子觉得昭公了解他所厌恶的人了。公子达讲："高伯或许要被诛杀了！报仇报得太过分了。"

【讲评】

春秋初霸郑庄公死后郑国由盛转衰，这种情况的出现与他生前的两大政治失误有关。一是内宠太多，未能对继承人做出妥善安排，以致死后郑国马上陷入了昭公（太子忽）和厉公（公子突）的夺位之争，局势混乱，内耗严重；另一是重用了太子忽所嫌恶的高渠弥，为郑国留下了严重后患，高渠弥后来果然杀死了继位的昭公。等到厉公回国执政时，诸侯中已有齐桓称霸，郑国夹在大国齐、楚之间，再难崛起，从此衰弱下去。

桓公十八年

【原文】

[经]十有八年：春，王正月，公会齐侯于泺。公与夫人姜氏遂如齐。

夏，四月丙子，公薨于齐。

丁酉，公之丧至自齐。

秋，七月。

冬，十有二月己丑，葬我君桓公。

【原文】

[传]十八年春，公将有行①，遂与姜氏如齐。申繻曰："女有家②，男有室③，无相渎也④，谓之有礼。易此必败。"

公会齐侯与泺⑤，遂及文姜如齐。齐侯通焉⑥。公谪之⑦，以告。

夏，四月，丙子，享公。使公子彭生乘公，公薨于车。

【注释】

①行：外出，出行。

②家：这里指丈夫。

③室：这里指妻室。

④渎：亵渎。

⑤泺：泺水，在今山东省。

⑥通：男女不正当的性行为，通奸。

⑦谪：谴责，责备。

【译文】

鲁桓公十八年春季，桓公准备离鲁外出，同姜氏一起前往齐国。鲁大夫申繻劝谏说："女人有丈夫，男人有妻子，不互相轻慢亵渎，这叫作有礼。改变了这种情况，必然坏事。"

桓公和齐襄公在泺地会见，然后就同文姜到了齐国。齐襄公和文姜通奸，桓公责备文姜。文姜将此事告诉了齐侯。

夏季，四月丙子日，齐侯设宴招待桓公。宴后派公子彭生帮助桓公登车，后来桓公死在车上。

【原文】

［传］鲁人告于齐曰："寡君畏君之威①，不敢宁居②，来修旧好③。礼成而不反，无所归咎④，恶于诸侯。请以彭生除之。"齐人杀彭生。

秋，齐侯师于首止⑤。子亹会之，高渠弥相。七月戊戌，齐人杀子亹而轘高渠弥⑥，祭仲逆郑子于陈而立之。是行也，祭仲知之，故称疾不往。人曰："祭仲以知免。"仲曰："信也。"

周公欲弑庄王而立王子克。辛伯告王。遂与王杀周公黑肩。王子克奔燕⑦。

初，子仪有宠于桓王，桓王属诸周公。辛伯谏曰："并后⑧，匹嫡，两政，耦国，乱之本也。"周公弗从，故及。

【注释】

①威：威严。

②宁居：安居。

③修：修缮。旧好：往日的友好关系。

④归咎：追究责任。

⑤首止:春秋卫地,在今河南睢县东南。

⑥轘:古代用车分裂人体的酷刑。

⑦燕:周国名,姞姓,伯爵,黄帝之后,故城在今河南汲县西。

⑧并:等同,并列。后:王后。

【译文】

鲁国人通知齐国说:"敝君害怕贵君的威严,不敢安住,前来贵国重修两国往日的友好关系,礼节完成后却没有回国,我们又无法追究罪责,在诸侯中造成很坏的影响,希望杀掉彭生来消除这种恶劣影响。"于是齐人就杀掉彭生。

秋季,齐侯率领军队驻扎在卫地首止。郑国公子子亹前往会见,高渠弥作为助手参加了会议。七月戊戌日,齐人杀掉子亹,车裂高渠弥。于是祭仲到陈国接回郑公子子仪,立为国君。对于这次会见,祭仲事先预料到齐侯的目的,所以推托有病而没有同去。有人说:"祭仲有预见而逃过一场杀身之祸。"祭仲说:"确实是那样的。"

周公黑肩企图杀掉周庄王,另立王子克。辛伯把这个密谋报告给庄王,并帮助庄王杀掉周公黑肩。王子克逃亡到燕园。

当初,子仪受到桓王的宠信,桓王把他托付给周公黑肩。辛伯曾劝谏周公说:"凡是妾与王后并同,庶子和嫡子相等,权臣和卿士权力等同,地方大城的建制和国都一样大,这些都是导致国家祸乱的原因。"周公不听从辛伯的意见,结果招致杀身之祸。

【讲评】

平王、桓王之后,周王室围绕夺嫡争位而发生的祸乱绵延不绝。从王子克之乱、王子颓之乱、王子带之乱到王子朝之乱等,前后达二百余年,周王室彻底衰落。

春秋时期贵族内部淫乱之事层出不穷,其中齐襄公和文姜兄妹是臭名昭著的两位。两人的不伦之情,殃及无辜,鲁桓公因此送命,而受命的公子彭生也成了替罪羊。由于齐国势力强盛,鲁国众臣对此无可奈何。自己多行不义的齐襄公却利用武力处死弑君作乱的郑国大臣,也可称得上"只许州官放火,不许百姓点灯"了。不过《左传》中认为为人君者的德行与其个人前途和国家命运紧密相关,齐襄公后来横死引起齐国内乱正是他当年多行不义的后果。

庄公上

庄公元年

【原文】

[经]元年春,王正月。三月,夫人孙于齐。夏,单伯送王姬。秋,筑王姬之馆于外。冬十月乙亥,陈侯林卒。王使荣叔来锡桓公命。王姬归于齐。齐师迁纪郱、鄑、郚。

[传]元年春,不称即位,文姜出故也。

三月,夫人孙于齐,不称姜氏,绝不为亲①,礼也。

秋,筑王姬之馆于外,为外,礼也。

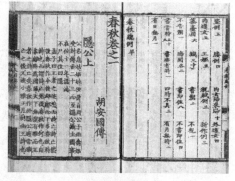

《春秋》书影

【注释】

①亲:指母子之亲。

【译文】

鲁庄公元年春季,《春秋》没有记录庄公即位,是由于文姜在外没有回鲁国的原因。

三月,夫人到了齐国,《春秋》记录没有称姜氏,是因为断绝了母子关系,这是合乎礼的。

秋季,鲁国在城外建造王姬的行馆,由于王姬不是鲁国的女子,这是合于礼的。

【讲评】

桓公夫人文姜因乱伦而导致桓公横死,自己惧祸而不敢回都。在她的努力下,其子庄公还一直与齐襄公保持良好的关系,如主持襄公与王姬的婚事、与齐同伐卫等。

庄公二年

【原文】

[经]二年(前692年)春王二月,葬陈庄公①。

[经]夏,公子庆父②帅师伐于馀丘③。

[经]秋,七月,齐王姬卒④。

[经]冬十有二月,夫人姜氏会齐侯于禚。

[传]二年冬,夫人姜氏会齐侯于禚⑤,书奸也⑥。

[经]乙酉,宋公冯⑦卒。

【注释】

①葬陈庄公:即葬陈侯林。有经无传。

②公子庆父:是桓公庶子,后为孟孙氏。

③于馀丘:在近于鲁国的小国。无传。

④有经无传。

⑤禚:音卓,齐邑。大约在今齐,鲁,卫三国的分界上。

⑥书奸也:文姜会齐侯,就证明了文姜与齐侯的通奸。

⑦冯:音凭,即宋庄公。有经无传。

【译文】

二年,春天,安葬陈庄公。(无传)

夏天,鲁庄公的庶兄公子庆父率领军队攻伐于馀丘国。

秋天,七月,嫁到齐国的王姬逝世。(无传)

冬天,十二月,鲁桓公夫人姜氏与齐侯幽会于禚。记载这件事表明姜氏与齐侯的奸情。

乙酉这一天,宋庄公冯逝世。(无传)

【讲评】

文姜出居于外,仍频频与襄公相会。《诗经·齐风》有多首诗讽刺文姜与襄公的淫荡无耻,如《南山》《载驱》《猗嗟》等。

庄公三年

【原文】

[经]三年(前691年)春王正月,溺会齐师伐卫。

[传]三年春,溺①会齐师伐卫,疾之②也。

[经]夏四月,葬宋庄公③。

[经]五月,葬桓王。

[传]夏五月,葬桓王,缓也④。

[经]秋,纪季以酅入于齐。

[传]秋,纪季⑤以酅⑥入于齐,纪于是乎始判⑦。

[经]冬,公次于滑。

[传]冬,公次于滑⑧。将会郑伯,谋纪故也⑨,郑伯辞以难⑩。凡师一宿为舍⑪,再宿为信⑫,过信为次⑬。

【注释】

①溺:鲁大夫。

②疾之:因为他没有请命于鲁侯,故去他的氏,只写他的名字在竹简上,以表示不赞成的意思。

③宋庄公:即宋公冯。无传。

④缓也:桓王崩于鲁桓公十五年三月,到此时方葬,所以说葬的迟缓。

⑤纪季:是纪侯之弟。

⑥酅:音希。纪地,在今山东省临淄县东十九里,即战国时代齐国的安平城。

⑦始判:分裂成两国。

⑧滑:郑地,今河南省睢县有滑亭。

⑨谋纪故也:为的讨论纪国的事情。

⑩郑伯辞以难:郑伯是郑厉公。辞以难是以为困难的意思。

⑪凡师一宿为舍:凡是军队在住过一天的地方,即名为舍。

⑫再宿为信：两天就用信为名。

⑬过信为次：再以上即名为次。

【译文】

三年，春天，鲁大夫溺会合齐国军队攻伐卫国。因为他没有请命于鲁侯，所以只写他的名字溺，而没写明他的姓，表示对他的疾视。

夏天，四月，安葬宋庄公。（无传）

夏天，五月，安葬周桓王，丧事举行太迟。

秋天，纪侯的三弟纪季把酅邑并入齐国，受齐国保护，纪国从这时开始分裂。

冬天，鲁庄公驻军在滑，将会见郑伯，谋划纪国的事情。郑伯告诉他有困难。凡是军队驻在一个地方，只过一夜叫作"宿"，再过一夜叫作"信"，超过两夜就叫作"次"。

【讲评】

卫惠公参与谋害了急子和寿子，招致左、右公子的不满而被驱逐。卫国立公子黔牟为君，黔牟是周惠王的外甥，得到周王室的支持。所以卫惠公复位后，与叛乱的王子颓一起进攻周惠王。

庄公四年

【原文】

[经]四年春，王二月，夫人姜氏享齐侯于祝丘。三月，纪伯姬卒。夏，齐侯、陈侯、郑伯遇于垂。纪侯大去其国。六月乙丑，齐侯葬纪伯姬。秋七月。冬，公及齐人狩于禚。

[传]四年春王正月，楚武王荆尸，授师子①焉，以伐随。将齐，人告夫人邓曼曰："余心荡。"邓曼叹曰："王禄尽矣、盈而荡，天之道也。先君其知之矣，故临武事，将发大命而荡王心焉。若师徒无亏，王薨于行，国之福也。"王遂行，卒于樠苏不榾木之下。令尹斗祁，莫敖屈重除道梁溠，营军临随。随人惧，行成。莫敖以王命入盟随侯，且请为会于汉汭②而还，济汉而后发丧。纪侯不能下齐，以与纪季。

夏，纪侯大去其国，违齐难也。

【注释】

①孑：同"戟"。

②汉汭：汉水转弯处。汭：水流弯曲的地方。

【译文】

　　鲁庄公四年春季，周历三月，楚武王摆下"荆尸"阵，给军队发下载器，准备进攻随国。斋戒祭祖前，他进宫告诉夫人邓曼："我心跳得厉害。"邓曼感叹道："君王的福寿快到头了。出征当精神饱满，您却心跳意乱，这是上天的启示。先君大概晓得了，故而在临战前，要发布讨伐命令时，而您心跳意乱。要是军队没有损失，您在途中寿终，那便是国家的福气了。"武王领兵出征，死在樠树下面。令尹斗祁、莫敖屈重封锁信息，逢山开路，遇水架桥，继续前进，在随国附近立营垒。随国人惧怕，向楚国求和。莫敖代表楚武王到随国与随侯结盟，并请随侯在汉水转弯处会面。退兵渡过汉水后，才公开楚王去世的消息。纪侯不愿意屈从齐国的统治，于是便把原属纪国的地方给了纪国。

　　夏季，纪侯永久离开了他的国家。这是为了躲避齐国的灾难。

【讲评】

　　南方的楚国的崛起，使得中原诸侯都感到不安。周天子召见随侯，责备其不该尊楚为王，随侯伏罪后不免对楚国态度怠慢。为了巩固向东扩张的疆域，楚武王不顾年迈，决定再次讨伐随国。在夫人邓曼的鼓励下，武王最终为国事死在征途之中。他手下的将领也领会了国君的心意，在完成征讨任务后才公布丧事。楚武王虽死，但为楚国留下了丰硕的政治财产，为楚国后来的称雄奠定了基础。武王夫人邓曼的一番话更被明钟惺《史怀》称赞为："此社稷为重，君为轻之说，已先孟子看出，何其高识也！"

庄公五年

【原文】

［经］五年（前689年）春王正月①。

［经］夏，夫人姜氏如②齐师。

【注释】

①有经无传。

②如:往,去。

【译文】

五年,春,周王历正月。(无传)

夏天,鲁桓公夫人姜氏到齐国的军中去。(无传)

【原文】

[经]秋,郳犁来来朝。

[传]五年秋,郳①犁来②来朝,名③,未王命④也。

[经]冬,公会齐人、宋人、陈人、蔡人伐卫。

[传]冬伐卫,纳惠公⑤也。

【注释】

①郳:音泥,是鲁的附庸国,在今山东省滕州市东六里。

②犁来:是附庸国的君名。

③名:《春秋》上只写他的名字。

④未王命:有王命以后,方能写上爵位,至僖公七年,郳犁来始得王命,所以来朝时方在《春秋》上写明"小邾子来朝"。

⑤纳惠公:桓公十六年,惠公朔出奔齐,到现在方送他回国都。

【译文】

秋天,郳国国君犁来来鲁国朝见。因为他未受周王的爵命,所以只写他的名字。

冬天,鲁庄公会同齐人,宋人,陈人,蔡人讨伐卫国。为的是送卫惠公回国。

【讲评】

卫惠公的母亲是齐宣姜,所以齐襄公联合诸侯等伐卫,欲助惠公复辟。

庄公六年

【原文】

[经]六年(前688年)春王正月,王人子突救卫。

[传]六年春,王人救卫。

[经]夏,六月,卫侯朔入于卫。

[传]夏,卫侯入,放公子黔牟于周,放①宁跪②于秦,杀左公子洩、右公子职,乃即位。君子以二公子之立黔牟为不度③矣。夫能固位者④,必度于本末⑤,而后立衷焉⑥,不知其本不谋⑦,知本之不枝弗强⑧,诗云:“本枝百世⑨。”

[经]秋,公至自伐卫⑩。

[经]螟⑪。

[经]冬,齐人来归卫俘。

[传]冬,齐人来归卫宝⑫,文姜请之⑬也。

【注释】

①放:赦免不杀,而使其去远的国家为放。

②宁跪:卫大夫。

③不度:即所谓“不度于本末”。

④夫能固位者:凡是能巩固他的地位的人。

⑤必度于本末:必定研究他的根本与枝末。

⑥而后立衷焉:然后再予以适当的处理。

⑦不知其本不谋:对于它的根本不知道,就是不曾计谋。

⑧知本之不枝弗强:顾炎武说:“弗强,言不必强立之也。”假设知道本既无力量支持,就不必强立他。

⑨本枝百世:《诗·大雅·文王》篇的句子。意指文王本枝俱茂盛,可以蕃延百世。

⑩有经无传。

⑪螟:虫灾为谷害。有经无传。

⑫卫宝:经作卫俘,《公羊》《谷梁》两传皆言卫宝,与《左传》同,这大概是经的误字。

⑬文姜请之:文姜对齐国的要求。

【译文】

六年,春天,周王的军队由子突率领去援救卫国。

夏天。卫惠公回到卫国国都,把公子黔牟放逐到周,把宁跪放逐到秦,杀了左公子泄及右公子职,然后即位。君子认为左右二公子的扶立黔牟为国君,是欠缺考虑的。凡是能够巩固他的地位的人,必要研究他的根本与枝末,然后顺着情势做适当的处理。若是不知道他根本的情形,而立他,就是不曾计谋;若是知道他的根本无力支持他的枝末,也就不必强立他。正如《诗经·大雅》所说:"本枝繁盛,蕃延百世。"

鲁庄公讨伐卫国以后回到鲁国。(无传)

发生螟虫的灾害。(无传)

冬天,齐国人送来伐卫所获的珍宝。这是文姜向齐侯请求的。

【原文】

[传]楚文王伐申,过邓,邓祁侯①曰:"吾甥②也。"止而享之③,骓④甥,聃甥,养甥⑤请杀楚子,邓侯弗许。三甥曰:"亡邓国者,必此人⑥也。若不早图,后君噬齐⑦,其及图之乎⑧?图之此为时矣⑨!"邓侯曰:"人将不食吾余⑩。"对曰:"若不从三臣,抑社稷实不血食⑪,而君焉取余⑫?"弗从,还年⑬,楚子伐邓。十六年⑭楚复伐邓,灭之。

【注释】

①邓祁侯:邓国君,杜预谓祁侯是谥法。

②甥:姊妹之子曰甥。楚文王是武王之子,而武王的夫人邓曼是邓侯的姊妹,故称文王曰甥。

③止而享之:使他停到邓国,来享宴他。

④骓:音追。

⑤骓甥、聃甥、养甥:骓,聃,养三甥,皆是邓国的外甥。

⑥此人：指楚文王。

⑦若不早图,后君噬齐:噬,音市。齐音脐。假若不趁早谋算他,以后必被楚吞噬。

⑧其及图之乎:那时还来得及图谋吗?

⑨此为时矣:现在正是时候。

⑩人将不食吾余:旁人将不吃我所剩余的肉食。

⑪抑社稷实不血食:血食是指着肉食的意思,社稷指着土神与谷神。此句指若不能祭祀,则土神与谷神就不能吃到肉食。

⑫君焉取余:焉即安。你哪能得到祭祀的鱼肉。

⑬还年:楚伐申回国的这一年。

⑭十六年:指鲁庄公十六年。

【译文】

楚文王攻伐申国,经过邓国,邓祁侯说:"他是我的外甥。"就使他停在邓国,设宴款待他。骓甥,聃甥和养甥请求邓祁侯杀害楚文王,邓祁侯不答应。三位外甥就说:"灭亡邓国的,必定是这个人了。若不趁早谋算他,以后他来灭邓国,就好像您的肚脐受噬,那时还来得及图谋吗?若要图谋,现在正是时候。"邓祁侯说:"我若是这样做,人们将不吃我祭祀所余的肉食了。"三位外甥回答说:"若是不听我们三人的话,就连社神谷神都将不能受到祭祀,您将怎样得到祭祀剩余的肉食呢?"邓祁侯始终不听从。等到楚文王攻伐申国以后,回国的这一年,就攻伐邓国。到了鲁庄公十六年,楚国又攻伐邓国,终于把邓国消灭。

【讲评】

邓国的灭亡留下了"假道伐申"的成语,与后来虞国的假道伐虢一样,最终无法避免唇亡齿寒的悲剧命运。邓国的灭亡还给民间留下了"外甥不认舅"的俗语。邓国一直是楚国扩张路上的障碍,在先又有鄾之事的嫌隙,碍于武王夫人邓曼,武王在位时未对邓国下手,到文王时已没有顾忌,最终吞并了邓国。灭申、邓后,楚国北进中原的大门打开,为后来楚国北上争霸奠定了坚实的基础。

庄公七年

【原文】

[经]七年春,夫人姜氏会齐侯于防。夏四月辛卯,夜,恒星不见。夜中,星陨如雨。秋,大水。无麦苗。冬,夫人姜氏会齐侯于穀。

[传]七年春,文姜会齐侯于防,齐志也。

夏,恒星不见,夜明也。星陨如雨,与雨偕也,

秋,无麦、苗,不害嘉谷①也。

【注释】

①嘉谷:指黍稷。

【译文】

七年春天,文姜跟齐襄公在防地幽会,这一次是齐襄公要求的。

夏天,平时常见的星星看不到了,这是由于夜空明亮。星星陨落犹如下雨,而且是跟雨一块落下的。

秋天,麦子由于大雨而没有收获,禾苗也被淹没,不过没有妨碍黍稷的收成。

【讲评】

我国古代关于流星雨的记录较多。公元前687年《左传》中关于流星雨的记载,是世界上天琴座流星雨的最早记录。

庄公八年

【原文】

[经]八年春,王正月,师次于郎以俟陈人、蔡人。

甲午,治兵。

夏,师及齐师围郕,郕降于齐师。

秋,师还。

冬十有一月癸未,齐无知弑其君诸儿。

[传]八年春,治兵于庙,礼也。

夏,师及齐师围郕。郕降于齐师。仲庆父请伐齐师。公曰:"不可,我实不德,齐师何罪?罪我之由。《夏书》曰:'皋陶迈种德,德,乃降'。姑务修德以待时乎。"

秋,师还。君子是以善鲁庄公。齐侯使连称、管至父戍葵丘。瓜时而往,曰:"及瓜而代";期戍,公问不至①。请代,弗许。故谋作乱。僖公之母弟曰夷仲年,生公孙无知,有宠于僖公,衣服礼秩如适。襄公绌之。二人因之以作乱。连称有从妹②在公宫,无宠,使间公,曰:"捷,吾以女为夫人。"

冬十二月,齐侯游于姑棼,遂田于贝丘。见大豕,从者曰:"公子彭生也。"公怒曰:"彭生敢见!"射之,豕人立而啼。公惧,队于车,伤足丧屦。反,诛屦于徒人费。弗得,鞭之,见血。走出,遇贼于门,劫而束之。费曰:"我奚御哉!"袒而示之背,信之。费请先入,伏公而出斗,死于门中。石之纷如死于阶下。遂入,杀孟阳于床,曰:"非君也,不类。"见公之足于户下,遂弑之,而立无知。

初,襄公立,无常。鲍叔牙曰:"君使民慢,乱将作矣!"奉公子小白出奔莒。乱作,管夷吾,召忽奉公子纠来奔。初,公孙无知虐于雍廪。

【注释】

①瓜时:瓜熟之时。及瓜:来年瓜熟时。期:一周年。问:音讯。
②从妹:堂妹。

【译文】

鲁庄公八年春季,在太庙里发下武器,这是合于礼仪的。

夏天,鲁军跟齐军包围了郕国,郕国向齐军投降。仲庆父请求进攻齐军。庄公讲:"不行,事实上是我们缺少德行,齐军有什么罪?罪在于我们。《夏书》上讲:'皋陶努力修养德行,一旦德行具备,他人自来降服。'我们要尽力修养德行,以等着时机的到来吧!"

秋天,鲁国军队回国。君子故而称赞鲁庄公。齐侯派遣连称、管至父戍守葵丘。七月瓜熟时,齐侯讲:"等明年瓜熟时派人轮换你们。"一年戍期已满,没有齐侯的音讯来,请求派人轮换,齐侯不同意。故而连称、管至父谋划反叛。齐僖公的同母弟弟夷仲年,生了公孙无知,深爱僖公的宠爱。他穿的衣服与所享受的待遇同嫡子们相同。襄公即位后,故而连称、管至父利用他暴发战乱。连称有个堂妹在齐侯宫室,没有得宠,公孙无知便让她去刺探。齐侯对她说:"要是成功,我便把你封作夫人"。

冬天,十二月,齐侯到姑棼玩乐,接着在贝丘围猎。看见一头大野猪。随从讲:"这是死去的公子彭生。"齐侯生气地说:"彭生居然敢见我!"用箭射它。野猪像人一般站着啼叫。齐侯惧怕,从车上摔下来,伤了脚,丢了鞋。回去后,他叫费去寻找鞋子,没找到。齐侯便鞭打他,打得出了血。费跑出去,在门口碰上叛贼。叛贼抓捕并捆绑他。费讲:"我如何会抵抗你们呢?"脱下衣服让叛贼看鞭伤,叛贼才信任了他。费请求先进去。他把齐侯隐藏好才出来,跟叛贼打斗,死在门内。石之纷如死在台阶下。叛贼进宫,把装成齐侯的孟阳杀死在床上。叛贼讲:"这不是国君,样子不像。"后发现齐侯的脚在门下露出来,于是杀死齐侯,此后立无知为国君。

先前,齐襄公就位后,政令无常。鲍叔牙讲:"国君使用百姓急慢无礼,祸乱将要发生。"就服侍公子小白逃亡到莒国。反叛后,管夷吾、召忽服侍公子纠来投奔了鲁国。之前,公孙无知虐待雍廪。

【讲评】

东汉王充《论衡·按书篇》:"(左氏)言多怪,颇与孔子'不语怪力'相违反也。"晋范宁《春秋穀梁传集解序》:"左氏艳而富,其失也巫。"《左传》叙事,除了写人事以外,还好说神怪之事,谈因果报应,谈卜筮灵验等,借助写鬼怪来写人情。鲁桓公之死,主谋是荒淫无耻的齐襄公,结果只把帮凶公子彭生一人抵罪。彭生的戾气化为巨大野猪,吓得齐襄公落车受伤,最后被叛贼所杀。此类描写颇具怪诞神异色彩,开后世志怪小说先河。

庄公九年

【原文】

[经]九年(前685年)齐人杀无知。

[传]九年春,雍廪杀无知①。

[经]公及齐大夫盟于蔇。

[传]公及齐大夫盟于蔇②,齐无君③也。

[经]夏,公伐齐纳子纠,齐小白入于齐。

[传]夏,公伐齐,纳子纠,桓公④自莒先入。

[经]秋七月,丁酉,葬齐襄公⑤。

【注释】

①雍廪杀无知:经作齐人杀无知,表示是齐人所同意,无知又未与诸侯盟誓过,所以不书爵。

②蔇:音季。在今山东省峄县东八十里故缯城。

③齐无君:因为齐国无君,所以与大夫盟。

④桓公:即公子小白,为春秋五霸之一。

⑤葬齐襄公:九月乃葬,因为乱的缘故。无传。

【译文】

九年,春天,齐国大夫雍廪杀公孙无知。

鲁庄公及齐大夫会盟于蔇,因为这时齐国没有在位的国君。

夏天,鲁庄公讨伐齐国,送公子纠回齐国。另一方面,齐桓公从莒国先进入齐国。

秋天,七月丁酉,安葬齐襄公。(无传)

【原文】

[经]八月,庚申,及齐师战于乾时,我师败绩。

[传]秋,师①及齐师战于乾时②,我师败绩,公丧戎路③,传乘而归④。秦子,梁子⑤以公旗辟于下道⑥,是以皆止⑦。

[经]九月,齐人取子纠杀之。

[传]鲍叔⑧帅师来言⑨曰:"子纠亲也,请君讨之⑩。管召雠也⑪,请受而甘心焉⑫。"乃杀子纠于生窦⑬。召忽死之,管仲请囚⑭,鲍叔受之,及堂阜⑮而税之⑯。归而以告⑰曰:"管夷吾治于高傒⑱,使相可也⑲。"公从之。

【注释】

①师：鲁师。

②乾时：乾音干。齐地临时水，在今山东省博兴县北，时水在县南。

③戎路：作战的兵车。

④传乘而归：就乘旁的车回都城。

⑤秦子、梁子：皆是鲁侯的御者与戎右。

⑥以公旗辟于下道：用公的旗帜躲到另一条路上。

⑦是以皆止：全都被捕获。

⑧鲍叔：即鲍叔牙。

⑨帅师来言：率领军队到鲁都城来说。

⑩子纠亲也，请君讨之：子纠是我们的亲人，请你来讨伐他。

⑪管召雠也：管仲同召忽是我国的敌人。

⑫请受而甘心焉：请接受他们到齐国再杀戮他们，以快齐国的意思。

⑬生窦：齐地.《史记》作生渎。在今山东省曹县北句阳古城。

⑭管仲请囚：管仲因为同鲍叔牙要好，知道鲍叔牙有释放他的意思，所以请求齐国囚禁他。

⑮堂阜：齐地。在今山东省蒙阴县西北，其地有夷吾亭。

⑯税之：税同脱，即放释的意思。

⑰以告：告诉齐桓公。

⑱管夷吾治于高傒：高傒是齐卿高敬仲。此言管仲治理的能力高于高敬仲。

⑲使相可也：可以使他做宰相。春秋的习惯，相是相礼，做宰相是战国的现象，这是头一次由相礼变为宰相的趋势。

【译文】

八月庚申，鲁军与齐军交战于乾时，鲁军崩溃失败。鲁庄公丧失了他的兵车，便乘着旁的车子回国。庄公的车夫和戎右秦子和梁子拿着庄公的旗帜在下道掩护，所以都为齐军所获。

鲍叔牙率领军队来鲁国说道："公子纠是桓公的亲人，请您代表齐国讨伐他。管仲和召忽是桓公的仇人，请您把他们送回齐国，我们就甘心满意了。"于是就杀公子纠于鲁国的生窦地方,召忽为他效死。管仲请求把自己囚起来,鲍叔接受了。回到齐国堂阜的地方,就把他释放。回到国都,就告诉桓公说:"管夷吾治理的能力胜过高傒,可以使他做你的相。"桓公就听从了他的话。

【讲评】

齐襄公刻薄寡恩,被公孙无知所杀,造成了齐国内乱。齐桓公使诈,在与兄弟公子纠的争夺中抢得先机,取得君位,并听从师傅鲍叔牙的意见而任用管仲,实行改革,齐国大治。齐桓公本人名列春秋五霸之首。后来人们多用"管(仲)、鲍(叔)之交"来称赞朋友之间的相互信任、相互欣赏。鲍叔有知人之能,发现管仲的治国之才后极力推荐,才使得管仲最终一展才华,也成就了齐国的霸业。这样的知己一生遇见一位也就足够了。

庄公十年

【原文】

[经]十年春,王正月,公败齐师于长勺。二月,公侵宋。三月,宋人迁宿。夏六月,齐师、宋师次于郎。公败宋师于乘丘。秋九月,荆败蔡师于莘,以蔡侯献舞归。冬十月,齐师灭谭。谭子奔莒。

[传]十年春,齐师伐我。公将战,曹刿请见。其乡人曰:"肉食者谋之,又何间焉①?"刿曰:"肉食者鄙,未能远谋。"乃入见。问:"何以战?"公曰:"衣食所安,弗敢专也,必以分人。"对曰:"小惠未遍,民弗从也。"公曰:"牺牲玉帛,弗敢加也,必以信。"对曰:"小信未孚,神弗福也。"公曰:"小大之狱,虽不能察,必以情。"对曰:"忠之属也,可以一战,战则请从。"

公与之乘。战于长勺。公将鼓之。刿曰:"未可。"齐人三鼓,刿曰:"可矣。"齐师败绩。公将驰之。刿曰:"未可。"下,视其辙,登,轼而望之,曰:"可矣。"遂逐齐师。

既克,公问其故。对曰:"夫战,勇气也。一鼓作气,再而衰,三而竭。彼竭我盈,故克之。夫大国,难测也,惧有伏焉。吾视其辙乱,望其旗靡,故逐之。"

夏六月,齐师、宋师次于郎。公子偃曰:"宋师不整,可败也。宋败,齐必还,请击之。"公弗许。自雩门窃出,蒙皋比②而先犯之。公从之。大败宋师于乘丘。齐师乃还。

蔡哀侯娶于陈,息侯亦娶焉。息妫将归,过蔡。蔡侯曰:"吾姨也。"止而见之,弗宾。

息侯闻之,怒,使谓楚文王曰:"伐我,吾求救于蔡而伐之。"楚子从之。秋九月,楚败蔡师于莘,以蔡侯献舞归。

齐侯之出也,过谭,谭不礼焉。及其入也,诸侯皆贺,谭又不至。冬,齐师灭谭,谭无礼也。谭子奔莒,同盟故也。

【注释】

①间:参与。
②皋比:虎皮。

【译文】

十年春天,齐国军队进攻鲁国。庄公准备迎战,曹刿求见庄公。不过曹刿的同乡劝他说:"这事有当官的人去谋划,你又何必参加?"曹刿说:"当官的人都很浅薄,不能深谋远虑。"于是入宫进见。他问庄公:"依凭什么作战?"庄公说:"穿衣吃饭这些安逸之事,我不敢自己享受,总是要分给别人一些。"曹刿说:"就算这些小恩小惠也没有普遍施行,民众是不会跟随您去作战的。"庄公讲:"祭奠神灵时的牲口和玉帛,我依照规定不敢擅自变更,祝史祷告时也十分诚实。"曹刿答复:"这只是小信,还不能为神灵所信服,神灵不一定会护佑您。"庄公又说:"对大大小小各种案件,我即使不能一一审查清楚,不过都尽力使其合乎情理。"曹刿讲:"这才是尽心竭力为民众办事的表现,能够凭借这一点打仗。要是打仗,请允许我跟您前往。"

庄公跟他同乘一辆战车。齐、鲁在长勺打仗。庄公预备擂鼓进军。曹刿说:"此刻还不行。"等到齐国人擂了三通战鼓后,曹刿才讲:"行了。"结果,齐军大败。庄公预备下令驱车追赶。曹刿说:"此刻还不行。"他下车认真察看了齐军的车辙,并登上车前横木眺望一番后才讲:"能追击了。"鲁军才开始追击齐军。

大战胜利后,庄公问起取胜的缘故。曹刿答复说:"作战要靠勇气。擂第一通战鼓时,士气大振,擂第二通战鼓时,士气便开始衰败下去了,擂第三通战鼓,士气便没有了。敌方的士气没有了,而我方士气正旺,故而才战胜他们。大国的行为难于揣测,我怕他们是假撤退而布置埋伏。当我看见他们的车辙已显杂乱,望见他们的战旗已经倒下,真的是败退时,才让您下令追击。"

夏季六月,齐军跟宋军驻扎在郎地。公子偃讲:"宋军阵容不整,能够打败他们。宋军一败,齐军一定撤回,请攻击他们。"庄公不答应。公子偃自己从雩门出城,用虎皮蒙上马先攻击宋军。庄公随后领兵赶来。在乘丘把宋军打得大败。齐军此后回国。

蔡哀侯从陈国娶了妻,息侯也是从陈国娶的妻。息妫出嫁路过蔡国时,蔡哀侯讲:"这是我的小姨子。"并把她强留下来,相见时很没有礼貌。息侯听说此事后,十分恼怒,就派人对楚文王讲:"请您假装攻打我国,等我向蔡国求救引他们出来后,您趁机进攻。"文王答应了。秋季九月,楚国在莘地击败了蔡军,抓捕了蔡哀侯献舞而回。

齐桓公逃跑在外时,曾路过谭国,谭国对他没有以礼相待。等他回国就位,诸侯都前去祝贺时,谭国又没有派人去。冬天,齐国发兵灭了谭国,以报复谭国的无礼。谭子逃到了莒国,由于莒国跟谭国曾经结过盟。

齐桓公

【讲评】

长勺之战,是中国历史上有名的后发制人、以弱胜强的著名战例。齐桓公因为鲁国曾经支持他的兄弟公子纠与他争夺君位,在他即位的次年即鲁庄公十年春,派鲍叔牙率军讨伐鲁国。两国军队在长勺交战。隐居民间的爱国人士曹刿不仅战前面见鲁庄公陈述了自己对民心向背的意见,而且亲自参加了作战指挥。在战斗中曹刿沉着冷静,准确地判断战争形势,要求鲁军坚守阵地,以逸待劳。齐军统帅鲍叔牙则由于指挥干时之战大败鲁军,有些轻敌,开战伊始就耀武扬威。齐军连续地冲锋没有得逞,精疲力竭,最后反而被憋足了劲的鲁军反击成功,兵败如山倒。此战令积弱的鲁国扬眉吐气,也留下了"一鼓作气"这个成语。

庄公十一年

【原文】

[经]十有一年(前 683 年)春王正月①。

[经]夏五月,戊寅,公败宋师于鄑。

[传]十一年夏,宋为乘丘之役②,故侵我,公御之。宋师未陈而薄之③,败诸鄑④,凡师

敌未陈曰败某师⑤,皆陈曰战⑥,大崩曰败绩⑦,得儁曰克⑧,覆而败之曰取某师⑨,京师败,曰王师败绩于某⑩。

【注释】

①春王正月:《左传》的经必记四季,所以无事也必记春王正月。有经无传。

②乘丘之役:在庄公十年。

③未陈而薄之:敌人没有排成行列而迫近他。

④郚:鲁地,在今山东省曲阜市左近,与庄公元年纪邑之郚在山东省都昌县者为两地。

⑤未陈曰败某师:未成行列就称为将某军打败。

⑥皆陈曰战:两方面皆已经成为行列就称为战。以上各陈字皆读为阵,古字相通。

⑦大崩曰败绩:军队全崩溃如山崩一般,则叫作败绩。

⑧得儁曰克:儁音俊。战胜并获雄儁将士叫作克。

⑨覆而败之曰取某师:将对方的军力全都掩覆,故以取某军队为名。

⑩王师败绩于某:周王的军队若被打败,则写上王师为某人所败。

【译文】

十一年,春天,周王历正月。(无传)

夏天,宋国为了乘丘之役的缘故,来侵犯我鲁国。庄公率兵抵御,趁宋国军队还未排好阵式就迫近,把他们在郚地打败。凡是两军相对,敌军还未排好阵式就把他打败,叫作"败某师"。敌我两军都排好阵式才交战,叫作"战"。军队完全崩溃,叫作"败绩"。战胜并获雄儁将士叫作"克",把对方军队全部掩覆叫作"取某师"。周王的军队战败,叫作"王师败绩于某"。

【原文】

[经]秋宋大水。

[传]秋,宋大水,公使吊焉①。曰:"天作淫雨,害于粢盛②,若之何不吊③?"对曰:"孤实不敬④,天降之灾,又以为君忧,拜命之辱⑤。"臧文仲⑥曰:"宋其兴乎?禹汤罪己,其兴也悖焉⑦!桀纣罪人,其亡也忽焉⑧!且列国有凶,称孤,礼也⑨。言惧而名礼⑩,其庶

乎^⑪?"既而闻之曰:"公子御说之辞也^⑫!"臧孙达曰:"是宜为君;有恤民之心^⑬。"

【注释】

①公使吊焉:鲁庄公派人去吊慰他。

②天作淫雨,害于粢盛:淫雨是大雨。此谓天下大雨,有害于谷物。

③若之何不吊:怎能不加以吊慰呢?

④孤实不敬:普通诸侯自称为寡人,遇凶灾则改称孤。我实在不恭敬上天。

⑤拜命之辱:很拜谢你的派人来吊慰。

⑥臧文仲:鲁大夫,即臧孙达。

⑦禹汤罪己,其兴也悖焉:悖音贝,兴盛的意思。夏禹商汤以自己有罪,所以兴盛的很快。

⑧桀纣罪人,其亡也忽焉:夏桀与商纣以旁人为有罪,所以他亡国的也很快。

⑨称孤礼也:各国有凶事,则照礼自称孤。

⑩言惧而名礼:说的话畏惧天,而自称孤合于礼。

⑪其庶乎:庶几可以兴盛。

⑫公子御说之辞也:说音悦。公子御说是宋庄公之子,即宋桓公。此谓这话是公子御说说的。

⑬是宜为君,有恤民之心:他可以做君,因为他有爱惜人民的心。

【译文】

秋天,宋国发生大水灾。鲁庄公派人去吊慰,说:"上天降下大雨,伤害了谷物,怎能不加以吊慰呢?"回答说:"孤实在不恭敬上天,所以上天降灾,为此使你忧劳,很感谢你派人来吊慰。"鲁大夫臧文仲说:"宋国将要兴盛起来吧! 禹和汤把罪归于自己,他们的兴起真是蓬勃。桀和纣把罪归于旁人,他们的灭亡真是迅速。并且各国有了凶事,国君就自称为孤,是合于礼的。言语有所戒惧而自称合于礼节,他将要兴盛的吧!"不久,听说那是宋庄公的儿子公子御说所说的话,鲁大夫臧孙达便说:"他是适合做国君的。他有体恤人民的心。"

【原文】

[经]冬,王姬归于齐。

[传]冬,齐侯①来逆共姬②。

[传]乘丘之役,公以金仆姑③射南宫长万④,公右歂孙⑤生搏之⑥,宋人请之⑦,宋公靳之⑧。曰:"始吾敬子⑨,今子鲁囚也,吾弗敬子矣⑩,病之⑪。"

【注释】

①齐侯:齐桓公。

②来逆共姬:逆是迎接。共姬是王姬的谥号,共音恭。

③金仆姑:鲁国的箭名。

④南宫长万:宋大夫。

⑤歂孙:歂音船。是鲁大夫。

⑥生搏之:活着把他逮回来。

⑦宋人请之:宋人到鲁国请将他放回。

⑧宋公靳之:杜预说:"戏而相愧曰靳。"服虔说:"耻而恶之曰靳。"其实是两种意思皆有,一方面恨他为鲁国所囚,所以用戏言使他自觉惭愧。

⑨始吾敬子:以前我敬重你。

⑩今子鲁因也,吾弗敬子矣:现在你是鲁国的囚犯,所以我不再对你敬重。

⑪病之:南宫长万不以此言为戏,而以为真正的耻辱。

【译文】

冬天,齐桓公来鲁国迎娶共姬。

在乘丘之役的时候,鲁庄公用金仆姑射击宋大夫南宫长万。庄公的戎右歂孙把他活捉回来。宋国人到鲁国来请求把他放回。宋闵公用戏言使他自觉惭愧,说道:"从前我敬重你,现在你是鲁国的囚犯,我不再敬重你了。"南宫长万不以为这是戏言,而以为是真正的耻辱。

【讲评】

宋闵公在公子御说的指点下回答鲁国使者的一番言辞十分得体,赢得了鲁国正卿臧文仲的称赞;而对兵败被俘又获释的猛将南宫长万说的一句戏言竟为闵公自己招来了杀身之祸,并引起了宋国的动荡。可见言辞不能不慎重。

庄公十二年

【原文】

[经]十有二年(前682年)春王三月,纪叔姬归于酅。

[经]夏四月。

[传]秋八月甲午,宋万弑其君捷及其大夫仇牧。

[传]十二年秋,宋万①弑闵公②于蒙泽③,遇仇牧④于门,批而杀之⑤,遇大宰督⑥于东宫⑦之西又杀之,立子游⑧,群公子奔萧⑨,公子御说⑩奔亳⑪。南宫牛⑫猛获⑬帅师围亳。

[经]冬十月,宋万出奔陈。

[传]冬十月,萧叔大心⑭及戴,武,宣,穆,庄之族⑮,以曹师⑯伐之,杀南宫牛于师⑰,杀子游于宋⑱,立桓公⑲,猛获奔卫,南宫万奔陈,以乘车辇其母⑳,一日而至㉑。宋人请猛获于卫,卫人欲勿与。石祁子㉒曰:“不可。天下之恶一也,恶于宋而保于我,保之何补㉓?得一夫而失一国,与恶而弃好㉔,非谋也㉕。”卫人归之,亦请南宫万于陈,以赂㉖。陈人使妇人饮之酒,而以犀革裹之㉗。比及㉘宋,手足皆见㉙,宋人皆醢之㉚。

【注释】

①宋万:即南宫长万。

②闵公:即经之宋公捷。

③蒙泽:宋地,在今河南省商丘市北。

④仇牧:宋大夫。

⑤批而杀之:用手批打而再杀他。

⑥大宰督:大音太,即华督,经不书杀华督,因为宋人不以告鲁国。

⑦东宫:是太子之宫。

⑧子游:指宋国公子。

⑨萧:在今江苏省徐州市北十里。

⑩御说:说音悦。

⑪亳:在今河南省商丘市北有大蒙城,皇甫谧所谓蒙为北亳即是。

⑫南宫牛:南宫长万之子。

⑬猛获:是南宫牛党羽。

⑭萧叔大心:萧叔乃称呼宋萧邑大夫,大心是萧大夫的名字。

⑮戴,武,宣,穆,庄之族:皆是宋国各君的后代,只有殇公无后。

⑯以曹师:用曹国的军队。

⑰杀南宫牛于师:在军队阵前把南宫牛杀了。

⑱于宋:在宋国的都城。

⑲桓公:即公子御说,为闵公之弟。

⑳以乘车辇其母:乘车是人乘的车,不是兵车。驾人曰辇。此谓他的母亲坐在车上,而南宫万自己用力驾车。

㉑一日而至:宋都距陈都二百六十里,可见南宫万之有力。

㉒石祁子:卫大夫。

㉓保之何补:保护他有什么用。

㉔与恶而弃好:同恶人相往来,而丢弃本来宋与卫的相好。

㉕非谋也:这不是好的计策。

㉖以赂:用贿赂。

㉗犀革裹之:用犀牛的皮包裹它。

㉘比及:等到。

㉙手足皆见:手脚全都露出来。

㉚皆醢之:醢音海。将猛获与南宫长万皆剁成肉酱。

【译文】

十二年春天,周王历三月,嫁给纪侯的叔姬从鲁国回到纪国的酅邑。(无传)

夏天,四月。(无传)

秋天,宋大夫南宫长万弑杀闵公于蒙泽。在城门遇到大夫仇牧,用手批打他然后杀死他。又在东宫的西边遇到太宰华督,也把他杀了。扶立子游为国君,其他的公子们逃奔到萧邑,而公子御说逃奔到亳邑,南宫牛和猛获率领军队去围攻亳邑。

冬天,十月,萧邑的大夫大心以及宋戴公、武公、宣公、穆公、庄公的后代族人,借着曹国军队讨伐南宫长万和他的党羽。在军队阵前把南宫牛杀了,把子游杀死在宋国都城,扶立桓公。猛获逃奔卫国，南宫万逃奔陈国，用车子载着他母亲，他亲自驾车，一天就赶到陈国。宋国人向卫国要求交出猛获，卫国想要不给，卫大夫石祁子说道："不可不给。天下所厌恶的是一样的。这个人既为宋国所厌恶，而要求我国保护，我们保护他有什么用呢？得到一个人而失去一国的和好，同恶人往来而违弃与宋国的和好，这不是好计谋。"卫国人就把猛获送回。宋国也向陈国请求南宫万，用了贿赂。陈国人用妇人陪南宫万饮酒，然后用犀牛皮把他包起来，到达宋国，手脚都露出来。宋国人把猛获和南宫万都剁成肉酱。

【讲评】

韩愈《进学解》云："《春秋》谨严，《左氏》浮夸。"《左传》善于利用细节描绘人物特点，善于应用夸张手法，写南宫长万之勇猛过人，几个夸张的细节描写就让人印象深刻，如反手就劈死了仇牧，自己拉车带着老母只用一天就到了二百多里外的陈国，被设计灌醉后用犀牛皮牢牢捆住手脚仍然挣脱，等等。钱钟书《管锥编》云："刘氏举《左传》宋万裹犀、楚军如挟纩二则，为叙事用晦之例。顾此仅字句含蓄之工。左氏于文学中策勋树绩，尚有大于是者，尤足为史有诗心、文心之证。"

庄公十三年

【原文】

[经]十有三年春，齐侯、宋人、陈人、蔡人、邾人会于北杏。夏，六月，齐人灭遂。秋，七月。冬，公会齐侯，盟于柯。

[传]十三年春，会于北杏以平宋乱，遂人不至。夏，齐人灭遂而戍之。冬，盟于柯，始及齐平也①。

宋人背北杏之盟。

【注释】

①自庄公十年，鲁、齐二国交战两次，至此讲和。

【译文】

十三年春天，鲁庄公跟齐、宋、陈、蔡、邾各国国君在北杏见面，以平定宋国的动乱。

遂国人没有到。夏季,齐国人灭掉遂国并派人戍守。冬季,宋桓公跟齐桓公在柯地结盟,开始跟齐国讲和。

宋国人违反了北杏的盟约。

【讲评】

北杏会盟的重要意义在于,它是被誉为"中兴之主、五霸之首"的齐桓公第一次召集诸侯会盟,也是春秋历史上第一次。唐朝孔颖达《春秋左传正义》说:"此平宋乱者,宋万已诛,宋立新君,其位未定,齐桓公欲修霸业,为会以安定之。"指出国力渐强的齐桓公意在利用召集诸侯平定宋国之乱的时机建立霸业。随后的柯之盟,对于齐桓公的霸业来说是很重要的一次盟会。《公羊传》《穀梁传》《史记》等比《左传》记录详细,此次盟会中,鲁人曹沫以兵刃胁迫齐桓公退还被齐国夺去的鲁国的土地,桓公受逼只好同意,事后想反悔,而且想杀曹沫,但在管仲的劝说下履行了承诺,把所掠夺的土地归还于鲁、卫、燕等国。这件事表明了管仲、齐桓公称霸政治战略上的根本改变。齐桓公在称霸之初也是走武力兼并扩张的老路,但并未得到诸侯的衷心拥护,这次守约退地成为他树立信义并借此称霸诸侯的关键,它的影响十分深远。《公羊传》云:"要盟可犯,而桓公不欺;曹子可雠,而桓公不怨。桓公之信,着乎天下,自柯之盟始焉。"《史记》评价说:"诸侯闻之,皆信齐而欲附焉。七年(指齐桓公七年),诸侯会桓公于甄(《左传》作鄄),而桓公于是始霸焉。"柯之盟后,齐桓公得到四邻诸侯的亲近,得以"择天下之甚淫乱者而先征之",逐步建立起一种为诸侯认可的新的国际秩序,巩固了其霸主地位。

庄公十四年

【原文】

[经]十有四年春,齐人、陈人、曹人伐宋。

夏,单伯会伐宋。

秋七月,荆入蔡。

冬,单伯会齐侯、宋公、卫侯、郑伯于鄄。

[传]十四年春,诸侯伐宋,齐请师于周。夏,单伯会之,取成于宋而还。

郑厉公自栎侵郑,及大陵,获傅瑕。傅瑕曰:"苟舍我,吾请纳君。"与之盟而赦之。六月甲子,傅瑕杀郑子及其二子而纳厉公。

初,内蛇与外蛇斗于郑南门中,内蛇死。六年而厉公入。公闻之,问于申繻曰:"犹有妖乎?"对曰:"人之所忌,其气焰以取之,妖由人兴也。人无衅焉,妖不自作。人弃常则妖兴,故有妖。"

厉公入,遂杀傅瑕。使谓原繁曰:"傅瑕贰,周有常刑,既伏其罪矣。纳我而无二心者,吾皆许之上大夫之事,吾愿与伯父图之。且寡人出,伯父无里言①,入,又不念寡人,寡人憾焉。"对曰:"先君桓公命我先人典司宗祏。社稷有主而外其心,其何贰如之?苟主社稷,国内之民其谁不为臣?臣无二心,天之制也。子仪在位十四年矣,而谋召君者,庸②非贰乎。庄公之子犹有八人,若皆以官爵行赂、劝贰而可以济事,君其若之何?臣闻命矣。"乃缢而死。

蔡哀侯为莘故,绳息妫以语楚子。楚子如息,以食入享,遂灭息。以息妫归,生堵敖及成王焉,未言。楚子问之,对曰:"吾一妇人而事二夫,纵弗能死,其又奚言?"楚子以蔡侯灭息,遂伐蔡。秋七月,楚入蔡。

君子曰:"《商书》所谓'恶之易也,如火之燎于原,不可乡迩,其犹可扑灭'者,其如蔡哀侯乎。"

冬,会于鄄,宋服故也。

【注释】

①里言:指以国内情况告知厉公。
②庸:难道。

【译文】

十四年春天,齐、陈、曹各诸侯联合征讨宋国,齐国请求王室也出兵。夏天,周大夫单伯跟诸侯会合,后来联军跟宋国讲和,就各自回国了。

郑厉公从栎地侵入郑都,行至大陵,抓捕了傅瑕。傅瑕说:"要是您放了我,我想法让您回国再登君位。"郑厉公跟他订立了盟约,此后赦免了他。六月二十日,傅瑕杀了子仪跟他的两个儿子,此后接纳厉公回国即位。

先前,在郑国都城的南门下,曾有两条蛇在一块争斗,一条在门里,一条在门外,最后门里的蛇被咬死。后来六年厉公回国。庄公知道此事后,问申繻:"还有妖怪吗?"申繻答复说:"一个人是否有所害怕,取决于他自己的气势,妖怪是因为人才兴起的。人无罪过,妖郑厉公回国后便杀死傅瑕。并派人对原繁讲："傅瑕对国君怀有二心，对此种人，周朝制定了刑罚，如今已将他惩处。凡帮助我恢复君位而没有二心的，我都同意给他们上大夫的官职，但愿能跟伯父共同商议。在我出居国外时，伯父没能告诉我国内的有关情形，从蔡国回到栎地后，您又没有主动亲近，我觉得十分遗憾。"原繁答复说："当年先君桓公命令我的祖先负责管理宗庙石室。国家有君主，自己却心系国外，还有比这更严重的二心吗？要是一个人可以统治国家，那么国内的民众，谁不是他的臣民呢？臣民不能怀有二心，这是上天的规矩。子仪为国君已经十四年了。如今谋划召请国君您回国就位的人，难道不是对国君有二心吗？庄公的儿子还有八个，要是都效仿您用官职爵位作为贿赂，劝说别人背叛国君而又能成功的话，国君您又怎么办呢？国君的心意我清楚了。"于是自缢而死。

蔡哀侯由于莘地之战被俘而想报复息国，他在楚文王面前极力称赞息妫。于是楚文王就前往息国，设宴招待息侯，趁机把他杀死，将息国灭掉。并把息妫带回楚国，后来生了堵敖跟成王。息妫到楚国后不讲话，楚王问她缘由，她答复说："我作为一个女人，却事奉两个丈夫，就算是不能去死，又有什么话可说呢？"文王晓得由于蔡国才灭亡了息国，又发兵进攻蔡国。秋季七月，楚军攻入蔡国。

君子对此评论说："《商书》所讲的'邪恶的蔓延，就像燎原大火，接近都不能，难道还能扑灭吗'，这或许像蔡哀侯一样吧！"

冬季，周大夫单伯跟齐桓公、宋桓公、卫惠公、郑厉公在鄄地见面，由于宋国又重新顺服了。

【讲评】

春秋时期妇女地位低下，虽然不必从一而终，但婚姻、命运往往系于他人，不能自主。《左传》中记叙了不少这样的悲剧女性，如息国国君的夫人息妫。她的美貌先后引起了蔡哀侯和楚文王的觊觎，最终亡国被掳。失去家国的息妫虽然得到楚文王的宠爱，但终身不主动与文王说话。这位艳若桃花、身世飘零的不幸女子在唐代被人们尊称为"桃花夫人"，专门立庙纪念，一处在今河南息县，称为"息夫人庙"或"息侯庙"，另一处在今湖北黄陂，称为"桃花夫人庙"。两千多年来，关于她的传说和诗篇很多。有的是同情她的遭遇，如宋之问《息夫人》："可怜楚破息，肠断息夫人。乃为泉下骨，不作楚王嫔。楚王宠莫盛，息君情更亲。情亲怨生别，一朝俱杀身。"王维《息夫人》："莫以今时宠，难忘旧日恩。

看花满眼泪，不共楚王言。"刘长卿《过桃花夫人庙》："寂寞应千岁，桃花想一枝。路人看古木，江月向空祠。云雨飞何处，山川是旧时。独怜春草色，犹似忆佳期。"邓汉仪《题息夫人庙》："千古艰难唯一死，伤心岂独息夫人？"有的则站在卫道者的立场上批评她。杜牧《题桃花夫人庙》："细腰宫里露桃新，脉脉无言几度春。至竟息亡缘底事？可怜金谷坠楼人。"等等。

庄公十五年

【原文】

[经]十有五年(前679年)春，齐侯，宋公，陈侯，卫侯，郑伯会于鄄。

[传]十五年春，复会焉①，齐始霸②也。

[经]夏，夫人姜氏③如齐。

[经]宋人，齐人，邾人伐郳。

[传]秋，诸侯为宋伐郳④。

【注释】

①复会焉：因为去年会于鄄，现在仍旧在鄄会盟。

②齐始霸：齐国方才为霸主。

③姜氏：是桓公夫人，齐僖公之女之文姜。

④郳：音泥。在今山东省滕州市东六里。

【译文】

十五年春天，又会盟于鄄，齐国开始成为霸主。

夏天，鲁桓公夫人姜氏到齐国去。（无传）

秋天，诸侯为宋国的缘故讨伐郳国。

【原文】

[经]郑人侵宋。

[传]郑人间之而侵宋。

[经]冬十月。

【译文】

郑国人乘这个机会而侵略宋国。

冬天,十月。(无传)

【讲评】

童书业《春秋左传研究》曾把齐桓公的霸业分为三期。第一期自鲁庄公九年至十五年,为创霸时期,主要成就是联合宋国、陈国、蔡国等,征服了鲁国和郑国,使中原诸侯结为同盟;第二期自鲁庄公十五年至僖公四年,主要为攘夷时期,此期华夏文化强烈的认同感使得诸夏在齐桓公的主持下联合讨伐戎、狄和南方的楚国;第三期自僖公四年至十七年,主要为"尊王",是齐桓霸业的顶峰时期。第一期期间,庄公十三年的柯地会盟是齐鲁长期征战结束的重要转折点,也是齐国建霸事业的转折点。庄公十四年和十五年两次在鄄地会盟,齐桓公开始建立霸业。

庄公十六年

【原文】

[经]十有六年(前678年)春王正月。

[经]夏,宋人,齐人,卫人伐郑。

[传]十六年夏,诸侯伐郑,宋故也①。

[经]秋,荆伐郑。

[传]郑伯自栎入②,缓告于楚。秋,楚伐郑,及栎,为不礼故也。郑伯治于雍纠之乱③者,九月杀公子阏,刖强鉏④,公父定叔⑤出奔卫,三年而复之。曰:"不可使共叔后于郑。"使以十月入⑥,曰:"良月也,就盈数焉⑦。"君子谓强鉏不能卫其足。

[经]冬十有二月,会齐侯,宋公,陈侯,卫侯,郑伯,许男,滑伯,滕子同盟于幽。

[传]冬,同盟于幽⑧,郑成⑨也。

[经]邾子克卒⑩。

[传]王⑪使虢公命曲沃伯以一军为晋侯⑫。初,晋武公伐夷,执夷诡诸⑬,蒍国请而免

之⑭,既而弗报⑮,故子国作乱⑯,谓晋人曰:"与我伐夷而取其地⑰。"遂以晋师伐夷,杀夷诡诸,周公忌父⑱山奔虢,惠王立而复之⑲。

【注释】

①宋故也:因为郑人侵了宋国。

②自栎入:在庄公十四年。入是入郑国都城。

③雍纠之乱:在桓公十五年。

④杀公子阏刖强鉏:公子阏及强鉏皆是祭仲的党羽。断足的刑罚刖。

⑤公父定叔:是共叔段的孙子。

⑥入:入郑国都城。

⑦良月也,就盈数焉:因为数满于十位,所以称为盈数,故称十月为良好的月份。

⑧幽:在今河南省考城县境。

⑨郑成:郑国要求和平,所以参与盟誓。经中有滑伯曾经参与盟誓,今河南省偃师县南二十里有缑氏故城就是从前的滑国。

⑩有经无传。

⑪王:周僖王。

⑫以一军为晋侯:因为这时曲沃武公已经并吞了翼的晋国,所以使他有一军的军队。

⑬执夷诡诸:周大夫封在夷这地方。

⑭芮国请而免之:芮音委,芮国是周大夫。芮国替他说情,就将夷诡诸赦免。

⑮既而弗报:但是后来夷诡诸,对芮国不报答这种恩惠。

⑯故子国作乱:子国即芮国的字。所以芮国为此而叛乱。

⑰与我伐夷而取其地:为我去攻打夷地,并且占据他的地方。

⑱周公忌父:周王的卿士。

⑲惠王立而复之:惠王即位在鲁庄公十八年,即公元前676年。惠王即位以后,就使周公忌父返回周国。

【译文】

十六年,春天,周王历正月。(无传)

十六年,夏天,诸侯讨伐郑国,这是为了郑国侵入宋国的缘故。

郑厉公从栎城进入国都以后,太慢去通告于楚国。秋天,楚国讨伐郑国,军队抵达栎城，这是为了郑国失礼的缘故。郑厉公处置参与雍纠之乱的人，九月，杀了公子阏，断了强锄的腿，公父定叔出奔到卫国，但是三年以后又让他回国，说："不可以使共叔在郑国没有后人。"命他在十月进入郑国国都，说："这是好的月份，因为数目盈满。"君子批评说，强锄不能保全他的腿。

冬天，诸侯同盟于幽，因为郑国要求和平。

邾子克逝世。（无传）

周僖王派虢公赐命曲沃武公为伯爵，领有一军的军队而成为晋侯。起初，晋武公讨伐夷邑，捉住了夷邑的大夫诡诸。由于周大夫苪国的请求而赦免他。后来夷诡诸不报答苪国的恩惠，所以苪国为此而叛乱，他对晋国人说："为我去讨伐夷邑而占取他的土地。"于是就以晋国的军队去讨伐夷邑，杀了夷诡诸。周公忌父为了避乱出奔到虢国。等到周惠王即位，才使周公忌父回到周国。

【讲评】

"亲邻""攘夷"是齐桓公霸政的重要内容。邻国是指中原华夏诸国。而诸国中又以宋、鲁两国最重要，因为鲁国是周公之后，宋国是先代之后。齐桓公想要做华夏诸侯的盟主，必须首先理顺与这两国的关系。为此，齐桓公与鲁侯先后在柯地、幽地会盟修好，又与鲁国结为婚姻之国。对宋国，齐桓公也是又打又拉，先是借宋国发生弑君的事件与诸侯在北杏会盟，平定宋国内乱，又在宋国背盟后率领诸侯征讨，迫使宋国与齐国讲和结盟，并为宋讨伐郑国，巩固了齐、宋联盟。在齐桓公安定中原的战略中，郑国显得十分重要。郑国由于紧邻王畿，与宋国同为中原屏障，成为楚国北进的门户，也因此成为齐、楚争霸的焦点。齐国为了争取郑国，从鲁庄公十六年开始，多次联合诸侯伐郑，边打边拉拢，使之归顺。楚国也多次北上争夺郑国。直到鲁僖公四年，齐国迫使楚国参与召陵之盟，暂时遏止了楚国北进的态势。在郑伯拒绝参加首止之会、背叛齐国后，桓公又连续征讨，最终使郑国顺服，齐桓公在世之时没有再背叛，维持了中原诸夏的稳定。

庄公下

庄公十七年

【原文】

[经]十有七年春,齐人执郑詹。

夏,齐人歼于遂。

秋,郑詹自齐逃来。

冬,多麋。

[传]十七年春,齐人执郑詹,郑不朝也。

夏,遂因氏、颌氏、工娄氏、须遂氏飨齐戍,醉而杀之,齐人歼焉。

【译文】

鲁庄公十七年春季,齐国人抓捕了郑詹,是由于郑国不朝见齐国。

夏天,遂国因氏、颌氏、工娄氏、须遂氏摆酒食款待齐国戍守的人,灌醉以后杀掉了他们,齐国人把因氏等四族全都歼灭。

【讲评】

齐桓公初成霸业,地位尚不稳固,诸侯如郑国、鲁国等大国只是表面服从。就连被征服的小国遂国叛乱,凭借此时的国力,齐国竟一时无力顾及。

庄公十八年

【原文】

[经]十有八年春,王三月,日有食之。夏,公追戎于济西。秋,有蜮。冬十月。

[传]十八年春,虢公、晋侯朝王,王飨醴①,命之宥②,皆赐玉五珏,马三匹。非礼也。

王命诸侯,名位不同,礼亦异数,不以礼假人。

虢公、晋侯、郑伯使原庄公逆王后于陈。陈妫归于京师,实惠后。

夏,公追戎于济西。不言其来,讳之也。

秋,有蜮,为灾也。

初,楚武王克权,使斗缗尹之。以叛,围而杀之。迁权于那处,使阎敖尹之。

及文王即位,与巴人伐申而惊其师,巴人叛楚而伐那处,取之,遂门于楚。阎敖游涌而逸。楚子杀之,其族为乱。冬,巴人因之以伐楚。

【注释】

①醴:一种甜酒。
②宥:酬酢,劝酒。

【译文】

十八年春天,虢公、晋献公朝觐周天子。天子用甜酒款待他们,并接受了他们的敬酒,而且还赐给他们每人五对玉,三匹马。这是不合礼的。天子降命于诸侯,因为诸侯的名称地位不一样,所用的礼数也应有所区别,不能随意地把礼数给人。

虢公、晋献公、郑厉公派原庄公到陈国为周惠王迎娶王后。陈妫嫁到了京城,即是惠后。

夏天,庄公在济水之西追击入侵的戎人。《春秋》只写追赶戎人而没有记录戎人的进攻,是忌讳戎人入侵而鲁国却不晓得。

秋天,鲁国发现了虫。《春秋》记录此事,是由于蜮虫造成了灾害。

先前,楚武王攻克权国后,派斗缗治理这个地方。斗缗反叛了楚国,楚国便包围权地杀了斗缗。并把权地的民众迁到那处,派阎敖管理。

楚文王就位后,楚国跟巴国人一起攻打申国,不管又对巴军心存戒备,最后巴国人反叛了楚国并进攻那处,将其占领后,又进攻楚国都城的城门。阎敖跳到涌水里游泳而逃。文王将其抓住杀害,阎敖的族人开始作乱。冬天,巴国人为此而进攻楚国。

【讲评】

徐兆奎、韩光辉《中国地名史话》说:"春秋初年,楚、秦、晋等强大的诸侯国首先在新开拓兼并的土地上置县，打破并取代了原由封土食邑的陈规旧制，加强了君主集权和地方治理，这显然是一种进步。"县的设置最早出现于楚国，楚国之所以在南方崛起，有一个重要经验就是建立了县制，比较有效地实行了中央集权，政治的管理和军队的调度都能比较统一。其中，楚武王兼并权国而建立权县，这是春秋创制的第一县。以后秦、晋等大国也逐渐推行县制。

庄公十九年

【原文】

[经]十有九年(公元前675年)春王正月。

[传]十九年春，楚子御之①，大败于津②，还③。鬻拳弗纳④，遂伐黄⑤，败黄师于踖陵⑥，还。及湫⑦，有疾，夏，六月庚申卒，鬻拳葬诸夕室⑧，亦自杀也，而葬于绖皇⑨。初，鬻拳强谏⑩楚子，楚子弗从，临之以兵，惧而从之⑪。鬻拳曰："吾惧君以兵，罪莫大焉。"遂自刖⑫也。楚人以为大阍⑬，谓之大伯⑭，使其后掌之⑮。君子曰："鬻拳可谓爱君矣！谏以自纳于刑，刑犹不忘纳君于善⑯。"

[经]夏四月。

[经]秋公子结⑰，媵⑱陈人之妇于鄄，遂及齐侯，宋公盟⑲。

[经]夫人姜氏如莒⑳。

【注释】

①楚子御之：楚文王来防御巴人。

②津：楚地，在今湖北省枝江市津乡。

③还：回师。

④鬻拳弗纳：鬻拳是把守城门的人。弗纳是不许他进城。

⑤黄：是嬴姓国，在今河南省潢川县定城废县西十二里。

⑥踖陵：踖音即，在今河南省潢川县西南境。

⑦湫：湫音秋，在湖北省宜城市境。

⑧夕室：杜注是地名，今地名不详。

⑨绖皇：绖音蝶。绖皇是冢前的阙。

⑩强谏:勉力坚持地规谏。

⑪临之以兵,惧而从之:兵是指着武器,用武器来威胁楚王,楚王畏惧他,使听从其建议。

⑫自刖:以刀自斩脚为刖。

⑬大阍:管宫门的官吏。

⑭大伯:大音泰。

⑮使其后掌之:使他以后的子孙永远任此官。

⑯纳君于善:使君归入于善事。

⑰公子结:鲁大夫。

⑱媵:《公羊》《谷梁》皆以为是鲁女媵陈侯之妇。

⑲遂及齐侯、宋公盟:公子结未得庄公的同意,就同两国会盟。

⑳有经无传。

【译文】

十九年,春,周王历正月。(无传)

十九年,春天,楚文王抵御巴国人的攻击,大败于津地,撤退回国。把守城门的鬻拳不让他进城,于是转而攻伐黄国,把黄国军队打败于踖陵,回国,到达湫地,楚王发病。夏六月庚申,逝世。鬻拳把楚王葬在夕室,自己也自杀了。别人把他葬在楚王冢前的阙。起初,鬻拳曾强谏楚文王,楚文王没有听从;他用武器威胁楚王,楚王害怕便听从了他。鬻拳说:“我用武器使国君害怕,没有比这样更大的罪了。”于是自己斩断腿。楚国人就让他做管宫门的官吏,称他为大伯,令他的后人掌管这个官位。君子说:“鬻拳可以说是爱他的国君的了。因为规劝国君而自己刑罚自己,既刑罚了自己又仍旧不忘使国君纳归于善道。”

夏,四月。(无传)

秋天,公子结送鲁国的女儿去做陈侯夫人的媵,到了鄄地,公子结未得鲁庄公的同意,就和齐侯同宋公会盟。(无传)

鲁桓公夫人姜氏到莒国去。(无传)

【原文】

[传]初,王姚①嬖②于庄王,生子颓。子颓有宠,蒍国为之师③,及惠王④即位,取蒍国

之圃以为囿⑤。边伯⑥之宫近于王宫，王取之，王夺子禽，祝跪与詹父⑦田，而收膳夫之秩⑧，故苪国，边伯，石速，詹父，子禽，祝跪作乱，因苏氏⑨。

[传]秋，五大夫⑩奉子颓以伐王，不克，出奔温⑪，苏子奉子颓以奔卫，卫师燕⑫。师伐周。

【注释】

①王姚：庄王妾，姚姓。

②嬖：得宠幸。

③苪国为之师：苪国为子颓的师父。

④惠王：周惠王是庄王的孙子。

⑤取苪国之圃以为囿：囿音又。圃园所以种树果花草类，囿则筑墙所以养禽兽，二者相类似，所以取圃为囿。

⑥边伯：周大夫。

⑦子禽、祝跪与詹父：皆是周大夫。

⑧膳夫之秩：膳夫是石速。秩是俸禄。

⑨因苏氏：苏氏是周大夫。利用苏氏的对王室的不满意，自从桓王夺他的十二邑给郑国，事见隐公十一年《左传》，苏氏遂与周室不合。

⑩五大夫：指苪国，边伯，子禽，祝跪，詹夫。石速因是士，故不在五大夫之内。

⑪不克出奔温：温是苏氏的邑，在今河南省温县西南三十里。没能成功，就逃回温城。

⑫燕：南燕。

【译文】

起初，王姚得到了周庄王的宠幸，生了子颓。子颓很得宠爱，苪国做子颓的师傅。等到周惠王即位，拿了苪国的种花果园圃做养禽兽的囿。边伯的宫殿与王宫邻近，周惠王取为己有。周惠王又夺取子禽、祝跪，与詹父的田，而收了膳夫石速的俸禄。所以苪国、边伯、石速、詹父、子禽、祝跪一起作乱，就利用苏氏对王室的不满。

周庄王

秋天,五位大夫尊奉子颓以讨伐周惠王,没有成功,就出奔到温城。苏子就遵奉子颓而逃奔到卫国。卫国军队和南燕军队就去攻伐周。

【原文】

冬,齐人宋人陈人伐我西鄙①。

冬,立子颓②。

【注释】

①西鄙:西边的边境。

②立子颓:立子颓为周王与惠王形成两派。

【译文】

冬天,齐人,宋人和陈人来攻伐我鲁国的西部边境。(无传)

冬天,立子颓为周王,与周惠王对立。

【讲评】

《左传》塑造了很多个性鲜明的人物,鬻拳就是其中的一个,从两个典型事例中就见其性格刚直,忠于国事,粗中有细。一件事是兵谏国君,等君主听从后又自断双脚,以维护君主的权威,惩戒后来犯上之人。另一件事是拒绝开门接纳兵败的国君以激励国君作战,文王打了胜仗却不幸病死在路上后,鬻拳亲自安排了君主的葬礼,并自杀谢罪。这样的行事在楚国历史上是绝无仅有的。有这样的君臣,可见楚国的崛起是必然的。后人特意为之吟咏,如唐周昙《咏史·春秋战国门·鬻拳》:"鬻拳强谏惧威刑,退省怀惭不顾生。双刖忍行留痛恨,惟君适足见忠诚。"

庄公二十年

【原文】

[经]二十年春,王二月,夫人姜氏如莒。夏,齐大灾。秋,七月。冬,齐人伐戎。

[传]二十年春,郑伯和王室,不克。执燕仲父。夏,郑伯遂以王归,王处于栎。秋,王

及郑伯入于邬。遂入成周，取其宝器而还。

冬，王子颓享五大夫，乐及遍舞①。郑伯闻之，见虢叔曰："寡人闻之，哀乐失时，殃咎必至。今王子颓歌舞不倦，乐祸也。夫司寇行戮，君为之不举，而况敢乐祸乎！奸②王之位，祸孰大焉？临祸忘忧，忧必及之。盍纳王乎！"虢公曰："寡人之愿也。"

【注释】

①乐及遍舞：奏乐及于所有舞乐。
②奸：通干，冒犯。

【译文】

二十年春天，郑厉公调解周王室的纠纷，没有成功。捉住了燕仲父。夏，郑厉公便带了周惠王回国。惠王住在栎地。秋季，惠王与郑厉公到了邬地，于是便进入成周，取成周的宝器而回。

冬天，王子颓设宴款待五位大夫，奏乐及于所有的舞蹈。郑厉公听到这件事，见到虢叔讲："我听说，悲哀或高兴不合时宜的话，灾祸必定到来。如今王子颓观看歌舞而不疲倦，这是以祸患为高兴。司寇杀人，国君为此而要减膳撤乐，何况敢以灾难而高兴呢？夺取王位，祸患还有比这更大的吗？面临祸患而忘记忧愁，忧愁必定到来。何不让天子复位呢？"虢公讲："这是我的心愿。"

【讲评】

郑国与虢国联手平定了王子颓的叛乱，但两国的考虑却不尽相同。郑厉公是企图借勤王树立政治形象，恢复郑国旧日的强盛。虢公丑却缺乏为国家利益长远考虑的政治谋略，只是愚忠于王室。虢国与周王室的政治联系非常密切，一度为军事强国，虢公数代担任周王朝的卿士，积极为周王室平定叛乱、抵抗外族入侵，并热心充当周王室干预诸侯事务的马前卒，对王室可谓忠心耿耿。而虢国的灭亡也正因此。从虢公忌父开始，虢国就屡次奉天子命令讨伐曲沃庄伯、干涉晋国内政，与晋国结下仇怨。到亡国之君虢公丑时，更是不恤民力，穷兵黩武，不审时度势，热心于为没落的周王室四处出击，使得国力凋敝，内政外交都到了濒临崩溃的边缘。但昏庸的虢公丑不思改变，一味迷信鬼神，乞求借淫祀换来国祚久长，终于被势力渐强的宿敌晋献公所灭。

庄公二十一年

【原文】

[经]二十有一年(前673年)春王正月。

[传]二十一年春，胥命于弭①。夏，同伐王城②，郑伯将王③，自圉门④入，虢叔自北门⑤入，杀王子颓及五大夫，郑伯享王于阙西辟⑥，乐备⑦，王与之武公之略⑧，自虎牢⑨以东。原伯⑩曰："郑伯效尤⑪，其亦将有咎⑫。"五月，郑厉公卒，王巡虢守⑬，虢公为王宫于玤⑭，王与之酒泉⑮，郑伯之享王也。王以后之鞶鉴⑯予之，虢公请器，王予之爵⑰，郑伯由是始恶于王⑱。

[经]夏，五月辛酉，郑伯突卒⑲。

[经]秋七月戊戌，夫人姜氏薨⑳。

[经]冬十有二月，葬郑厉公㉑。

[传]冬，王归自虢㉒。

【注释】

①胥命于弭：胥音须。互相命令在弭。弭是郑地，在今河南省密县境。

②王城：今河南省洛阳县城内西偏即王城故址，周公营洛邑涧水东、瀍水西。自平王东迁至景王十一世皆居此，敬王迁成周。

③将王：率领周惠王。

④圉门：周都城的南门。

⑤北门：亦曰乾祭门。

⑥阙西辟：阙是象魏，在象魏的西边。

⑦乐备：六代的音乐全都齐备。

⑧武公之略：略是界限，当时平王所给郑武公的地界。

⑨虎牢：在今河南省成皋县。

⑩原伯：周大夫。

⑪效尤：仿效子颓的乐及徧舞。

⑫亦将有咎：他也要得到罪患。

⑬王巡虢守：天子到诸侯的国都，名曰巡狩。

⑭琲：音棒。虢地，今地名不详。

⑮酒泉：杜预注是周邑，但周季东迁，酒泉已在岐山以西，故非周辖地。以此推知，酒泉另指别地。

⑯鞶鉴：带有铜镜子的腰带。

⑰爵：饮酒的玉爵。

⑱始恶于王：开始与周惠王交恶。

⑲郑伯突卒：在庄公十六年曾与鲁大夫盟于幽。

⑳有经无传。

㉑有经无传。

㉒王归自虢：自从王巡虢守以后，至冬天方始回到王城，可见王对虢很信任。

【译文】

二十一年，春天，郑伯和虢叔在弭地互相命令。夏天，一同去讨伐王城。郑伯率领着周惠王从圉门进入王城，虢叔从北门进入王城，杀了王子颓和五位大夫。郑伯宴享周惠王于象魏的西边，六代的音乐全都齐备。周惠王给予郑伯当年周平王给郑武公的地界，包括从虎牢以东的地方。原伯批评道："郑伯仿效王子颓备乐及偏舞，他也将要有祸患的吧！"五月，郑厉公逝世。周惠王到虢国巡狩，虢公为王设备宫殿于琲，周惠王就给他酒泉的地方。当郑伯宴享周惠王的时候，周王只把王后的鞶鉴送给他，现在虢公向周惠王请求器物，周惠王却给他玉爵。郑伯由于这样开始和周惠王交恶。

夏天，五月辛酉，郑伯突逝世。（传在(一)中）

秋天，七月戊戌，鲁桓公夫人姜氏薨。（无传）

冬天，十二月，安葬郑厉公。（无传）

冬天，周惠王从虢国回到王城。

【讲评】

郑厉公复辟后，对霸主齐桓公并非心悦诚服，一直企图恢复郑国昔日的影响。借着王子颓叛乱的机会，联合执政的虢公，帮助周惠王复位。无奈厉公早逝，否则又可以一展宏图。

庄公二十二年

【原文】

[经]二十有二年:春,王正月,肆大眚。

癸丑,葬我小君文姜。

陈人杀其公子御寇。

夏,五月。

秋,七月丙中,及其高傒盟于防。

冬。公如齐纳币。

[传]二十二年,春,陈人杀其大子御寇①,陈公子完与颛孙奔齐。颛孙自齐来奔。齐侯使敬仲为卿②,辞曰:"羁旅之臣③,幸若获宥④,及于宽政,赦其不闲于教训⑤,而免于罪戾⑥,弛于负担,君之惠也,所获多矣。敢辱高位,以速官谤⑦?请以死告。《诗》云⑧:'翘翘车乘,招我以弓,岂不欲往?畏我友朋。'"使为工正⑨。

【注释】

①大子:大同"太",大子就是太子。

②卿:古时高级长官或爵位的称谓。

③羁旅:寄居异乡。

④宥:宽恕,赦免。

⑤不闲:不娴熟,不精通。

⑥罪戾:罪过,罪愆。

⑦谤:谤议,指责。

⑧以下所引诗句出自《诗》的《逸诗》。

⑨工正:官名,春秋时掌百工之官。

【译文】

鲁庄公二十二年春季,陈国人杀了他们的太子御寇。陈国的敬仲和颛孙逃亡到齐国。颛孙又从齐国逃亡到鲁国。

齐桓公想让敬仲做卿,他辞谢说:"像我这样旅居在外的小臣如果承蒙您的宽恕,能在这政策宽厚的国家,赦免我有失训教,而得以免除罪过,放下负担,就是主公莫大的恩惠了。我所得的已经很多了,哪里敢接受这样的高位而让您招致百官们的指责呢?谨冒死上告。《诗经》说:'贵人坐在高高的车上,以手持弓招我前往。难道是我不想前去,只因为害怕亲朋。'"因而齐桓公让他担任工正一职。

【原文】

[传]饮桓公酒,乐①。公曰:"以火继之②。"辞曰:"臣卜其昼③,未卜其夜,不敢!"君子曰:"酒以成礼,不继以淫,义也;以君成礼,弗纳于淫,仁也。"

初,懿氏卜妻敬仲。其妻占之,曰:"吉!是谓'凤皇于飞,和鸣锵锵④。有妫之后,将育于姜。五世其昌⑤,并于正卿。八世之后,莫之与京'。"

【注释】

①乐:高兴。

②继:继续。

③卜:推测,臆断。昼:白天。

④锵锵:鸟虫鸣声。

⑤昌:兴旺,昌盛。

【译文】

敬仲设酒宴款待齐桓公,桓公很高兴。饮至天色很晚了,桓公说:"点上烛火继续喝。"敬仲辞谢说:"臣只知道白天可以招待君主,但晚上不能再继续陪饮。不敢遵命。"君子对此评论说:"酒是用来举行各种礼仪的东西,不能饮用无度,这是义;由于招待国君饮酒完成了礼仪,但又不使他过度,这是仁。"

当初,陈国大夫懿氏要把女儿嫁给敬仲的时候,曾占卜吉凶。他的妻子占卜,说:"吉利。这叫作'凤凰相伴而飞,鸣叫声嘹亮清脆。我们妫氏的后代,养育于齐姜。第五代就要昌盛,官位堪比正卿。第八代以后无人可以和他争强。'"

【原文】

[传]陈厉公,蔡出也,故蔡人杀五父而立之。生敬仲。其少也,周史有以《周易》见

陈侯者,陈侯使筮之①,遇"观☶"之否☶。曰:"是谓'观国之光,利用宾于王'。此其代陈有国乎?不在此,其在异国;非此其身,在其子孙。光远而自他有耀者也②。坤,土也。巽,风也。乾,天也。风为天于土上,山也。有山之材而照之以天光③,于是乎居土上,故曰:'观国之光,利用宾于王。'庭实旅百④,奉之以玉帛,天地之美具焉⑤,故曰:'利用宾于王。'犹有观焉⑥,故曰:'其在后乎!'风行而著于土,故曰:'其在异国乎!'若在异国,必姜姓也。姜,大岳之后也。山岳则配天。物莫能两大⑦。陈衰,此其昌乎!"

及陈之初亡也,陈桓子始大于齐;其后亡成,成子得政。

【注释】

①筮:蓍草占卜。

②耀:闪耀,照耀。

③天光:天空的光芒。

④庭:厅堂。

⑤具:具备。

⑥观:观看。

⑦两大:两者同样大。

【译文】

陈厉公是蔡侯的女儿所生,所以蔡国人杀了五父而立他为王,后来厉王生了敬仲。在敬仲年少的时候,有一个成周的太史用《周易》去见陈厉公,陈厉公让他占筮,占得的观卦☶变成否卦☶。周太史说:"这就叫作'观光出聘,利于做上宾于君王'。这个人很可能要代替陈而享有整个国家!但不在这里,而在别国,不在这个人身上,而在他的子孙身上实现。光,是从远处别的地方照射而来的。坤是土,巽是风,乾是天。风起于天而行于土上,这就是山。有了山上的物产,又有天光照射,这就是居于土地上,因此说'观光出聘,利于做上宾于君王'。庭中陈列的礼物上百件,另外进贡束帛玉璧,天上地下美好的东西都具备了,因此说'利于做上宾于君王'。另外还需要等着看将来怎么样,所以说他的昌盛在于后代吧!风行走最后落在土地上,所以说他的昌盛在别国吧!若在别国,必定是姜姓之国。姜是大岳的后代。山岳高大足以与天相配。但事物不可能两者一般大。一旦陈国衰亡了,这个氏族大概就要昌盛吧!"

果然,等到陈国第一次灭亡,陈桓子才在齐国有了权势,后来楚国再次灭亡陈国,陈成子拥有了齐国政权。

【讲评】

　　唐杨世勋《疏》云："(《左传》)多叙鬼神之事,预言祸福之期。"《左传》中记叙了不少预言,有的是占卜得来,有的是观星象而知,有的是梦兆,有的是鬼神或先知预言等,许多都应验了。当然后人认为应验了的一般是作者已经知道的事实。《左传》好预言,谈天命,可能与巫史合一的传统有关。我们要从中看到,《左传》虽持天命观,但也有新的进步思想,即天命与人的道德修养是统一的,事物的发生有因有果。君位的得失、人的荣辱都与本人或身边人的日常行事密切相关。如陈大夫通过郑太子忽先同居后告祖的失礼行为,预言他将不能长久享有国家。懿氏的妻子和周太史都对陈公子完(即田完,谥号敬仲)做了很好的预言,周太史关于陈(田)氏后代将代齐为王的预言果然被历史发展所应验。汉司马迁《史记》也多次提到此事,以说明田氏代为齐王的先天性。而从人事上看,陈完是君子所称赞的"仁义"之人,其后辈诸人不仅政治军事才能卓著,而且在其他贵族横征暴敛的时候积极施惠于民,拥有民心,其代齐不是偶然而是长期努力的结果。

庄公二十三年

【原文】

　　[经]二十有三年春,公至自齐。祭叔来聘。夏,公如齐观社。公至自齐。荆人来聘。公与齐侯遇于穀。萧叔朝公。秋,丹桓宫楹。冬十有一月,曹伯射姑卒。十有二月甲寅,公会齐侯盟于扈。

　　[传]二十三年夏,公如齐观社,非礼也。曹刿谏曰:"不可。夫礼,所以整民也。故会以训上下之则,制财用之节;朝以正班爵之义[①],帅长幼之序;征伐以讨其不然。诸侯有王,王有巡守,以大习之[②]。非是,君不举矣。君举必书,书而不法,后嗣何观?"晋桓、庄之族逼,献公患之。士蒍曰"去富子,则群公子可谋也已。"公曰:"尔试其事。"士蒍与群公子谋,谮富子而去之。

　　秋,丹桓宫之楹。

【注释】

　　①班爵:排列的爵位。义:同"仪",即仪式。

②大习:指演习会见和朝觐的礼仪。

【译文】

鲁庄公二十三年夏季,庄公到齐国去观赏祭祀社神仪式,这是不合乎礼制的。曹刿劝阻说:"不能够去! 礼仪的作用是整治百姓的。故而会盟用来显示上下的法则,制定财物使用的准则;朝见用来端正爵位排列顺序,使爵位一样者遵从长幼的次序。征伐用来惩处对上不恭敬的国家。诸侯朝觐天子,天子视察诸侯,都是为了熟悉会见和朝觐的制度。要不是如此,君王便不应该行动。由于君王的一举一动,都要加以记录,如某举动不合乎礼法,那么记录下来却不合法度,那后代子孙学习什么呢?"晋国的桓叔跟庄伯两个家族威逼公室,晋献公为此担忧,士蒍说:"去掉富子。那其他公子便易于对付了。"献公讲:"你试着去做这件事吧。"士蒍便跟公子谋划,诬陷富子而铲除了他。

秋季,替桓公大庙的木柱上抹上朱红色的油漆。

【讲评】

晋国自从曲沃武伯灭翼、统一晋国后,国势复兴。但国内同姓公族势力很大,为了避免重蹈曲沃之乱的覆辙,晋献公逐步削弱公族,实行集权。晋国国君代以异姓为公族,难免矫枉过正,最终酿成三家分晋的结局。

庄公二十四年

【原文】

[经]二十有四年(前670年)春王三月刻桓宫桷。

[传]二十四年春,刻其桷①,皆非礼也②。御孙③谏曰:"臣闻之,俭,德之共也④;侈,恶之大也⑤。先君有共德⑥,而君纳诸大恶⑦,无乃不可乎⑧?"

[经]葬曹庄公⑨。

[经]夏,公如齐逆女⑩。

[经]秋,公至自齐⑪。

【注释】

①桷:音角。是庙椽。

②皆非礼也:指去年丹桓宫楹与刻桷,皆是不合于礼。

③御孙:鲁大夫。

④俭,德之共也:共同恭。勤俭是德行的最恭敬者。

⑤侈,恶之大也:奢侈是恶行的最大者。

⑥先君有共德:桓公有恭敬的德行。

⑦君纳诸大恶:你把先君纳入恶行的最大者。

⑧无乃不可乎:似乎是很不可以的。

⑨有经无传。

⑩公如齐逆女:庄公亲自到齐国迎接他的夫人。

⑪有经无传。

【译文】

二十四年,春天,雕刻桓公庙的桷,这件事与去年把庙柱涂上红色,都是不合礼的。御孙谏诤说:"臣听说过,节俭是德行的最恭敬的一面;奢侈是恶行的最大的一面。先君有恭敬的德行,而您把他纳入最大的恶行,这不是不可以的吗?"

安葬曹庄公。(无传)

夏天,鲁庄公亲到齐国去迎接他的夫人。(无传)

秋天,鲁庄公从齐国回到鲁国。(无传)

【原文】

[经]八月丁丑,夫人姜氏人。

[经]戊寅,大夫宗妇觌用币。

[传]秋,哀姜至①,公使宗妇觌用币②,非礼也。御孙曰:"男贽③大者玉帛④,小者禽鸟⑤,以章物也⑥。女贽不过榛栗枣修⑦,以告虔也⑧。今男女同贽⑨,是无别也⑩。男女之别,国之大节⑪也。而由夫人乱之⑫,无乃不可乎?"

[经]大水⑬。

【注释】

①哀姜至:据《公羊传》说,哀姜要求公不同进国都,所以八月丁丑入,而以第二天朝

②公使宗妇觌用币：宗妇是与公同宗的妇人。觌是见面,用布帛来见面。

③男贽：男人见面时所用的物品。

④大者玉帛：最贵重的是玉或者是布帛。

⑤小者禽鸟：次一点的是禽兽同鸟类。杜预说卿执羔是属于禽类,又说大夫执鸠,士执雉是属于鸟类。

⑥以章物也：所以分别贵贱。

⑦女贽不过榛栗枣修：榛、栗、枣是果类,修是肉干。女贽是女子见面时所用的物品。

⑧以告虔也：虔是敬,以表示敬意。

⑨男女同贽：女子也用布帛做见面礼,等于男女不分。

⑩是无别也：男女应该有别,同贽即是无别。

⑪国之大节：是国的大礼节。

⑫而由夫人乱之：夫人是指哀姜。而由夫人来乱了礼节。

⑬有经无传。

【译文】

八月丁丑,鲁庄公的夫人姜氏进入鲁国都城。(无传)

秋天,哀姜抵达鲁国都城,庄公命同姓大夫的妻子用布帛来做见面礼,这是不合礼的。御孙说："男子见面所用的物品,最贵重的是玉或布帛,次一点的用禽兽或鸟类,这样用以分别贵贱。女子见面所用的物品,不过是用榛、栗、枣等果物或用肉干,用以表示敬意。现在男女用同样的见面礼,简直是不分男女了。男女的分别,是国家的大礼节,而由夫人来乱了礼节,这不是不可以的吗?"

发生了大水灾。(无传)

【原文】

[经]冬,戎侵曹①。

[经]曹羁②出奔陈。

[经]赤③归于曹。

[经]郭公④。

[传]晋士劳又与群公子谋,使杀游氏⑤之二子,士劳告晋侯曰:"可矣! 不过二年,君必无患⑥。"

【注释】

①有经无传。

②曹羁:大约是曹国的世子。有经无传。

③赤:是曹僖公名字,为戎人所纳,故曰归。有经无传。

④郭公:对此经无法解说,遂与夏五两经各成疑案。有经无传。

⑤游氏:亦是桓叔庄伯的同族。

⑥君必无患:你必定可以不再有祸患了。

【译文】

冬天,戎人侵略曹国。(无传)

曹国的世子羁出奔到陈国。(无传)

曹僖公回到曹国。(无传)

郭公。(无传)

晋国的士劳又与群公子谋划,派人杀了游氏的二子。于是,士劳告诉晋侯说:"行了,不出两年,您必定可以不再有祸患了。"

【讲评】

晋杜预《春秋释例》云:"(《左传》)以周礼为本,诸称凡以发例者,皆周公之旧制也。"《左传》崇重礼制,区分礼和仪,仪只是外在的人所遵循的礼节,礼是内在的有助于建立统治秩序的内容,能"经国家,定社稷,序民人,利后嗣"。所以《左传》对各种情况如吉礼、凶礼、军礼、宾礼、嘉礼等的记叙不厌其详,对上至周天子下至普通人的行事做出"礼也"或"非礼也"的评价,表现出强烈的复古的保守的倾向。这是对当时各国礼崩乐坏、各种非礼之事频频发生的一种反动。如鲁庄公宠爱年轻的妻子哀姜,为将行告庙之礼而大肆装饰桓公庙,让同姓大夫的夫人用玉帛作为见面礼,这些都不合礼制。

庄公二十五年

【原文】

[经]二十有五年春,陈侯使女叔来聘。夏,五月癸丑,卫侯朔卒。六月辛末朔,日有食之,鼓、用牲于社。伯姬归于杞。秋,大水,鼓、用牲于社、于门。冬,公子友如陈。

[传]二十五年春,陈女叔来聘,始结陈好也。嘉之,故不名。

夏六月辛未朔,日有食之。鼓,用牲于社,非常也。唯正月之朔,慝①未作,日有食之,于是乎用币于社,伐鼓于朝。

秋,大水。鼓,用牲于社、于门,亦非常也。凡天灾,有币无牲。非日月之眚②,不鼓。

晋士蒍使群公子尽杀游氏之族,乃城聚而处之。

冬,晋侯围聚,尽杀群公子。

【注释】

①慝:阴气。

②眚:灾祸。

【译文】

二十五年春天,陈国的女叔来鲁国聘问,这是开始跟陈国结好。《春秋》赞叹这件事,故而不记载女叔的名字。

夏六月初一,出现日食。击鼓,用牺牲祭奠土地神庙,这是不合于常礼的。只有夏历四月初一,阴气没有发生,日食,才用玉帛祭奠土地之神,在朝廷之上打鼓。

秋天,有大水,打鼓,用牺牲祭奠土地神庙和城门门神,也不合乎常礼。凡是天灾,祭奠时只能用玉帛而不用牺牲。不是日食、月蚀,不击鼓。

晋国的士蒍让公子们杀完了游氏家族,于是在聚地修城而让公子们住进去。

冬天,晋献公包围聚城,把公子们全都杀死。

【讲评】

晋国自从分为翼、曲沃二国后,国势中衰,到曲沃武公灭翼,统一晋国,但是晋国内乱并未消除，公族强横。晋献公要复兴晋国，就急切地想要削弱公族，实现中央集权。但是晋国用消灭肉体的方法残酷地除掉公族后，转以异姓为公族，实属矫枉过正。童书业《春秋左传研究》说："晋文以后晋无公族之乱，而异姓异宗之大夫日强，皆由此耳。"

庄公二十六年

【原文】

[经]二十有六年（前668年）春，公伐戎①。

[传]二十六年春，晋士蒍为大司空②。

[经]夏，公至自伐戎③。

【注释】

①有经无传。

②大司空：是晋的卿官。

③有经无传。

【译文】

二十六年，春天，鲁庄公讨伐戎人。（无传）

二十六年，春天，晋国的士蒍成为晋的大司空。

夏天，鲁庄公讨伐戎人以后回到鲁国。（无传）

【原文】

[传]夏，士蒍城绛①，以深其宫②。

[经]曹杀其大夫③。

[经]秋，公会宋人，齐人伐徐④。

[传]秋，虢人侵晋。冬，虢人又侵晋。

[经]冬，十有二月癸亥朔，日有食之⑤。

【注释】

①绛:据阎若璩考证说:"余亲往其地,土人呼王宫城,距故晋城五十里。"

②以深其宫:使他的宫室加深。

③曹杀其大夫:不称他的名字,因为他未曾犯罪,例在文公七年。

④徐:在今安徽省泗县西北三十五里。写宋在齐上,因为宋人主持军事。

⑤有经无传。

【译文】

夏天,士蒍修筑绛城,使他的宫室加深。

曹国杀死了一位大夫。(无传)

秋天,鲁庄公会合宋国人和齐国人讨伐徐国。(无传)

秋天,虢国人侵略晋国,冬天,虢国人又侵略晋国。

冬天,十二月癸亥。初一,发生日蚀。(无传)

【讲评】

虢公丑毫无政治战略眼光,依仗天子的任命,不考虑本国的处境和实力,多次武力干涉他国的内政。他一直积极与晋献公为敌,在晋献公杀戮群公子时收容流亡者,并为此侵晋。《左传》关于两国之间事件的记载,为后来晋灭虢埋下伏笔。

庄公二十七年

【原文】

[经]二十有七年春,公会杞伯姬于洮。夏六月,公会齐侯、宋公、陈侯、郑伯,同盟于幽。秋,公子友如陈,葬原仲。冬,杞伯姬来。莒庆来逆叔姬。杞伯来朝。公会齐侯于城濮。

[传]二十七年春,公会杞伯姬于洮,非事也。天子非展义①不巡守,诸侯非民事不举,卿非君命不越竟。

夏,同盟于幽,陈、郑服也。

秋,公子友如陈,葬原仲,非礼也。原仲,季友之旧也。

冬,杞伯姬来,归宁也。凡诸侯之女,归宁曰来,出曰来归。夫人归宁曰如某,出曰归于某。

晋侯将伐虢,士劳曰:"不可。虢公骄,若骤得胜于我,必弃其民。无众而后伐之,欲御我,谁与？夫礼乐慈爱,战所畜②劳也。夫民,让事乐和。爱亲哀丧,而后可用也。虢弗畜也,亟战将饥。"

王使召伯廖赐齐侯命,且请伐卫,以其立子颓也。

【注释】

①展义:宣扬德义。
②畜:积聚,储藏。

【译文】

二十七年春天,庄公跟女儿杞伯姬在洮地见面,并非为了国家。天子要是不是为了宣扬道义便不能外出巡视,诸侯要是不是为了民众之事便不能外出行动,卿要是没有国君的命令便不能轻易越过国境。

夏天,庄公跟齐桓公、宋桓公、陈宣公、郑文公在幽地结盟,由于陈国和郑国已经顺服。

秋季,鲁国的公子友前去陈国安葬原仲,这不合礼。由于原仲只是公子友的私人朋友。

冬天,杞伯姬回国,这是回娘家。但凡诸侯的女儿回娘家叫作"来",被丈夫休弃叫作"来归",本国国君的夫人返回娘家叫作"如某",被休弃则叫作"归于某"。

晋献公准备征讨虢国,士劳说:"不行。虢公一向狂妄自大,要是马上战胜我们,必定会舍弃他的百姓。要是等他失去了百姓,然后再讨伐,就算他要抵抗,还有谁会跟随呢？礼、乐、慈、爱是对敌作战之前应该具备的。要是民众谦让有礼、和睦相处、爱护亲属、悲痛丧亡,这才可以使用。现在虢国并不具备这些,却屡次出兵作战,民众的士气将会低落下去。"

陈宣公

周天子赐命齐桓公为侯伯,并请他征讨卫国,由于卫国曾立子颓为天子。

【讲评】

周惠王派遣周卿士召伯廖赐齐桓公宠命,并让他攻打卫国,说明齐桓公作为诸侯之长的霸主地位得到了天子的承认。

庄公二十八年

【原文】

[经]二十有八年(前 666 年),春王三月甲寅,齐人伐卫,卫人及齐人战,卫人败绩。

[传]二十八年春,齐侯伐卫。战,败卫师。数之以王命,取赂而还。

晋献公娶于贾,无子。烝①于齐姜,生秦穆夫人及大子申生。又娶二女于戎,大戎狐姬生重耳,小戎子生夷吾。晋伐骊戎,骊戎男女以骊姬,归生奚齐。其娣生卓子。

骊姬嬖,欲立其子,赂外嬖梁五与东关嬖五,使言于公曰:"曲沃,君之宗也。蒲与二屈,君之疆也。不可以无主。宗邑无主则民不威,疆埸②无主则启戎心。戎之生心,民慢其政,国之患也。若使大子主曲沃,而重耳、夷吾主蒲与屈,则可以威民而惧戎,且旌君伐。"使俱曰:"狄之广莫。于晋为都。晋之启土,不亦宜乎?"晋侯说之。夏,使大子居曲沃,重耳居蒲城,夷吾居屈。群公子皆鄙,唯二姬之子在绛。二五卒与骊姬谮群公子而立奚齐,晋人谓之"二五耦③。"

【注释】

①烝:下与上通奸。

②埸:边界,边境。

③耦:两人同耕。

【译文】

鲁庄公二十八年春,齐桓公讨伐卫国。与卫军作战,战胜卫军,用周天子的名义责备卫国,取得了财货回国。

晋献公在贾国娶了妻子,没有生儿子。他和齐姜通奸,生了秦穆夫人和太子申生。

又在戎娶了两个女人，大戎狐姬生了重耳，小戎子生了夷吾。晋国攻打骊戎，骊戎男就把骊姬献给晋献公，回国后生了奚齐。其妹生了卓子。

骊姬受到献公宠爱；想立自己的儿子为太子，贿赂男宠梁五和东关嬖五，让他们对晋献公说："曲沃是君王的宗邑，蒲地和二屈是君王的边疆，不能没有强大的地方官。宗邑缺乏有力的主管，百姓就没有畏惧；边疆没有人管，就会导致戎狄生出侵犯的念头。戎狄有侵犯的念头，百姓就会不重视政令，这是国家的祸患。如果让太子主管曲沃，再让重耳、夷吾主管蒲地和二屈，就可以使百姓畏惧、戎狄害怕，而且可以显明君王的功劳。"又让这两个人一起对晋献公说："狄人广漠的土地，晋国可以在那里建立都邑。晋国开疆辟土，不也是恰当的吗？"晋侯很高兴。夏季，让太子住在曲沃，重耳住在蒲地，夷吾住在二屈。别的公子也都住在边境上，只有骊姬和她妹妹的儿子住在绛城。梁五和东关嬖五最终和骊姬诬陷了公子们而立奚齐为太子，晋国人称他们为"二五耦"。

【原文】

[传]楚令尹子元欲蛊文夫人，为馆于其宫侧而振万焉。夫人闻之，泣曰："先君以是舞也，习戎备也。今令尹不寻诸仇雠，而于未亡人之侧，不亦异乎！"御人以告子元。子元曰："妇人不忘袭仇，我反忘之！"

秋，子元以车六百乘伐郑，入于桔柣之门。子元、斗御疆、斗梧、耿之不比为旆[1]，斗班、王孙游、王孙喜殿。众车入自纯门，及逵市。县门[2]不发，楚言而出。子元曰："郑有人焉。"诸侯救郑，楚师夜遁。郑人将奔桐丘，谍告曰："楚幕有乌。"乃止。

【注释】

①旆：军队的先行车。

②县门：县，同"悬"。县门，内城的闸门。

【译文】

楚国的令尹子元企图诱惑文王夫人，在她的寝宫旁造了房舍，在里边摇铃边跳万舞。夫人听到了，哭着说："先君让人跳这个舞蹈，是用来演习备战的。现在令尹不用于仇敌而用于未亡人的旁边，不令人感到惊异吗？"侍者告诉了子元。子元说："女人不忘记袭击仇敌，我反倒忘了。"

秋季,子元带领六百辆战车进攻郑国,进入桔之门。子元、斗御疆、斗梧、耿之不比率领前军,斗班、王孙游、王孙喜殿后。车队从纯门进去,到达大路上的市场。内城的闸门没有放下,楚国人商议了一阵就退出去了。子元说:"郑国有人才。"诸侯救援郑国,楚军就夜里溜走了。郑国人已准备逃往桐丘,间谍前来报告说:"楚国的帐篷上有乌鸦。"于是就停止逃跑。

【原文】

[传]冬,饥。臧孙辰告籴①于齐,礼也。

筑郿②,非都也。凡邑有宗庙先君之主曰都,无曰邑。邑曰筑,都曰城。

【注释】

①籴:买进粮食。

②郿:春秋时鲁地,在今山东东平县西。

【译文】

冬季,发生饥荒。鲁国的大夫臧孙辰向齐国请求购买粮食,这是合于礼的。

鲁国修筑郿城,因为郿城不是"都城",所以用"筑"字。凡是城邑,有宗庙和先君神主的叫作"都",没有的叫作"邑"。建造邑叫作"筑",建造都叫作"城"。

【讲评】

晋献公是晋国霸业的开创者,善于权谋,心狠手辣,对内为加强君权而杀死公族诸人,对外积极开疆拓土,设计消灭虢、虞等国,为后来晋文公的称霸奠定了基业。但他好色荒淫,对几个儿子如太子申生、公子重耳、公子夷吾等残忍无情,酿成了他死后晋国多年的内乱。晋献公的爱妾骊姬恃宠而骄,贪婪狠毒,连续设计,最后除掉为人仁厚的太子申生而让自己的儿子继位,直接造成晋国的动乱。表面上这是骊姬一人的罪恶,实际上是晋献公纵容甚至伙同骊姬所为。以往历史为尊者讳,一味责怪"红颜祸水",如妹喜、妲己、褒姒、西施等,成为亡国妖女的典型,其实她们所依赖的国君自身的荒淫无道才是亡国的根源。

庄公二十九年

【原文】

[经] 二十有九年春, 新延厩。

夏, 郑人侵许。

秋, 有蜚。

冬十有二月, 纪叔姬卒。

城诸及防。

[传] 二十九年春, 新作延厩, 书不时也。凡马, 日中而出, 日中而入。

夏, 郑人侵许。凡师, 有钟鼓曰伐, 无曰侵, 轻曰袭。

秋, 有蜚①, 为灾也。凡物, 不为灾, 不书。

冬十二月, 城诸及防, 书时也。凡土功, 龙见而毕务, 戒事也; 火见而致用, 水昏正而栽, 日至而毕。

樊皮叛王。

【注释】

① 蜚: 食稻花的害虫。

【译文】

鲁庄公二十九年春季, 新修造延厩, 《春秋》记录不合时令。但凡马, 春分时节放牧, 秋分时节入圈。

夏季, 郑国人侵犯许国。凡是出兵, 有钟鼓之声称为 "伐", 没有称为 "侵", 轻装部队突击称为 "袭。"

秋季, 发现蜚盘虫, 造成了灾害。但凡事物, 没有造成灾害, 《春秋》就不记录。

冬季十二月, 在诸地跟防地筑城, 《春秋》记录合于时令。凡是土木工程, 苍龙星出现而农事结束, 土木工程之事便要做准备; 火星出现要把用具放到工地上, 黄昏时定星出现在正南方, 便要把筑墙立板竖起筑墙, 冬至便要全部完工。

樊皮反叛周天子。

【讲评】

许国地处中原要冲,屡次遭受郑国等侵略,险些被郑庄公灭国。虽然许穆公趁着郑国内乱之际重新建立许国,但是郑国仍然多次兴兵侵许。在郑国的威逼下,弱小的许国后被迫多次迁徙。

庄公三十年

【原文】

[经]三十年(前664年)春王正月。

[传]三十年春,王命虢公讨樊皮①。夏四月丙辰,虢公入樊,执樊仲皮归于京师②。

[经]夏,次于成③。

【注释】

①王命虢公讨樊皮:因为樊皮在去年曾经叛王。

②执樊仲皮归于京师:将樊仲皮逮捕,送回周王京城。

③成:鲁地。在今山东省宁阳县东北九十里有故城社,即古城也。次于成是为的戒备齐国对于纪国的附庸国鄣出兵。无传。

【译文】

三十年,春天,周惠王命令虢公讨伐樊皮。夏天,四月丙辰,虢公进入樊邑,逮捕樊仲皮,把他送回周王京城。

夏天,驻军在成。(无传)

【原文】

[经]秋七月,齐人降鄣①。

[经]八月癸亥,葬纪叔姬②。

[经]九月庚午朔,日有食之,鼓用牲于社③。

[传]楚公子元归自伐郑,而处王宫④,斗射师谏⑤,则执而梏之⑥。

[传]秋,申公斗班⑦杀子元。斗谷於菟⑧,为令尹,自毁其家⑨,以纾⑩楚国之难。

[经]冬,公及齐侯,遇于鲁济。

【注释】

①郕:在山东省东平县东六十里有郕城集,即故郕城。有经无传。

②有经无传。

③有经无传。

④而处王宫:就搬进王宫去居住,是为了蛊惑文夫人。

⑤斗射师谏:斗射师是楚大夫斗廉。谏是谏诤他。

⑥执而梏之:就逮捕他,并以镣加其手腕。

⑦申公斗班:当时楚国已经把旧申国灭为楚县,斗班在那里做县尹,所以称为申公。

⑧斗谷於菟:於音同乌,菟音同徒。楚人称虎为於菟,称乳为谷,所以令尹子文就名斗谷於菟。

⑨自毁其家:把他自己的家毁掉。

⑩纾:音同舒,缓和的意思。

【译文】

秋天,七月,齐国人威迫郕国投降。(无传)

八月癸亥,安葬纪叔姬。(无传)

九月庚午朔,发生日蚀,打鼓并用牺牲祭祀社神。(无传)

楚国的公子元讨伐了郑国以后回到楚国,就住在王宫里。斗射师谏诤他,就把斗射师逮捕并且用手镣扣住他的手。

秋天,申县的县长斗班杀了子元。斗谷於菟继为令尹,自己毁了他的家,以家财缓和楚国的危难。

【原文】

[经]齐人伐山戎。

[传]冬,遇于鲁济①,谋山戎也②,以其病燕③故也。

【注释】

①鲁济：济水先经过鲁国，这段地方就叫作鲁济。

②谋山戎也：山戎在今河北省滦县。

③病燕：燕在今北平。病燕是为患于燕国。

【译文】

冬天，鲁庄公和齐桓公在鲁国境内的济水上相遇，谋划攻伐山戎，因为山戎危害燕国的缘故。

【讲评】

楚公子元好色胆怯，引诱文王夫人息妫不成，碍于面子去郑国虚晃一枪，就草草收兵，回国又强行居住在王宫继续纠缠文王夫人。公子元的恶行使得他本人被杀，也几乎引起楚国的内乱。在危急情况下，出生富于传奇色彩的令尹子文（鬭穀於菟）毁家纾难，开始在楚国执政。令尹子文是邧伯比和邧子之女的私生子，他出生后不久就被遗弃在荒野，幸好蒙乳虎喂养得活。楚人把"乳"叫"穀"，称老虎为"於菟"，所以后来他被取名为"鬭穀於菟"。湖北云梦有"於菟乡""睡虎地"等地名，就是纪念此人此事。子文曾三度共做了28年的令尹，这在楚国历史上绝无仅有。他被孔子誉为"忠"，是春秋有名的贤臣。

齐桓公讨伐山戎以救援燕国，是齐国第一次代表华夏文化集团的"攘夷"行动。此前齐桓公在齐国周边也曾经与夷狄发生冲突，但那只是相对单纯的地缘政治行为，没有远大的政治目标。此次却截然不同，燕国与孤竹之戎远在北方，伐戎救燕对齐国并没有实际利益，出兵是为了实现桓公霸政第二期的目标，即建立华夏文化共同体。称霸之初的桓公尚无力号召诸侯，只能单独行动。但不可否认的是，齐国远征山戎救燕的艰苦行动带来的影响是十分深远的，诸夏联合的形势逐渐形成。等到僖公四年齐桓公率领诸侯联军伐楚，迫使楚国参加召陵之盟，成为诸夏空前团结的一次军事行动。正如史家所评论的那样，管仲、齐桓公的重要功绩在于安定华夏，在西周统治瓦解后的混乱局面中重建了社会秩序，保存了诸夏的文化传承，功莫大焉。

庄公三十一年

【原文】

[经]三十有一年(前663年)春,筑台于郎①。

[经]夏四月,薛伯卒②。

[经]筑台于薛③。

[经]六月,齐侯来献戎捷。

[传]三十一年,夏六月,齐侯来献戎捷④,非礼也⑤。凡诸侯有四夷之功,则献于王⑥,王以警于夷⑦,中国则否,诸侯不相遗俘⑧。

[经]秋,筑台于秦⑨。

[经]冬不雨⑩。

【注释】

①筑台于郎:台据《公羊传》所说就是泉台。郎在今山东省曲阜市左近。有经无传。

②有经无传。

③薛:鲁地,在今山东省滕州市东南,筑台必在薛国左近。

④齐侯来献戎捷:齐桓公来献对北戎的战利品。

⑤非礼也:这是不合礼法的。

⑥诸侯有四夷之功,则献于王:凡诸侯对中国以外的戎敌胜利,就将战胜品献于王。

⑦王以警于夷:王是去警戒夷敌。

⑧诸侯不相遗俘:诸侯互相不送战利品或打仗所得的俘虏。

⑨秦:在今山东省范县南三里秦亭。有经无传。

⑩有经无传。

【译文】

三十一年,春天,在郎邑修筑泉台。(无传)

夏天,四月,薛伯逝世。(无传)

在薛地筑一个台。(无传)

三十一年,夏天,六月,齐桓公来呈献伐山戎的战利品,这是不合礼的。凡是诸侯有了战胜中国以外的四夷的功劳,就把战利昂呈献周王,周王借此警告夷狄。从另外一个中国的诸侯国家所得的战利品,就不必呈献周王,并且诸侯之间也不能互相赠送战利品。

秋天,在秦地筑一个台。(无传)

冬天,没有下雨。(无传)

【讲评】

献捷礼是中国古代军礼的重要内容之一,是原始部落社会献俘告祭习俗的流变。据景红艳等《先秦献捷礼考论》说,西周时期的献捷礼包括献恺乐、告祭、献俘授馘、饮至、赏赐等主要内容。献捷礼原本是华夏诸侯征讨蛮夷戎狄后向周天子报捷献俘虏等战利品,诸侯国之间发生战争不行献捷礼,也不互相赠送征讨蛮夷戎狄的战利品。但到春秋时期献捷礼发生了许多新的变化,即出现了《左传》所说的种种"非礼"行为:诸侯国很少向周王室献捷,有的献捷严重不合规范,如晋景公竟然把天子甥舅之国的齐国的战俘献给天子,当然遭到天子的拒绝。另外,诸侯国之间为了联络感情而频频地相互献捷,这种无视"共主"的行为以前是不可能出现的。献捷礼的这些变化从一个侧面反映出,此期王室实力衰弱,华夏诸侯已成为一个个独立的国家实体,既有相互的攻打、兼并,也有彼此的利用、结盟。

庄公三十二年

【原文】

[经]三十有二年:春,城小穀。

夏,宋公、齐侯遇于梁丘。

秋,七月癸巳,公子牙卒。

八月癸亥。公薨于路寝。

冬,十月己未,子般卒。

公子庆父如齐。

狄伐邢。

[传]三十二年,春,城小穀,为管仲也①。

齐侯为楚伐郑之故,请会于诸侯。宋公请先见于齐侯。夏,遇于梁丘②。

【注释】

①为管仲:为管仲而筑城。

②梁丘:在山东城武县东北,与金乡县接界,鲁西南境邑,念孺武县东北三十里有梁丘山,山南有梁丘城。

【译文】

鲁庄公三十二年春季,齐国在小穀筑城,这是为管仲而筑的。

齐桓公由于楚国进攻郑国的缘故,请求和各诸侯会见。宋桓公请求和齐桓公先行会见。于是,夏季,在梁丘非正式会见。

【原文】

[传]秋,七月,有神降于莘①。

惠王问诸内史过曰②:"是何故也?"对曰:"国之将兴,明神降之,监其德也③;将亡,神又降之,观其恶也。故有得神以兴,亦有以亡。虞、夏、商、周皆有之。"王曰:"若之何?"对曰:"以其物享焉④。其至之日,亦其物也。"王从之。内史过往,闻虢请命,反曰:"虢必亡矣。虐而听于神⑤。"

【注释】

①降:降临。莘:春秋虢地,今河南陕县硖石镇西十五里有莘原。

②内史:官名。西周始置,协助天子管理爵、禄、废、置等政务。

③监:观察。

④享:用物品进献人,供奉鬼神使其享受,即祭祀,上供。

⑤听:听命,服从。

【译文】

秋季,七月,有神明在莘地降临。

周惠王向内史过询问说:"这是什么缘故?"内史过回答说:"国家将要兴起,神明降临,观察它的德行;将要灭亡,神也会降临,观察它的邪恶。所以有的得到神明而兴起,也有的因为得到神明而灭亡,虞、夏、商、周都有过这种情况。"周惠王说:"怎么办呢?"内史过回答说:"用相应的物品来祭祀。他来到的日子,按规定,这个日子的祭祀该是什么,也就是他的祭品。"周惠王便听从了。内史过前去祭祀。当他听到虢国请求神明赐予,回来说:"虢国必定要灭亡了,暴虐成性,听命于神,却不顺从民心。"

【原文】

[传]神居莘六月,虢公使祝应、宗区、史嚚享焉。神赐之土田。史嚚曰:"虢其亡乎!吾闻之:国将兴,听于民;将亡,听于神。神,聪明正直而壹者也①,依人而行②。虢多凉德③,其何土之能得?"初,公筑台,临党氏,见孟任,从之。閟,而以夫人言许之④,割臂盟公⑤。生子般焉。雩,讲于梁氏,女公子观之。圉人荦自墙外与之戏⑥。子般怒,使鞭之。公曰:"不如杀之,是不可鞭。荦有力焉,能投盖于稷门⑦。"

【注释】

①壹:专一。

②依:根据。

③凉德:薄德,缺少仁义。

④许:许诺,答应。

⑤割臂盟:因称男女相爱,私下订立婚约为"割臂盟"。

⑥圉人:《周礼》官名,掌管养马放牧等事,亦以泛称养马的人。戏:调戏。

⑦稷门:古代齐城门名,在今山东省临淄市北古齐城西边南首,以在稷山之下得名。

【译文】

神明在莘地住了六个月。虢公派遣祝应、宗区、史嚚去祭祀。神明答应赐给他疆土田地。史嚚说:"虢国恐怕要灭亡了吧!我听说:'国家将要兴起,听百姓的;将要灭亡,听神明的。'神明,是聪明正直而无二心的,按照不同的人而办事。虢国多的是缺德事,又有什么土地能够得到?"当初,庄公建造高台,可以看到党家。又一次在台上见到孟任,就情不自禁地跟着她走。孟任闭门拒绝。庄公答应立她为夫人。她答应了,割破手臂和庄公盟誓,后来就生了子般。有一次正当鲁国雩祭,事先在梁家演习,庄公的女儿观看演习,养马人荦从墙外调戏她。子般发怒，叫人鞭打荦。庄公说："不如杀掉他，这个人靠鞭打不行。他很有力气，可以举起稷门的城门扔出去。"

【原文】

[传]公疾①，问后于叔牙②，对曰："庆父材。"问于季友，对曰："臣以死奉般③。"公曰："乡者牙曰'庆父材'。"成季使以君命命僖叔，待于鍼巫氏，使鍼季酖之④。曰："饮此，则有后于鲁国；不然，死且无后。"饮之，归，及逵泉而卒⑤。立叔孙氏。

八月，癸亥，公薨于路寝⑥。子般即位，次于党氏。冬，十月，己未，共仲使圉人荦贼子般于党氏⑦。成季奔陈。立闵公。

【注释】

①疾：生病。

②后：继承人。

③奉：侍奉。

④酖：毒死。

⑤逵泉：春秋时鲁国泉名，在今山东省曲阜市东南。卒：死。

⑥路寝：古代天子、诸侯的正厅。

⑦贼：杀害，刺杀。

【译文】

庄公患病了，向叔牙询问有关继承人的问题。叔牙回答说："庆父有才能。"向季友询问，季友回答说："臣决心发誓誓死侍奉您的儿子子般。"庄公说："刚才叔牙说'庆父有才能'。"于是季友就派人以国君的名义让叔牙在鲁大夫铖巫家里等待，让鍼巫用毒酒毒死叔牙，说："喝了这个，你的后代在鲁国还可以享有禄位；不这样，如果你死了，后代还没有禄位。"于是叔牙喝了毒酒，回去，到达逵泉就死去了。鲁国立他的儿子为叔孙氏。

八月初五日，鲁庄公寿终正寝。子般即位，住在党氏家里。冬季，十月初二，共仲即庆父派养马人荦在党家刺死子般。成季逃跑到陈国。于是庆父立公子开为闵公。

【讲评】

虢国的覆灭是个悲剧，但又有其发展的必然。虢的军事实力和发展程度在当时诸侯国中都不弱,但虢公有穷兵黩武之嫌,不恤民力,令百姓不满,又迷信鬼神,不度德量力,好大喜功,终于被晋国用计逐步消灭。周内史过和史嚚对虢公向神祈福所做的评价又一次强调了时人以民为本的进步思想。

闵　公

闵公元年

【原文】

[经]元年春,王正月。

齐人救邢。

夏六月辛酉,葬我君庄公。

秋八月,公及齐侯盟于落姑。季子来归。

冬,齐仲孙来。

[传]元年春,不书即位,乱故也。

狄人伐邢。管敬仲言于齐侯曰:"戎狄豺狼,不可厌也。诸夏亲昵,不可弃也。宴安①鸩毒,不可怀也。《诗》云:'岂不怀归,畏此简书。'简书,同恶相恤之谓也。请救邢以从简书②。"齐人救邢。

【注释】

①宴安:安逸。
②简书:盟书。

【译文】

鲁闵公元年春季,《春秋》未记载闵公继位,是由于动乱不能举行继位仪式的缘故。

狄人进攻邢国。管仲对齐桓公说:"戎狄犹如豺狼,是不能满足的。中原各国互相亲近,是不能抛弃的。安逸等于毒药,是不能怀恋的。《诗》说:'难道不想着回家乡,怕的是这个竹简上的盟约。'盟约,就是同仇敌忾而忧患与共的意思。因此请求您听从简书而救邢国。"于是齐国人出兵救援邢国。

【原文】

[传]夏六月,葬庄公,乱故,是以缓。

秋八月,公及齐侯盟于落姑,请复^①季友也。齐侯许之,使召诸陈,公次于郎以待之。"季子来归",嘉之也。

【注释】

①复:回国。

【译文】

夏六月,安葬庄公。因为发生动乱,所以推迟了。

秋八月,闵公和齐桓公在落姑结盟,请求齐桓公帮助季友回国。齐桓公同意了,派人从陈国召回季友,闵公驻在郎地等候他。《春秋》记载说"季子来归",这是赞美季友。

【原文】

[传]冬,齐仲孙湫来省难。书曰"仲孙",亦嘉之也。

仲孙归曰:"不去庆父,鲁难未已。"公曰:"若之何而去之?"对曰:"难不已,将自毙,君其待之。"公曰:"鲁可取乎?"对曰:"不可,犹秉^①周礼。周礼,所以本也。臣闻之,国将亡,本必先颠,而后枝叶从之。鲁不弃周礼,未可动也。君其务宁鲁难而亲之。亲有礼,因重固,间携贰,覆昏乱,霸王之器^②也。"

【注释】

①秉:遵循。
②器:方法。

【译文】

冬季,齐国的仲孙湫前来对祸难表示慰问。《春秋》称之为"仲孙",也是赞美他。

仲孙回国说:"不除掉庆父,鲁国的祸难还未尽。"齐桓公说:"如何才能除掉他?"仲孙回答说:"祸难不尽将会自取灭亡,您就等着吧!"齐桓公说:"鲁国可以取得吗?"仲孙说:"不行,鲁国还遵行周礼。周礼,是立国的根本。下臣听说,国家将要灭亡,就像大树,树干必然先行倒下,然后枝叶随着落下。鲁国不抛弃周礼,是不能动它的。您应当安定鲁国的祸难并且亲近它。亲近有礼仪的国家,依靠稳定强大的国家,离间内部涣散的国家,灭亡昏暗动乱的国家,这是称霸称王的方法。"

【原文】

[传]晋侯作二军①,公将上军,太子申生将下军,赵夙御戎②,毕万为右③,以灭耿④灭霍⑤灭魏⑥。还,为大子城曲沃⑦,赐赵夙耿,赐毕万魏,以为大夫。士蒍曰:"大子不得立矣。分之都城,而位以卿⑧,先为之极,又焉得立⑨?不如逃之,无使罪至⑩,为吴大伯⑪,不亦可乎!犹有令名,与其及也⑫。且谚曰:'心苟无瑕,何恤乎无家⑬?'天若祚大子⑭,其无晋乎!"卜偃⑮曰:"毕万之后必大⑯。万,盈数也;魏,大名也⑰。以是始赏,天启之矣⑱!天子曰兆民,诸侯曰万民,今名之大,以从盈数,其必有众⑲。"初,毕万筮仕于晋⑳,遇屯䷂之比䷇㉑,辛廖㉒占之曰:"吉。屯固比入㉓,吉孰大焉㉔。其必蕃昌㉕。震为土㉖,车从马㉗,足居之㉘兄长之㉙,母覆之㉚,众归之㉛,六体不易㉜,合而能固,安而能杀㉝,公侯之卦㉞也。公侯之子孙,必复其始㉟。"

【注释】

①二军:晋本来是只有一军,见庄公十六年《左传》。

②御戎:为公所乘车御者。

③为右:照例古者御以外尚有车右以御敌人。

④耿:旧姬姓国,在今山西省河津市东南耿乡城。

⑤霍:在今山西省霍县西十六里。

⑥魏:在今山西省芮城县东北。

⑦为大子城曲沃:大音秦。曲沃在今山西省闻喜县。

⑧分之都城,而位以卿:曲沃是从前晋国所被封的地方,所以称之曰都城;下军等于卿的位子,故曰"位以卿"。

⑨先位之极,又焉得立:先使他到了极位,尚安能立为君?

⑩不如逃之,无使罪至:不如逃走,以后就不使得到罪名。

⑪吴大伯：大音泰。大伯是周太王嫡子，欲让位而适吴。

⑫犹有令名，与其及也：如是有好的声名，胜过留在晋国而引出祸患。

⑬心苟无瑕，何恤乎无家：假设我们心中并没有错误可指，则不必忧患没有国家。

⑭祚大子：祚的本意是福，此处作动词用，降福给太子。

⑮卜偃：晋占卜大夫。

⑯毕万之后必大：因为毕万是毕公高之后，他将来必能发达。

⑰魏，大名也：魏等于巍，表示高大之意，所以说他是大名。

⑱以是始赏，天启之矣：以魏为封邑，开始赏赐他，这是天所启发的。

⑲今名之大，以从盈数，其必有众：给他一个大名，又从万的盈数，这必使他有众的现象。

⑳毕万筮仕于晋：毕万当初占卜到晋国做官的时候。

㉑遇屯䷂之比䷇：遇见屯卦变到比卦。

㉒辛廖：是晋大夫。

㉓屯固比入：屯卦表示坚固，比卦表示亲密。

㉔吉孰大焉：这是没有再比他吉利的卦。

㉕其必蕃昌：他的后人必定很多且很昌盛。

㉖震为土：震为长男，变为坤卦，坤是母亲。

㉗车从马：震为车，坤为马，震变为坤就等于车从马。

㉘足居之：震是足，震动而遇坤，安静之象。

㉙兄长之：震为长男，所以是长兄。

㉚母覆之：坤为母，所以说母覆之。

㉛众归之：坤也是众，所以说众归之。

㉜六体不易：由震为土到众归之共有六义，是不可以更改的。

㉝合而能固，安而能杀：以比承屯的变化，所以说"合而能固"。震有雷杀的现象，以坤卦承震卦的变化，所以说"安而能杀"。

㉞公侯之卦：比合屯固，坤安震杀，这是公侯的卦。

㉟公侯之子孙，必复其始：因为毕万是毕公高之后，因为毕公高是侯爵，所以必定要恢复从前的地位。

【译文】

　　晋献公成立二军。献公自己统帅上军，太子申生统帅下军。赵夙担任献公戎车的御者，毕万担任车右。用了这些军队去消灭耿国、消灭霍国、消灭魏国。回国以后，献公为太子修筑曲沃的城墙。把耿国赐给赵夙，把魏国赐给毕万，并且命他们为大夫。士茐说："太子不能够被立为君了。分给他都城，而安置他卿的地位，既然先使他得到了最高的官位，又怎么能够立他为国君呢？不如逃走，以免将来罪名加到身上。做一个吴大伯，不也是很好的吗？这样做还可以保持美好的名誉，胜过留在晋国而受到祸害。并且谚语说：'心里若是没有瑕疵，何必担心没有国家。'天若是要降福给太子，会不为他保有晋国吗？"卜偃说："毕万的后嗣必定要发达。万，是充盈完满的数字。魏，是高大的名称。用这个开始他的封赏，是天所要启发他。说到天子，我们说'兆民'；说到诸侯，我们说'万民'。现在给他一个大名，以配合盈满的数字，他必定将有众人。"当初，毕万占卜到晋国做官的时候，遇到屯卦变到比卦。辛廖解释说："很吉利。屯卦表示坚固，比卦表示亲密，还有比这更吉利的吗？将来必定会蕃盛昌大。再进一步说，由震变为坤，就等于是车从马，又表示他的双足站立在土地上，表示他是长兄，表示他受到母亲的保护，表示众人归附。这六种意义是不能改变的。合和而能稳固，安静而能有威严，这是预示公侯的卦。公侯的子孙，必定要恢复他祖先从前的地位。"

【讲评】

　　狄人进攻邢国后，管仲对齐桓公所说关于"戎狄"和"诸夏"的一番言论是史书上第一次出现两大族群对立的观念，显示出齐桓公霸政第二期的行动纲领，即"攘夷"以安定诸夏。在此前后齐国救援诸夏国家、抗击夷狄的一连串行动莫不是围绕这个行动纲领而来。

　　鲁庄公死后国内发生了政治和社会动乱。庄公的三个弟弟庆父、叔牙、季友在庄公的继承人问题上发生了分歧，季友支持庄公的儿子般即位，叔牙支持同母的哥哥庆父即位。虽然叔牙被季友逼迫自杀，使子般得以即位，但是野心勃勃的庆父串通庄公夫人哀姜接连杀了子般和闵公两个国君，而且为人荒淫无耻，作威作福，横行无忌，给国人带来了灾难。所以齐国的仲孙湫发出"不去庆父，鲁难未已"的慨叹。在季友和国人的声讨下，庆父和哀姜畏罪逃亡，僖公得以回国平定局势。鲁国的这段故实留下了"庆父不死，鲁难未已"的成语，以后常把制造内乱、祸国殃民的人比作庆父。

闵公二年

【原文】

[经]二年:春,王正月,齐人迁阳。

夏,五月乙酉,吉禘于庄公。

秋,八月辛丑。公薨。

九月,夫人姜氏孙于邾。

公子庆父出奔莒。

冬,齐高子来盟。

十有二月,狄入卫。

郑弃其师。

[传]二年,春,虢公败犬戎于渭汭①。舟之侨曰:"无德而禄,殃也②。殃将至矣。"遂奔晋。

"夏。吉禘于庄公③",速也④。

【注释】

①犬戎:古族名。戎人的一支。即畎戎。又称畎夷、犬夷、昆夷、绲夷等。渭汭:渭水入河之处,亦曰渭汭,又曰渭口,在今陕西华阴市东北。

②殃:灾难,祸患。

③吉禘:祭祀典礼。

④速:加速,加快,提前。

【译文】

鲁闵公二年春季,虢公在渭水流入黄河的地方击败犬戎。虢大夫舟之侨说:"无功德而受禄,这就是祸患。灾祸将要降临了!"就逃亡到晋国去了。

夏季,为鲁庄公举行祭祀大典。这件事举行的时间提前了。

【原文】

[传]初,公傅夺卜齮田①,公不禁②。

秋,八月,辛丑,共仲使卜齮贼公于武闱③。成季以僖公适邾。——共仲奔莒,——乃入,立之。以赂求共仲于莒,莒人归之。及密,使公子鱼请。不许。哭而往,共仲曰:"奚斯之声也。"乃缢。

【注释】

①傅:老师。

②禁:禁止。

③武闱:王宫里的小门。

【译文】

当初,闵公的老师强占鲁大夫卜齮的田地,闵公并没有制止。

秋季八月辛丑日,共仲即庆父派卜齮在武闱杀掉闵公。季友带着僖公逃往邾国。共仲逃到莒国后,季友和僖公返回鲁国,立僖公为国君。鲁人用财货向莒国求取共仲,莒国把共仲送回鲁国。当他到达密地时,让公子鱼请求季友赦免他。没有被允许,公子鱼哭着回去。共仲远远听到哭声说:"这是公子鱼的哭声啊!"于是彻底绝望了,便自缢而死。

【原文】

[传]闵公,哀姜之娣叔姜之子也,故齐人立之。共仲通于哀姜,哀姜欲立之。闵公之死也,哀姜与知之①,故孙于邾。齐人取而杀之于夷,以其尸归,僖公请而葬之。

成季之将生也,桓公使卜楚丘之父卜之。曰:"男也。其名曰友,在公之右;间于两社②,为公室辅③。季氏亡,则鲁不昌。"又筮之,遇"大有☰☰"之"乾☰☰",曰:"同复于父,敬如君所。"及生,有文在其手曰"友",遂以命之。

【注释】

①与知:预先知晓。

②两社:春秋鲁之周社和亳社的合称,两社之间是朝廷处理政务的地方。

③辅:辅佐。

【译文】

闵公是哀姜妹妹叔姜的儿子,因此齐人才立他为鲁君。

共仲和哀姜通奸，哀姜想立他为国君。闵公被刺身亡，哀姜事先就知解内情，所以事发后逃奔到邾国。后来齐人向邾国引渡哀姜，在夷地杀了她，然后把尸体运回齐(鲁)国，僖公请求归还尸体予以安葬。

成季即将出生时，鲁桓公派掌卜大夫楚丘的父亲占卜。他说："是个男孩，他的名字叫'友'，将来能成为您的帮手；处于周社和亳社之间，作为公室的辅佐。如果季氏灭亡了，鲁国也将衰败。"又用蓍草进行占卜，得到大有☰变成乾☰的卦象。掌卜大夫说："尊贵一如父亲，敬重一如国君。"等到出生时，他的手掌心呈现"友"字花纹，于是就以"友"给他取名。

【原文】

[传]冬，十二月，狄人伐卫。卫懿公好鹤。鹤有乘轩者①。将战，国人受甲者皆曰："使鹤！鹤实有禄位，余焉能战？"公与石祁子玦②，与宁庄子矢③，使守，曰："以此赞国④，择利而为之。"与夫人绣衣，曰："听于二子。"渠孔御戎⑤，子伯为右⑥；黄夷前驱，孔婴齐殿⑦。及狄人战于荧泽⑧，卫师败绩。遂灭卫。卫侯不去其旗，是以甚败。狄人囚史华龙滑与礼孔，以逐卫人。二人曰："我，大史也⑨，实掌其祭。不先，国不可得也。"乃先之。至，则告守曰："不可待也。"夜与国人出。狄人卫，遂从之，又败诸河⑩。

【注释】

①轩：贵人乘坐的车子。

②玦：半环状玉佩，玦与决同音，用来表示决断。

③矢：箭，用来表示御难。

④赞：帮助。

⑤御戎：驾驭戎车。

⑥右：车右，指居于戎车右侧的武士。

⑦殿：殿后，指后卫。

⑧荧泽：也作荥泽，地名，今河南省荥泽县。

⑨大史：太史，古代史官兼管祭祀。

⑩河：黄河。

【译文】

冬季,十二月,狄人攻打卫国。卫懿公一向喜欢鹤,他养的鹤甚至乘坐大夫以上才能乘坐的车子。当卫军将与狄人作战时,国都接受甲胄的人都说:"派鹤去!鹤实际上享有俸禄官位,我们没有禄位哪里能作战?"卫懿公把玉佩交给石祁子,把箭交给宁庄子,派他们防守,说:"用这种东西帮助国家,怎样有利怎样去做。"懿公又把绣衣交给夫人,说:"听从石祁子和宁庄子他们两人的。"渠孔为卫懿公驾着战车,子伯为车右,黄夷为前驱,孔婴齐做殿军。和狄人在荥泽交战,卫

卫懿公

军被打败。狄人便灭掉了卫国。在作战中,卫懿公不肯丢掉自己的旗帜,狄人便以他为攻击目标,所以惨败。狄人囚禁了史官华龙滑和礼孔,并带着他们继续追击卫军。这两个人说:"我们是卫国的太史之官,掌管祭祀。不让我们先回去,你们就得不到卫国的国都。"于是让他们两人先回去了。他们到了国都,告诉守城的人说:"不能再抵御了。"他们在夜里跟国都城内的人一起逃走了。狄人进入卫国国都,紧跟着又追击卫军。并在黄河边上再次打败了卫军。

【原文】

[传]初,惠公之即位也,少。齐人使昭伯烝于宣姜①,不可,强之②。生齐子、戴公、文公、宋桓夫人、许穆夫人。文公为卫之多患也,先适齐。及败,宋桓公逆诸河③,宵济④。卫之遗民男女七百有三十人,益之以共、滕之民为五千人。立戴公以庐于曹⑤,许穆夫人赋《载驰》⑥。齐侯使公子无亏帅车三百乘,甲士三千人以戍曹。归公乘马⑦,祭服五称⑧,牛、羊、豕、鸡、狗皆三百,与门材⑨。归夫人鱼轩⑩,重锦三十两。郑人恶高克,使帅师次于河上,久而弗召。师溃而归,高克奔陈。郑人为之赋《清人》。

【注释】

①昭伯:卫宣公之子。烝:以下淫上。宣姜:齐国公主,卫惠公之母,初嫁与卫宣公,

生卫惠公,后又被齐人嫁给昭伯。

②强:勉强。

③逆:迎接。

④宵济:夜渡。

⑤庐:在野外居住,寄居。

⑥《载驰》:《诗经·卫风》中的一篇。

⑦归:赠送。

⑧称:量词,套。

⑨门材:门户所用的木料。

⑩鱼轩:以鱼皮作装饰的车子。

【译文】

当年,卫惠公即位的时候还很年轻,齐人让昭伯和宣姜通婚。昭伯不同意,齐人强迫他接受。于是生下齐子、戴公、文公、宋桓夫人、许穆夫人。文公由于卫国祸患频繁,在狄人入侵前先到了齐国。等到卫国失败,宋桓公在黄河岸边迎接,夜间渡河。卫国的遗民男女总数有七百三十人,加上共地、滕地的百姓共有五千人。他们拥立戴公为国君,让他暂时寄住在曹邑。许穆夫人做了《载驰》这首诗。齐桓公派公子无亏率领战车三百辆、甲士三千人守卫曹邑。赠送给戴公乘车的马匹,祭服五套,牛、羊、猪、鸡、狗各三百头,以及做门户用的木材。还赠给戴公夫人用鱼皮装饰的车子和上等锦缎三十四。

郑国人讨厌大夫高克,派他率领军队驻扎在黄河边上,过了很久也不召他回来。后来军队溃散,士兵纷纷逃回,高克逃亡到陈国。郑国人为高克做了《清人》这首诗。

【原文】

[传]晋侯使太子申生伐东山皋落氏。里克谏曰:"大子奉冢祀①,社稷之粢盛②,以朝夕视君膳者也,故曰冢子③。君行则守,有守则从。从曰抚军④,守曰监国⑤,古之制也。夫帅师,专行谋⑥,誓军旅,君与国政之所图也,非大子之事也。师在制命而已。禀命则不威⑦,专命则不孝⑧,故君之嗣适不可以帅师。君失其官,帅师不威,将焉用之?且臣闻皋落氏将战,君其舍之⑨!"公曰:"寡人有子,未知其谁立焉!"不对而退⑩。

见大子。大子曰:"吾其废乎⑪?"对曰:"告之以临民,教之以军旅,不共是惧,何故废乎?且子惧不孝,无惧弗得立。修己而不责人^⑫,则免于难。"

【注释】

①冢祀:古代天子在宗庙里举行的大祭礼。

②粢盛:古代盛在祭器内以供祭祀的谷物。

③冢子:指嫡系继承人。

④抚军:谓太子从君出征。

⑤监国:监管国事,太子代君主管理国事称"监国"。

⑥谋:谋划,策略。

⑦禀命:奉行命令,接受命令。

⑧专命:不奉上命而自由行事。

⑨舍:留下。

⑩对:回答。

⑪废:被废黜。

⑫修己:自我修养。

【译文】

晋献公派太子申生攻打东山皋落氏。大夫里克劝告说:"太子是负责祭祀宗庙、社稷和早晚照顾国君起居饮食的人,因此称为'冢子'。国君因事外出就守护国都,如果有大夫留守就随从国君出征。随父出征叫作'抚军',留守国都叫作'监国',这些都是传统制度。至于率军作战,决断各种策略,对军队发号施令,这些属于国君和正卿所应该考虑的,不是太子的事情。统帅军队在于控制号令,让太子统帅大军,若遇事都要向国君请示,就显不出威严,如果擅自发号施令,就会成为不孝之子,所以国君的嫡子不能领兵外出作战。国君如果失去了任命官吏的法则,即使让太子率军作战也没有威严,何必如此呢?而且下臣听说皋落氏已做好同我军交战的准备。君王还是留下太子吧!"晋侯说:"我有这么多儿子,还不知道立谁做继承人呢!"听到这话,里克没有再回答就退了出去。

里克进见太子申生。太子说:"我恐怕要被废黜了吧?"里克回答说:"国君命令您在曲沃治理百姓,教导您统军作战,只是担心你不能完成任务,有什么理由废立呢?何况做儿子的害怕的是不孝,不应该担忧不能立为国君。努力修养自己的品德而不要去责备他人,便可以免于祸患。"

【原文】

[传]大子帅师,公衣之偏衣①,佩之金玦②。狐突御戎,先友为右。梁馀子养御罕夷,先丹木为右。羊舌大夫为尉③。先友曰:"衣身之偏,握兵之要④,在此行也,子其勉之!偏躬无慝⑤,兵要远灾,亲以无灾,又何患焉!"狐突叹曰:"时,事之征也⑥;衣,身之章也;佩⑦,衷之旗也⑧。故敬其事,则命以始;服其身,则衣之纯;用其衷⑨,则佩之度。今命以时卒,闷其事也;衣之龙服⑩,远其躬也;佩以金玦,弃其衷也。服以远之,时以闷之;龙,凉;冬,杀;金,寒;玦,离。胡可恃也!虽欲勉之,狄可尽乎?"梁馀子养曰:帅师者,受命于庙,受脤于社⑪,有常服矣。不获而龙,命可知也。死而不孝,不如逃之。"罕夷曰:"尨奇无常,金玦不复。虽复何为?君有心矣!"先丹木曰:"是服也。狂夫阻之⑫。曰'尽敌而反。'敌可尽乎?虽尽敌,犹有内谗,不如违之⑬。"狐突欲行。羊舌大夫曰:"不可。违命不孝,弃事不忠⑭。虽知其寒,恶不可取。子其死之!"

【注释】

①偏衣:两色合成之衣。

②金玦:指有缺口的黄金环。

③尉:军衔名。

④要:重大,关键。

⑤无慝:不变心。

⑥征:象征。

⑦佩:佩饰。

⑧旗:旗帜。

⑨衷:衷心。

⑩龙服:杂色的戎服。

⑪脤:古代祭社用的生肉。

⑫狂夫:无知妄为的人。

⑬违:离开,背离。

⑭弃事:抛弃职责。

【译文】

太子申生率领军队，晋侯让他穿着左右异色的衣服，给他佩带上金玦。狐突为他驾驭战车，先友做车右。梁馀子养替罕夷驾驭战车，先丹木做车右。羊舌大夫担任军尉。先友说："身穿国君衣服的一半，手握指挥军事的大权，胜败就在这一回了，您可要全力以赴啊！国君分出一半衣服给您并没有恶意，手握兵权可以远离灾难，既亲近又远离灾难，还忧虑什么呢！"狐突叹息说："时令，是事情的象征。衣服，是身份的表征。佩饰，是心意的旗帜。所以若真正重视这件事，就应当在上半年下达命令；赐子衣服就应当是纯一色；使人衷心为自己所用，让他用合乎礼制规定的佩饰。如今却在年终发布命令，这等于是让事情不能顺利进行；赐给他杂色的戎服，那是要让他同君主疏远；给他佩带金玦，那是背弃了太子的心意。用服装来疏远太子，用时令来使其不能顺利；杂色，意味着冷落；冬天，意味着肃杀；金，意味着寒冷；玦，意味着决绝。还有什么可以依靠呢！虽然太子想要努力奋战，狄人难道可以杀尽吗？"梁馀子养说："领兵出征的人，应该在太庙接受命令，在祭祀土神的地方接受祭肉，还应该穿合乎礼仪的服饰。如今太子得不到合乎规定的服饰，而是穿杂色衣服，国君命令中包含的恶意就可以知道了。死后还要蒙上不孝之名，不如逃了算了！"罕夷说："杂色的奇服不合规定，金玦表示不让回来。既然如此，回来又有什么用？可见国君对太子已经有了别的心思了。"先丹木说："这样的衣服，连狂夫也会感到疑惑的。国君说'完全消灭故人后再回来'，故人难道可以消灭干净吗？即使把故人消灭干净了，还有内部谗言，不如离开这里。"狐突要离开，羊舌大夫说："不可以！违抗父命是不孝，抛弃出兵的责任是不忠。虽然已经知道国君对您心怀恶意，但不孝不忠的恶名是不可取的。您还是奋死一战才对！"

【原文】

[传]太子将战，狐突谏曰："不可！昔辛伯谂周桓公①，云：'内宠并后②，外宠二政③，嬖子配嫡④，大都耦国⑤，乱之本也。'周公弗从，故及于难。今乱本成矣。立可必乎？孝而安民，子其图之！与其危身以速罪也⑥。"

成风（夙）闻成季之繇，乃事之，而属僖公焉，故成季立之。

【注释】

①谂：劝告。

②内宠：帝王宠爱的人，指姬妾。

③外宠：指宠臣。

④孽子：庶子，姬妾所生之子。

⑤耦国：谓大城足与国都相抗衡。

⑥速罪：招致罪祸。

【译文】

太子准备作战，狐突劝阻说："不可！从前辛伯劝告周桓公说：'媵妾并同于王后，宠臣等同于正卿，庶子的地位和嫡子对等，大城的规模和国都一样，这些都是国家的祸根。'周公不听，所以遭到了祸难。现在祸乱的根源已经形成，您还能肯定被立为继位人吗？您就细细考虑一下吧！与其危及自身而招来祸患，不如尽孝道而使百姓安宁。"

成风(凤)听到成季出生时占卜的卦辞后，就和他结交，并且把僖公托付给他，因此后来他才立僖公为国君。

【原文】

［传］僖之元年，齐桓公迁邢于夷仪①。二年，封卫于楚丘②。邢迁如归，卫国忘亡。

卫文公大布之衣③，大帛之冠④，务材训农⑤，通商惠工，敬教劝学，授方任能。元年，革车三十乘⑥；季年，乃三百乘。

【注释】

①夷仪：今河北省邢台市西。

②楚丘：春秋卫邑，今河南滑县东。

③大布：古指麻制粗布。

④大帛：粗丝织成的厚帛。

⑤训农：谓教民务农。

⑥革车：古代兵车的一种。

【译文】

僖公元年，齐桓公把邢国迁往夷仪。第二年，又在楚丘重建卫国。邢国的迁居，有如返回原来的故国家园,卫国重建却忘记了亡国之痛。

卫文公穿粗布衣裳,戴粗帛帽子,努力栽种树木,教导百姓务农,便利商旅往来,提倡奖励百工技艺,重视教育,奖励求学,传授臣子做官的准则,任用有才干的人。他即位的头一年,卫国只有三十辆战车,到末年,就拥有了三百辆战车。

【讲评】

童书业《春秋左传研究》认为《左传》作者偏好鲁国季氏,对其行事多赞扬或回护。鲁桓公的少子公子季友是季氏的始祖,在《左传》中多加褒赞。如写其出生之异,手上有"友"字,跟他的嫡亲祖母仲子的事迹惊人的相似,后者也是一出生手上就有"为鲁夫人"数字。关于仲子是否鲁惠公的嫡夫人,一直有争议。《史记·鲁世家》更说仲子本是惠公为隐公所聘娶的妻子,因为长得美而被惠公夺去,生了桓公。这与春秋时期尚存的家长制家庭婚姻情况正好相合。后来庄公的妾、僖公的母亲成风应该也是按照弟弟继承嫂子的婚姻习俗嫁给了小叔成季(季友)。季友在鲁国的地位以及他与僖公的关系正如预言所说,"尊贵如同父亲,敬重如同国君"。但仲子和成风的相关记叙都颇为隐晦。

俗话说"玩物丧志",对于普通人来说,过于沉溺某一事物会严重影响自己正常的工作和生活。对国君来说,过分放纵自己的爱好带来的后果更加严重。卫懿公就是其中的反面典型。他爱好养鹤达到了不理智的程度,百姓冻饿不管,却给所养的鹤以高官厚禄,引起民怨沸腾。当狄人进犯卫国时,臣民都不愿出力抗敌,毫无斗志。卫懿公最终惨败,自己尸骨无存,仅剩一副肝脏,还使得卫险些亡国。卫懿公这种以一己之私置于国家百姓利益之上的做法不可谓不愚蠢。而懿公、戴公之后即位的卫文公则与卫懿公形成了鲜明对比。卫文公临危受命,励精图治,与民同甘共苦,逐渐恢复国力,称得上是卫国的中兴之君。《诗经·卫风·定之方中》热情地歌颂了文公的功绩。方玉润《诗经原始》也评价卫文公云:"不数年而戎马寖强,蚕桑尤盛,为河北巨邦。其后孔子适卫犹有庶哉之叹,则再造之功不可泯也"。

僖公

僖公元年

【原文】

[经]元年春,王正月。齐师、宋师、曹师次于聂北,救邢。

夏六月,邢迁于夷仪。齐师、宋师、曹师城邢。

秋七月戊辰,夫人姜氏薨于夷,齐人以归。楚人伐郑。八月,公会齐侯、宋公、郑伯、曹伯、邾人于柽。九月,公败邾师于偃。

冬十月壬午,公子友帅师败莒师于郦,获莒挐。十有二月丁巳,夫人氏之丧至自齐。

[传]元年春,不称即位,公出故也。公出复入,不书,讳之也。讳国恶①,礼也。

诸侯救邢,邢人溃,出奔师。师遂逐狄人,具邢器用而迁之,师无私焉。

夏,邢迁于夷仪,诸侯城之,救患也。凡侯伯,救患、分灾、讨罪,礼也。

秋,楚人伐郑,郑即②齐故也。盟于荦,谋救郑也。

九月,公败邾师于偃,虚丘之戍将归者也。

冬,莒人来求赂。公子友败诸郦,获莒子之弟挐。非卿也。嘉获之也。公赐季友汶阳之田及费。

夫人氏之丧③至自齐。君子以齐人之杀哀姜也为已甚矣。女子,从人者也。

【注释】

①国恶:国家动乱。

②即:亲附。

③丧:尸体。

【译文】

元年春天,《春秋》没有记录僖公即位,是由于僖公出奔在外的缘故。僖公出奔而又归来，《春秋》不予记录，这是为了避讳。避讳国家的坏事，这是合于礼的。

诸侯联军救助邢国，那时邢军已经溃不成军，纷纷逃到各诸侯的军队中。诸侯军赶跑了狄人，整理好邢国的器物财宝让他们迁走，军队没有自己拿取任何东西。

夏季，邢国被迫把都城迁到夷仪，诸侯帮助它筑城，这是为了救助患难。但凡诸侯领袖，救助患难，赈救自然灾害，讨伐罪人，这是合于礼的。

秋天，楚国讨伐郑国，是因郑国亲近齐国的原因。鲁僖公跟齐桓公、宋桓公、郑文公、曹昭公、邾人在荦地会盟，共同策划救助郑国。

九月，僖公在偃地击败邾国的军队，这支军队是驻防在虚丘将要回去的军队。

冬天，莒国人来求取财宝，公子友在郦地击败了他们，俘虏了莒子的弟弟公子。公子不是卿，本来不必记录。《春秋》这样记载，是为了称叹公子友抓捕的功劳。僖公把汶阳的土地跟费邑赏赐给季友。

鲁庄公夫人姜氏的灵柩从齐国运回来。君子觉得齐国杀死哀姜未免做得太过分了，由于女子出嫁之后是要顺从夫家的。

【讲评】

鲁夫人中有两位哀姜，第一位哀姜是齐襄公的女儿，鲁庄公的夫人，很小的时候由鲁桓公夫人文姜促成与庄公缔结了婚约，这一婚约跟其他贵族联姻一样是出于国家利益需要。哀姜身份尊贵，又备受庄公宠爱，但她过于骄纵，与庆父狼狈为奸，联于造成鲁国的内乱，自己也被齐国召去杀死。文姜、哀姜以及后来的宋襄公夫人、夏姬这类女性在《左传》中都属于反面典型。她们为了自己的一己私欲而祸乱国家，表现出道德的缺失和人性的异化。其实，春秋时期贵族集团的男性有更大的自由，有更多的对于权利的欲望和道德的沦丧，但唯因为哀姜之类是女性，所以当她们淫乱误国时受到了更严厉的谴责。不过从对文姜、哀姜的态度也可看出《左传》作者的清醒认识，比如对文姜，既揭露其私生活的荒淫无耻，又肯定她后来对儿子庄公治国的辅助。对哀姜的被杀，作者认为齐的惩处越礼而且残酷，因为哀姜是鲁国君夫人，而且整件事情中哀姜只是帮凶而已。

僖公二年

【原文】

[经]二年(前658年)春王正月,城楚丘。

[传]二年春,诸侯城楚丘,而封卫焉①,不书所会后也②。

[经]夏五月,辛巳,葬我小君哀姜③。

[经]虞师,晋师灭下阳。

[传]晋荀息④请以屈产之乘⑤与垂棘之璧⑥,假道⑦于虞以伐虢。公曰:"是吾宝也⑧。"对曰:"若得道于虞,犹外府也⑨。"公曰:"宫之奇存焉⑩。"对曰:"宫之奇之为人也,懦而不能强谏⑪。且少长于君⑫,君昵之⑬,虽谏,将不听。"乃使荀息假道于虞,曰:"冀⑭为不道,入自颠𫐐⑮,伐鄍⑯三门。冀之既病,则亦唯君故⑰。今虢为不道,保于逆旅⑱,以侵敝邑之南鄙⑲,敢请假道,以请罪于虢⑳。"虞公许之,且请先伐虢。宫之奇谏,不听,遂起师㉑。夏,晋里克,荀息帅师会虞师伐虢,灭下阳㉒。先书虞贿故也㉓。

[经]秋九月,齐侯,宋公,江人,黄人盟于贯。

[传]秋,盟于贯㉔,服江黄也㉕。

[经]齐寺人貂㉖,始漏师于多鱼㉗。

[经]虢公败戎于桑田㉘,晋卜偃㉙曰:"虢必亡矣!亡下阳不惧,而又有功,是天夺之鉴㉚,而益其疾也㉛。必易晋㉜而不抚其民矣!不可以五稔㉝。"

[经]冬十月不雨㉞。

[经]楚人侵郑。

[传]冬,楚人伐郑,斗章㉟囚郑聃伯㊱。

【注释】

①而封卫焉:因为卫懿公死,卫国又被敌人所灭,所以说等于重封卫国。

②不书所会后也:不写在《春秋》上,因为鲁国到会过迟的缘故。

③有经无传。

④荀息:晋大夫。

⑤屈产之乘:在《左传》及《谷梁传》注皆以为是屈邑所产的马,唯独《公羊传》何休注说屈产是地名,为山西出名马的地方。今山西省石楼县东南四里有屈产泉。

⑥垂棘之璧:垂棘是地名,为垂棘所出的美玉,但垂棘今地名不详。

⑦假道:虞国在晋国、虢国之间。古时路过旁的国,先商请假道。

⑧是吾宝也:这是晋国的宝物。

⑨若得道于虞,犹外府也:要能在虞国假道,则虞国等于晋国的外府。外府所藏亦等于是晋国物件,可随时取用。

⑩宫之奇存焉:宫之奇是虞大夫。存焉是仍旧在。

⑪懦而不能强谏:性情很懦弱,而又不能强力来谏诤。

⑫少长于君:自幼年起就长于公的宫中。

⑬君昵之:昵音逆。虞君很亲昵他。

⑭冀:国名,为晋所灭。在今山西省河津市东北十五里有冀亭。

⑮颠轵:在今山西省平陆县东北七十里有颠轵坂,亦见《水经注》。轵音。

⑯伐郹:郹是虞邑,在今山西省平陆县东北二十五里。

⑰冀之既病,则亦唯君故:冀国的衰弱,就是因为你的缘故,他恭维虞国,意在假道。

⑱保于逆旅:逆旅是客栈。现在虢人占据各种客栈,以寇晋国的边邑。

⑲南鄙:是晋国南方的边邑。

⑳请罪于虢:询问晋国对虢国有什么罪状。

㉑遂起师:就发军队。

㉒灭下阳:下阳是虢邑,在山西省平陆县东北二十里。

㉓先书虞赂故也:今《春秋》上写的虞在晋以前,就是因为虞国得到晋国的贿赂。

㉔贯:贯一作贳:宋地,在今山东省曹县西南十里蒙泽故城,即古贳国。

㉕服江黄也:江国在今河南新息县西南八十里。江国与黄国本来是服从楚国的,现在开始服从齐国。

㉖寺人貂:寺人即太监,貂是他的名字。

㉗始漏师于多鱼:始漏师是指开始泄漏军队的计划。多鱼,必是齐地,杜注地名缺其处。

㉘桑田:虢田,在今河南省灵宝市二十五里稠桑驿。

㉙卜偃:晋大夫。

㉚是天夺之鉴:鉴是铜镜子,所用以自照形状。此指天把镜子夺掉,使不能用以自照。

㉛益其疾也:更增加他的疾病。

㉜必易晋:必定轻视晋国。

㉝不可以五稔:虢国的亡必不能过五年。

㉞冬十月不雨:传见僖公三年。

㉟斗章:楚大夫。

㊱聃伯:聃原是文王子聃季的封国,后来为郑国所灭。聃伯是郑大夫。

【译文】

二年春天,诸侯修筑楚丘的城池,而重封卫国。没有记载会盟的事。因为鲁国到会过迟的缘故。

夏天,五月辛巳,安葬我鲁国的小君哀姜。(无传)

晋国的大夫荀息请求用屈产所出的名马,以及垂棘所出的美玉,向虞国借路去攻伐虢国。晋献公说:"这是晋国的宝物呀!"荀息回答说:"若是能够得到虞国的道路,虞国就等于晋国的外府。宝物藏在外府,等于是藏在晋国。"献公说:"他们还有宫之奇在呢。"回答说:"宫之奇这个人,性情懦弱而不能强力诤谏他的国君,并且从小就和虞国国君一起生长宫中,虞君对他很亲昵,他虽谏劝,必定不会听从。"于是派荀息向虞国假道,说:"从前冀国不守正道,从颠軨入侵你们虞国,进攻鄍邑的三门。冀国的衰弱,就是因为有你的缘故。现在虢国不守正道,派军队占据了客栈,以侵略我国南边的边境,敢请向你借条过路,以便向虢国请问晋国有什么罪状。"虞公允许了,并且请求由他先去讨伐虢国。宫之奇诤谏,虞公不听。就发动军队。夏天,晋国的大夫里克和荀息,率领军队会合虞国军队去攻伐虢国,灭了下阳。经上先写虞师,因为他接受贿赂的缘故。

秋天,会盟于贯。说服江国与黄国亲向齐国。

齐国的太监貂,开始在多鱼泄漏齐桓公的军事机密。

虢公把戎人打败于桑田。晋国卜偃说:"虢国必定要亡国了。失去了下阳不加以戒惧,反而又有了战功,这是天把他的镜子夺掉,使他不能自照而知警戒,加重他的弱点。他必定轻视晋国,因而不安抚他的人民。不超过五年,虢国必会亡国。"

冬天,十月,没有下雨。(传见僖公三年)

冬天,楚国人攻伐郑国。斗章俘获郑国大夫聃伯。

【讲评】

虞公不理智的贪婪从虞叔献玉的事件即可得知,"将欲取之,必固与之",晋国的荀息可谓深谙此道,作为晋国谋臣,他既了解虞公的人性弱点,又对虞国的政治局势了如指掌,所以能够施计成功。贤人本是国家之宝,但是宫之奇的智慧却无用武之地,在晋的布局中仅能自保而已。贤人不遇见明主,这是宫之奇的不幸,是虞国的不幸,却是晋国之大幸。虞国人才众多,除了宫之奇,还有百里奚,后者虽不免于亡国被俘,更被屈辱地作为晋女的陪嫁臣子到了秦国,却被识货的秦穆公委以大任,得以建功立业,青史留名。春诸侯或兴或亡,出于诸侯建立霸业的强烈愿望,而在客观上促进了民族的融合和国家的统一。在《左传》所述诸侯兴亡的过程中,五霸之兴,列国之或衰或亡,我们不难看到人才之难得、人才之难用。

僖公三年

【原文】

[经]三年春,王正月,不雨。夏四月,不雨。徐人取舒。六月,雨。秋,齐侯、宋公、江人、黄人会于阳谷。冬,公子友如齐莅盟。楚人伐郑。

【原文】

[传]三年春,不雨。夏六月,雨。自十月不雨至于五月,不曰旱,不为灾也。

秋,会于阳穀,谋伐楚也。

齐侯为阳穀之会,来寻盟。冬,公子友如齐莅盟。

楚人伐郑,郑伯欲成,孔叔不可,曰:"齐方勤我,弃德不祥①。"

齐侯与蔡姬乘舟于囿,荡公。公惧变色,禁之不可。公怒,归之,未之绝也。蔡人嫁之。

【注释】

①勤我:为我国勤劳,一说怜恤郑国的困难。祥:善,即好结果。

【译文】

鲁僖公三年春季,不下雨。夏天六月,下雨了。从十月不下雨一直到五月,《春秋》没有记录干旱,由于没有成灾。

秋天,齐侯、宋公、江人、黄人在阳穀见面,是由于谋划攻打楚国。

齐侯为了阳穀的见面,来鲁国重温盟好。冬季,公子友到齐国参加盟会。

楚军进攻郑国,郑伯想要求和,孔叔不答应,说:"齐国正为我国勤劳,抛弃他们的恩德不会有好结果。"

齐侯跟蔡姬在园囿里乘船游玩,蔡姬有意摇动船吓唬齐侯。齐侯害怕变了脸色,让她停止摇摆,她不听。齐侯大怒,把她送回娘家,不过还没有断绝交往。蔡国人把她改嫁给别国了。

【讲评】

与《左传》中众多拘谨于礼仪约束的贵族女性相比,蔡姬可以说是具有鲜明个性的一位,她青春活泼,可能善于游水,所以故意晃动船与不会水的齐桓公开玩笑,这本属于闺房之乐。但一代雄主桓公却恼羞成怒,为惩罚蔡姬而送她回娘家待罪反省,谁知道蔡国国君不给霸主面子,马上把妹妹改嫁了,也有说法认为改嫁是出于蔡姬自己的意愿,由此引发了齐桓公的武力报复。

僖公四年

【原文】

[经]四年:春,王正月,公会齐侯、宋公、陈侯、卫侯、郑伯、许男、曹伯侵蔡,蔡溃。遂伐楚,次于陉。

夏,许男新臣卒。

楚屈完来盟于师,盟于召陵。

齐人执陈辕涛涂。

秋,及江人、黄人伐陈。

八月,公至自伐楚。

葬许穆公。

冬,十有二月,公孙兹帅师会齐人、宋人、卫人、郑人、许人、曹入侵陈。

【原文】

[传]四年,春,齐侯以诸侯之师侵蔡①。蔡溃,遂伐楚。楚子使与师言曰:"君处北海,寡人处南海,唯是风马牛不相及也②,不虞君之涉吾地也何故③?"管仲对曰:"昔召康公命我先君大公④,曰:'五侯九伯⑤,女实征之,以夹辅周室!'赐我先君履⑥,东至于海,西至于河,南至于穆陵,北至于无棣⑦。尔贡包茅不入⑧,王祭不共,无以缩酒⑨,寡人是征。昭王南征而不复,寡人是问。"对曰:"贡之不入,寡君之罪也,敢不共给。昭王之不复,君

其问诸水滨⑩！”

【注释】

①诸侯之师：指鲁、宋、陈、卫、郑、许、曹等参与侵蔡的诸侯军队。

②唯是：因此。风：公畜和母畜在发情期相互引诱追逐。

③不虞：不料，没想到。涉：蹚水而过，这里婉指入侵。

④召康公：召公奭，周成王时的太保，“康”为其谥号。先君：已故的君主。大公：太公，指姜尚，他是齐国第一位君主。

⑤五侯九伯：泛指各国诸侯。

⑥履：鞋，引申为践踏。这里指齐国可以征讨的范围。

⑦海：指渤海和黄海。河：黄河。穆陵：穆陵关，在山东临朐县南一百里大岘山，又名破车岘。无棣：春秋时齐之无棣邑，在今山东无棣县北三十里。

⑧贡：贡物。包：裹束。茅：菁茅。入：进贡。

⑨缩酒：过滤酒渣。

⑩水滨：汉水边。

【译文】

　　鲁僖公四年春季，齐桓公率领各诸侯的联军侵入蔡国，蔡军大败。于是接着去攻伐楚国。楚成王派使者来到军中说："君王住在北方，我们住在南方，相隔遥远，即使发情的牛马狂奔相诱也不能彼此到达。可是没有料到君主竟然领兵进入我国，这是什么原因？"管仲回答说："从前召康公命令我们的先君太公说：'五侯和九伯，你都可以发兵征讨，以便共同辅佐王室！'赐给我们先君征讨的地域范围，东到大海，西到黄河，南到穆陵，北到无棣。你应该进贡王室的包茅还没有送去，使天子的祭祀缺乏物品，不能滤酒祭神，我为此前来追究。另外，为什么当年昭王南征楚国却没有能够回去，这也要请贵国解释。"使者回答说："贡品没有进上，这是我国国君的罪过，岂敢不供给？至于昭王没有回去的事，君王还是去问汉水边的人吧！"

【原文】

　　[传]师进，次于陉①。夏，楚子使屈完如师②。师退，次于召陵③。

齐侯陈诸侯之师，与屈完乘而观之。齐侯曰："岂不榖是为④？先君之好是继。与不榖同好如何？"对曰："君惠徼福于敝邑之社稷⑤，辱收寡君⑥，寡君之愿也。"齐侯曰："以此众战⑦，谁能御之？以此攻城，何城不克？"对曰："君若以德绥诸侯⑧，谁敢不服？君若以力，楚国方城以为城⑨，汉水以为池⑩，虽众，无所用之。"

【注释】

①次：军队临时驻扎。陉：楚国地名。

②如：去，到。

③召陵：楚国地名，在今河南郾城东。

④不榖：同不谷，不善之意，诸侯对自己的谦称。

⑤惠：恩惠，表示敬意。徼：谋求。敝邑：对自己国家的谦称。

⑥辱：屈辱，表示敬意的词。

⑦众：指诸侯的军队。

⑧绥：安抚。

⑨方城：方城山，在楚国北部。

⑩汉水：源出陕西宁羌县北之嶓冢山，亦曰东汉水，初名漾水。

【译文】

诸侯的军队继续前进，屯兵在楚国的陉地。夏季，楚成王派遣屈完谈判到诸侯军中地谈判。于是，诸侯军队向后撤退，驻扎在召陵。

齐侯将所率领的军队排列成阵势，然后和屈完同乘一辆兵车观看。齐侯说："诸侯发兵难道是为了我一个人吗？只不过是为了继承我们先君的友好关系罢了，我们两国重修旧好怎么样？"屈完回答说："君王惠临敝国谋求福祉，安抚我君，这正是我君所希望的。"齐侯说："用这样的军队作战，有谁能抵挡得住？用这样的军队攻城，什么城攻打不下？"屈完回答说："君王如果用德义安抚诸侯，谁敢不服从？君王如果用武力，那么我们楚国将以方城山作为城墙，以汉水作为护城河；君王的军队虽然众多，只怕也没有什么地方能够用得上！"

【原文】

[传]屈完及诸侯盟①。

陈辕涛涂谓郑申侯曰:"师出于陈、郑之间,国必甚病②。若出于东方,观兵于东夷,循海而归③,其可也。"申侯曰:"善。"涛涂以告齐侯,许之。申侯见曰:"师老矣,若出于东方而遇敌,惧不可用也④。若出于陈、郑之间,共其资粮屝屦⑤,其可也。"齐侯说,与之虎牢⑥。执辕涛涂⑦。

【注释】

①盟:订立盟约。

②甚病:很疲惫。

③循:因循,沿着。

④惧:恐怕。

⑤资粮:指粮食物资。

⑥虎牢:古邑名,春秋时属郑国,在今河南荥阳氾水镇。

⑦执:抓住,逮捕。

【译文】

屈完和各诸侯订立了盟约。

陈国的辕涛涂对郑国的大夫申侯说:"军队途经陈、郑两国之间,要供给这么多军队粮草物资,两国必定不能忍受负担而十分忧虑。如果向东走,向东夷显示兵威,顺着海边回国,这就很好了。"申侯说:"好。"涛涂便把这个主意告诉了齐侯,齐侯同意了。但申侯进见齐侯却说:"军队已经很疲惫了,如果往东走遇到敌人,恐怕不能再作战了。若途经陈国和郑国之间,由两国供给军队粮食军鞋,一定是可行的。"齐侯听了十分高兴,把郑国的虎牢之地赏赐给他,同时逮捕了辕涛涂。

【原文】

[传]秋,伐陈,讨不忠也。

许穆公卒于师,葬之以侯①,礼也。凡诸侯薨于朝、会,加一等;死王事,加二等。于是有以衮敛②。

冬,叔孙戴伯帅师,会诸侯之师侵陈。陈成,归辕涛涂。

【注释】

①葬之以侯:用对待侯爵的规格安葬许穆公。

②衮敛:古代诸侯葬礼加等时,可用衮衣入殓。

【译文】

秋季,齐国和江人、黄人攻打陈国,这是为了讨伐辕涛涂对齐国的三心二意。

许穆公死在军中,用对待侯的规格安葬他,这是合于礼的。凡是诸侯在朝会时死去,葬礼加一等;为周天子作战而死,加二等。对加二等的葬礼可用天子礼服入殓。

冬天,鲁国的叔孙戴伯联合诸侯侵入陈国。陈国主动求和,于是将辕涛涂送还给了陈国。

【原文】

[传]初,晋献公欲以骊姬为夫人①,卜之,不吉;筮之,吉。公曰:"从筮。"卜人曰:"筮短龟长②,不如从长。且其繇曰③:'专之渝④,攘公之羭⑤。一薰一莸⑥,十年尚犹有臭。'必不可!"弗听,立之。生奚齐,其娣生卓子。

【注释】

①骊姬:晋献公的宠妃。

②短:指不灵验。长:指灵验。

③繇:记录占卜结果的兆辞。

④专之:指专宠骊姬。渝:变。

⑤攘:夺去。羭:公羊,这里指太子申生。

⑥薰:香草。莸:臭草。

【译文】

早年,晋献公想立骊姬为夫人,占卜,不吉利;占筮,吉利。献公说:"按占筮的结果做吧!"仆人说:"根据通常惯例,占筮常不灵验,占卜常常灵验,不如依照灵验的。况且它的兆辞说:'专宠会发生变乱,将要偷走您的公羊。香草和臭草放在一起,过了十年还会有臭气。'一定不能按照占筮的结果去做!"献公不听,立了骊姬。骊姬生下奚齐,她的妹妹生了卓子。

【原文】

[传]及将立奚齐,既与中大夫成谋①,姬谓太子曰:"君梦齐姜②,必速祭之!"太子祭于曲沃③,归胙于公。公田,姬寘诸宫六日,公至,毒而献之。公祭之地,地坟。与犬,犬毙。与小臣,小臣亦毙④。姬泣曰:"贼由太子。"太子奔新城⑤。公杀其傅杜原款。或谓太子:"子辞⑥,君必辩焉⑦。"太子曰:"君非姬氏,居不安,食不饱。我辞,姬必有罪。君老矣,吾又不乐。"曰:"子其行乎?"太子曰:"君实不察其罪,被此名也以出⑧,人谁纳我⑨?"

【注释】

①中大夫:晋国官名,指里克。成谋:定好计,有预谋。

②齐姜:申生的亡母。

③曲沃:晋国的旧都,在山西闻喜县东。

④小臣:在宫中服役的小吏。

⑤新城:春秋晋地,在今山西闻喜县东二十里,这里指曲沃。

⑥辞:申辩,辩解。

⑦辩:辩驳,追究是非。

⑧被:蒙受,带着。此名:指杀父的罪名。

⑨纳:收容。

【译文】

等到准备立奚齐为太子时,骊姬已经和中大夫定下了计谋。骊姬对太子申生说:"国君梦见你母后齐姜,你一定要赶快去祭祀她。"太子到曲沃去祭祀,把祭肉带回给献公。当时献公正在外面打猎,骊姬把祭肉放在宫里六天。献公回来以后,骊姬在肉中放上毒药献了上去。献公将肉祭地,地立即突起;把肉给狗吃,狗当场死掉;给侍臣吃,侍臣也死了。骊姬哭着说:"这是太子企图谋害您啊!"太子申生逃往曲沃,献公杀了他的老师杜原款。有人对太子说:"您如果声辩,国君是一定会弄明白真实情况的。"太子说:"国君没有骊姬,就吃不好,睡不好。我如果辩解,骊姬必定有罪。国君年事已高,骊姬有罪他会陷于痛苦,我也不可能高兴的。"那人说:"那么你将逃走吗?"太子说:"国君既然没能明察我无罪,带着这个名声出去,别人谁会接受我?"

【原文】

[传]十二月,戊申,缢于新城。姬遂谮二公子曰①:"皆知之。"重耳奔蒲②,夷吾奔屈③。

【注释】

①谮:中伤,诬陷。二公子:指重耳和夷吾。

②重耳:晋献公的次子,后为晋文公。蒲:重耳的采邑,在今山西隰县西北。

③夷吾:晋献公之子,申生的异母弟,后为晋惠公。屈:夷吾的采邑,在今山西吉县。

晋文公

【译文】

十二月戊申日,太子申生在曲沃自尽。骊姬又诬陷另外两位公子说:"太子的阴谋,他们也都参与了。"于是重耳逃到蒲城,夷吾逃到屈邑。

【讲评】

《左传》语言艺术成就之一体现在行人辞令上。行人掌管对外的交际,在春秋大国争霸、小国图存的时代背景下,行人担负着国家的使命,一言一行都举足轻重。由于各自所处环境和个性不同,行人辞令也展现出不同的风格:或婉转含蓄,或柔中带刚,或从容典雅,或咄咄逼人。春秋时期不少行人的辞令成为名篇,被后人传诵,体现出语言的魅力。"齐桓公伐楚盟屈完"就是其中的名段。齐桓公想报复蔡姬改嫁之事,但师出无名,管仲为他出主意,以讨伐对天子不敬的楚国及盟友蔡国的名义进攻蔡国和楚国。作为诸侯盟主,又刚刚击溃了蔡军,齐桓公自然十分的骄横,楚国的使者屈完言辞慷慨,以理服人,毫不示弱,但又谦逊有礼,使齐桓公无法加罪,只好结盟而还。

僖公五年

【原文】

[经]五年:春,晋侯杀其世子申生。

杞伯姬来朝其子。

夏,公孙兹如牟。

公及齐侯、宋公、陈侯、卫侯、郑伯、许男、曹伯会王世子于首止。

秋,八月,诸侯盟于首止。

郑伯逃归不盟。

楚子灭弦。弦子奔黄。

九月戊申朔,日有食之。

冬,晋人执虞公。

[传]五年春,王正月辛亥朔,日南至①。公既视朔②,遂登观台以望。而书,礼也。凡分、至、启、闭,必书云物,为备故也。

晋侯使以杀太子申生之故来告。

【注释】

①日南至:指冬至日。夏至以后,日躔自北而南;冬至以后,又自南而北,故冬至日又称"日南至"。

②视朔:古代天子、诸侯每月朔日祭告祖庙后,在太庙听政,称"视朔"。

【译文】

鲁僖公五年春季,周历正月辛亥日,初一,冬至。僖公亲自到太庙报告朔日以后,就登上观台观望云气。《春秋》记载这件事,是合乎礼制的。凡是春分、秋分、夏至、冬至,立春、立夏、立秋、立冬等节气史官都要记载云气云色方面的气候变化,这是由于要为灾害做准备的原因。

晋侯派使者到鲁国来通知杀死太子申生的原因。

【原文】

[传]初,晋侯使士蒍为二公子筑蒲与屈,不慎,置薪焉①。

夷吾诉之。公使让之。士蒍稽首而对曰:"臣闻之:无丧而慼②,忧必雠焉;无戎而城,雠必保焉③。寇雠之保,又何慎焉!守官废命④,不敬,固仇之保,不忠。失忠与敬,何以事君?《诗》云⑤:'怀德惟宁,宗子惟城⑥。'君其修德而固宗子,何城如之?三年将寻师焉,焉用慎?"退而赋曰:"狐裘龙茸⑦,一国三公,吾谁适从⑧?"

【注释】

①屈:春秋时晋屈邑,在今山西吉县东北。置薪:放置木柴。

②慼:忧愁,悲伤。

③保:守。

④守官:在职的官员。废命:不接受君命。

⑤指《诗·大雅·板》。

⑥怀德:心存德行,感念恩德。宗子:周姓子弟。

⑦狐裘:大夫的服饰。龙茸:蓬松杂乱的样子。狐裘龙茸:狐裘的皮毛凌乱,亦以喻国政混乱。

⑧适:跟从。

【译文】

当初,晋侯派士蒍替二位公子在蒲和屈两邑筑城,不小心,墙里放进了木柴。夷吾向晋献公报告了这件事。献公派人责备士蒍,士蒍叩头回答说:"臣听说过:'没有丧事而悲伤,忧愁就会随之而来。没有战事而筑城,敌人必然会借以守卫。'敌人将要占据的地方,又有什么值得谨慎的呢?做官,而不接受君命,这是对君的不敬;如果为仇敌修筑坚固的城池,这是对国家的不忠。失去忠和敬,以何来侍奉君主呢?《诗经》说:'心怀德行就是安宁,同宗子弟就是城池。'君王如果修养德行而使公子们的地位得以巩固,哪个城池能比得上?三年以后就要用兵,哪里用得着谨慎呢?"士蒍退出去自己又吟诗道:"狐皮袍子杂乱蓬松,一个国家有三位主人,我该一心跟从谁才好呢?"

【原文】

[传]及难①，公使寺人披伐蒲②。重耳曰："君命之命不校③。"乃徇曰④："校者吾仇也。"逾垣而走，披斩其袪⑤。出奔翟⑥。

"夏，公孙兹如牟⑦"，娶焉。

会于首止，会王太子郑，谋宁周也⑧。

【注释】

①及难：等到灾难发生。

②寺人：阉人。披：人名。

③校：反对，违被。

④徇：遍告。

⑤袪：袖口。

⑥翟：同"狄"，中国古代居于北方的少数民族。

⑦牟：周国名，子爵，故城在今山东莱芜市东。

⑧首止：卫国地名，今河南省睢县。宁：安定，使安宁。

【译文】

等到太子申生被杀害的祸难发生之后，晋献公派遣寺人披攻打蒲城。重耳说："国君和父亲的命令不能反对。"便下令说："谁抵抗君父军队，谁就是我的敌人。"重耳跳墙正想逃跑，寺人披砍断了他的衣袖。重耳于是逃亡到翟国。

夏天，公孙兹前往牟国，在那里娶亲。

鲁僖公和齐侯、宋公、陈焕、王侯、郑伯、许男、曹伯在卫地首止相会，会见周王的太子郑，为的是安定太子郑在成周的地位问题。

【原文】

[传]陈辕宣仲怨郑申侯之反己于召陵①，故劝之城其赐邑②，曰："美城之，大名也，子孙不忘。吾助子请。"乃为之请于诸侯而城之，美③。遂谮诸郑伯曰："美城其赐邑，将以叛也。"申侯于是得罪④。

【注释】

①反己:反回头来要求自己,出卖自己。

②赐邑:天子或诸侯赐给的食邑。

③美:美化,指修建得非常壮观。

④得罪:冒犯:触怒得罪了人。

【译文】

陈国的辕宣仲(涛涂)怨恨郑国的申侯在召陵出卖了自己,因而故意劝他在齐桓公所赐封邑虎牢筑城,说:"把城建得美观,可以扩大名声,子孙将永远记住你。我愿意帮助你去请求。"于是辕宣仲就替他向诸侯去请求,结果把虎牢城修筑得很壮观。辕宣仲就在郑伯跟前诬陷说:"把所赐封邑的城墙修筑得那样坚固,目的是企图搞叛乱。"申侯因此而得罪于郑伯。

【原文】

[传]秋,诸侯盟。王使周公召郑伯①,曰:"吾抚女以从楚②,辅之以晋,可以少安。"郑伯喜于王命,而惧其不朝于齐也,故逃归不盟。孔叔止之,曰:"国君不可以轻,轻则失亲;失亲,患必至。病而乞盟,所丧多矣③。君必悔之。"弗听,逃其师而归。

楚鬬穀於菟灭弦,弦子奔黄④。

于是江、黄、道、柏方睦于齐,皆弦姻也。弦子恃之而不事楚⑤。又不设备,故亡。

【注释】

①郑伯:郑文公。

②从:跟从,跟随。

③丧:丧失。

④弦:周国名,子爵,春秋时灭于楚,在今河南潢川县西南。黄:周国名,嬴姓,在今河南潢川县。

⑤恃:凭借,依仗。事:侍奉。

【译文】

秋天，诸侯会盟。周天子派周公召见郑伯，说："我安抚你去跟随楚国而不要亲近齐国，并让晋国辅助你，这样就可以稍稍安定了。"郑伯对周王的命令感到高兴，但对于不朝见齐国又感到害怕，因此要逃回去而不参加盟会。郑大夫孔叔劝阻他，说："国君不能轻率行事，轻率行事会失去亲近的人；失掉了亲近的人，祸患必然会来到，等到国家发生了困难再去请求结盟，所失掉的就多了，您一定会后悔的！"郑伯不听，丢下军队，独自一人悄悄回国了。

楚国的鬬穀於菟灭掉弦国，弦国国君逃到黄国。

这时江、黄、道、柏四国正和齐国友好，它们都和弦国有婚姻关系；弦国国君依凭这种关系而不去侍奉楚国，又根本不准备设防，终于亡了国。

【原文】

[传]晋侯复假道于虞以伐虢。宫之奇谏曰："虢，虞之表也①；虢亡，虞必从之。晋不可启，寇不可玩②。一之谓甚，其可再乎？谚所谓'辅车相依，唇亡齿寒'者③，其虞、虢之谓也。"公曰："晋，吾宗也，岂害我哉？"对曰："大伯、虞仲，大王之昭也④；大伯不从，是以不嗣。虢仲、虢叔，王季之穆也⑤；为文王卿士，勋在王室，藏于盟府⑥。将虢是灭，何爱于虞？且虞能亲于桓、庄乎，其爱之也？桓、庄之族何罪，而以为戮，不唯偪乎？亲以宠偪，犹尚害之，况以国乎？"公曰："吾享祀丰洁，神必据我⑦。"对曰："臣闻之，鬼神非人实亲，惟德是依。故《周书》曰：'皇天无亲，惟德是辅⑧。'又曰：'黍稷非馨，明德惟馨⑨。'又曰：'民不易物，唯德繄物。'如是，则非德民不和，神不享矣。神所冯依，将在德矣。若晋取虞，而明德以荐馨香，神其吐之乎⑩？"弗听，许晋使。宫之奇以其族行，曰："虞不腊矣，在此行也，晋不更举矣。"

【注释】

①虢：虢仲之后，号北虢，在今山西平陆县。虞：周国名，姬姓，公爵，在今山西平陆县东北。表：外围，屏障。

②启：开启，启发。这里是助长的意思。玩：疏忽。

③辅：面颊。车：牙床骨。

④大伯:周太王长子。虞仲:周太王次子。昭:宗庙左边的位置。

⑤穆:宗庙右边的位置。

⑥盟府:保管盟书的官府。

⑦享祀:祭祀。丰:丰盛。据:依附,这里指保佑。

⑧无亲:没有亲疏之分。辅:辅佐。

⑨黍稷:泛指五谷。馨:芳香。

⑩荐:献,供奉。吐:吐出,这里指不享用祭品。

【译文】

晋献公再次向虞国借路去攻打虢国。虞大夫宫之奇劝谏说:"虢国是虞国的外围,假如虢国灭亡,虞也必然跟着灭亡。晋国的野心不能不防,外国军队不可疏忽。借路一次已经有些过分,难道还可以借第二次吗? 俗话讲的'辅车依存,唇亡齿寒',说的就是虞国和虢国的关系。"虞公说:"晋国是我的同宗,难道还会害我吗?"宫之奇回答说:"太伯、虞仲,是周太王的儿子,太伯不跟随在侧,因此没有嗣位。虢仲、虢叔,是王季的儿子,他们都做过文王的卿士,对王室有功绩,授勋的记录藏在盟府。如今晋国将要灭掉虢国,对虞国又怎么会爱惜呢? 况且,虞国跟晋国的关系能比桓叔、庄伯更为亲近吗? 如果晋国爱惜亲族国家的话,那么桓叔、庄伯的族人有什么罪过? 但却被杀戮,不就是因为他们使晋国感到威胁的原因吗? 亲近的宗族由于受宠而有威胁,尚且杀害了他们,何况我们国家呢?"虞公说:"我祭祀用的祭品丰盛洁净,神灵必定依从我。"宫之奇回答说:"下臣听说,鬼神不亲近任何人,而只依从德行。因此《周书》说:'上天没有私亲,它只帮助有德行的人。'又说:'祭祀的黍稷不芳香,只有美德才芳香。'又说:'百姓不能改变祭物,只有德行能当作祭物。'这样说来,不是德行,百姓就不和顺,神灵也就不愿享用了。神灵所凭的,就在于德行。假如晋国取得了虞国,而发扬美德作为芳香的祭物去供奉神灵,神灵难道还会吐出来吗?"虞公不听,答应了晋侯使者的要求。宫之奇带领着他的家族出走,说:"虞国今年举行不了岁终大祭了! 晋国将在这次军事行动中顺便灭掉虞国,不用另外出兵了。"

【原文】

[传]八月,甲午,晋侯围上阳①。问于卜偃曰:"吾其济乎②?"对曰:"克之。"公曰:

"何时?"对曰:"童谣云:'丙之晨,龙尾伏辰③;均服振振④,取虢之旃。鹑之贲贲⑤,天策焞焞⑥,火中成军⑦,虢公其奔。'其九月、十月之交乎。丙子旦,日在尾,月在策,鹑火中,必是时也。"

【注释】

①上阳:在河南陕县东南,周为虢国都。

②济:成功。

③龙尾:指龙尾星。伏辰:星宿隐伏在日月交会处,也指隐伏的星辰。

④振振:众多盛大的样子,形容威武美好。

⑤鹑:指鹑火星。贲贲:跳行争斗的样子。

⑥天策:指天策星。焞焞:光芒暗弱的样子。

⑦火:指鹑火星。

【译文】

八月甲午日,晋侯包围虢国的上阳。晋侯问卜偃说:"我能够攻克吗?"卜偃回答说:"能攻克。"晋侯说:"什么时候?"卜偃回答说:"童谣说:'丙子日的清晨,龙尾星看不清。军服威武美好,夺取虢国的旗号。鹑火星形如大鸟,天策星没有光耀,鹑火星下列成军阵,吓得虢公要逃奔。'日子将在九月底十月初吧!丙子日的清晨,太阳在龙尾星之上,月亮在天策星之下,鹑火星在日月中间,就是这个时候。"

【原文】

[传]冬,十二月,丙子,朔①,晋灭虢,虢公丑奔京师②。师还,馆于虞③,遂袭虞,灭之。执虞公及其大夫井伯,以媵秦穆姬④,而修虞祀⑤,且归其职贡于王⑥。

故书曰:"晋人执虞公",罪虞公,且言易也。

【注释】

①朔:每月初一。

②虢公丑:虢国国君,名丑。

③馆:住下,留宿。

④媵:陪嫁的人或物。秦穆姬:晋献公的女儿,嫁给秦穆公为夫人,因此称为秦穆姬。

⑤虞祀:虞国的祭祀。

⑥职贡:赋税和劳役。

【译文】

冬季,十二丙子日初一,晋国灭掉虢国。虢公丑急忙赶到京城。晋军回国,住在虞国,乘机袭击虞国,灭掉了它。俘虏了虞公和大夫井伯。又把井伯作为秦穆姬的陪嫁随从。从此晋国代替虞国进行祭祀,并且把虞国的赋税奉献给周王室。

因此《春秋》记载说:"晋人执虞公。"这是归罪于虞公,并且是说灭掉虞国这件事进行得太容易。

【讲评】

晋人用兵一改传统的战争方式,擅长使诈,往往运用智谋取胜,如设离间计收买虞国国君,并制造边境事端以进攻虢国,从而一并消灭了二国,给后世"兵不厌诈"的战略战术以很好的启发。虞国国君的贪婪愚蠢、虢国国君的好战轻敌等都在晋人的掌握之中。虞的灭亡为三十六计增添了"假道伐虢"一计,足以惩戒世间贪图一时利益而出卖朋友之人。宫之奇关于祭祀神灵的一番话,也突出反映了春秋时期进步的民本思想。

僖公六年

【原文】

[经]六年春,王正月。

夏,公会齐侯、宋公、陈侯、卫侯、曹伯伐郑,围新城。

秋,楚人围许。

诸侯遂救许。

冬,公至自伐郑。

【原文】

[传]六年春,晋侯使贾华伐屈,夷吾不能守,盟而行。将奔狄,郤芮曰:"后出同走①,

罪也。不如之梁。梁近秦而幸焉。"乃之梁。

夏，诸侯伐郑，以其逃首止之盟故也。围新密，郑所以不时城也。

秋，楚子围许以救郑。诸侯救许，乃还。

冬，蔡穆侯将许僖公以见楚子于武城。许男面缚衔璧，大夫衰绖，士舆榇。楚子问诸逢伯，对曰："昔武王克殷，微子启如是。武王亲释其缚，受其璧而祓②之。焚其榇，礼而命之，使复其所。"楚子从之。

【注释】

①同走：指与重耳同到狄国。

②祓：古代除灾求福的一种礼仪。

【译文】

鲁僖公六年春季，晋侯派贾华进攻屈地。夷吾守不住，和屈人订立盟约后出走。准备逃往狄，郤芮说："在重耳之后出走，又逃到同一个地方，这是有罪的。不如到梁国去，梁国靠近秦国，并且受到秦国的亲幸。"于是到达梁国。

夏天，诸侯进攻郑国，由于它逃离首止结盟的缘故。包围了新密，这便是郑国在农忙季节修城，不失时机修造的城。

秋天，楚子包围许国来救助郑国，诸侯救助许。楚军于是回国。

冬季，蔡穆公领着许僖公在武城见楚子。许男两手反绑，口里衔着玉，大夫穿着孝服，士人抬着棺材。楚子就这事问逢伯，逢伯答复："从前武王战胜殷朝，微子启便是这样的。武王自己解开他的绳索。接受他的玉璧而为他举办除灾求福的仪式。焚烧了抬来的棺材，以礼待他，命令恢复他原来的地位。"楚子顺从了逢伯的话。

【讲评】

公元前655年由齐桓公组织了首止会盟，目的是为了通过尊太子郑而安定王室，防止太子母弟王子带夺嫡。这次盟会引起周惠王不满，命令郑文公叛盟。齐桓公率领诸侯联军讨伐郑国的背盟与亲楚行为。而楚成王与令尹子文在召陵之盟后继续北上东进，与桓公争霸，如伐郑、灭弦、围许救郑等，震动了中原诸侯。

僖公七年

【原文】

[经]七年(前 653 年)春,齐人伐郑。

[传]七年春,齐人伐郑。孔叔①言于郑伯曰:"谚有之,曰'心则不竞,何惮于病②?'既不能强,又不能弱,所以毙也③,国危矣④!请下齐以救国⑤。"公曰:"吾知其所由来矣!姑少待我⑥。"对曰:"朝不及夕,何以待君⑦。"

[经]夏,小邾子⑧来朝。

【注释】

①孔叔:郑大夫。

②心则不竞,何惮于病:心就不能强,何必畏惧于疾病。

③所以毙也:这种情形,所以必要死掉。

④国危矣:国家很危险。

⑤请下齐以救国:请投降给齐国,以救郑国。

⑥吾知其所由来矣,姑少待我:我知道为什么原因,你姑且稍等我。

⑦朝不及夕,何以待君:现在早晨不能等到晚上,怎么样等着你。

⑧小邾子:即郳犁来,始得王命而来朝。因是邾国的分封,所以称小邾子。无传。

【译文】

七年,春天,齐国人讨伐郑国。孔叔对郑文公说:"谚语说:'心志本来就不强,何必畏惧柔弱的表现呢?'既然不能坚强,又不能柔弱,这就是死亡之道。我们的国家已经危急了,请你服从齐国,以救国家。"郑文公说:"我知道齐国来攻伐的原因。你姑且稍微等一下。"回答说:"现在我们不能从早上等到晚上,我们怎么能等你呢?"

【原文】

[经]郑杀其大夫申侯。

[传]夏,郑杀申侯以说于齐①,且有陈辕涛涂之谮②也。初,申侯申出③也,有宠于楚

文王④。文王将死，与之璧，使行⑤，曰："唯我知女，女专利而不厌⑥，予取予求，不女疵瑕⑦也。后之人，将求多于女⑧，女必不免⑨。我死，女必速行，无适小国，将不女容焉⑩。"既葬，出奔郑，又有宠于厉公。子文⑪闻其死也，曰："古人有言曰，知臣莫若君，弗可改也已⑫。"

【注释】

①郑杀申侯以说于齐：郑伯杀申侯，以使齐桓公高兴。

②谮：以谗诬的话来害人。

③申侯申出：出是指着申国君的姐妹所生。此意是说申侯是申国的外甥。

④楚丈王：名熊赀，是武王熊通的儿子，他开始迁都于郢。

⑤使行：使他往旁国去。

⑥唯我知女，女专利而不厌：女音义同汝。只有我深知道你，你只喜欢利益而没有满足。

⑦予取予求，不女疵瑕：你跟我要钱财，我不以你为罪累。疵音，毁谤的意思。

⑧后之人，将求多于女：将来接着我做君的，将对你要求甚多。

⑨女必不免：你必不能逃避。

⑩无适小国，将不女容焉：不要到小国去，小国将不能容纳你。

⑪子文：即令尹子文，是斗谷於菟的字。

⑫知臣莫若君，弗可改也已：没有比君再能知道臣的，这句话不能改变、

【译文】

夏天，郑文公杀了申侯，以取悦于齐桓公。一方面利用陈国大夫辕涛涂所说的坏话做借口。起初，因为申侯是申国国君的姊妹所生，所以得到楚文王的宠爱。文王将要死的时候，给申侯一块璧，叫他离开楚国，对他说："只有我知道你最深，你只喜欢得到利益而且永远不满足。你向我索取，向我要求，我并不以为是你的过失。将来接着我做国君的人将对你过分的要求，你必定不能免于罪。我死了，你必定要快快离开。不要到小国去，因为小国必定不能容纳你的。"楚文王下葬以后，申侯就出奔到郑国，又为郑厉公所宠。这时，楚国的令尹子文听到他死亡的消息，就说：古人有一句话说："没有比国君更能知道臣子的了。这句话实在不能改变的。"

【原文】

[经]秋七月,公会齐侯,宋公,陈世子款,郑世子华盟于甯母。

[传]秋,盟于甯母①,谋郑故也②。管仲言于齐侯曰:"臣闻之,招携以礼③,怀远以德④,德礼不易,无人不怀⑤。"齐侯修礼于诸侯,诸侯官受方物⑥。郑伯使太子华⑦听命于会⑧,言于齐侯曰:"洩氏,孔氏,子人氏三族⑨,实违君命,若君去之以为成⑩,我以郑为内臣⑪,君亦无所不利焉。"齐侯将许之。管仲曰:"君以礼与信属诸侯⑫,而以奸终之⑬。毋乃不可乎? 子父不奸⑭之谓礼,守命共时⑮之谓信,违此二者,奸莫大焉。"公曰:"诸侯有讨于郑,未捷⑯。今苟有衅⑰,从之不亦可乎。"对曰:"君若绥之以德,加之以训辞⑱,而帅诸侯以讨郑,郑将覆亡之不暇,岂敢不惧。若总其罪人以临之⑲,郑有辞⑳矣,何惧。且夫合诸侯以崇德也,会而列奸㉑,何以示后嗣㉒。夫诸侯之会,其德刑礼义,无国不记㉓。记奸之位㉔,君盟替㉕矣。作而不记,非盛德也㉖。君其勿许,郑必受盟。夫子华既为太子,而求介㉗于大国以弱其国,亦必不免。郑有叔詹,堵叔,师叔三良为政㉘,未可间也。"齐侯辞焉㉙。子华由是得罪于郑。

[经]曹伯班㉚卒。

[经]公子友如齐㉛。

[经]冬,葬曹昭公㉜。

[经]冬,郑伯使请盟于齐㉝。

[经]闰月㉞惠王崩,襄王㉟恶太叔带之难㊱,惧不立,不发丧而告难于齐㊲。

【注释】

①甯母:鲁地。在今山东省鱼台县东二十里谷城镇。

②谋郑故也:商讨对付郑国的问题。

③招携以礼:招抚不服从的人用礼貌。

④怀远以德:怀柔远人用德惠。

⑤德礼不易,无人不怀:德与礼保持不变,就没有人不怀念你。

⑥诸侯官受方物:诸侯官员接受齐侯命令,规定各国应该贡献天子的物品。

⑦郑伯使大子华:郑伯是郑文公,名捷。大子华是郑伯的大子。大音泰。

⑧听命于会:到会中来听候命令。

⑨洩氏,孔氏,子人氏三族:皆郑大夫。

⑩若君去之以为成：你若把他们三族去掉，就可以讲和。

⑪我以郑为内臣：我以郑国为你的臣子。

⑫君以礼与信属诸侯：你以礼貌和信实使令诸侯。

⑬而以奸终之：而以邪谋来终了。

⑭子父不奸：奸同干犯一样，儿子与父亲不相干犯。

⑮守命共时：守君命以恭敬当时的事情。

⑯未捷：未能打胜。

⑰今苟有衅：现在假如敌国有隙可乘。

⑱绥之以德，加之以训辞：用德性来安抚他，再加上教训。

⑲总其罪人以临之：总是率领。率领他的罪人(指子华)以威胁他。

⑳郑有辞：郑国很有理由回答。

㉑会而列奸：开会而把奸佞列入。

㉒何以示后嗣：怎么能传给子孙。

㉓无国不记：没有一国不记在竹简上。

㉔记奸之位：把奸人(指子华)记在位子上。

㉕君盟替：你的盟会就失败了。

㉖作而不记，非盛德也：做事情而不记载竹简上，这不是很盛的德性。

㉗求介：求获得力量。

㉘三良为政：三良即指洩氏，孔氏，子人氏三族。为政是掌政治。

㉙齐侯辞焉：齐桓公也就辞谢子华的建议。

㉚曹伯班：即曹昭公。有经无传。

㉛公子友如齐：盟誓以后而去聘，表示招待不周。有经无传。

㉜曹昭公：即曹伯班。

㉝郑伯使请盟于齐：郑伯要求与齐国盟誓，此即前文管仲所略："郑必受盟。"

㉞闰月：古代的方法，把闰月必安置在年终，所谓"归余于终"。

㉟襄王：是惠王的太子郑。

㊱太叔带之难：太叔带是襄王的弟弟。惠王的皇后很想立他做王。难是指患难。大音泰。

㊲不发丧而告难于齐：在没有发丧以前，就派人告患难于齐桓公。

【译文】

　　秋天，在宁母会盟，为了商讨郑国的问题。管仲对齐桓公说："我听说过，招抚离心的人要用礼；怀柔远方的人要用德。德和礼始终不变，没有人不感怀你。"齐桓公就对诸侯各国以礼相待，诸侯各国的官员领受了齐桓公发给他们的命令，规定他们所应贡献给天子的物品。郑文公派太子华到会，听取齐桓公的命令，他对齐桓公说："泄氏、孔氏、及子人氏三族，实在是违背你的命令，若是你把他们除掉，作为讲和的条件，我愿意以郑国做齐国的内臣。对你也不是没有利处。"齐桓公将要允许太子华的要求，管仲说："你以礼和信用联合了诸侯，而以奸计来结束，这不是不可以的吗？儿子与父亲不互相干犯，叫作礼；坚守命令共赴时事，叫作信。违背了这两个原则，就是莫大的奸逆。"齐桓公说："诸侯曾讨伐郑国而没有成功，现在郑国若有衅隙，趁机收拾它，不是很好吗？"管仲回答说："你若以德性绥服他，再加以教训他的辞令，而后率领诸侯讨伐郑国，郑国将为了挽救覆亡而无暇他顾，难道还敢不怕？你若是率领了郑国的罪人去威胁他，郑国就有话可说，还有什么要怕的呢？并且联合诸侯是为了尊崇道德，会盟而使奸佞同列，怎么能传示子孙呢？诸侯的会盟，有关的德行、刑罚、礼节、道义，没有一个国家不把这些事情记载下来。各国记了奸佞与列的事，那么你所召集的盟会也就失败了。所做的事不记载下来，并不是盛德。你且不要允许他才好。郑国必定会接受盟约。而那个子华既做了太子，反而向大国求援，以削弱自己国家的力量，他也必将不免于祸患。郑国现在有叔詹、堵叔、师叔，这三个好人掌理政治，是没有机会可以利用的。"齐桓公拒绝了子华的要求。而子华因此得罪于郑国。

　　曹昭公逝世。（无传）

　　公子友到齐国去聘问。（无传）

　　冬天，安葬曹昭公。（无传）

　　冬天，郑文公派人到齐国请求与齐国盟誓。

　　闰月，周惠王驾崩。周襄王因为担心太叔带要发难，害怕而不敢立。就不发布惠王丧事的讣闻，而把太叔带将发难的事向齐国报告。

【讲评】

　　申侯先是遇见了一个好上司，楚文王既知道也能宽容他的弱点，"予取予求"，还为他指明了出路。可惜申侯自己却不了解自己，也没有很好地认清后来的形势，果然招致杀身之祸。齐桓公志大才疏，最大的优点是从谏如流，好在他在人生的前一阶段遇见了好部下，他所言听计从的鲍叔、管仲等人都是既能干又忠正之士，尤其管仲有高超的治国谋略，每次都能设法把桓公的私人行为纳入道义的轨道，辅佐成就了桓公的霸业。正如明钟惺《史怀》所说："春秋诸霸佐皆不及管仲，而齐桓本质较之晋文、楚庄、秦穆最劣，独以能用管仲胜之耳。"可惜管仲没有培养好接班人就弃桓公而去，桓公后期因听信奸佞而饿死深宫，齐国也在内乱中走向衰落。同样的人，同样的行事，但是对象错了，结果就大相径庭，可见了解别人和认识自己都是很重要的，后来者不能不引以为戒。孔子说："始吾于人也，听其言而信其行，今吾于人也，听其言而观其行。"（《论语·公冶长》）

僖公八年

【原文】

[经]八年春，王正月，公会王人、齐侯、宋公、卫侯、许男、曹伯、陈世子款，盟于洮。郑伯乞盟。

夏，狄伐晋。

秋七月，禘于大庙，用致夫人。

冬十有二月丁未，天王崩。

[传]八年春，盟于洮，谋王室也。郑伯乞盟，请服也。襄王定位而后发丧。

晋里克帅师，梁由靡御，虢射为右，以败狄于采桑。梁由靡曰："狄无耻，从之必大克。"里克曰："惧之而已，无速众狄。"虢射曰："期年，狄必至，示之弱矣。"

夏，狄伐晋，报采桑之役也。复期月。

秋，禘而致哀姜焉，非礼也。凡夫人，不薨于寝，不殡于庙，不赴于同，不祔于姑①，则弗致也。

冬，王人来告丧，难故也，是以缓。

宋公疾，大子慈父固请曰："目夷长，且仁，君其立之。"公命子鱼。子鱼辞，曰："能以国让，仁孰大焉？臣不及也，且又不顺。"遂走而退。

【注释】

①寝:正房。殡:停棺。同:同盟国。袝:陪祭,新死者陪祭于先祖。姑:丈夫的母亲,此指祖姑。

【译文】

鲁僖公八年春季,鲁僖公跟周人、齐侯、宋公、卫侯、许男、曹伯、陈世子款在洮地会盟,商量稳定周王室。郑伯乞求参加盟会,请求服罪。周襄王安定了王位之后举行丧礼。

晋国大夫里克领着军队,梁由靡驾驶战车,虢射做车右,在采桑地方击败了狄人。梁由靡讲:"狄人没有羞耻,追击一定大胜。"里克讲:"使他害怕就行了,不要招来更多的狄人。"虢射讲:"只要一年,狄人一定再来,不追击便是向他们示弱了。"

夏季,狄人进攻晋国,为了报复采桑的战役。这是应验了虢射所讲一年的预言。

秋季,举行宗庙合祭并把哀姜的神主放在太庙里,这是不合于礼的。但凡夫人,要是不死在正房里,不停棺在祖庙里,不向同盟国发讣告,不陪祭祖姑,便不能把神主放到太庙里。

冬季,周天子派人来鲁国报告丧事,由于王室发生祸难,所以报告晚了。

宋桓公生病,太子慈父再三请求讲:"目夷年长,而且仁爱,君王还是立他为君。"宋桓公便命令立目夷为国君。目夷推辞,讲:"太子可以把国家辞让给别人,还有什么比这更大的仁爱吗?臣下不如他,并且又不合立君的礼法。"于是便快步退了出去。

【讲评】

宋襄公兹父因后来在泓之战中所表现出来的"蠢猪式的仁义"而闻名。但观其行事,仁爱和守礼倒是他的一贯做法,如屡次向桓公提出让位于公子目夷,不能说不恳切。

僖公九年

【原文】

[经]九年:春,三月丁丑,宋公御说卒。

夏,公会宰周公、齐侯、宋子、卫侯、郑伯、许男、曹伯于葵丘。

秋,七月乙酉,伯姬卒。

九月戊辰,诸侯盟于葵丘。

甲子,晋侯佹诸卒。

冬,晋里克杀其君之子奚齐。

[传]九年,春,宋桓公卒。未葬而襄公会诸侯,故曰子。凡在丧,王曰小童①,公侯曰子。

夏,会于葵丘②。寻盟③,且修好,礼也。

【注释】

①古代国君居丧时的自称。

②葵丘:宋国地名,在今河南考成县。

③寻:重新。

【译文】

鲁僖公九年春季,宋桓公去世。还没有安葬,宋襄公就会见诸侯,所以《春秋》称他为"子"。凡是在丧事期间,天子称为"小童",众诸侯称为"子"。

夏季,僖公和宰周公、齐侯、宋子、卫侯、郑伯、许男、曹伯在葵丘会见。重温以往的盟约,同时也是为了重建新的友好关系,这是合于礼制的。

【原文】

[传]王使宰孔赐齐侯胙①,曰:"天子有事于文、武②,使孔赐伯舅胙③。"齐侯将下拜。孔曰:"且有后命。天子使孔曰:'以伯舅耋老,加劳,赐一级,无下拜!'"对曰:"天威不违颜咫尺,小白余敢贪天子之命无下拜④!恐陨越于下⑤,以遗天子羞。敢不下拜!"下拜,

登受。

葵丘之盟

秋,齐侯盟诸侯于葵丘,曰:"凡我同盟之人,既盟之后,言归于好⑥。"

【注释】

①宰孔:即周公,宰为其官职,孔为其名。胙:祭肉。

②有事:有祭祀之事。

③伯舅:周天子对异姓诸侯的称呼。

④小白:齐桓公的名字。

⑤陨越:颠坠,摔跟头。

⑥言归于好:以和好为归宿。

【译文】

周襄王派宰孔赐给齐桓公祭肉,说:"天子祭祀文王、武王,派遣我赐给伯舅祭肉。"齐桓公准备下阶拜谢,宰孔说:"还有一道命令。天子派我说:'因为伯舅年事已高,加上功劳,另赐一级,无须下阶拜谢。'"公回答说:"天子的威严就在面前,小白我岂敢接受天子的命令而不下阶拜谢?不下拜我恐怕栽跟头,给天子带来羞辱,岂敢不下阶拜谢?"于是齐桓公走下台阶拜谢,登上台阶接受祭肉。

秋季,齐桓公在葵丘和诸侯会盟,说:"凡是我们一起缔结盟约的人,既然已经盟誓,就需要彼此友好相处。"

【原文】

[传]宰孔先归,遇晋侯①,曰:"可无会也。齐侯不务德而勤远略,故北伐山戎②,南伐楚,西为此会也。东略之不知③,西则否矣。其在乱乎。君务靖乱④,无勤于行!"晋侯

乃还。

九月,晋献公卒。里克、丕郑欲纳文公⑤,故以三公子之徒作乱。

【注释】

①晋侯:晋献公。

②山戎:即北戎。

③略:疆界,边界。

④靖:安定,平定。

⑤纳:立,册立。

【译文】

周王的宰孔先回国,途中遇见晋献公,说:"可以不参加会盟了。齐侯不重德义而忙于对外远征,所以在北边攻打山戎,在南边攻打楚国,在西边就举行了这次盟会。往东边要做些什么还不知道,向西攻打晋国是不可能的。晋国也许会有祸难吧!做君王应当安定内乱,不必忙着外出东征西战!"晋献公听了这话就回国了。

九月,晋献公去世。里克、丕郑想立文公为国君,所以就发动申生、重耳、夷吾三位公子的党羽作乱,意在不使奚齐继位。

【原文】

[传]初,献公使荀息傅奚齐①。公疾,召之。曰:"以是藐诸孤②,辱在大夫,其若之何?"稽首而对曰③:"臣竭其股肱之力④,加之以忠贞。其济,君之灵也⑤;不济,则以死继之。"公曰:"何谓忠贞?"对曰:"公家之利,知无不为,忠也;送往事居。耦俱无猜⑥。贞也。"及里克将杀奚齐,先告荀息曰:"三怨将作,秦、晋辅之⑦,子将何如?"荀息曰:"将死之。"里克曰:"无益也⑧。"荀叔曰:"吾与先君言矣,不可以贰。能欲复言而爱身乎?虽无益也,将焉辟之?且人之欲善,谁不如我?我欲无贰,而能谓人已乎⑨?"

【注释】

①傅:辅助,辅佐。

②藐:小,幼稚。

③稽首:古时一种跪拜礼,叩头至地,是九拜中最恭敬者。

④竭:竭尽。股肱之力:指左右辅佐之力。

⑤灵:在天之灵的保佑。

⑥耦俱无猜:谓双方都无猜疑。

⑦辅:支持。

⑧无益:没有好处。

⑨已:停止,不去做。

【译文】

当初,晋献公曾让荀息辅助奚齐。献公病中召见荀息,说:"把这个弱小的孤儿托付给您,您打算怎么办?"荀息叩头说:"下臣愿意尽心尽力,忠贞不贰地进行辅助。若事情成功,那是君王在天之灵的保佑;如果不成功,臣将以一死效命。"献公说:"什么叫忠贞?"荀息回答说:"有利于国家的事,知道了就努力去做,这就是忠。送走先君侍奉新君,使双方互不猜疑,就是贞。"等到里克准备杀掉奚齐,事先告诉荀息说:"三位公子的党羽将要作乱,秦国和晋国都支持他们,您打算怎么办?"荀息说:"打算死。"里克说:"死也没有用。"荀息说:"我对先君说过了,我不能苟且偷生。难道既想实践自己的诺言又要爱惜生命吗?虽然说我死也没有用,但又能躲避到哪里去呢?况且人们要想做好事,谁不像我一样?我不想违背诺言,难道又能阻止别人改变自己的想法吗?"

【原文】

[传]冬,十月,里克杀奚齐于次①。书曰"杀其君之子",未葬也。荀息将死之,人曰:"不如立卓子而辅之。"荀息立公子卓以葬。十一月,里克杀公子卓于朝。荀息死之。君子曰:"《诗》所谓'白圭之玷②,尚可磨也③;斯言之玷④,不可为也',荀息有焉。"

齐侯以诸侯之师伐晋,及高梁而还⑤,讨晋乱也。令不及鲁⑥,故不书。

【注释】

①次:住处。

②出自《诗·大雅·抑》。玷:斑点,瑕疵。

③磨:打磨掉。

④言：语言，话语。

⑤高梁：春秋晋地，在今山西临汾市东北。

⑥令：命令。

【译文】

冬季，十月，里克在守丧的房子里杀死了奚齐。《春秋》记载说"里克杀死他君主的儿子"，称奚齐为"君之子"，这是因为献公还没有安葬。荀息准备自杀，有人说："不如立公子卓为国君而辅佐他。"荀息于是拥立公子卓，安葬了献公。十一月，里克又在朝廷上杀死公子卓。不久荀息就自杀了。君子说："《诗经》中说的'白玉圭上的斑点，还可以磨掉呀；若是讲话出差错，很难重说作更正'，荀息就是这样的情况啊！"

齐侯带领诸侯的军队进攻晋国，到达高梁就回国了，这是为了讨伐晋国发生的内乱。出兵的命令没有到达鲁国，所以《春秋》没有记载。

【原文】

[传]晋郤芮使夷吾重赂秦以求入，曰："人实有国①，我何爱焉②？入而能民③，土于何有？"从之。齐隰朋帅师会秦师，纳晋惠公。秦伯谓郤芮曰："公子谁恃？"对曰："臣闻亡人无党④，有党必有仇。夷吾弱不好弄⑤，能斗不过，长亦不改⑥，不识其他。"公谓公孙枝曰："夷吾其定乎？"对曰："臣闻之，唯则定国⑦。《诗》曰⑧：'不识不知，顺帝之则。'文王之谓也。又曰⑨：'不僭不贼，鲜不为则。'无好无恶，不忌不克之谓也⑩。今其言多忌克，难哉！"公曰："忌则多怨，又焉能克？是吾利也。"

【注释】

①有：占有。

②爱：怜惜。

③能民：能够得到百姓，即得到民心。

④党：党羽。

⑤弱不好弄：幼年时不爱嬉戏。

⑥长：长大。改：改变，更改。

⑦定国：安定国家。

⑧出自《诗·大雅·皇矣》。

⑨出自《诗·大雅·抑》。

⑩忌：猜忌。克：好胜。

【译文】

晋大夫郤芮劝公子夷吾给秦国馈送厚礼，以此请求秦国帮助他平安返回晋国，他说："别人占有了国家，我们还有什么值得怜惜的？如果能回国得到百姓，土地还怕没有吗？"夷吾听从了他的话。齐国的隰朋率领军队会合秦军，送夷吾回国即位。秦穆公对郤芮说："公子依靠谁？"郤芮回答说："臣听说逃亡在外的人没有党羽，有党羽必定就有仇敌。夷吾小时候不喜欢玩耍，能够与人争斗但不过分，他的这种个性长大了也没有改变，其他情况我就一无所知了。"秦穆公对公孙枝说："夷吾能够安定晋国吗？"公孙枝回答说："臣听说，只有行为合乎法则，才能安定国家。《诗》说：'无知无识，顺应上天的规律。'这说的就是文王啊。又说：'不弄假，不伤害，很少有不为人所学习的。'没有偏好，也没有怨恨，既不猜忌，也不好胜。如今夷吾的话里边既猜忌而又好胜，如果要他安定晋国，或许很难吧！"穆公说："只要有猜忌就多怨恨，又怎么能够取胜？这对我们秦国是有利的。"

【原文】

[传] 宋襄公即位，以公子目夷为仁，使为左师以听政①，于是宋治。故鱼氏世为左师②。

【注释】

①左师：宋国官名，宋国有四乡，分为左右，左边二乡由左师领导，右侧二乡则归右师。

②鱼氏：目夷字子鱼，其后代称为鱼氏。

【译文】

宋襄公做了君主，认为公子目夷仁爱，让他做左师掌管政事，从而使宋国大治。所以目夷的后人鱼氏世世代代继承左师的官职。

【讲评】

齐桓公同一年两度召集了葵丘会盟,特别是第一次葵丘之盟,天子派人表彰齐桓公的功勋,是齐桓公称霸以来召集的最盛大的一次会盟,奠定了他的霸主地位。但第二次葵丘之盟后,桓公的霸业从顶峰逐渐走向衰落。宰孔见微知著,指出桓公重军事而不重修德,越来越骄傲自满,使诸侯逐渐离心。

僖公十年

【原文】

[经]十年:春,王正月,公如齐。

狄灭温,温子奔卫。

晋里克弑其君卓及其大夫荀息。

夏,齐侯、许男伐北戎。

晋杀其大夫里克。

秋,七月。

冬,大雨雪。

[传]十年,春,狄灭温,苏子无信也①。苏子叛王即敌②,又不能于狄,狄人伐之,王不救,故灭。苏子奔卫③。

夏,四月,周公忌父、王子党会齐隰朋立晋侯。晋侯杀里克以说④。将杀里克,公使谓之曰:"微子⑤,则不及此。虽然,子弑二君与一大夫,为子君者,不亦难乎?"对曰:"不有废也,君何以兴⑥?欲加之罪,其无辞乎?臣闻命矣⑦。"伏剑而死。于是丕郑聘于秦,且谢缓赂⑧,故不及。

【注释】

①温:周幽内国,在今河南温县西南。无信:不守信用,没有信用。

②即敌:亲近敌人。

③奔:出奔,逃往。

④说:通"悦",讨好。

⑤微子:没有你。

⑥兴:起来,得志。

⑦闻命:知道,明白。

⑧缓赂:推迟赠礼。

【译文】

鲁僖公十年春季,狄人灭亡了温国,这是由于温国国君苏子不讲信义。苏子背叛周天子而靠拢狄人,又不能跟狄人和平相处;狄人攻伐它,周天子不去救援,所以灭亡。苏子逃往卫国。

夏天,四月,周公忌父、王子党会合齐大夫隰朋拥立晋惠公为国君。惠公要杀掉里克表示讨好。将要杀里克之前,惠公派人对里克说:"若没有您,我就不能做国君。虽然是这样,可您杀掉了两个国君和一个大夫,做您的国君,岂不是太难了吗?"里克说:"没有奚齐、卓子的被废,君王怎么能得志?想给别人加上罪名,还怕没有话说吗?下臣明白了。"于是拔剑自杀。当时军郑正在秦国聘问,这是为了推迟所赠重礼而前往致歉,所以没有遇上这次杀身之祸。

【原文】

[传]晋侯改葬共太子①。

秋,狐突适下国,遇太子。太子使登仆,而告之曰:"夷吾无礼,余得请于帝矣②,将以晋畀秦③,秦将祀余。"对曰:"臣闻之:'神不歆非类④,民不祀非族⑤。'君祀无乃殄乎⑥?且民何罪?失刑、乏祀,君其图之!"君曰:"诺!吾将复请。七日,新城西偏,将有巫者而见我焉⑦。"许之,遂不见。及期而往,告之曰:"帝许我罚有罪矣,敝于韩⑧。"

【注释】

①改葬:另择墓地安葬。

②帝:天帝,上天。

③畀:给与,送给。

④歆:嗅闻,指享用。非类:不同种族,异族。

⑤非族:非同族之人。

⑥殄：竭尽，断绝。

⑦见我：说出我的意见。

⑧敝：败。

【译文】

晋惠公改葬太子申生。

秋天，狐突到曲沃去，在那里遇见了太子申生。太子让他登车，并且告诉他说："夷吾无礼，我已经特意请求了上帝，正想把晋国给予秦国；秦国准备祭祀我。"狐突回答说："臣听说：'神灵不享用别族人的祭祀，百姓也不祭祀别族的神鬼。'您的祭祀恐怕会断绝吧？而且百姓又有什么罪呢？滥用刑罚，断绝祭祀，希望您考虑一下。"太子申生说："好！我准备重新要求。七天以后，新城的西边将有一个巫人说出我的意见。"狐突答应了下来，突然间申生就不见了。到了约定的那天前去，巫人告诉他说："上帝允许我惩罚有罪的人，夷吾将在韩地大败。"

【原文】

[传] 丕郑之如秦也，言于秦伯曰："吕甥、郤称、冀芮实为不从①，若重问以召之②，臣出晋君，君纳重耳，蔑不济矣③。"

冬，秦伯使泠至报、问，且召三子。郤芮曰："币重而言甘④，诱我也⑤。"遂杀丕郑、祁举及七舆大夫：左行共华、右行贾华、叔坚、骓歂、累虎、特宫、山祁，皆里、丕之党也。丕豹奔秦，言于秦伯曰："晋侯背大主而忌小怨⑥，民弗与也⑦。伐之，必出。"公曰："失众⑧，焉能杀？违祸⑨，谁能出君⑩？"

【注释】

①不从：不同意。

②重问：赠送厚礼。召：召请。

③蔑：无，没有。

④币重而言甘：礼物丰厚，言词谄媚。

⑤诱：引诱，诱惑。

⑥背：背叛。

⑦弗与：不党同，不拥戴。

⑧失众：失去民心，失去众心。

⑨违祸：逃避祸患。

⑩出：放逐。

【译文】

丕郑到了秦国的时候，对秦穆公说："吕甥、郤称、冀芮是不同意给秦国土地的。若以厚礼相赠而后召请他们前来，下臣赶走晋君，君王让重耳回国即位，肯定会成功的。"

冬天，秦穆公派泠至去晋国回聘，给吕甥等人赠送财礼，并且召请他们三人。郤芮说："财礼重而说话动听，其目的是引诱我们。"于是就杀掉了丕郑、祁举和七个舆大夫：左行共华、右行贾华、叔坚、骓颛、累虎、特宫、山祁，都是里克、丕郑的党羽。丕郑的儿子丕豹逃到秦国，对秦穆公说："晋侯背叛大主而记恨小怨，百姓不拥戴他。如果讨伐，一定会赶走他。"穆公说："如果夷吾丧失了百姓，又怎能杀掉里克等大臣？晋国的百姓如果都像你一样纷纷逃离祸难，还怎么能赶走国君？"

【讲评】

《左传》里记叙了不少神奇的事件，都有深意，蕴涵褒贬。如狐突遇申生即为一例。狐突一直忠于职守，先是尽力辅佐为人仁厚、甚得人心的太子申生，申生被谗自杀后，狐突的两个儿子又随从公子重耳逃亡并成为重耳的得力臣子。晋惠公不讲信义，失去民望，晋国许多人包括狐突都对惠公不满，希望重耳回国。惠公改葬申生，无论他此举是出于手足之情谊，还是收买人心，应该说是件好事，但奇怪的是据说申生尸体发臭，而晋国民间传言是申生并不领情，原因是他不满惠公的种种无礼行为，如篡夺国君之位、杀死原申生一党的重臣、娶申生的夫人（一说献公的妾）贾君等，所以用发臭表示拒绝改葬（《国语·晋语三》）。改葬后狐突遇见申生的灵异事件则更为奇特，申生最后在狐突的劝告下改变了对惠公的惩戒，预言他将在韩地战败。这一连串看似奇怪的事件很可能是晋人有意地借灵异事件反映民心的向背，说明晋国一些大臣对惠公的行为已经非常不满，双方矛盾尖锐。

僖公十一年

【原文】

[经]十有一年春,晋杀其大夫丕郑父。夏,公及夫人姜氏会齐侯于阳穀。秋八月,大雩。冬,楚人伐黄。

[传]十一年春,晋侯使以丕郑之乱来告。

天王使召武公、内史过赐晋侯命。受玉惰。过归,告王曰:"晋侯其无后乎。王赐之命而惰于受瑞,先自弃也已,其何继之有? 礼,国之干也。敬,礼之舆也。不敬则礼不行,礼不行则上下昏,何以长世①?"

夏,扬、拒、泉、皋、伊、洛之戎同伐京师,入王城,焚东门。王子带召之也。秦、晋伐戎以救周。秋,晋侯平戎于王。

黄人不归楚贡。冬,楚人伐黄。

【注释】

①长世:延长世代。

【译文】

十一年春天,晋惠公派人来鲁国报告丕郑策动反叛一事。

周天子派召武公、内史过赐爵晋惠公。惠公接受玉璧时显得懒洋洋的。内史过回去报告天子说:"晋侯的后代看来很难享有禄位了。天子赐给他荣耀,他反倒懒洋洋地去接受玉璧,这便说明他自己就先抛弃自己了,还能有什么后代? 礼,就像一个国家的躯干;恭敬,则是装载礼的车子。不恭敬,礼便无法实施,礼不能实施,国家上下便会昏乱,还靠什么延续下去呢?"

夏季,扬、拒、泉、皋、伊、洛的戎人一块攻打京城。侵入王城后,火烧了东门。这是王子带把他们引来的。秦、晋军队攻伐戎军以救援王室。秋天,晋惠公让戎人跟天子言归于好。

黄国人不向楚国进贡。冬季,楚国人进攻黄国。

【讲评】

《左传》好作预言,而预言往往基于人事。如周内史从晋惠公接受天子任命时疲沓懒散的失礼行为预言他的后代将不终享君位,强调了"礼"的重要意义。周内史的预言可谓见微知著,其实从晋惠公夷吾一向的为人处事上就可知道他的结局只是顺理成章的事情。晋惠公"多忌克",即猜忌而好强,在国际及人际交往方面都不如其兄弟即后来五霸之一的晋文公重耳历练成熟。只是由于重耳的过于谨慎小心,使得惠公先坐上了晋君的宝座。但是夷吾上任伊始就做了一系列不明智而失去内外人心的事情,他先杀了迎立自己的里克等国内一干重臣,并虚构罪名,"欲加之罪,何患无辞"成为里克临死前传世的名言。里克的余党逃亡国外集结,成为重要的反对力量。再是不顾手足之情,募刺客暗杀公子重耳。在国际上惠公也屡屡破坏约定,俨然无赖,不仅不履行对秦国许下的诺言,而且落井下石,彻底失去秦国的支持,自己还一度成为秦穆公的阶下之囚,如果不是姐姐秦穆公夫人以非常手段求情,早就身首异处了。惠公父子的背信弃义促使国内外反对势力转而支持公子重耳回国即位,其父子失国确实是咎由自取。

僖公十二年

【原文】

[经]十有二年(前 648 年)春王三月,庚午①日有食之。

[经]十二年春,诸侯城卫楚丘之郭②,惧狄难也。

[经]夏,楚人灭黄。

【注释】

①庚午:不书朔,史官记载的有错误。有经无传。

②楚丘之郭:郭是外郭。楚丘是卫地,在今河南省滑县东六十里。

【译文】

十二年春天,周王历三月庚午,日蚀。(无传)

十二年春天,诸侯修筑卫国楚丘城的外郭,因为怕狄人来侵犯。

【原文】

[传]黄人恃诸侯之睦于齐也,不共楚职①,曰:"自郢②及我九百里③,焉能害我?"夏,楚灭黄。

[经]秋七月。

[传]王以戎难故,讨王子带④,秋王子带奔齐。

[经]冬十有二月丁丑,陈侯杵臼卒。

[传]冬,齐侯使管夷吾平戎于王⑤,使隰朋平戎于晋⑥,王以上卿之礼飨管仲⑦,管仲辞⑧曰:"臣贱有司也⑨,有天子之二守国高在⑩,若节春秋来承王命⑪,何以礼焉⑫,陪臣⑬敢辞!"王曰:"舅氏⑭余嘉乃勋,应乃懿德⑮,谓督不忘⑯,往践乃职⑰,无逆朕命⑰。"管仲受下卿之礼⑱而还。君子曰:"管氏之世祀⑲也,宜哉!让不忘其上⑳。诗曰'恺悌君子,神所劳矣㉑!'"

【注释】

①不共楚职:不供给对楚国的供物。

②郢:楚都。在今湖北省江陵县北十五里,是为纪郢。

③及我九百里:他来到我这里,相距九百里。

④讨王子带:王子带前年曾召戎来伐周国。

⑤平戎于王:使周王与戎和平相处。

⑥平戎于晋:使晋惠公与戎和平相处。

⑦王以上卿之礼飨管仲:因为管仲是齐国下卿,周襄王为加礼,故以上卿的礼节款待他。

⑧辞:恳辞。

⑨臣贱有司也:我是职位卑下的官吏。

⑩有天子之二守国高在:国是国归父,高是高傒,皆是天子所命的上卿,那就有天子所派的上卿国子与高子都在。

⑪若节春秋来承王命:若按着春秋的时节,来听承王的命令。

⑫何以礼焉:又如何以礼节对待他。

⑬陪臣:是诸侯的臣向天子自称。

⑭舅氏:因为他是伯舅的臣子,故称他为舅氏。

⑮余嘉乃勋,应乃懿德:我嘉勉你的功勋,而报答你的美德。

⑯谓督不忘:督是真正。此句是说真正的不忘。

⑰往践乃职,无逆朕命:你就去做你应当做的事,不要违背了我的命令。

⑱管仲受下卿之礼:据王引之说:管仲以下,受以上应当有一终字。此句指管仲受本位的礼节。

⑲世祀:世守其祀。

⑳让不忘其上:谦让不忘他上边的人。

㉑恺悌君子,神所劳矣:此诗出《大雅·文王之什·旱麓》篇。恺悌等于乐易。此句指乐易的君子,是神所欢迎的。

【译文】

黄国人依恃着诸侯各国与齐国亲睦的情势,就不供应对于楚国的贡物,说道:"从郢都来到我这里有九百里,怎么能侵害我呢?"夏天,楚国竟消灭了黄国。

周襄王为了戎人来侵王城的缘故,讨伐王子带。秋天,王子带逃奔到齐国。

冬天,齐桓公派管夷吾去调停周襄王与戎人的关系,使他们和平相处。派隰朋去调停晋国与戎人的关系,使他们和平相处。周襄王用上卿的礼节款待管仲,管仲推辞说:"我不过是职位卑下的官吏,齐国还有天子的守臣国子和高子,若是他们在春秋时节,来听承王的命令,要用什么礼节对待他们呢?我只是诸侯的臣子,敢请辞谢。"周襄王说:"你,伯舅的使臣,我嘉许你的勋劳,报答你的美德,为了表示真正不忘,请你履行你的职务,不要违背我的命令。"管仲终于接受了下卿的礼节而后回国。君子说:"管氏的后世,世代守着他的祭祀,不是应该的吗?他能谦让而不忘记在他上面的人。《诗·大雅》说:'那和乐安易的君子,是神所欢迎的。'"

【讲评】

管仲作为春秋时期著名的政治家,其政治、经济、军事才能一直为人称述,其为人则毁誉参半。诸子中《管子》即托名管仲所作,论述了经世治国之道。孔子称"微管仲,吾其被发左衽矣!"司马迁《史记·管晏列传》称管仲"通货积财,富国强兵,与俗同好恶,……论卑而易行,……善因祸而为福,转败而为攻,贵轻重,慎权衡。"梁启超著《管子评传》高度评价管仲的历史影响,对其法治思想、经济政策、外交、军政等都做了详细的评述。《左传》在刻画人物上生动而形象。吕祖谦《春秋左氏传续说·纲领》:"其(指左氏)记管、晏、子产、叔向事,皆连当时精神写出,深知精髓。"冯李骅云:"《左传》大抵前半出色写一管仲,后半出色写一子产,中间出色写晋文公、悼公、秦穆、楚庄数人而已,读其文,连其性情心术,声音笑貌,千载如生。"(《春秋左绣·读左巵言》)管仲的明智、平易在他的言语行为中得到了充分展现。

僖公十三年

【原文】

[经]十有三年:春,狄侵卫。

夏,四月,葬陈宣公。

公会齐侯、宋公、陈侯、卫侯、郑伯、许男、曹伯于咸。

秋,九月,大雩。

冬,公子友如齐。

[传]十三年,春,齐侯使仲孙湫聘于周,且言王子带。事毕,不与王言。归复命曰:"未可①。王怒未怠②,其十年乎?不十年,王弗召也。"

【注释】

①未可:不可,禾行。

②怠:怠惰,指消除。

【译文】

鲁僖公十三年春季,齐桓公派仲孙湫到成周聘问,同时商量要周天子召回王子带的事情。聘问结束后,仲孙湫没有向周天子说起王子带。回国后,向齐侯报告说:"现在还不行。天子的怒气还没消除,或许要等十年吧!不到十年,天子是不会召他回去的。"

【原文】

[传]夏,会于鹹,淮夷病杞故,且谋王室也。

秋,为戎难故,诸侯戍周①。齐仲孙湫致之。

【注释】

①戍：戍守，保卫。

【译文】

　　夏天，僖公在卫地鹹和齐侯、宋公、陈焕、卫侯、郑伯、许男、曹伯会见，这是因为淮夷使杞国受到威胁的缘故，同时也是为了商量如何捍卫王室。

　　秋天，由于戎人导致的祸难，诸侯派兵戍守王城。齐国的仲孙湫奉命带去了援军。

【原文】

　　［传］冬，晋荐饥①，使乞籴于秦②。秦伯谓子桑："与诸乎？"对曰："重施而报，君将何求；重施而不报，其民必携③，携而讨焉，无众，必败。"谓百里："与诸乎？"对曰："天灾流行，国家代有④。救灾恤邻⑤，道也。行道有福。"

　　不郑之子豹在秦，请伐晋。秦伯曰："其君是恶，其民何罪？"秦于是乎输粟于晋⑥，自雍及绛相继⑦，命之曰"泛舟之役"。

【注释】

①荐饥：连续灾荒，严重灾荒。

②乞籴：请求购买粮食。

③携：离，叛离。

④代有：交替出现。

⑤恤：救济。

⑥输粟：运送粮食。

⑦雍：春秋秦都，在今陕西凤翔县南。绛：春秋晋都，在今山西翼城县东南。相继：表示前后相接，没有中断。

【译文】

　　冬季，晋国再次发生严重饥荒，派人到秦国请求购买粮食。秦穆公对大夫子桑说："给他们提供吗？"子桑回答说："再一次施给恩惠而得到晋国的报答，那君王还要求什么呢？再一次施给恩惠而得不到晋国的厚报，他们的百姓必然人心离散。人心离散了再去征伐他们，没有民众的支持，就必然失败。"秦穆公对大夫百里说："给他们吗？"百里回答说："自然灾害的发生，各国总会交替出现的。救援灾荒，体恤邻国，这是合乎道义的。按道义办事必会得到福禄。"

丕郑的儿子丕豹正在秦国，他请求乘机攻打晋国。秦穆公说："憎恶晋国的君主是很自然的，但晋国的百姓又有什么罪呢？"秦国于是把粮食运送到晋国，从秦都雍到晋都绛，一路上运粮的船队络绎不绝，人们把这次运粮称为"泛舟之役"。

【讲评】

秦穆公是春秋五霸之一，为人宽容贤明，知人善任，审时度势，重视民心，坚持与强大的晋国缓和关系，"秦晋之好"成为历史佳话。穆公的努力使得秦国得到良好的发展环境，开始成为西方强国，为数百年后秦始皇的统一霸业打下了基础，其为人和功绩都在历史上获得很高的评价，如高士奇《左传纪事本末》称之为"春秋之贤诸侯"，盛赞"其天资仁厚，举动光伟，加于人一等矣"。从《左传》的记叙中，一代贤君跃然纸上，展现出与齐桓公不同的霸主风采。

僖公十四年

【原文】

[经]十有四年：春，诸侯城缘陵。
夏，六月，季姬及鄫子遇于防。使鄫子来朝。
秋，八月辛卯，沙鹿崩。
狄侵郑。
冬，蔡侯肸卒。
[传]十四年，"春，诸侯城缘陵"，而迁杞焉①。不书其人，有阙也②。
鄫季姬来宁③，公怒，止之，以鄫子之不朝也④。夏，遇于防，而使来朝。
秋，八月辛卯，沙鹿崩⑤。晋卜偃曰："期年将有大咎⑥，几亡国。"

【注释】

①缘陵：即营陵，故城在今山东昌乐县东南。杞：古国名，姒姓，伯爵，本都陈留雍丘

县,桓公六年淳于公亡国,迁都淳于,又迁缘陵,襄公二十九年又迁淳于。此处指迁都缘陵那次。

②其人:指筑城的人。阙:缺漏,缺失。

③来宁:归宁,谓女子回娘家省亲。

④不朝:不朝见。

⑤沙鹿:春秋晋地,在河北省大名县东,今作沙麓。崩:崩塌。

⑥期年:一年。大咎:非常的灾祸。

【译文】

鲁僖公十四年春天,诸侯在齐地缘陵筑城并把杞都迁往那里。《春秋》未记载筑城的人,是由于文字有缺漏。

鄫季姬回鲁国娘家,僖公很生气,留住她不让回去,是因为鄫子不来朝见的缘故。夏天,季姬和鄫子在鲁国的防地见面,她要求鄫子来鲁国朝见。

秋天,八月辛卯日那天,沙鹿山崩塌。晋国的卜人偃说:"一年内将会有大灾难,甚至有亡国的危险。"

【原文】

[传]冬,秦饥,使乞籴于晋,晋人弗与①。庆郑曰:"背施无亲②,幸灾不仁③,贪爱不祥④,怒邻不义⑤。四德皆失,何以守国⑥?"虢射曰:"皮之不存,毛将安傅?"庆郑曰:"弃信背邻,患孰恤之?无信患作⑦,失援必毙⑧,是则然矣。"虢射曰:"无损于怨⑨,而厚于寇⑩,不如勿与。"庆郑曰:"背施幸灾,民所弃也。近犹仇之,况怨敌乎?"弗听。退曰:"君其悔是哉!"

【注释】

①弗与:不答应,不给与。

②背施:背弃恩惠。

③幸灾:因别人遭灾而高兴。

④贪爱:贪恋,迷恋。

⑤怒邻:惹怒邻邦。

⑥守国:守卫都城,治理国家。

⑦作:发生,兴起。

⑧失援:失去援助。

⑨无损:没有减轻或减少,没有妨害。

⑩厚:重,多,加强。寇:敌寇,敌人。

【译文】

冬季,秦国发生饥荒,派人到晋国请求购买粮食。晋国不答应其请求。晋国大夫庆郑说:"背弃恩惠就不是亲善的行为,幸灾乐祸就是不仁,舍不得财物救济别人就是不祥,使邻邦愤怒就是不义。这四种道德都丧失了,凭借什么东西来维护国家的生存呢?"虢射说:"皮如果已经不存在了,毛又依附在哪里?"庆郑说:"丢掉信用,背弃邻国,一旦发生了患难,谁来救助我们?没有信用,患难就会发生;丧失救援,国家必然灭亡。这就是事理的必然结果。"虢射说:"即使给他们粮食,秦国对我们的怨恨也不会有所减少,却反而加强了敌人的实力,不如不给他们粮食。"庆郑说:"背弃人家施舍的恩惠,幸灾乐祸,是百姓所唾弃的。就是亲近的人尚且会为此成仇,更何况是有仇的敌人呢?"惠公不听。庆郑退出去,说:"君王早晚有一天会懊悔这件事!"

【讲评】

与秦穆公大义发动的"泛舟之役"相比,晋惠公面对秦国的饥荒不仅不救援,反而落井下石,趁机发动侵略战争,实在难称为"惠"。战争打的就是民心向背,惠公以怨报德,不仅使得国内大臣离心离德,也使得国际声誉下降,所以后来惠公战败被俘也是很好理解的事了。春秋人对于异常的天灾等,好据此作预言,卜偃因沙鹿山崩塌所做的亡国预言次年居然应验,不是卜偃的神奇,而是对秦晋关系发展和两国国君德行有清楚了解后所做出的准确判断。

僖公十五年

【原文】

[经]十有五年:春,王正月,公如齐。

楚人伐徐。

三月,公会齐侯、宋公、陈侯、卫侯、郑伯、许男、曹伯盟于牡丘,遂次于匡。公孙敖帅师,及诸侯之大夫救徐。

夏,五月,日有食之。

秋,七月,齐师、曹师伐厉。

八月,螽。

九月,公至自会。

季姬归于鄫。

己卯晦,震夷伯之庙。

冬,宋人伐曹。

楚人败徐于娄林。

十有一月壬戌,晋侯及秦伯战于韩,获晋侯。

[传]十五年,春,"楚人伐徐①",徐即诸夏故也。"三月,盟于牡丘②",寻蔡丘之盟③,且救徐也。孟穆伯帅师及诸侯之师救徐,诸侯次于匡以待之④。

"夏,五月,日有食之"。不书朔与日,官失之也⑤。

【注释】

①徐:古国名,伯益之后,在今安徽泗县北。

②牡丘:在山东茌平县东。

③寻:追寻,重温。

④匡:春秋宋地,在今河南睢县西。

⑤官:指史官。失:疏漏。

【译文】

鲁僖公十五年春季,楚国出兵攻打徐国,是由于徐国亲近中原各国的缘故。三月,僖公和齐侯、宋公、陈侯、卫侯、郑伯、许男、曹伯在齐地牡丘结盟，重温葵丘的盟约，同时也是为了援救徐国。大夫孟穆伯率领鲁军和诸侯的军队救援徐国，各国诸侯住在匡地等候他。

夏季五月，出现日食。《春秋》未记载朔日和日期，这是史官的疏漏。

【原文】

[传]秋，伐厉①，以救徐也。

晋侯之入也，秦穆姬属贾君焉，且曰："尽纳群公子。"晋侯烝于贾君②，又不纳群公子，是以穆姬怨之③。晋侯许赂中大夫，既而皆背之④。赂秦伯以河外列城五，东尽虢略⑤，南及华山，内及解梁城⑥，既而不与⑦。晋饥，秦输之粟；秦饥，晋闭之籴，故秦伯伐晋。

【注释】

①厉：周国名，在今湖北随县北，今名厉山店。

②烝：指娶父亲的妻妾及兄长的妻妾。

③怨：怨恨。

④背：违背，背弃，指食言。

⑤略：疆界。

⑥解梁城：春秋晋地，今山东临晋州市西南五九湖北有解城。

⑦不与：不给，没有给。

【译文】

秋天，齐国和曹国的军队攻打厉国，目的是以此救援徐国。

晋惠公回国继承君位的时候，秦穆公夫人把太子申生之妃贾君嘱托给他，并且说："把公子们都接回晋国。"结果晋侯和贾君通奸，而且不接各位公子回国，因此穆姬怨恨晋侯。晋侯曾经答应给中大夫馈送财礼，后来自食其言。答应送给秦穆公黄河西南和南面的五座城，东边到原来虢国的边境，南边到华山，还有黄河之内的解梁城，事情过后都没给。晋国发生饥荒，秦国输送粮食给它；秦国发生饥荒，晋国却拒绝让它购买粮食，因此秦伯出兵攻打晋国。

【原文】

[传]卜徒父筮之，吉。涉河①，侯车败。诘之②。对曰："乃大吉也，三败必获晋君。

其卦遇'蛊',曰:'千乘三去③,三去之余,获其雄狐.'夫狐蛊,必其君也。蛊之贞④,风也;其悔⑤,山也。岁云秋矣,我落其实而取其材⑥,所以克也。实落材亡,不败何待?"

【注释】

①涉河:渡过黄河。

②诘:盘问,追问。

③三去:三驱,即三次驱逐。

④贞:占卜,指内卦。

⑤悔:指外卦。

⑥落:吹落。实:果实。

晋惠公

【译文】

进攻之前,秦伯的卜人徒父用筮草占卜:"非常吉利!渡过黄河,晋侯的战车败北。"秦伯进一步诘问为什么吉利,卜人徒父回答说:"这是大吉大利的卦,连败他们三次之后,肯定俘获晋君。这一卦遇到'蛊',兆辞说:'大军进攻三次,三次之后,便能活捉了那只雄狐。'雄狐一定是指他们的国君。蛊的内卦是风,代表秦国,外卦是山,代表晋国。如今已经是秋天,我们的风吹过他们的山上,吹落他们的果实,取得他们的木材,所以我们一定能够战胜。果实吹落,木材丢失,不失败还等待什么?"

【原文】

[传]三败,及韩。晋侯谓庆郑曰:"寇深矣①,若之何②?"对曰:"君实深之,可若何!"公曰:"不孙③。"卜右,庆郑吉。弗使。步扬御戎,家仆徒为右,乘小驷,郑入也。庆郑曰:"古者大事,必乘其产,生其水土而知其人心④,安其教训而服习其道⑤,唯所纳之,无不如志⑥。今乘异产以从戎事,及惧而变,将与人易。乱气狡愤⑦,阴血周作⑧,张脉偾兴⑨,外强中干。进退不可,周旋不能,君必悔之。"弗听。

【注释】

①深:深入。

②若之何：怎么办。

③不孙：傲慢无礼出言不逊。

④人心：主人的心意。

⑤服习：熟悉。

⑥如志：遂顺意愿，实现志愿。

⑦乱气：阴阳之气错乱。

⑧阴血：即血液。在内为阴，血在肤内，故称。

⑨张脉偾兴：谓血管膨胀，青脉突起。

【译文】

果然，晋国连败三次之后，撤退到韩原。晋惠公对庆郑说："敌人已经深入了，应该怎么办？"庆郑回答说："君王让他们深入进来，能够怎么办？"晋侯说："你说话太放肆！"晋侯叫卜师占卜车右的人选，结果庆郑得吉卦。但是晋侯不用他。改让步扬驾驭战车，家仆徒担任车步。驾车的小驷马，是先前郑国献纳的。庆郑说："古代战争，一定用本国出产的马。出生在本乡本土，知道主人的心意，听从主人的调教，谙习这里的地形，随你怎样鞭策驱使，没有不如意的。现在君王用他国出产的马来打仗，一旦马由于恐惧而失去常态，就会不听指挥了。脾气烦躁不安，血液在全身奔流，血管张大突起，外表强壮而内部虚弱，进不能攻，退不能守，周旋奔驰也不行，那时君王肯定要后悔的。"晋侯不听。

【原文】

［传］九月，晋侯逆秦师，使韩简视师，复曰："师少于我，斗士倍我①。"公曰："何故？"对曰："出因其资②，入用其宠③。饥食其粟，三施而无报，是以来也。今又击之，我怠秦奋④，倍犹未也。"公曰："一夫不可狃⑤，况国乎！"遂使请战，曰："寡人不佞⑥，能合其众而不能离也。君若不还，无所逃命⑦。"秦伯使公孙枝对曰："君之未入，寡人惧之，入而未定列，犹吾忧也。苟列定矣，敢不承命。"韩简退，曰："吾幸而得囚。"

壬戌，战于韩原，晋戎马还泞而止⑧。公号庆郑。庆郑曰："愎谏⑨，违卜，固败是求，又何逃焉？"遂去之。梁由靡御韩简，虢射为右，辂秦伯⑩，将止之。郑以救公误之，遂失秦伯。秦获晋侯以归。晋大夫反首拔舍从之。秦伯使辞焉，曰："二三子何其慼也？寡人之从晋君而西也，亦晋之妖梦是践，岂敢以至？"晋大夫三拜稽首，曰："君履后天而戴皇天，皇天后土实闻君之言，群臣敢在下风⑪。"

【注释】

①倍：倍数。

②资：资助，帮助。

③宠：宠信。

④奋：亢奋，奋勇。

⑤狃：习惯，习以为常。

⑥妄：有才智。

⑦逃命：逃避命令。

⑧泞：泥浆。还泞：盘旋挣扎于泥泞之中。

⑨愎谏：固执己见而不听规劝。

⑩辂：迎上前去，指迎击。

⑪下风：比喻处于下位，卑位。

【译文】

九月，晋侯亲自出马迎战秦军，派韩简刺探军情。韩简回来说："秦军兵力比我们少，能作战的人员却超过我们的一倍。"晋侯说："什么原因？"韩简回答说："君王亡命在外的时候，依靠秦国的帮助，回国是因为他的宠信，发生了饥荒吃他的粮食，三次施恩惠给我们，君王都未报答，因为这样秦国才来的。如今又出兵迎击秦军，所以我军自知理亏而懈怠，秦军出于愤慨而奋勇，斗志相差很大啊！"晋侯说："即使匹夫还不能侮辱，更何况是一个国君呢？"于是派韩简向秦军约战，说："寡人不才，能集合我的部下却不能随便让他们离开。君王若不回去，寡人就没有办法逃避您进军的命令！"秦伯派公孙枝回答说："晋君没有回到晋国的时候，我一直为此担心；回国而没有定位以前，还是我所忧虑的。如今君位已定，我怎敢不接受君主的作战命令！"韩简退下去，说："我若能被秦军俘虏就算是幸运了。"

壬戌日，秦、晋两军在韩原交战。晋惠公的马陷入烂泥中挣扎不得出。晋侯向庆郑大声求救，庆郑说："您刚愎自用，不听劝谏，违抗卜占，本来就是自求失败，现在又为什么要逃跑呢？"于是便离开了。梁由靡驾驭韩简的战车，虢射担任车右，迎击秦伯的战车，将要俘虏他。由于庆郑叫喊他们快去救援晋侯而耽误了良机，以致未能捉住秦伯。最后秦军俘虏了晋侯回国。晋国的大夫披头散发，拔掉军用帐篷，跟随晋侯。秦伯派人告诉说：

"诸位为何这般忧愁啊！我陪伴晋君往西边去，也只是为了实现晋国的妖梦罢了，岂敢做过分吗？"晋国的大夫听了三拜叩头说："君王脚踩后土，头顶皇天，皇天后土都听到了君主的话，下臣们就在下边听候吩咐。"

【原文】

[传]穆姬闻晋侯将至，以太子罃、弘与女简、璧登台而履薪焉①。使以免服衰绖逆②，且告，曰："上天降灾，使我两君匪以玉帛相见③，而以兴戎。若晋君朝以入，则婢子夕以死；夕以入，则朝以死。唯君裁之④。"乃舍诸灵台⑤。

【注释】

①履薪：踩着柴草，指要自焚。
②衰绖：丧服。古人丧服胸前当心处缀有长六寸、广四寸的麻布，名衰，因名此衣为衰；围在头上的散麻绳为首经，缠在腰间的为腰经。衰、经两者是丧服的主要部分。
③匪：不是。
④裁：裁决，决定。
⑤灵台：在陕西西安市长安区西，接鄠县界。

【译文】

秦穆公夫人听说晋侯就要来到秦国，领着太子罃、次子弘和女儿简璧登上高台，踩着铺好的柴草将要自焚；同时派遣使者穿着丧服去迎接秦伯，说："上天降下灾祸，使得两国国君不是以赠送礼物这种正常礼节相见，而是大动干戈。如果晋国国君早晨进入，那么我就晚上自焚；如果晚上进入，那么我就早晨自焚。请君主仔细决定！"于是秦伯把晋侯安排居住在灵台。

【原文】

[传]大夫请以入。公曰："获晋侯①，以厚归也。既而丧归，焉用之？大夫其何有焉？且晋人戚忧以重我②，天地以要我③。不图晋忧④，重其怒也；我食吾言，背天地也。重怒难任，背天不祥⑤，必归晋君。"公子絷曰："不如杀之，无聚慝焉。"子桑曰："归之而质其太子⑥，必得大成。晋未可灭而杀其君，只以成恶⑦。且史佚有言曰：'无始祸，无怙乱⑧，无重怒。'重怒难任，陵人不祥⑨。"乃许晋平。

【注释】

①获:俘获。

②戚忧:忧伤。重:感动。

③要:约束。

④图:谋划,反复考虑。

⑤不祥:不吉利。

⑥质:作为人质。

⑦成恶:造成恶果。

⑧怙乱:乘着祸乱而谋取私利。

⑨陵人:以势压人。

【译文】

　　秦国的大夫们请求把晋惠公押进国都。秦伯说:"俘获晋侯,原本是大获全胜回来的,既然一回来就要发生丧事,大夫又能得到什么呢? 况且晋国人用忧愁来感动我,用天地威灵来约束我,若不考虑晋国的忧愁,这就会加重他们的愤怒;我如果自食其言,这就是违背天地。加重晋人的愤怒,难以承当;违背天地,必不吉祥,必须释放晋侯回国才行!"公子絷说:"不如杀了国君,免得留下后患。"子桑说:"放晋侯回去,把他的太子作为人质,必然会得到有利的言和条件。如今既然不能灭掉晋国,杀掉他们的国君,只会造成恶果。况且过去史佚曾说:'不要制造祸端,不要趁乱打劫,不要激怒对方。'加重愤怒难以承当,欺凌别人会不吉利。"于是答应了晋国的求和请求。

【原文】

　　[传]晋侯使郤乞告瑕吕饴甥,且召之。子金教之言曰:"朝国人而以君命赏,且告之曰:'孤虽归,辱社稷矣。其卜贰圉也。'"众皆哭。晋于是乎作爰田①。吕甥曰:"君亡之不恤,而群臣是忧,惠之至也②。将若君何?"众曰:"何为而可?"对曰:"征缮以辅孺子③,诸侯闻之,丧君有君,群臣辑睦④,甲兵益多,好我者劝,恶我者惧,庶有益乎!"众说。晋于是乎作州兵。

【注释】

①爰田:变更旧日田土所有制,以公田赏赐众人。也称辕田。

②惠：恩惠。至：极致，最大。

③征缮：谓征收赋税，整顿武备。

④辑睦：团结和睦。

【译文】

晋侯派郤乞告诉瑕吕饴甥，同时召他前来。瑕吕饴甥替郤乞出谋献策说："把国都城内的人都召集到宫门前，用国君的名义赏赐他们，并且告诉他们说：'虽然侥幸回来了，已经给国家带来了耻辱！还是择日立子圉为新君吧。'"郤乞照子金的主意去办了，大家都放声哭了起来，晋国就在这时改变田制。瑕吕饴甥说："国君对自己在外并不感到担忧，反而为群臣担忧，这是最大的恩惠了。我们准备怎样报答国君？"大家说："怎么做才好呢？"瑕吕饴甥回答说："征收赋税，加强军备，辅佐新君。诸侯知道晋国失去了国君，又有新君继位，群臣和睦相处，装备武器更加多了，对我们亲善的就会帮助我们，厌恶我们的就会害怕我们，这或许会有好处吧！"大家感到欣慰，晋国就在这时创立了"州兵"制度。

【原文】

[传]初，晋献公筮嫁伯姬于秦，遇"归妹䷵"之"睽䷥"。史苏占之曰："不吉。其繇曰：'士刲羊，亦无衁也。女承筐，亦无贶也①。西邻责言②，不可偿也。归妹之睽，犹无相也。'震之离，亦离之震，为雷为火，为嬴败姬，车说其輹③，火焚其旗，不利行师，败于宗丘。归妹睽孤，寇张之弧④，侄其从姑⑤，六年其逋，逃归其国，而弃其家，明年其死于高梁之虚⑥。"

【注释】

①贶：赐，赏赐。

②责言：责备。

③说：通"脱"，脱落，脱离。

④弧：木弓。

⑤姑：姑母。

⑥高梁：春秋晋地，在今山西临汾县东北。虚：废墟。

【译文】

早年，晋献公要把伯姬即秦穆姬嫁给秦国时曾占筮，所筮结果为"归妹卦䷵"变成

"睽卦☲"。史苏推测说:"不吉利。卦辞说:'男人宰羊没有血;女人拿筐无所得。西邻责备,不可补救。归妹变睽,无人相助。'震卦变成离卦,也就是离卦变成震卦。震是雷,离是火,胜者是嬴,败者是姬。车子脱落车轴,大火烧掉军旗,不利于出兵作战,将在宗丘(韩原)被打败。归妹嫁女,睽兆乖违主凶,敌人的木弓将要拉开,侄子随从姑母,六年之后,逃回自己的故国,舍弃他的家,明年死在高梁的废墟。"

【原文】

[传]及惠公在秦,曰:"先君若从史苏之占,吾不及此夫。"韩简侍[1],曰:"龟,象也;筮,数也。物生而后有象,象而后有滋[2],滋而后有数。先君之败德及[3],可数乎?史苏是占,勿从何益?《诗》曰:'下民之孽[4],匪降自天,僔沓背憎[5],职竞由人[6]。'"

"震夷伯之庙[7],罪之也"。于是展氏有隐慝焉。

"冬,宋人伐曹",讨旧怨也。

"楚败徐于娄林[8]",徐恃救也。

【注释】

①侍:随侍,陪侍。

②滋:通"孳"。滋生,繁殖。

③败德:败坏德义,败坏品德。

④出自《诗·小雅·十月之交》。孽:旧称灾殃。

⑤僔沓:相聚面语。

⑥职竞:用为专事竞逐之意。

⑦震:雷击。

⑧娄林:在安徽泗县东北。

【译文】

等到晋惠公被执留在秦国,说:"先君如果听从了史苏的占卜,我就不会落到今天这个境地!"当时韩简随侍在侧,说:"龟甲表示的是形象,筮草表示的是数字,事物出现以后才有形象,有了形象才有生长繁衍,生长繁衍之后才有数字。先君的败德之行,难道可以数得完吗?史苏的占卜,就是听从了,又有什么好处?《诗》说:'百姓的灾祸,不是从天上降下的。当面附和,背后仇恨,一切都是由于人造成的。'"

雷击鲁国大夫夷伯的庙宇,这是上天惩罚他的罪过,从这里可以看出展氏有别人不知道的罪恶。

冬天,宋人攻打曹国,这是为了报复以前结下的怨仇。

楚国在娄林打败徐国,这里因为徐国过分依赖别国救援的缘故。

【原文】

[传]十月,晋阴饴甥会秦伯,盟于王城。

秦伯曰:"晋国和乎①?"对曰:"不和。小人耻失其君而悼丧其亲②,不惮征缮以立圉也,曰:'必报仇,宁事戎狄。'君子爱其君而知其罪,不惮征缮以待秦命,曰:'必报德,有死无二。'以此不和。"秦伯曰:"国谓君何?"对曰:"小人戚③,谓之不免。君子恕④,以为必归。小人曰:'我毒秦⑤,秦岂归君?'君子曰:'我知罪矣,秦必归君。贰而执之,服而舍之,德莫厚焉,刑莫威焉!服者怀德⑥,贰者畏刑⑦。此一役也,秦可以霸。纳而不定,废而不立,以德为怨,秦不其然。'"秦伯曰:"是吾心也。"改馆晋侯,馈七牢焉⑧。

【注释】

①和:和睦。

②悼丧:悲伤沮丧。

③戚:通"慽""慼",忧愁,悲伤。

④恕.宽仁,坦然。

⑤毒:伤害,得罪。

⑥怀德:感念恩德。

⑦畏刑:畏惧刑罚。

⑧馈:馈赠。七牢:牛、羊、豕三牲各七。古代天子馈赐诸侯的礼品。

【译文】

十月,晋国的阴饴甥会见秦伯,在王城订立盟约。

秦伯说:"晋国君臣和睦吗?"阴饴甥回答说:"不和睦。小人因失去国君而感到可耻,因亲人战死而感到悲哀,不怕征收赋税,修整军备以立圉为新君,他们说:'一定要报仇,即使侍奉戎狄也在所不惜。'君子爱护国君而知道他的罪,不怕征收赋税,修整军备以等候秦国的命令,他们说:'一定要报答恩惠,有必死之志而无背离之心。'因为这样意见不合。"秦伯说："晋国上下认为国君的前途如何呢?"阴饴甥回答说："小人忧愁,认为他不会被赦免。君子坦然,认为他一定会回来。小人说:'我们得罪了秦国,秦国难道肯放回我们的国君吗?'君子说:'我们已经认罪了,秦国一定会放回国君。有了二心就把他抓起来,服了罪就释放他,德行没有比这再宽厚的,刑罚没有比这再严厉的了。服罪的人怀念恩德,有二心的人畏惧刑罚,因为这次战争,秦国可以称霸诸侯了。若放国君回来却不使他的君位得到安定,废掉他而不立他为国君,使恩德变为怨仇,秦国不会这样做吧!'"秦伯说:"这正是我的心意啊!"于是改变对晋侯的待遇,让晋侯住在接待外宾的馆舍里,按"七牢"馈送牛、羊、猪等物品。

【原文】

[传]蛾析谓庆郑曰:"盍行乎①?"对曰:"陷君于败,败而不死,又使失刑②,非人臣也。臣而不臣,行将焉入?"十一月晋侯归。丁丑,杀庆郑而后入。

是岁,晋又饥,秦伯又饩之粟③,曰:"吾怨其君而矜其民④。且吾闻唐叔之封也,箕子曰:'其后必大。'晋其庸可冀乎⑤!姑树德焉,以待能者。"于是秦始征晋河东,置官司焉。

【注释】

①盍:哪里。

②失刑:当刑而未处刑。

③饩:指赠送人的谷物或饲料,引申为赠送。

④矜:怜悯,同情。

⑤冀:希冀,希望。

【译文】

晋大夫蛾析对庆郑说:"你怎么不逃走呢?"庆郑回答说:"使国君陷于失败,失败了不死反而逃走,又使国君无法用刑,这就不是人臣所应做的了。做臣下的而不守为臣之道,又能逃到哪里去呢?"十一月,晋侯回国。丁丑日,杀了庆郑然后进入国都。

这一年,晋国又发生饥荒。秦伯再次送给他们粮食,说:"我怨恨他们的国君而哀怜百姓。而且我听说当初唐叔受封的时候,箕子曾说:'他的后代必定昌盛。'晋国还是很有希望的!我们姑且树立恩德,来等待有才能之人。"这时,秦国开始在晋国河东之地征税,设置官员掌管政事。

【讲评】

秦晋韩原之战其实可以看作是民心向背之战,早在战前就有了足够的铺垫,晋惠公无德无能,屡次背信弃义,秦穆公宽仁恤邻,数次以德报怨,两位君主恰好形成鲜明的对比,所以战前晋国已有预言惠公将败,后来的战事无非是应验了而已。不过整场战争还是描写得跌宕起伏,先是晋惠忠言逆耳,为小愤而弃用庆郑,上下不齐心,使自己的马车陷入泥沼而被俘获。再是秦穆也险些被擒,后因曾受其恩惠的岐人奋勇冲杀救出,秦最终胜利。可见战争取胜的关键还是在于人心的向背。可叹晋惠公被俘后仍不醒悟,却抱怨父亲献公未听占卜而害得自己落了这样的下场,可见晋惠公的愚蠢。而流亡的公子重耳最终归国取代惠公的继承人是有充足的理由的。文中对于典型人物的刻画很成功,除了穆公、惠公外,庆郑的正直坦率、阴饴甥的智慧机敏都表现得生动鲜明。晋使者阴饴甥对秦穆公的一篇说辞,也是行人辞令中的优秀篇章。作为战败国来求和,阴饴甥表现得不卑不亢,以小人和君子的不同评论来回答秦穆公对晋国舆论的询问,既暗含威胁,也不和谈则择机复仇,又传递了和好的期盼,称赞秦穆公大人大量,不计前嫌,使穆公无话可说,同意了与晋的和谈。

僖公十六年

【原文】

[经]十有六年春,王正月戊申朔,陨石于宋五。是月,六鹢退飞过宋都。三月壬申,公子季友卒。夏四月丙申,鄫季姬卒。秋七月甲子,公孙兹卒。冬十有二月,公会齐侯、宋公、陈侯、卫侯、郑伯、许男、邢侯、曹伯于淮。

【原文】

[传]十六年春,陨石于宋,五,陨星也。六鹢退飞,过宋都,风也。周内史叔兴聘于宋,宋襄公问焉,曰:"是何祥也？吉凶焉在?"对曰:"今兹①鲁多大丧,明年齐有乱,君将得诸侯而不终。"退而告人,曰:"君失问。是阴阳之事,非吉凶所生也。吉凶由人。吾不敢逆君故也。"

夏,齐伐厉,不克,救徐而还。

秋,狄侵晋,取狐、厨、受铎,涉汾,及昆都,因晋败也。

王以戎难告于齐。齐徵^②诸侯而戍周。

冬,十一月乙卯,郑杀子华。

十二月,会于淮,谋鄫,且东略也,城鄫,役人病,有夜登丘而呼曰:"齐有乱!"不果城而还。

【译文】

十六年春天,在宋国上空落下五块石头,这是陨落的流星。六只鹢鸟向后倒着飞,路过宋国国都,这是因为风太大的缘故。周内史叔兴到宋国聘问时,宋襄公请问这两件事,说:"这是什么征兆? 是主吉还是主凶呢?"叔兴答复说:"今年鲁国或许有大的丧事,明年齐国有动乱,君王将获得诸侯的拥护,却不会保持到最后。"他退下来告诉别人讲:"宋君问事不合适,这是属于阴阳方面的事情,人事吉凶跟此没有关系。吉凶由人的行为决定。我如此回答,是因为不敢违抗国君的缘故。"

夏天,齐国出兵进攻厉国,没有取胜,救助了徐国后回国。

秋天,狄人进入晋国,攻战了狐、厨、受铎,渡过汾水,抵达昆都,这是由于晋国战败的原因。

周天子把戎人造成的灾难告知齐国,齐国召集诸侯的军队到成周守卫。

冬天,十一月乙卯日,郑国杀死子华。

十二月,僖公跟齐侯、宋公、陈侯、卫侯、郑伯、许男、邢侯、曹伯在淮地会见,这是为了商量援救鄫的事情,同时商量向东方出兵的问题。各诸侯军给鄫国修建城墙,服劳役的人生了病,有人晚上登上小山头大声喊叫说:"齐国出现动乱了!"诸侯军不等修完城就各自回去了。

【讲评】

公元前 645 年,宋国发生了两个奇特的自然现象,一是天外陨石,另一是大风导致六鹢退飞。《左传》的有关这两件事的记叙成为修辞学上的著名例子。"陨石于宋五",先是看见落下来什么东西,再看是石头,再数是五块。"六鹢退飞",先看见天下飞来六个什么东西,飞近了看见是鹢鸟,又飞近了看到居然是后退着飞。可见《左传》是按照事件的发生经过和人们的认知过程进行叙事的,写得栩栩如生,活灵活现,宛如现场亲见。而针对宋襄公关于这两件事的发问,叔兴虽做出了预言,但坚持认为这只是一种自然现象,再一次肯定了"吉凶由人"的民本思想。

僖公十七年

【原文】

[经]十有七年(前643年)春,齐人,徐人伐英氏。

[传]十七年春,齐人为徐伐英氏①,以报娄林之役也②。

[传]夏,晋大子圉为质于秦,秦归河东而妻之③,惠公之在梁也④,梁伯妻之,梁嬴孕过期⑤,卜招父⑥与其子卜之。其子曰:"将生一男一女。"招曰:"然。男为人臣,女为人妾⑦。"故名男曰圉,女曰妾⑧,及子圉西质⑨,妾为宦女焉⑩。

【注释】

①齐人为徐伐英氏:英氏是偃姓国,在今安徽省六安市西南,有英氏城。齐人为徐国讨伐英氏。

②以报娄林之役也:娄林之役在十五年。娄林,徐地,在今安徽省泗县东北。

③秦归河东而妻之:泰国本已经征税于晋国的河东,此事在僖公十五年。现在秦国将河东归还,而使秦女怀嬴嫁子圉。

④惠公之在梁也:惠公以前在梁国的时候。

⑤梁嬴孕过期:梁国是嬴姓,她怀子过十月未能产。

⑥卜招父:梁国太卜。

⑦男为人臣,女为人妾:男的是做人的臣下,女的是为人的妾。

⑧故名男曰圉,女曰妾:圉是养马的人;凡不行聘礼就叫作妾。

⑨西质:到秦国为人质。

⑩妾为宦女焉:妾就做秦国的宦女。宦女等于妾。

【译文】

十七年春天,齐人为徐国讨伐英氏,以报娄林战役的仇。

夏天,晋太子圉于秦国做人质,现在秦国将河东归还,而使秦女怀嬴嫁给子圉。惠公以前在梁国的时候,梁伯以女儿嫁他,但梁嬴怀子过了十个月尚未能产,于是卜招父同其子占卜。其子说:"将要生一个男孩和一个女孩。"卜招父则说:"对。男的是做人的臣下,女的是为人的妾。"所以命名男的叫圉,女的叫妾,等到太子圉到秦国为人质,妾就做秦国的宦女。

【原文】

[经]夏灭项。

[传]师灭项①,淮之会,公有诸侯之事②,未归而取项③,齐人以为讨而止公④。

[经]秋,夫人姜氏会齐侯于卞。

[经]九月公至自会。

[传]秋,声姜⑤以公故,会齐侯于卞⑥。九月,公至⑦,书曰:"至自会⑧。"犹有诸侯之事焉⑨,且讳之也⑩。

[经]冬十有二月,乙亥,齐侯小白卒。

[传]齐侯之夫人三,王姬、徐嬴、蔡姬⑪皆无子。齐侯好内⑫,多内宠,内嬖如夫人⑬者六人:长卫姬生武孟⑭,少卫姬生惠公⑮,郑姬生孝公⑯,葛嬴生昭公⑰,密姬生懿公⑱,宋华子生公子雍⑲。公与管仲属⑳孝公于宋襄公,以为大子。雍巫㉑有宠于卫共姬㉒,因寺人貂㉓以荐羞㉔于公,亦有宠。公许之立武孟。管仲卒,五公子皆求立㉕。冬,十月乙亥,齐桓公卒,易牙入,与寺人貂因内宠以杀群吏㉖,而立公子无亏。孝公奔宋。十二月乙亥,赴㉗。辛巳夜,殡㉘。

【注释】

①师灭项:鲁国的军队灭了项国。项是国名,在今河南省项城市东北六十里,有古项城。

②公有诸侯之事:诸侯之事是指着会同讲礼的事。公是鲁僖公。

③未归而取项:他没有回来,鲁国的当政者就取得了项国。

④齐人以为讨而止公:齐人因为这件事,将鲁君执获。因为是国内的事,所以讳言执

获,变而言止。

⑤声姜:鲁僖公夫人,是齐国的女儿。

⑥卞:在今山东省泗水县东五十里。

⑦公至:僖公回来。

⑧书曰至自会:特别写在竹简上说,僖公由会中回来。

⑨犹有诸侯之事焉:好像仍旧有会同讲礼的事情。

⑩且讳之也:并且避讳说被执,故托会以告庙。

⑪王姬、徐嬴、蔡姬:王姬是周王的女儿;徐嬴是徐国的女儿,蔡姬是蔡国的女儿,即是曾以荡舟使齐桓公发怒的那个人。春秋的习惯,女子从姓,所以各以该国的姓分称。

⑫好内:喜欢女色。

⑬内嬖如夫人:如夫人的礼秩等于夫人。内嬖是内里最宠爱的。

⑭长卫姬生武孟:长音同掌。长卫姬即卫共姬,是卫国的女儿。武孟即公子无亏。

⑮少卫姬生惠公:少卫姬亦是卫国的女儿。惠公即公子元。

⑯郑姬生孝公:郑姬是郑国的女儿。孝公即公子昭。

⑰葛嬴生昭公:葛嬴是葛国的女儿,嬴姓,故城在今河南省宁陵县北十五里。昭公即公子潘。

⑱密姬生懿公:密姬是密国的女儿。懿公即公子商人。

⑲宋华子生公子雍:宋华子是宋华氏的女儿子姓。公子雍未能立为君。

⑳属:托付。

㉑雍巫:即易牙,巫是名字,雍是做饭的人。

㉒卫共姬:即长卫姬。

㉓寺人貂:即竖貂,为有宠于桓公的太监。

㉔荐羞:羞与馐通。是贡献好吃的食物。

㉕五公子皆求立:五公子即孝公以外的公子无亏,公子元,公子潘,公子商人,公子雍。皆求立是指皆想即位为君。

㉖因内宠以杀群吏:用内官的权宠杀各种官吏。

㉗赴:以丧事讣告诸侯。

㉘殡:是殓。杜注说经过六十七天乃殡。

【译文】

鲁国的军队灭了项国,在淮水的会见,鲁僖公有会同讲礼的事,没有回国,鲁国的当政者就取得了项国,齐人因为这件事,将鲁僖公执获。

秋天,鲁僖公夫人因为僖公被执获的缘故,会见齐侯在卞城。九月,僖公回来,《春秋》特别记载说:"僖公由会中回来。"好像仍旧有会同讲礼的事情,并且避讳说僖公被执。

齐桓公的夫人有三个,即王姬、徐嬴、蔡姬,皆没有生育孩子。桓公喜欢女色,且多内里宠爱的,内里最宠爱的如夫人有六个:长卫姬生公子无亏,少卫姬生公子元,郑姬生公子昭,葛嬴生昭公,密姬生公子商人,宋华子生公子雍。齐桓公同管仲托付公子昭给宋襄公,立他为太子。此时雍巫为长卫姬所宠爱,因为寺人貂的关系贡献好吃的食物,亦为桓公所喜爱,于是为长卫姬请立公子无亏,公答应了。管仲逝世后,公子无亏,公子元,公子潘,公子商人,公子雍等五公子皆想即位为君。冬天,十月乙亥,齐桓公逝世。易牙进入宫内,同寺人貂用内官的权宠杀各种官吏,而拥立公子无亏即位。于是公子昭逃奔到宋国。十二月乙亥,以丧事讣告诸侯。辛巳的夜晚才入殓。

【讲评】

齐桓公的谥号"桓",意为辟土服远、大开疆域。作为五霸之首,他知人善任,对辅佐兄弟公子纠与自己争夺君位并射伤自己的管仲不计前嫌,委以大任,在管仲的帮助下"九合诸侯,一匡天下",成为声名显赫的雄主。孔子称赞他"正而不谲"(《论语·宪问》),马骕赞扬他"规模宏远"(《左传事纬》)。但任何人都不是十全十美的,一代雄主也有其致命弱点,即德薄才疏、心狠气短。这也正是《左传》刻画人物之高明处,往往被后人称道。《左传》中"凡其所推崇褒大者皆必有所不足,其肆情诋毁者必有所深惜。"(吴闿生《与李右周进士论左传书》)如此才给我们展现了一位个性鲜明的君主,也才为读者理解这位叱咤风云的霸主晚年竟然饿死深宫的结局提供了充分的背景。任用管仲成就了齐桓公前半生的辉煌,任用奸佞易牙、竖刁等落得个凄凉晚景。用人得当和用人失当,在齐桓公身上都有鲜活的例子。这也提醒我们要深入了解别人,对朋友做出正确的评判,结交聪明智慧的正义之士对自己的进步有很大的帮助,如果结交那些一味迎合自己不健康嗜好的损友,会影响自己的发展。

僖公十八年

【原文】

[经]十有八年春,王正月,宋公、曹伯、卫人、邾人伐齐。夏,师救齐。五月戊寅,宋师及齐师战于甗。齐师败绩。狄救齐。秋八月丁亥,葬齐桓公。冬,邢人,狄人伐卫。

[传]十八年春,宋襄公以诸侯伐齐。三月,齐人杀无亏。

郑伯始朝于楚,楚子赐之金①,既而悔之,与之盟曰:"无以铸兵。"故以铸三钟。

齐人将立孝公,不胜四公子之徒,遂与宋人战。夏五月,宋败齐师于甗,立孝公而还。

秋八月,葬齐桓公。

冬,邢人、狄人伐卫,围菟圃。卫侯以国让父兄子弟及朝众曰:"苟能治之,燬请从焉。"众不可,而后师于訾娄。狄师还。

梁伯益其国而不能实也,命曰新里,秦取之。

【注释】

①金:古代把铜叫金。

【译文】

鲁僖公十八年春季,宋襄公领着诸侯军攻打齐国。三月,齐国人杀了无亏。

郑伯开始到楚国朝见,楚子赐予他铜,不久又后悔,跟他盟誓说:"不要用它制造武器。"故而郑伯用它铸造了三座大钟。

齐国人预备立孝公为国君,抵抗不住四公子一伙的反对,于是四公子一伙跟宋国人作战。夏季五月,宋国在甗地击败了齐军,立了孝公为晋君之后回国。

秋季八月,安葬了齐桓公。

冬季,邢人、狄人进攻卫国,包围了菟圃。卫文公把国君的地位推让给父兄子弟跟朝廷上众臣说:"要是谁能治理国家,请允许我跟从他。"大家不同意,此后卫军在訾娄摆开阵势。狄军退回去了。

梁伯开拓疆土多修城邑却不能把民众迁进去,把那地方命名叫新里,却被秦国攻占了。

【讲评】

齐桓公把孝公托付给宋国,看来倒是十分的明智。宋人颇有古风,帮人帮到底,一直把孝公扶上宝座。

梁国国君好兴土木,不体恤民力,不仅新筑的城邑被秦国侵占,国家最后也被秦国吞并,成为又一件因君主失德而亡国的典型事例。

僖公十九年

【原文】

[传]十有九年(前641年)春,遂城而居之①。

[经]十有九年,春王三月,宋人执滕子婴齐。

[传]宋人执滕宣公②。

[经]夏六月,宋公,曹人,邾人盟于曹南③。

[经]鄫子会盟于邾,己酉邾人执鄫子用之。

【注释】

①遂城而居之:这是连着十八年传所说的"命曰新里,秦取之"。所以他也不讲秦国。

②滕宣公即滕子婴齐。

③曹南:曹国都城的南边。

【译文】

十九年春天,秦国取得新里城后,而移民去居住。

宋人执获滕宣公。

夏天,六月,宋公,曹人,邾人在曹国都城的南边会盟。

【原文】

[传]夏,宋公使邾文公①,用鄫子于次睢之社②,欲以属东夷③,司马子鱼④曰:"古者六畜不相为用⑤,小事不用大牲⑥,而况敢用人乎?祭祀以为人也。民,神之主也⑦,用人

其谁飨之⑧！齐桓公存三亡国，以属诸侯⑨，义士犹曰薄德⑩，今一会而虐二国之君⑪，又用诸淫昏之鬼⑫，将以求霸，不亦难乎⑬？得死为幸⑭！"

【注释】

①邾文公：邾国君。

②次睢之社：据张华《博物志》说："琅邪临沂县东界次睢有大丛社，土民谓之食人社，即次睢之社。"在今山东省临沂市境。

③欲以属东夷：为的可以怀服东方的夷人。东夷是居淮北泗睢以东之夷人。

④司马子鱼：即公子目夷。

⑤古者六畜不相为用：这是指着说，祭马神就不用马。

⑥小事不用大牲：为小的事情不用大的牺牲来祭祀。

⑦民，神之主也：人民是神的主人。

⑧用人其谁飨之：用人来祭祀，谁能够享受。

⑨存三亡国，以属诸侯：三王国指着鲁、卫、邢。存三个将亡的国家，以保护诸侯。

⑩义士犹曰薄德：有义气的人尚且说他的德性很薄。

⑪今一会而虐二国之君：宋襄公三月会诸侯执滕子，同一月又执鄫子。虐二国之君就指着滕子与鄫子。

⑫又用诸淫昏之鬼：又用来祭祀不合于礼的鬼神。

⑬将以求霸，不亦难乎：将用来求做霸主，这不也是很难的吗？

⑭得死为幸：君能得到好死，这是很庆幸的事。

【译文】

夏天，宋襄公派邾文公去到次睢之社，用鄫子来祭祀，想借以管制东方的夷人。司马子鱼就说："古时候的祭祀，六种牲畜不自相用于祭祀。小的事情不用大的牺牲来祭祀，何况敢用人来祭祀吗？祭祀是为了人，人民是神的主宰，用人来祭祀，谁能够享受呢？齐桓公使三个将要灭亡的国家存续下去借以怀服诸侯。有正义的人还说他的德性很薄，现在一次会盟就虐待两个国家的君主，又把他们用于祭祀不合于礼的鬼神，将借此求做霸主，不也是很难的吗？你能够得好死就是很幸运的。"

【原文】

[经]卫人伐邢。

[传]秋,卫人伐邢,以报菟圃之役①,于是卫大旱,卜有事于山川②,不吉。宁庄子③曰:"昔周饥,克殷而年丰④,今邢方无道,诸侯无伯⑤,天其或者欲使卫讨邢乎?"从之,师兴而雨⑥。

[经]秋,宋人围曹。

[传]宋人围曹,讨不服也⑦。子鱼言于宋公曰:"文王闻崇⑧德乱而伐之。军三旬而不降⑨,退修教而复伐之,因垒而降⑩。诗曰:'刑于寡妻,至于兄弟,以御于家邦⑪。'今君德毋乃犹有所阙⑫,而以伐人,若之何?盍姑内省德乎?无阙而后动⑬。"

【注释】

①菟圃之役:在僖公十八年。

②卜有事于山川:占卜来祭祀山同川的神。

③宁庄子:是卫大夫。

④克殷而年丰:灭了殷国以后,就五谷丰收。

⑤邢方无道,诸侯无伯:邢国正在没有道理,诸侯也没有霸主。

⑥师兴而雨:军队动员以后,天就降下雨来。

⑦讨不服也:因为在曹都城南方盟誓的时候,曹国没有修地主的礼节。

⑧崇:崇侯虎。

⑨军三旬而不降:围了三十天而崇国不投降。

⑩退修教而复伐之,因垒而降:退回来再修教化而又讨伐他,方到城垒,他就投降。

⑪刑于寡妻,至于兄弟,以御于家邦:先立礼法对于妻子,扩充到兄弟,渐及于全国。这是毛诗《文王》之篇。

⑫今君德毋乃犹有所阙:现在你的德行是否尚有所阙失。

⑬无阙而后动:如果德行没有阙失,然后方能动军队。

【译文】

秋天,卫国人攻伐邢国,为的是报复菟圃之役的仇恨,在这时卫国正好发生大旱灾,占卜是不是要祭祀山同川的神?结果是不吉利。卫大夫宁庄子就说:"从前周朝发生饥荒,灭了殷以后,就五谷丰收,现在邢国的政治正不上轨道,诸侯也没有霸主,难道是上天将要派卫国去讨伐邢国吗?"卫国君听从宁庄子的话,军队动员以后,天就下雨了。

宋国人包围曹国讨伐曹国的不服从。宋公子子鱼就对宋襄公说:"周文王听到崇侯没有德性,而讨伐他。围了三十天,崇侯不投降,退回来再修整教化而又讨伐他,军队才到城底下,崇侯就投降。《诗经》上说:'先立礼法对于自己的妻子,再扩充到兄弟,渐及于全国。'现在你的德行岂不是还有阙失吗?而想要讨伐别人,这怎么可以呢?何不姑且反省自己的德行,等到没有阙失,然后再采取行动。"

【原文】

[经]冬,会陈人、蔡人、楚人、郑人、盟于齐。

[传]陈穆公请修好于诸侯①,以无忘齐桓之德②。冬,盟于齐③修桓公之好也。

[经]梁亡。

[传]梁亡,不书其主,自取之也④。初,梁伯好土功⑤,亟城而弗处⑥,民罢而弗堪⑦,则曰:"某寇将至。"乃沟公宫⑧。曰:"秦将袭我⑨。"民惧而溃⑩,秦遂取梁。

陈穆公

【注释】

①修好于诸侯:与诸侯盟会。

②以无忘齐桓之德:以免忘记齐桓公的德行。

③盟于齐:在齐国都城盟会,所以齐孝公也加入。

④不书其主,自取之也:《春秋》上不写何人所灭,这是由于梁国自己找的。

⑤土功:修建城池的工作。

⑥亟城而弗处:亟修建城池而又不去居住。

⑦民罢而弗堪:人民很辛苦而不能忍受。罢音意皆同疲。

⑧乃沟公宫:使人民在公宫的四面围成沟渠,作为防御。

⑨秦将袭我:秦国将暗中侵略我。

⑩民惧而溃:人民全害怕就崩溃了。

【译文】

　　陈穆公请求和诸侯各国和平,以表示不忘记齐桓公的德行。到了冬天,会盟于齐国的都城,表示重申齐桓公时的友好。

　　梁国亡了,没有记载梁国君主的名字,因为梁国的灭亡是自找的。起初,梁伯喜好修建城池,极力的修建城池,却又没有去居住,人民疲惫而不能忍受,梁伯于是就说:"某一个敌寇将来。"使人民在梁伯的宫室四面围成沟渠。又说:"秦国将暗中侵略我。"人民害怕,就全体溃散,于是秦国就取得了梁国。

【讲评】

　　从现有考古材料看,中国的人殉人祭大约出现在距今四千多年前的原始社会末期。殷商奴隶制国家建立以后,人殉人祭成为一种社会制度并广泛流行。西周此制继续实行。春秋时期人的价值上升,儒学讲"仁义",人殉人祭逐步减少,特别是春秋末期社会舆论已经反对这种野蛮的制度。如宋襄公用战败国的首领祭神以讨好东夷,就遭到了司马子鱼的激烈批评。

僖公二十年

【原文】

　　[经]二十年(前640年)春,新作南门。

　　[传]二十年春,新作南门①,书不时也②。凡启塞从时③。

　　[经]夏,郜子④来朝。

　　[经]五月乙巳,西宫灾⑤。

　　[经]郑人入滑。

　　[传]滑人⑥叛郑而服于卫;夏,郑公子士⑦,泄堵寇⑧帅师入滑⑨。

　　[经]秋,齐人,狄人盟于邢。

　　[传]秋,齐,狄盟于邢,为邢谋卫难也⑩,于是卫方病邢⑪。

【注释】

①新作南门:这是鲁都城的南门,本名稷门,僖公更加高大,所以改名高门。

②书不时也:因为这不是土功的时候,所以特别加以记载。

③凡启塞从时:门户桥梁叫作启,城郭叫作塞,启塞都要按着时候。

④郜子:郜是姬姓国,在今山东省城武县东南八十里。有经无传。

⑤西宫灾:西宫是鲁僖公的别宫;灾是失火。有经无传。

⑥滑人:滑,地应在郑卫之间,今河南睢县西北的滑亭。

⑦公子士:郑文公子。

⑧洩堵冠:郑大夫。

⑨帅师入滑:他们两人就领着兵进入滑的都城。

⑩为邢谋卫难也:这是为邢国计划时付来自卫国的患难。

⑪于是卫方病邢:这时卫国方成为邢国的患难。

【译文】

二十年春天,僖公将鲁都城的南门更加高大,春秋记上一笔,因为这不是土功的时候。因为凡是修筑门户桥梁及城郭都要按着时候。

夏天,郜子来鲁国朝聘。

五月,乙巳那一天,鲁僖公的别宫失火。

滑人背叛郑国而顺服卫国;夏天,郑文公子士及郑大夫洩堵寇就率领军队攻打滑国。

秋天,齐人和狄人在邢国会盟,这是为邢国计划对付来自卫国的患难,这时候,卫国才真正成为邢国的患难。

【原文】

[经]冬,楚人伐随。

[传]随以汉东诸侯①叛楚。冬,楚斗谷於菟②帅师伐随,取成而还③。君子曰:"随之见伐,不量力也④,量力而动,其过鲜矣⑤。善败由己,而由人乎哉⑥!诗曰:'岂不夙夜,谓行多露⑦。'"

[传]宋襄公欲合诸侯,臧文仲闻之曰:"以欲从人则可,以人从欲鲜济⑧。"

【注释】

①汉东诸侯：诸侯分在汉水以东的，据说多半是姬姓。

②斗谷於菟：即令尹子文；於音乌，菟音徒。

③取成而还：取成就是盟誓讲和。而还是班师回来。

④随之见伐，不量力也：随国的被楚国讨伐，是他自己不知道他的力量有多少。

⑤量力而动，其过鲜矣：要研究自己的力量，然后动作，他的过错就会很少。

⑥善败由己，而由人乎哉：成功与失败全在乎自己，难道是由旁人吗？

⑦岂不夙夜，谓行多露：这是《诗经·召南》篇的诗，意思说，岂不肯早晨或晚上而去，但是怕走路遇见很多露水。

⑧以欲从人则可，以人从欲鲜济：将自己的私心随从众人的好处则可以，以众人从自己的私欲少能成功。

【译文】

　　随国借着在汉水以东的姬姓诸侯背叛楚国。到冬天，楚国的令尹子文就率领军队征伐随国，于是楚与随两国盟誓讲和，楚军即班师回来。君子说：“随国的被楚国讨伐，是他自己不知道他的力量有多少。凡先研究自己的力量，然后行动，他的过错就会很少。成功与失败全在乎自己，难道是由旁人吗？《诗经》上说：‘难道是不肯早晨或晚上而去，只是怕走路时，遇见很多露水。’”

　　宋襄公想要联合诸侯各国，鲁大夫臧文仲听到了这件事就说：“将自己的私心随从众人的好处则可以，以众人从自己的私欲则少能成功。”

【讲评】

　　齐桓公、管仲死后，由齐国倡导的会盟瓦解，诸侯国如郑等倒向新兴的楚国。宋襄公因平定齐乱而志得意满，也想坐坐盟主的位子。对此，臧文仲从人情角度预言了宋襄公只能是一厢情愿。

僖公二十一年

【原文】

[经]二十有一年春,狄侵卫。宋人、齐人、楚人盟于鹿上。夏,大旱。

秋,宋公、楚子、陈侯、蔡侯、郑伯、许男、曹伯会于盂。执宋公以伐宋。

冬,公伐邾。楚人使宜申来献捷。十有二月癸丑,公会诸侯盟于薄,释宋公。

[传]二十一年春,宋人为鹿上之盟以求诸侯于楚,楚人许之。公子目夷曰:"小国争盟,祸也。宋其亡乎? 幸而后败。"

夏,大旱。公欲焚巫尪[1],臧文仲曰:"非旱备也! 修城郭,贬食省用,务穑劝分,此其务也。巫尪何为? 天欲杀之,则如勿生。若能为旱,焚之滋甚!"公从之。是岁也,饥而不害。

秋,诸侯会宋公于盂。子鱼曰:"祸其在此乎! 君欲已甚,其何以堪之?"于是楚执宋公以伐宋。冬,会于薄以释之。子鱼曰:"祸犹未也,未足以惩君。"

任、宿、须句、颛臾,风姓也,实司大皞与有济之祀,以服事诸夏。邾人灭须句,须句子来奔,因成风也。成风为之言于公曰:"崇明祀,保小寡,周礼也。蛮夷猾夏[2],周祸也。若封须句,是崇皞、济而修祀纾祸也。"

【注释】

①尪:仰面朝天的畸形人。

②猾:扰乱。

【译文】

二十一年春天,宋人跟齐人、楚人在宋地鹿上举行会盟,并向楚国要求让当时已依附楚国的中原诸侯推自己为盟主,楚人同意了。公子目夷讲:"小国争当盟主,这是灾难。宋国也许要灭亡了吧! 要是失败得晚一点便算是幸运的了。"

夏天,鲁国出现大旱。僖公想要烧死巫人和仰面朝天的畸形人。臧文仲说:"这不是解决旱灾的方法。修建城墙,节省粮食,减损开支,致力农耕,劝导施舍,这才是一定要做的。至于巫人跟面孔朝天的畸形人能做些什么呢? 上天想杀他们,就应该不生他们。要是他们能够造成旱灾,烧死了他们,旱情将会愈加严重。"僖公听从了。这一年,即使出现饥荒,不过没有伤害民众。

秋天,宋公跟楚子、陈侯、蔡侯、郑伯、许男、曹伯在宋国的盂地见面。子鱼说:"灾祸可能便要在这儿发生吧!国君的欲望太过分,各诸侯如何受得了?"在会上楚国捉拿了宋襄公并进攻宋国。冬季,在薄地会盟,放回了宋襄公。子鱼讲:"灾祸还没有完,这一次还不能够惩处国君"。

任、宿、须句、颛臾等国,都姓风,负责掌管太和济水神的祭典,而服侍中原各国。邾人灭掉了须句国,国君须句子逃亡来鲁国,这是因为须句是成风的娘家。成风对僖公讲:"崇敬神明之祀,保护弱小国家,这是周的礼仪;蛮夷搅扰中原各国,这是周的灾难。要是封了须句国的爵位,这是尊敬太皞、济水神而遵从周礼、缓和祸患啊。"

【讲评】

宋襄公不度德量力,趁着齐桓公刚死,新的霸主尚未出现的当儿,想过一把诸侯霸主的瘾。考虑到国家小,本人的威望也不能服众,称霸的资格不够,襄公又幻想借助楚国的势力实现自己霸主梦想,没想到楚国人表面答应却趁机抓住他要挟宋国,霸主没有做成,差点儿赔上了老本。可见一个人的欲望膨胀而又不明智会给自己带来多大的祸患。如果又处于君主的地位,将对国家造成更大的灾害。臧文仲的话"以欲从人,则可;以人从欲,鲜济"。是至理名言,达成个人愿望要因势利导,不能光想自己的好处,要考虑到与合作者的利益方向一致,才能促成个人的愿望实现。像襄公那样的单方面的幻想是注定行不通的。

僖公二十二年

【原文】

[经]二十有二年(前 638 年)春,公伐邾取须句。

[传]二十二年春,伐邾取须句,反其君焉,礼也①。

[传]三月,郑伯如楚。

[经]夏,宋公、卫侯、许男、滕子伐郑。

[传]夏,宋公伐郑,子鱼曰:"所谓祸在此矣②!"

[经]初，平王之东迁也③，辛有适伊川④，见被发而祭于野者⑤曰："不及百年，此其戎乎⑥？其礼先亡矣⑦！"秋，秦晋迁陆浑之戎于伊川⑧。

[传]晋大子圉⑨为质于秦，将逃归⑩，谓嬴氏⑪曰："与子归乎？"对曰："子晋大子，而辱于秦，子之欲归，不亦宜乎⑫？寡君之使婢子⑬，侍执巾栉⑭，以固子⑮也。从子而归，弃君命也⑯。不敢从，亦不敢言⑰。"遂逃归⑱。

[传]富辰⑲言于王曰："请召太叔⑳。诗曰：'协比其邻，昏姻孔云㉑。'吾兄弟之不协，焉能怨诸侯之不睦㉒？"王说㉓，王子带自齐复归于京师，王召之也㉔。

[经]秋八月，丁未，及邾人战于升陉。

[传]邾人以须句故出师，公卑邾㉕，不设备而御之㉖。臧文仲曰："国无小不可易也㉗；无备，虽众不可恃也㉘。诗曰：'战战兢兢，如临深渊，如履薄冰㉙。'又曰：'敬之敬之，天惟显思，命不易哉㉚！'先王之明德，犹无不难也，无不惧也㉛。况我小国乎？君其无谓邾小，蜂虿有毒㉜，而况国乎？"弗听，八月丁未，公及邾师战于升陉，我师败绩，邾人获公胄，县诸鱼门。

【注释】

①反其君焉，礼也：将他的国君归返须句的国都，这是合于抚恤寡小的礼的。

②所谓祸在此矣：我所说的祸乱就在这里。

③平王之东迁也：在平王东迁洛邑的时候。

④辛有适伊川：辛有是周大夫，往伊水边上去。

⑤见被发而祭于野者：看见散着头发而在野地里祭祀的人。

⑥不及百年，此其戎乎：不到一百年，这就会变成戎的区域。

⑦其礼先亡矣：因为他们是披散着头发祭祀，所以已经没有礼节了。

⑧秦晋迁陆浑之戎于伊川：陆浑在今河南省嵩县东北五十里。伊川，杜注："伊川，周地，伊水也。"此句谓秦国同晋国联合把陆浑的戎迁到伊水边上。陆浑之戎是允姓，居住在今甘肃省瓜州县西南的瓜州城。

⑨大子圉：即晋怀公，大音泰。

⑩将逃归：预备逃回晋国。

⑪嬴氏：即怀嬴，为秦穆公女。

⑫子之欲归，不亦宜乎：你想回晋国，不也是应当的吗？

⑬婢子：杜预注："婢子，妇人之卑称也。"这可以证明在韩之战以前，秦穆公的夫人穆

姬自称婢子这句话,是不见于《左传》原本的,否则杜预不必在此注。

⑭侍执巾栉:侍奉你并给你拿手巾同梳子,表示谦虚的意思。

⑮以固子:为的使你能安心在秦国。

⑯从子而归,弃君命也:同你回晋国,这岂不是废君的命令。

⑰不敢从,亦不敢言:我不敢与你一同回晋国,也不敢说你逃走。

⑱遂逃归:于是子围逃回晋国。

⑲富辰:周大夫。

⑳请召太叔:太叔即王子带,在僖公十二年奔齐国。大音泰。请召是叫他回周都。

㉑协比其邻,昏姻孔云:先同他的邻居和协,于是近亲的婚姻就完全归附了。这是《诗经·小雅》的一句诗。

㉒吾兄弟之不协,焉能怨诸侯之不睦:我们兄弟的不和协;安能怨望诸侯的不和睦。

㉓说:音义同悦。

㉔王召之也:这是周王召他回来的。

㉕公卑邾:鲁僖公看不起邾国。

㉖不设备而御之:没有设防备就加以抵抗。

㉗国无小不可易也:国不管他是否小,也不可轻易地对付他。

㉘无备,虽众不可恃也:要没有预备,虽军队众多也不可以仗恃。

㉙战战兢兢,如临深渊,如履薄冰:战战兢兢表示恐惧的样子,如同面临深水,如同脚踩在薄的冰上。这是《诗经·小雅》的一句诗。

㉚敬之敬之,天惟显思,命不易哉:为国君者应当敬天,天是很明白的,并且承受天命并不容易。这是《诗经·周颂》的诗。

㉛先王之明德,犹无不难也,无不惧也:先王有那么多的德性,仍旧无所不畏难,无所不恐惧。

㉜蜂虿有毒:蜂音风;虿音钗,是蝎的一种。蜂同蝎子全有毒。

【译文】

二十二年春天,征伐邾国而取得须句国,并且归返他的国君,这是合于抚恤寡小的礼节。

三月,郑伯到了楚国。

夏天,宋公侵伐郑国,子鱼说:"我所说的祸乱就在这里啊!"

最初周平王东迁洛邑的时候,周大夫辛有往伊水边上去,看见散着头发而在野地里祭祀的人,说道:"不到一百年,这里就会变成戎的区域了,因为他们已经没有礼节了。"秋天,秦国同晋国联合把陆浑的戎迁到伊水边上。

晋国太子圉在秦国做人质时,预备逃回晋国,对妻子怀嬴说:"我与你同回去?"回答说:"你是晋国的太子,却在秦国受到屈辱,你想回到晋国,不也是应当的吗?父王派我来侍奉你,为的使你能安心在秦国。我同你回晋国,这岂不是废弃君王的命令了。我不敢与你一同回晋国,也不敢说你逃走。"于是子圉逃回晋国。

周大夫富辰对周王说:"请叫王子带回周都。《诗经》说:'先同他的邻居和协,于是近亲的婚姻就完全归附了。'我们兄弟间的不和协,怎能够怨望诸侯的不和睦呢?"周王听了很高兴,于是王子带又回到了周的京都,这是周王召他回来的。

邾国人因为须句的缘故而去征讨,鲁僖公因为看不起邾国,没有设防备就加以抵抗。臧文仲说道:"国家不管他是否小,也不可轻易地对付他。要是没有备战,军队众多也是不可以仗恃的。《诗经》上说:'时刻有戒惧的心,如同面临深水,如同脚踩在薄的冰上。'又说:'为国君者应当敬天,天意是很明白的,并且承受天命并不容易。'先王虽有那么多的德性,仍旧什么都畏难,什么都害怕。何况我们还是小国呢!君你不要说邾国很小,既然蜂同虿全有毒,何况是一个国家呢?"僖公不听,八月丁未,鲁公同邾国军队交战于升陉地,鲁国的军队整个崩溃,邾人得到僖公的战盔,而把它悬挂在邾国的都城门上。

【原文】

[传]楚人伐宋以救郑。宋公将战,大司马固谏曰:"天之弃商久矣,君将兴之,弗可赦也已。"弗听。

冬十一月已巳朔,宋公及楚人战于泓。宋人既成列,楚人未既济①。司马曰:"彼众我寡,及其未既济也,请击之。"公曰:"不可。"既济而未成列,又以告。公曰:"未可。"既陈②而后击之,宋师败绩。公伤股,门官③歼焉。

【注释】

①济:渡河。

②陈:通"阵",阵列。

③门官:国君的近侍军。

【译文】

楚人攻打宋国.目的是救援郑国。宋襄公准备迎战,大司马子鱼进谏说:"上天遗弃宋国已经很久了。君王企图复兴它,违背上天意愿的罪过是不可赦免的。"宋襄公不听。

冬季,十一月己巳日,朔日,宋襄公在泓水边上跟楚人交战。宋国军队已经摆好阵势,楚国军队还没有全部渡过泓水。大司马说:"楚军兵力强,我军人少,乘他们还没有全部渡河的时候,请君主下令进攻。"宋襄公说:"不可以。"楚军全部渡河还没有布成阵列的时候,大司马又建议立即发动攻击。宋襄公说:"还不行"。一直等到楚军已经摆好阵,才下令开战,结果宋军大败溃败。宋襄公腿部受伤,护卫国君的门官全部阵亡。

【原文】

[传]国人皆咎①公。公曰:"君子不重伤,不禽二毛。古之为军也。不以阻隘也。寡人虽亡国之余,不鼓不成列。"子鱼曰:"君未知战。勃敌之人隘而不列,天赞我也。阻而鼓之,不亦可乎?犹有惧焉。且今之勃者②,皆吾敌也。虽及胡耇③,获则取之,何有于二毛?明耻教战,求杀敌也。伤未及死,如何勿重?若爱重伤,则如勿伤;爱其二毛,则如服焉。三军以利用也,金鼓以声气也。利而用之,阻隘可也;声盛致志,鼓儳④可也。"

【注释】

①咎:指责。

②勃者:强劲的敌人。

③胡耇:年老的人。

④儳:阵列不整齐。

【译文】

国都中的人都责备宋襄公。宋襄公说:"君子不攻击已经受伤的人,不捉拿头发花白的老人。古代作战,不在地势险要的地方阻击敌方。我虽是商朝亡国的后代,但不进攻阵势没有布好的敌军。"子鱼说:"君王不懂得作战。敌人在险要的地方无法布阵,这是上天在帮助我军;趁机堵截将他们加以攻击,不也可以吗?即使如此,还害怕不能取胜呢。更何况现在面临的强大对手,都是我们的敌人。即使是老人,俘获了就抓回来,何必考虑他头发是否花白呢?让军队懂得什么是耻辱,训练他们作战的方法,目的就是为了杀敌。

敌人受了伤而没有死,为什么不可以再伤害他一次? 若可怜敌人的受伤人员而不去再次伤害,那么一开始就应当不伤害他;怜惜敌人中头发花白的老人,那就应当向他们屈服。三军将士,有利时就加以利用;鸣金击鼓,是用声音来鼓舞士气。出现有利的机会,而加以利用,在险路进行攻击是可以的;战鼓的声音高而士气高昂,趁着敌人没有摆开阵势而加以攻击也是可以的。"

【原文】

[传]丙子晨,郑文公夫人芈氏、姜氏①劳楚子于柯泽②,楚子使师缙③示之俘馘④。君子曰:"非礼也。妇人送迎不出门,见兄弟不逾阈⑤,戎事不迩女器⑥。"丁丑,楚子入飨于郑⑦,九献⑧,庭实旅百⑨,加笾豆六品⑩。飨毕夜出,文芈送于军,取郑二姬⑪以归。叔詹曰:"楚王其不没乎⑫! 为礼卒于无别⑬,无别不可谓礼⑭,将何以没⑮?"诸侯是以知其不遂霸也⑯。

【注释】

①芈氏,姜氏:芈氏是楚国的女儿,姜氏是齐国的女儿。

②柯泽:郑地,在今河南省新郑市东南。

③师缙:楚国的乐师。

④示之俘馘:馘音国,杀敌献左耳曰馘。给她们看俘虏同敌人死的割的左耳。

⑤妇人送迎不出门,见兄弟不逾阈:阈音域,门限也。女人送宾客皆不出大门,见自己的兄弟也不能超越屋子的门限。

⑥戎事不迩女器:意思是说俘虏或者死敌的左耳,皆不是能近妇人的物品。

⑦入飨于郑:到郑国都城去受飨宴。

⑧九献:献酒九次。

⑨庭实旅百:院中所陈列的物品有好几百件。

⑩加笾豆六品:还要增加在礼用的食器上加以食物六种。

⑪二姬:是文芈的女儿。

⑫楚王其不没乎:不没是不能寿终;楚王恐怕要不能寿终。

⑬为礼卒于无别:行礼到末了却弄成男女无分别。

⑭无别不可谓礼:男女没有分别就不可以说行礼。

⑮将何以没:他怎么能够寿终。

⑯诸侯是以知其不遂霸也：所以诸侯也就明白，他不能够成为霸主。

【译文】

丙子早晨，郑文公的夫人芈氏、姜氏劳问楚王在柯泽地，楚子派师缙拿给他们看俘虏同敌人死的割下的左耳。君子说："这不合于礼节。女人送迎宾客皆不出大门，见自己的兄弟也不能超越屋子的门限，而俘虏或者死敌的左耳，皆是不能近妇人的物品。"丁丑，楚子到郑国都城去受飨宴，献酒九次，院中所陈的物品有好几百件，还要增加在礼用的食器上加以食物六种。飨宴完后，文芈夫人夜送于军，并带回郑伯的二个女儿。叔詹说："楚王恐怕要不能寿终。因为行礼到末了却弄成男女无分别。男女没有分别，就不可以说行礼，他怎么能够寿终呢？"所以诸侯也就明白他不能够成为霸主。

【讲评】

宋、楚泓之战在史上的闻名并非由于可称道的战术或重要的战略意义，而是由于获败的宋襄公的不合时宜。齐桓公死后，霸主之位空缺，不少国君跃跃欲试，觊觎这个位置，宋襄公就是其中的一位。但宋襄公没有这个实力，又不能审时度势。他仍然恪守着国际交往中的诚信，要求和平会盟，新兴的楚国假装答应，结果在会上武装劫持了襄公来攻打宋国。他遵守战争中的道德法则，即"君子不重伤，不禽二毛"，"古之为军也，不以阻隘也"，"不鼓不成列"，坐失进攻良机，反而被楚军打得大败，自己也因受伤而最终不治。春秋时期的诸侯之间已经有太多的尔虞我诈，战争也由标榜礼义逐渐变为实用主义。讲信义而无实力的宋襄公被后世嘲笑、贬斥了数千年，现在又引起不少人新的思索。也许，道德的约束和实用的制胜之术都是战争所必需的，就看如何在二者间取得平衡。

僖公二十三年

【原文】

[经]二十有三年：春，齐侯伐宋，围缗。

夏，五月庚寅，宋公兹父卒。

秋，楚人伐陈。

冬，十有一月，杞子卒。

[传]"二十三年春,齐侯伐宋,围缗①",以讨其不与盟于齐也。

夏五月,宋襄公卒,伤于泓故也②。

秋,楚成得臣帅师伐陈.讨其贰于宋也。遂取焦、夷,城顿而还。子文以为之功,使为令尹。叔伯曰:"子若国何?"对曰:"吾以靖国也③。夫有大功而无贵仕④,其人能靖者与有几?"

【注释】

①缗:本夏时缗国,春秋属宋,今山东金乡县东北。

②伤于泓故:在泓水之战受伤的缘故。

③靖国:安定国家。

④贵仕:显贵的官位。

【译文】

鲁僖公二十三年春季,齐侯发兵攻打宋国,包围缗地,是为了讨伐它不参与诸侯在齐国举行的盟会。

夏季,五月,宋襄公薨,是因为他在泓水之战受伤的原因。

秋季,楚大夫成得臣领兵攻打陈国,讨伐它背叛楚国亲近宋国。楚军占领了焦、夷两邑,修筑了顿国的城墙后回国。子文把这些作为成得臣的功劳,让他做令尹。叔伯说:"您这么做将如何向国家交代呢?"子文回答说:"我是以此来安定国家。一个人获得大功而不居高贵地位,这样能安定国家的人有几个呢?"

【原文】

[传]九月,晋惠公卒。怀公立命无从亡人,期①;期而不至②,无赦③。狐突之子毛及偃从重耳在秦,弗召。冬,怀公执狐突,曰:"子来则免!"对曰:"子之能仕,父教之忠,古之制也。策名,委质④,贰乃辟也。今臣之子名在重耳,有年数矣。若又召之,教之贰也。父教子贰,何以事君?刑之不滥,君之明也,臣之愿也。淫刑以逞,谁则无罪?臣闻命矣!"乃杀之。

【注释】

①期:限定期限。

②期:到期。

③赦:赦免,饶恕。

④委质:呈献礼物,表示忠诚信实。

【译文】

九月,晋惠公死了。怀公即位,下令不允许跟从逃亡在外的公子重耳。并且限定期限,到期不回来的,绝不赦免。狐突的儿子毛和偃正跟从公子重耳在秦国,狐突不召他们回来。怀公下令捉拿了狐突,说:"如果你的儿子回来就赦免你。"狐突回答说:"如果儿子能够做官,父亲教诲他忠诚的道理,这是古代以来的制度。当名字写在简策上,给主子送了晋见的礼物,若有二心,就是罪过。如今下臣的儿子的名字在重耳那里已经有好些年了。假如又把他召回,就是教他们三心二意。父亲教儿子不忠,又怎么侍奉国君?刑罚不随意使用,那是君主的贤明,也是下臣的愿望。滥用刑罚以图一时之快,那么谁会没有罪?下臣知道自己的命运了!"晋怀公于是就杀了狐突。

【原文】

[传]卜偃称疾不出,曰:"《周书》有之:'乃大明服①。'己则不明而杀人以逞②,不亦难乎?民不见德而唯戮是闻,其何后之有?"

十一月,杞成公卒。书曰"子",杞,夷也。不书名,未同盟也。凡诸侯同盟,死则赴以名,礼也。赴以名,则亦书之;不然则否,辟不敏也③。

【注释】

①明:贤明。

②逞:称意。

③不敏:不聪敏,不敏捷。

【译文】

卜偃听到此事后,自称有病不出门,说:"《周书》上有这样的话:'君主贤明而后臣民顺从。'君主若自己不贤明,反而杀人以满足私欲,要想臣民顺从不是很难吗?百姓看不到德行,反而只听到杀戮的消息,怎么还能把君位传给他的后人呢?"

十一月,杞成公死了。《春秋》记载称"子",这是由于杞是夷人。不记载名字,是因为鲁国和杞国没有同盟关系。凡是同盟的诸侯,死后就在讣告上写上他的名字,这是合于礼的。讣告上写上名字,《春秋》就加以记载;除此以外就不记载,这是为了避免误记的原因。

【原文】

[传]晋公子重耳之及于难也①,晋人伐诸蒲城。蒲城人欲战,重耳不可,曰:"保君父之命而享其生禄②,于是乎得人。有人而校③,罪莫大焉! 吾其奔也。"遂奔狄。从者狐偃、赵衰、颠颉、魏武子、司空季子④。狄人伐廧咎如⑤,获其二女叔隗、季隗,纳诸公子。公子取季隗,生伯儵、叔刘;以叔隗妻赵衰⑥,生盾。将适齐,谓季隗曰:"待我二十五年,不来而后嫁。"对曰:"我二十五年矣,又如是而嫁,则就木焉⑦。请待子。"处狄十二年而行⑧。

【注释】

①及于难.遭受祸难。
②保:依仗,依靠。
③校:同"较",较量。
④狐偃:重耳的舅舅,又称舅犯或子犯。赵衰:晋国大夫,重耳的主要谋士,字子余。颠颉:晋国大夫。魏武子:晋国大夫,魏犨。司空季子:晋国大夫,名胥臣。
⑤廧咎如:部族名,狄族的别种,隗姓。
⑥妻:嫁给。
⑦就:接近,到。木:棺材。
⑧处狄:居住在狄国。

【译文】

晋公子重耳遭受祸难的时候,晋国派兵在蒲城攻打他。蒲城人想要迎战,他不同意,说:"依赖国君父亲的命令而享有养生的俸禄,所以才得到百姓的拥护。有了百姓的拥护却去对抗,没有比这罪过更大的了! 我还是逃奔吧。"于是就逃到狄国。跟随的有狐偃、赵衰、颠颉、魏武子、司空季子。狄人攻打廧咎如部落时,俘虏了他们的两个姑娘叔隗、季隗,把她们送给重耳。重耳娶了季隗,生下伯儵、叔刘;把叔隗送给赵衰做妻子,生下赵盾。重耳准备到齐国去,对季隗说:"等我二十五年,如果不回来再改嫁。"季隗回答说:"我已经二十五岁了,再过二十五年重新嫁人,那时就快进棺材了。我等您。"重耳在狄住了十二年之后离去。

【原文】

[传]过卫,卫文公不礼焉。出于五鹿①,乞食于野人②;野人与之块。公子怒,欲鞭之。子犯曰:"天赐也!"稽首,受而载之。

及齐,齐桓公妻之,有马二十乘。公子安之。从者以为不可,将行,谋于桑下。蚕妾在其上③,以告姜氏。姜氏杀之④,而谓公子曰:"子有四方之志,其闻之者,吾杀之矣。"公子曰:"无之。"姜曰:"行也! 怀与安,实败名。"公子不可。姜与子犯谋,醉而遣之⑤。醒,以戈逐子犯。

【注释】

①五鹿:卫国地名,今河南濮阳县南。

②野人:乡野之人,指农夫。

③蚕妾:采桑养蚕的女子。

④姜氏:重耳在齐国所娶之妻。齐为姜姓,所以称为姜氏。

⑤遣:送。

【译文】

重耳路过卫国,文公不以礼相待。从五鹿经过时,向乡下人讨饭吃;乡下人给他一块泥土。重耳很生气,想鞭打他。子犯说:"这是上天的赐予啊!"重耳叩头道谢,恭敬地接过土块放在车上带走。

重耳到达齐国,齐桓公为他娶妻,送他八十四马。公子安于齐国的生活。跟随的人认为这样不行。准备离他而去,他们聚集在桑树下面商议。恰好有个采桑女子在树上采桑,听到了,把这件事告诉了姜氏。姜氏怕走漏消息就杀了她。然后告诉公子说:"您志向远大,听到这种打算的人,我已经把她杀掉了。"公子说:"没有这回事。"姜氏说:"走吧! 留恋妻室和贪图安逸,这会败坏您的名声。"公子不肯离开。姜氏同子犯商量,用酒灌醉后,然后把他送走。公子酒醒,气得拿着戈追逐子犯。

【原文】

[传]及曹①,曹共公闻其骈胁②,欲观其裸。浴,薄而观之③。僖负羁之妻曰④:"吾观晋公子之从者,皆足以相国。若以相,夫子必反其国。反其国,必得志于诸侯。得志于诸侯而诛无礼,曹其首也。子盍蚤自贰焉⑤!"乃馈盘飧⑥,寘璧焉。公子受飧反璧。

及宋,宋襄公赠之以马二十乘。

【注释】

①曹:曹国,姬姓,在今山东定陶区。

②骈:并排。胁:胸部的两侧。

③薄:贴近。

④僖负羁:曹国大夫。

⑤蚤:同早。贰:不一致。

⑥盘飧:一盘饭。寘:置,放置。

【译文】

到达曹国,曹共公听说晋公子的肋骨连成一片,因此想要看到真相。趁公子洗澡的时候,隔着帘子从外面偷看。曹大夫僖负羁的妻子说:"我看晋公子的随从,都可以辅佐国家。如果有他们辅佐,晋公子必定能回晋国做国君。回到了晋国,肯定能在诸侯中称雄。那时惩罚以前对他无礼的国家,曹国就会排在前面。您何不趁早向他表示自己的敬意呢!"于是僖负羁就向晋公子馈赠一盘食品,里面藏着一块玉璧。公子收下食品,退回玉璧。

抵达宋国,宋襄公送给他八十匹马。

【原文】

[传]及郑,郑文公亦不礼焉。叔詹谏曰①:"臣闻天之所启,人弗及也。晋公子有三焉,天其或者将建诸,君其礼焉。男女同姓,其生不蕃。晋公子。姬出也②,而至于今,一也。离外之患③,而天不靖晋国④,殆将启之,二也。有三士足以上人⑤,而从之,三也。晋、郑同侪,其过子弟,固将礼焉,况天之所启乎!"弗听。

【注释】

①叔詹：郑国大夫。

②姬出：姬姓父母所生，重耳父母都姓姬。

③离：同"罹"，遭受。

④靖：安定，平静。

⑤三士：指狐偃、贾佗、赵衰。

【译文】

到达郑国，郑文公也不以礼相待。大夫叔詹劝谏说："臣听说上天所赞助的，别人是不能左右的。晋公子有三条吉兆，上天或许将要立他为国君吧，君主还是以礼相待。一般来说，假如父母同姓，子孙必然不会昌盛。晋公子是姬姓女子所生，却能活到今天，这是一。晋公子遭受陷害而亡命在外，可是上天却一直不让晋国安定，大概是正在为他创造有利的条件吧，这是二。狐偃、赵衰、贾佗这三个人都胜过一般人，却一直跟随着他，这是三。晋国和郑国地位平等，他们的子弟路过本来就应该以礼相待，何况是上天所赞助的人呢？"郑文公不听。

【原文】

[传]及楚，楚子飨之①，曰："公子若反晋国，则何以报不穀？"对曰："子女玉帛则君有之，羽毛齿革则君地生焉。其波及晋国者，君之馀也②。其何以报君？"曰："虽然，何以报我？"对曰："若以君之灵得反晋国，晋、楚治兵③，遇于中原，其辟君三舍④；若不获命，其左执鞭弭⑤，右属橐鞬⑥，以与君周旋。"子玉请杀之⑦，楚子曰："晋公子广而俭，文而有礼。其从者肃而宽，忠而能力。晋侯无亲，外内恶之。吾闻姬姓唐叔之后，其后衰者也⑧，其将由晋公子乎！天将兴之，谁能废之？违天，必有大咎！"乃送诸秦。

【注释】

①飨：设酒宴款待。

②馀：多余，剩余。

③治兵：演练军队，这里指打仗。

④辟：同"避"，回避。舍：长度单位，一舍为三十里。

⑤弭：弓梢。

⑥櫜：箭袋。鞬：弓套。

⑦子玉：楚国令尹。

⑧后衰：最后衰亡。

【译文】

重耳到达楚国，楚成王设酒宴款待他，说："公子若返回晋国，将用什么来报答我呀?"公子回答说："子、女、玉、帛，那是君王所拥有的；鸟羽、皮毛、象牙、犀革，那本来就是君王土地上所生长的。波及晋国的，已经是君王的剩余之物了。我能用什么来报答您呢?"楚成王说："尽管这样，你究竟打算用什么来报答我呢?"公子回答说："若托君王的福，回到晋国，日后晋楚两国演兵习武，在中原相遇，那就后退九十里，这时如果还得不到君王的谅解，那就左手持鞭和弓，右手拴着箭袋和弓囊，同君王较量一番。"子玉请求楚王杀掉他。楚成王说："晋公子志向远大而生活俭朴，言谈举止文雅而合乎礼仪。他的随从严肃而宽厚，忠贞

楚成王

而有能力。现在的晋国国君没有亲近之人，所以国外诸侯和国内臣民都讨厌他。我听说姬姓是唐叔的后代，将会最后衰亡，这很可能是从晋公子为君以后的原因吧！上天将帮助他兴起，谁能废掉他？违反天意，必定会有大的灾难。"于是就把他送往秦国。

【原文】

[传]秦伯纳女五人①。怀嬴与焉②，奉匜沃盥③；既而挥之；怒，曰："秦、晋匹也，何以卑我?"公子惧，降服而囚④。

他日，公享之。子犯曰："吾不如衰之文也⑤。请使衰从。"公子赋《河水》⑥，公赋《六月》⑦。赵衰曰："重耳拜赐！"公子降，拜稽首，公降一级而辞焉。衰曰："君称所以佐天子者命重耳，重耳敢不拜?"

【注释】

①秦伯:秦穆公。纳女五人:送给重耳五个女子为姬妾。

②怀嬴:秦穆公的女儿。

③奉:同"捧"。匜:盛水的器皿。沃:淋水。盥:盥洗,洗漱。

④降服:解去衣冠。

⑤文:有文采,指擅长文辞。

⑥《河水》:诗名,已经失传。

⑦《六月》:《诗·小雅》中的一篇。

【译文】

秦穆公送给重耳五个女子。怀嬴是其中的一个,有一次怀嬴捧着盛水器皿伺候公子盥洗,他洗完了不用手巾,却把手上的水甩掉。怀嬴很生气,说:"秦晋两国地位相等,为何轻视我?"公子害怕,脱去上衣把自己囚禁起来,以表谢罪。

有一天,秦穆公设宴款待他。子犯说:"我不像赵衰那样长于文辞,请您让赵衰随行赴宴吧。"席间,公子诵读《河水》这首诗,秦穆公诵读《六月》这首诗表示祝愿和勉励。赵衰说:"重耳,请拜谢恩赐!"公子走下台阶,跪拜,叩头,秦穆公走下一个台阶施礼辞谢。赵衰说:"君王把辅助天子的使命托付给你,重耳哪敢不拜?"

【讲评】

《左传》用大段篇幅集中叙述了五霸之一的晋文公重耳从流亡到回国即位的经历,有详有略,不时插入戏剧性的场景,把重耳及其周围人等的言行个性描绘得引人入胜。长达十九年的流亡生活,把曾经贪图安逸的骄横公子重耳磨炼成了一位成熟的政治家,狐偃、赵衰、颠颉、魏武子、司空季子这些颇具才干的贤人聚集在他身边,忠心耿耿地随从他辗转各国,多位预言家预示了他将成为晋国的一代雄主,大国纷纷对他表示了支持。而晋国国内也暗潮汹涌,厌倦了惠公和其子怀公的国人热切地盼望着一位新的贤君。由此看来,重耳的归国即位可谓"天时地利人和"。而他随后的称霸也有着良好的基础,从国际形势来看,虽然晋国国内君位不稳,但是晋国由献公开创的基业一直在发展,算是强国。其他各国中,桓公去世后齐国内乱,秦国、楚国实力都还不够称霸,诸侯乏主,这些都给晋文公接替霸主地位创造了有利条件。难怪马骕《春秋事纬》、韩席筹《左传分国集注》都慨叹"何其遇之艰而功之伟乎!""何其得国之难成功之易耶!"